國際商法概論

（第二版）

主　編 蔡四青
副主編 倪彩霞

崧燁文化

再版前言

隨著經濟全球化的發展，世界各國在國際市場上的經濟如貿易、投資方面的競爭日趨激烈。面對各國的激烈競爭，中國的公司、企業、經濟組織以及個人對國際經濟與貿易的法律規範和規則却知之甚少，以致難以適應國際經濟貿易法律環境。為了盡快擺脫這種尷尬的局面，認真地研究和掌握相關的國際經濟貿易法律規範以及貿易爭端解決機制和規則是非常必要的。

為了適應中國對外經濟貿易、對外投資、對外經濟技術合作順利開展的要求，同時也為了滿足不斷變化的國際經濟與貿易的發展形勢，本書編寫者在第一版的基礎上對本書進行了修訂，修訂后的教材具有以下特點：

(1) 專業性。為了使國際經濟與貿易專業、工商管理專業、市場營銷專業等經管類專業學生充分瞭解和掌握國際經濟與貿易法律的相關知識，本書不僅結合了對外貿易活動的實際要求，而且還針對工商管理專業、市場營銷專業等經管類專業的需要，將需要學生掌握的相關內容編寫到書中，以便其掌握更多的信息。

(2) 新穎性和實踐性相結合。本書在編寫過程中，既注重運用國際經濟與貿易立法上和理論上的最新資料，傳遞國際經濟與貿易法律領域的新信息，又注重編寫質量好和數量相當的案例，以便學生在學習過程中掌握基本原理，同時也能運用基本原理對案例進行分析，提高自身的實踐能力。

(3) 系統性。本書的編寫原則是，既反映本學科的科學性、系統性和穩定性，又對此學科領域的最新研究成果予以介紹，讓學習者全面瞭解該學科的發展趨勢。

(4) 簡明性。本書語言簡練，在理論內容方面力爭有所取捨，在案例分析方面又較為全面。

(5) 適用對象的廣泛性。本書既適合國際經濟與貿易本科專業、相關研究方向的研究生、相關經貿專業的大中專學生學習，又適合已經對國際商法有初步瞭解的公司、企業的商務人士自學。

使用本書的要求是，在教師授課前，學生必須提前預習，基本掌握教材內容。教師授課時主要結合案例講解，或者進行案例分析，或者講解最新研究成果。其目的是既使學生基礎知識扎實，又幫助他們提高運用最新知識或理論的能力，同時提高其理論指導實踐的能力。

另外，本書在編寫過程中參考引用了部分網絡案例，但因案例較多，無法一一查明原作者，敬請諒解。在此衷心感謝原作者。

編者

目 錄

第一章　國際商法概述 ································· (1)
　　第一節　國際商法的概念 ································ (1)
　　第二節　國際商法的淵源 ································ (4)
　　第三節　西方法律體系與國際貿易法的發展趨勢 ············ (7)

第二章　國際貿易中的商事組織法 ······················· (16)
　　第一節　國際商事組織的法律形式 ······················· (16)
　　第二節　合夥企業法 ··································· (22)
　　第三節　公司法 ······································· (25)
　　第四節　中國外商投資企業法 ··························· (40)

第三章　國際貨物買賣法 ······························· (55)
　　第一節　國際貨物買賣法概述 ··························· (55)
　　第二節　國際貨物買賣合同的成立 ······················· (59)
　　第三節　國際貨物買賣合同的主要內容 ··················· (71)
　　第四節　國際貨物買賣合同的履行 ······················· (74)

第四章　國際貨物運輸法與保險法 ······················· (91)
　　第一節　國際貨物運輸法 ······························· (91)
　　第二節　國際貨物運輸保險法 ·························· (102)

第五章　國際產品責任法 ······························ (106)
　　第一節　產品責任法概述 ······························ (107)
　　第二節　美國的產品責任法 ···························· (112)
　　第三節　其他各主要西方國家的產品責任法 ·············· (119)
　　第四節　產品責任的國際立法 ·························· (120)

第五節　中國的產品責任法 …………………………………………… (124)

第六章　國際貿易中的代理法 …………………………………………… (127)
　　第一節　代理法概述 …………………………………………………… (127)
　　第二節　本人與代理人的關係 ………………………………………… (135)
　　第三節　本人及代理人同第三人的關係 ……………………………… (137)
　　第四節　承擔特別責任的代理人 ……………………………………… (139)
　　第五節　中國的外貿代理制 …………………………………………… (142)

第七章　與貿易有關的知識產權法 ……………………………………… (147)
　　第一節　知識產權法概述 ……………………………………………… (148)
　　第二節　專利法 ………………………………………………………… (150)
　　第三節　商標法 ………………………………………………………… (157)
　　第四節　版權法 ………………………………………………………… (162)
　　第五節　保護知識產權的國際公約 …………………………………… (167)

第八章　票據法與國際貿易支付 ………………………………………… (173)
　　第一節　票據法概述 …………………………………………………… (173)
　　第二節　匯票 …………………………………………………………… (177)
　　第三節　本票和支票 …………………………………………………… (185)
　　第四節　國際貿易支付方式 …………………………………………… (188)

第九章　國際貿易中的電子商務法 ……………………………………… (196)
　　第一節　電子商務概述 ………………………………………………… (196)
　　第二節　電子商務合同的成立 ………………………………………… (200)
　　第三節　電子商務示範法的主要內容 ………………………………… (205)
　　第四節　電子商務中的知識產權保護 ………………………………… (210)
　　第五節　中國的電子商務法 …………………………………………… (213)

第十章　國際投資法 (222)

　　第一節　國際投資法概述 (222)
　　第二節　國際投資的方式 (226)
　　第三節　各國對外投資立法 (229)
　　第四節　跨國公司與國際投資法 (236)
　　第五節　投資的國際法律保護 (239)

第十一章　國際商事仲裁法律制度 (250)

　　第一節　國際商事仲裁概述 (250)
　　第二節　國際商事仲裁協議 (255)
　　第三節　國際商事仲裁程序 (257)
　　第四節　國際商事仲裁裁決的承認和執行 (259)
　　第五節　世界貿易組織爭端解決機制與程序規則 (260)

第一章　國際商法概述

教學要點和難點

1. 掌握國際商法的概念及國際商法的主體關係；
2. 瞭解國際商法的淵源及國際商法調整的對象和範圍；
3. 瞭解和掌握西方兩大法律體系的主要特徵。

案例導入

　　美國農場主斯蒂芬與C國商人簽訂了出口玉米50噸的合同。交貨時，由於C國檢驗檢疫機構檢驗出該批玉米具有轉基因成分，被阻止繼續進口C國。農場主斯蒂芬認為，他的玉米根本沒有轉基因成分，但是他不能證明自己的看法，因此損失嚴重。

　　為了調查為什麼會出現轉基因成分，他幾乎花費了一年的時間，最后終於發現，他農場附近的另一個農場的農場主漢斯種植的玉米含有轉基因成分，而且隨着蜜蜂採授粉，轉基因成分傳送到了自己的玉米上。於是斯蒂芬將漢斯告上法庭。理由是漢斯種植的帶有轉基因成分的玉米授粉，使自己的玉米受到出口影響，要求漢斯賠償損失。當地法院從未受理過這樣的案件，法官需要進行研究，於是案件就拖了下來。剛好那一年，世界貿易組織成立后的第一次部長級會議在多哈舉行，斯蒂芬居然到了多哈，找到部長級會議舉行的地點，向相關部門申請解決此事。會議工作機構當然沒法解決，回覆他：請回美國解決。

　　這裡需要注意的是，公司、企業、個人在商務和貿易之間發生的爭議和糾紛，主要採取非法律的方式，如協商、調解、仲裁等，或採取法律方式，如訴訟。國家與國家、各國產業與產業之間發生的貿易摩擦和爭端，則需要通過世界貿易組織等機構解決。

第一節　國際商法的概念

案例導入

　　北京長城工貿有限責任公司與荷蘭某有限責任公司設在中國上海的獨資公司——佛來芒有限責任公司（上海）簽訂了一份貨物買賣合同，北京長城工貿有限責任公司購買佛來芒有限責任公司（上海）通信設備一套，交貨地點在北京長城工貿有限責任

公司在延慶的倉庫。合同還約定，如果因為合同的執行發生爭議，首先通過雙方協商；協商不成，請雙方都信任的某公司調解；如果調解也不成的話，就提交中國國際經濟貿易仲裁委員會上海分會仲裁。適用的法律為《聯合國國際貨物銷售公約》。

問題：對該合同，當事人選擇適用的法律規定，是否有問題？

一、國際商法的主體

從國際貿易的角度來講，國際商法是指調整國際商事貿易以及商事貿易組織各種關係的法律規範的總稱。這個概念具有兩層含義，一是參與國際商事貿易的主體，二是國際商法調整的對象和範圍。可以說，國際商法是商法主體、調整的對象和範圍的國際化。

國際商法的主體是指以法人、非法人以及自然人身分從事國際商事貿易的當事人（參加者）。自然人即個人是國際經濟貿易關係的最早當事人之一。雖然目前以個人的名義從事國際貿易活動已不普遍，但個人仍然在國際經濟貿易的若干領域從事著活動，他們依然是國際商事貿易的參加者，因而是國際商法的主體之一。法人即公司、企業作為國際經濟貿易的主體，是最常見的情形。

國際商法的主體從法律形式上講，主要是法人、非法人和自然人；從組織形式上講主要是公司、企業、合夥企業和個人獨資企業。很明顯，其主體沒有國家的內容，也就是說國際貿易或國際商事活動主要是靠這些組織機構來完成的。在國際貿易或國際商事活動中，如果這些組織機構之間發生爭議或糾紛，解決的方法主要有協商、調解、仲裁和訴訟四種，具體內容在本書的後面將用一章的篇幅闡述。

隨著世界經濟的發展，尤其是第二次世界大戰後國際經濟貿易的發展變化，法人組織在國際經濟貿易領域內的地位越來越重要。法人組織通常包括有限責任公司、股份公司、國有公司以及跨國公司等。經濟組織是指一些非法人的合夥企業，如非法人資格的中小型企業、家庭企業等。這些經濟組織在各國的數量都是較多的，因此在國際經濟貿易中同樣起著重要作用。從傳統的國際商法的主體來看，並不包括不同國家之間的貿易，國際商法中的「國際」一般是「跨越國界」的含義。但是，隨著國際經濟一體化的迅速發展，世界貿易組織的建立，各個國家之間以國家、政府名義參加國際商事貿易活動的機會越來越多，以至於在現代國際商法中，國家和政府機構也逐漸成為國際商事貿易活動的主體或當事人。

二、國際商法調整的對象和範圍

國際商法是隨著國家間商事交往的產生而產生的。20世紀以前，傳統的國際商法基本上局限於國內法或習慣法，主要調整商事行為法、公司法、票據法、海商法等。20世紀初期，一些政府或民間的國際組織開始致力於制定國際商法公約或編纂統一的國際商事慣例，並取得了重大成就。隨著當代國際經濟貿易交流規模的擴大和商事交往的多樣化、複雜化，除了國際貨物買賣有了巨大發展以外，還出現了許多新型的國際商事做法，如國際投資、國際合作生產、國際技術轉讓、國際勞務輸出、國際服務貿易、國際產品責任、國際電子商務等。因此，國際商法調整的對象和範圍就比傳統

的商法更為廣泛。概括起來主要有以下幾個方面：

（1）調整有關國際貨物買賣方面各種關係的法律規範，如國際貨物買賣合同、國際貨物運輸與保險和國際結算、國際貿易商事代理、國際產品責任以及各國管制對外貿易等方面的法律。

（2）調整有關國際貿易機構管理活動方面各種關係的法律規範，如公司法、企業法等。

（3）調整有關無形商品貿易的各種特殊關係的法律規範，如國際技術貿易法、工業產權法、版權法等法律規範。

（4）調整有關促進國際貿易交流的新型交易方式的各種關係的法律規範，如國際貿易中的電子商務、國際投資、國際合作生產等方面的法律規範。

（5）調整有關解決國際商事貿易主體之間交易糾紛的法律規範，如反不正當競爭法、反壟斷法、國際貿易仲裁法等。

知識拓展

在國際貿易或國際商事活動中，以國家的名義參與的活動主要有：簽署國家與國家之間的雙邊或多邊貿易協議，加入國際經濟貿易組織，以國家的名義向相關的國際經濟組織主張經濟貿易權利、採取貿易救濟措施等。例如，國家與國家之間若有經濟貿易方面的合作，首先應當以國家的名義簽署合作協議，當然這些協議的完成還要進行分解，分解後作為不同的項目進行招標，由國內的公司、企業、合夥企業和個人獨資企業分別簽訂各類合同來完成。又如一旦國家與國家之間發生貿易摩擦或貿易爭端，那麼還是要以國家的名義向相關的國際組織進行申訴，如向世界貿易組織申訴。

國際貿易或國際商事組織機構之間發生的爭議、糾紛和國家與國家之間發生的貿易爭端或貿易摩擦有什麼區別？這不僅僅是詞彙的不同，而是有實質性的區別的。從國際貿易或國際商事組織機構之間發生的爭議和糾紛來看，其主體是公司、企業、合夥企業和個人獨資企業，他們涉及的爭議和糾紛範圍，主要是以合同為依據，雙方通常通過協商和調解來解決爭議和糾紛，如果解決不了，那麼可以通過仲裁機構或各國的法院解決。但是如果是國家與國家之間發生的爭端和摩擦，則是首先發生在產業或行業中間，而且涉及大量的該產業或行業中的大大小小的公司、企業，更重要的是，這些產業或行業有涉及國家的主權問題。對於國家與國家之間發生的爭端和摩擦，各國的法院沒有管轄權，只能通過國際經濟組織，特別是世界貿易組織解決貿易爭端機構的規則來解決。貿易爭端或貿易摩擦的形式主要是傾銷與反傾銷、補貼與反補貼、保障措施和特別保護稅等，而這些形式在世界貿易組織規則中，又被稱為貿易救濟措施。

至於各國之間關於紡織品、農產品還有機電產品等方面的反傾銷和反補貼問題，某些發達國家對鋼鐵產業採取限制進口的保障措施、對輪胎產品採取特別保護稅的措施而對知識產權保護等方面問題則屬於國家與國家之間的貿易爭端或摩擦，就需要世界貿易組織遵循解決貿易爭端或摩擦的規則來解決問題。

三、國際商法與其他相關法律的關係

（一）國際商法與國際經濟法的關係

國際經濟法是調整國際社會中關於經濟關係和經濟組織的法律規範的總稱。一般認為，國際經濟法屬於國際公法，其範圍不僅包括國際商法、國際貿易法、國際投資法、國際貨幣金融法、國際稅法，而且包括為國際市場競爭創立的統一規範制度和通行規則的國際經濟組織法等。從國際經濟法所涵蓋的內容看，國際商法是國際經濟法

的一個重要組成部分。

(二) 國際商法與國際貿易法的關係

國際商法與國際貿易法有著極為密切的關係。原則上講，國際商法是調整跨越國境的貿易關係以及與貿易有關的各種關係的法律規範的總稱。但是，傳統的國際商法基本上等同於國際貨物買賣法。從這個意義上講，國際商法是國際貿易法的一個重要組成部分。但隨著第二次世界大戰後國際貿易規模的擴大和形式的增加，特別是伴隨著西方各國政府對經濟生活干預的加強及各種管制貿易的政策和措施的實施，一系列有關管制商業和管制貿易的法律在傳統的商法範圍之外發展起來。在當代，協調國際經濟關係的組織結構也建立和發展起來，如世界貿易組織（WTO），作為獨立於聯合國的永久國際性組織，它制定國際貿易規則，解決貿易爭端的機制也成為國際貿易法的淵源。鑒於此，國內外許多法學家認為國際貿易法不但應該包括有形貿易（貨物買賣）、無形貿易（技術轉讓、勞務輸出和服務貿易）、國際投資和國際資金融通方面的法律，而且還應加上國家、國際經濟組織干預對外經濟活動的全部法律。這實際上是使國際貿易法等於傳統商法加上國家、國際經濟組織干預經濟活動和管制貿易的法律。從這個意義上講，國際商法又成了國際貿易法的一個組成部分。但不管怎樣，國際貿易法是在國際商法的基礎上產生與發展起來的。

(三) 國際商法與國際私法的關係

國際商法既不同於國際經濟法，也不同於國際私法。一般認為國際經濟法屬於國際公法，而國際商法則主要屬於國際私法。但國際商法又不同於傳統的國際私法，傳統的國際私法屬於衝突法，其任務主要是為具有涉外因素的私法案件確定準據法或法律適用，而國際商法則主要是實體法，其任務主要是調整國際商事貿易當事人的權利與義務關係。

正是由於國際商法自身所具有的特點，很難把它歸入現存法律體系中的哪一個部門，因此從 20 世紀 60 年代以來，國際商法就被作為一個獨立的法學領域加以研究。

第二節　國際商法的淵源

就國際商法而言，其淵源是指各種有關國際商事貿易的法律規範產生的根據、來源以及表現形式，即國際商法表現為何種法律文件才具有效力。一般來講，國際商法的淵源主要有四個，即國際公約、國際慣例、國際稅法以及各國有關貿易方面的國內立法。

一、國際公約

國際條約是指兩個或兩個以上的主權國家，為確定他們之間經濟貿易關係中的權利和義務而達成的協議。這些協議只要是基於有關締約國自由平等的意志，並且不違背國際公法的一般準則，都是有效的。各國締結的有關國際商事和國際貿易的條約是

國際商法的重要淵源。目前，屬於國際商法淵源的國際條約主要有以下幾類：

(一) 國際貨物買賣領域

國際貨物買賣領域，國際公約主要有 1974 年《國際貨物買賣時效期限公約》、1980 年《聯合國國際貨物買賣合同公約》、1980 年《修訂國際貨物買賣時效期限公約的議定書》、1983 年《國際貨物銷售代理公約》、1985 年《國際貨物買賣合同適用法律公約》和《國際貨物買賣適用法律公約》等。

(二) 國際貨物運輸領域

國際貨物運輸領域，國際公約主要有 1924 年《統一提單的若干法律規則的國際公約》(《海牙規則》)、1929 年《統一國際航空運輸某些規則的公約》(《華沙公約》)、1938 年《國際鐵路貨物運輸公約》(后經多次修訂)、1951 年《國際鐵路貨物運輸協定》(后經多次修訂)、1955 年《海牙議定書》、1961 年《統一非締約承運人所辦國際航空運輸某些規則以補充華沙公約的公約》(《瓜達拉哈拉公約》)、1968 年《關於修改統一提單的若干法律規則的國際公約》(《維斯比規則》)、1973 年《聯合國運輸單證統一規則》、1978 年《聯合國大會海上貨物運輸公約》(《漢堡規則》) 和 1980 年《聯合國貨物多式聯運公約》等。

(三) 國際貿易支付方面

國際貿易支付方面，國際公約主要有 1930 年《匯票與本票統一法公約》《支票統一法公約》，1988 年《聯合國國際匯票和國際本票公約》(尚未生效) 等。

(四) 技術貿易領域

與貿易有關的知識產權條約主要有 1883 年《保護工業產權巴黎公約》(1979 年第七次修訂)、1886 年《保護文學藝術作品伯爾尼公約》、1891 年《商標國際註冊馬德里協定》(1979 年第七次修訂) 和 WTO 體制中的《與貿易有關的知識產權協定》等。

(五) 解決國際商事糾紛方面

解決國際商事糾紛方面，相關國際公約主要有世界貿易組織 (WTO) 體制中的《爭端解決規則和程序的諒解》、1958 年《承認與執行外國仲裁裁決公約》、1976 年《聯合國國際貿易仲裁委員會仲裁規則》等。

二、國際慣例

國際慣例是指在國際貿易活動中，由於長期的反覆的實踐而逐漸形成的並受到遵守的一些貿易規則。一個國際慣例，開始是由一國或多國單方面設定一個規則，然后該規則被其他國家以明示或默示的方式讚成或遵守而逐漸形成。國際慣例雖然不是法律，不具有普遍的法律約束力，但當國際慣例被一個國際公約、國內立法、法院判例或其他法律行為 (如聲明、宣言等) 接受時，它就對有關國家具有約束力，並且對公認的國際慣例的破壞往往會受到國際輿論的譴責甚至招致有關國家的報復。國際慣例既是國際經濟貿易活動發展的產物，也是國際經濟貿易活動進一步擴大與健康發展所

必不可少的原則，其作用顯得越來越重要，因此它已構成國際商法的一個重要淵源。

目前在商事交易中有以下幾個主要的國際慣例：

(1) 國際法協會製訂的（1932 年華沙－牛津規則）。
(2) 國際商會 2000 年、2010 年修訂的《國際貿易術語解釋通則》。
(3) 國際商會 2007 年修訂的《跟單信用證統一慣例（UCP600）》。
(4) 1941 年《美國對外貿易定義修訂本》。
(5) 《聯合國國際貿易法委員會仲裁規則》等。

三、國際示範法

國際示範法是國際組織制定並通過的由各國單方面採用的規則，它只是給各國提供一個示範，供各國自願選擇。示範法與國際條約的明顯區別是，它沒有經國際會議通過，也不對各國開放簽字，並訂有關於示範法不具有強制力的條款。例如聯合國國際貿易法委員會制定的 1985 年《國際商事仲裁示範法》第一條第一款規定：「本法適用於國際商事仲裁。但須服從在本國與其他任何一國或多國之間有效力的任何協定。」又如羅馬國際統一私法協會制定的 1994 年《國際商事合同通則》（Principles of International Commercial Contract）的前言也明確指出：「通則旨在為國際商事合同制定一般規則，在當事人一致同意其合同受通則管轄時，適用通則。」此外，聯合國貿法會制定通過的 1996 年《電子商務示範法》和 2001 年《電子簽名示範法》同樣為人們提供了一套可以選擇適用的規則，也為各國在制定電子商務法規時提供了參考的範本。

上述國際示範法雖不是國際條約，不具有當然的約束力，但它畢竟融合了各種法律體系的許多法律原理、規則，也吸收了國際商事活動中的某些慣例，不少國家利用它們來解釋國際商事慣例，或作為國內立法的範本。例如，羅馬國際統一私法協會制定的 1994 年《國際商事合同通則》在這方面就發揮了很好的作用。因此，它們是國際商法的重要淵源。

四、各國有關的國內立法

盡管已參加或承認大量的國際商事公約或慣例，但由於傳統習慣與自身利益所在，各國仍在許多商事領域中保留獨占的立法權，而且現有的有關商事的國際條約和慣例還遠不能包括國際商事各個領域中的一切問題，並且即使已有的國際商事條約和慣例也尚未被所有國家和地區一致承認或採用，因此在許多場合中，還要憑藉法律冲突規範的指引，運用某一國家的國內民法、商法或判例來處理有關國際商事爭議。從這個意義上講，各國國內的有關立法乃是國際商法的補充，是國際商事貿易法律規範的重要淵源。國際商法中的國內法主要體現為制定法和判例法兩種形式，其中尤以西方兩大法律體系，即普通法系和大陸法系國家的法律對國際商法的影響最大。

第三節　西方法律體系與國際貿易法的發展趨勢

在國際貿易活動中，不但要求各國遵守相同的貿易游戲規則，同時也要求遵循各國的國內法。由於各國政治、經濟、文化等歷史傳統的不同，各國的法律制度也不同，要瞭解每一個國家具體的法律制度是十分困難的。但是，有些國家的法律結構、法律術語、法律原則基本相同，構成了法律的同一體系，只要瞭解其中有代表性國家的法律制度，就有助於瞭解世界各國的法律制度。在當今西方法律制度中最具有代表性和廣泛影響力的是以法國和德國為代表的大陸法系，以英國和美國為代表的普通法系。因此這兩大法律體系在形成和法律適用中均存在著各自明顯的特征，而且兩大法系中有關商事立法的部分對國際商法影響較大，因此有必要瞭解西方兩大主要法系的特征。盡管兩大法系有一定的分歧，但從目前經濟全球化的發展來看，統一國際貿易法成為不可阻擋的歷史潮流。

知識拓展

　　大陸法（Continental Law）也稱市民法（Civi Law），作為一個體系在13世紀出現於歐洲，是在繼承和發展羅馬法的基礎上逐漸形成與完善的。1804年的法國《民法典》以及1900年的德國《民法典》的頒布，標誌著大陸法走向成熟與完善階段，故大陸法系（Continental Law System）以法國和德國為代表。除法國和德國之外，許多歐洲國家，如瑞士、意大利、比利時、盧森堡、荷蘭、西班牙、葡萄牙、奧地利、丹麥、挪威、芬蘭、瑞典、希臘等國均屬於大陸法系。另外，還有亞洲的一些國家，如日本、泰國、印度尼西亞、土耳其、伊朗等國；非洲的一些國家，如埃塞俄比亞、摩洛哥、阿爾及利亞、索馬里、安哥拉、莫桑比克等也屬於大陸法系。此外，英國的蘇格蘭、加拿大的魁北克省、美國的路易斯安那州也屬大陸法系。

一、大陸法系的基本特征

（一）受羅馬法的影響較大

　　羅馬法是指羅馬奴隸制國家的全部法律，即從公元前6世紀羅馬國家形成時期起，至東羅馬帝國從奴隸制轉變為封建制時止的整個歷史階段的法律。其中主要是從公元前5世紀羅馬最早的成文法——《十二銅表法》開始，到公元6世紀止東羅馬帝國皇帝查士丁尼編纂的《國法大全》（Corpus Juris Clvilis）為止這一時期的法律。羅馬法對歷代封建制國家和資產階級國家的法律，特別是其中的民法和商法都有很大的影響。

　　大陸法系主要在兩個方面受到羅馬法的較大影響。
　　1. 大陸法系繼承了羅馬法
　　大陸法系在法律思想、法律內容、法律結構等方面繼承了羅馬法，如1804年頒布的法國《民法典》，即《拿破侖法典》在結構上、內容上都以羅馬法的《法學階梯》為依據，特別是關於物權和債權部分受羅馬法影響更大。

2. 大陸法系把法律分為公法與私法

大陸法系沿襲了羅馬法把法律分為公法與私法兩大類的做法。羅馬法的公法是指調整國家與國家之間、國家與公民之間權力與服從的法律規範的總稱。如對宗教祭司活動和國家機關活動的法律法規。大陸法進一步把公法再細分為憲法、行政法、刑法、訴訟法和國際公法。私法是指調整自然人與自然人之間、法人與法人之間、自然人與法人之間關係的民事和經濟關係的法律規範的總稱。私法是大陸法系最重要的內容，它對西方國家的法律和法學的發展有著深遠的影響。羅馬法的私法包括調整所有權、債權、家庭與繼承等方面的法規。大陸法系又把它分為民法、商法等。

(二) 法律的表現形式是成文法而且是大陸法系的主要淵源之一

1. 法律即成文法是大陸法系的主要淵源

大陸法系各國十分重視法律的系統化、條理化、法典化和邏輯性，都主張編纂各種法典。大陸法國家的法律包括憲法、法典、法律和條例等。

2. 習慣作用次於成文法

習慣雖然也是大陸法的淵源之一，但作用次於成文法。只有當某些法律必須借助於習慣才能為人們所理解時，立法者才在法律中使用某些習慣解釋其含義。

3. 判例也是大陸法系的淵源之一

大陸法系國家強調成文法的作用，原則上不承認判例是具有與法律同等的效力。一個判決只對被判處的案件有效，對日后法院判決同類案件無約束力。

4. 學理在大陸法系的發展過程中起著重要作用

學理在大陸法系的發展過程中起著重要作用，同樣成為大陸法系的淵源之一。學理為立法者提供法學理論、法律詞彙和法律概念，通過立法者的活動，制定成法律；對法律進行解釋，並對判例進行分析和評論；通過法學家的著作、培訓法律人員影響法律實施的過程。

(三) 法律的實施以法律條文的抽象概念為依據，由法官加以解釋

在大陸法國家，對法律的解釋極為重要，法律必須經過解釋才能付諸實施，在這方面，法官享有很大的權力。在一般情況下，法官主要依據法律的文詞規定進行解釋，同時照顧到立法者的意圖。但是為了適應社會政治經濟發展的需要，各國的法官都可以採取各種辦法擺脫法律文詞的束縛。如立法者往往在法律中使用一些含糊的、抽象的、不精確的文詞，法官可根據具體案件做出適應當時情況的解釋。例如第二次世界大戰后，在德國馬克急遽貶值的情況下，如果允許債務人以同樣數目的德國馬克來償還德國馬克貶值前的金錢債務，這對債權人顯然是十分不利的。於是德國法院就援引《民法典》第二百四十二條關於善意履行的規定，摒棄了「貨幣名目主義」（金錢債務應以同等數目的金額償還的原則），責令債務人不得以同等數目貶值后的德國馬克償還貶值前的債務，從而使法律適應情況變化的要求。

(四) 大陸法系各國的法院層次基本相同

大陸法系各國的法院組織雖然各有特點，但都有一些共同之處。主要表現為：法

院的層次基本相同，各國除普通法院外，都有一定的專門法院與普通法院同時並存。各國法院都分為三級，即第一審法院、上訴法院和最高法院。專門法院有商事法院、親屬法院和勞動法院，專門受理有關商務關係、家庭關係和勞資關係的案件。

知識拓展

　　普通法（Common Law）是英國在中世紀時期形成的一種法律制度，從廣義的普通法（Common Law System）來講，它不僅包括英國的全部固有的法（即普通法、衡平法的總稱），而且也包括了接受英國法的各國的國內法。由於判例是普通法的主要淵源，所以它又稱為判例法（Case Law）。在當今世界上，普通法的主要代表是英國和美國，故在多數情況下稱為普通法。
　　除英國和美國之外，過去曾受英國殖民統治的國家和地區，如加拿大、澳大利亞、新西蘭、愛爾蘭、馬來西亞、新加坡、巴基斯坦、錫蘭以及中國香港地區等也都屬於普通法系。

二、普通法系的基本特徵

（一）普通法受羅馬法的間接影響

　　普通法雖然不像大陸法一樣直接繼承了羅馬法的傳統，但羅馬法對普通法還是有一定的影響。

　　1. 受教會法的影響

　　教會法的淵源主要是羅馬法。教會法院主要管轄有關家庭關係、遺囑繼承和海事方面的案件，在這些領域中，羅馬法對普通法的形成有很大的影響。

　　2. 受商法的影響

　　《商事行為法》（Law Merchant）是從事貿易的商人之間的一種習慣法。在 13 世紀時，英國商人就有自己的商業習慣法，並有專門的商事法院，設在市集附近，處理有關商事糾紛案件。18 世紀中期商業習慣被吸收到普通法中。到 18 世紀以後，商法已被普通法吸收，成為普通法的一個組成部分。英國的商業習慣法同歐洲各國的商法基本一致，受羅馬法的影響很大。

　　3. 羅馬法滲入衡平法（Equity）

　　普通法院是通過一定的訴訟形式發展起來的。當事人向法院起訴時，必須請求國王的樞密大臣（Chancellor）發給一種書面的令狀（Writ），每一種令狀都有固定的程序，如訴訟事項、能否委託代理人出庭、搜集證據的條件、執行判決的辦法等。每一種訴訟程序都有一套專門的術語，不得在另一種訴訟程序中使用。如果不符合要求，法院概不受理。樞密大臣在審理案件時，可以不受普通法的約束，而是按照「公平與正義」的原則做出判決，這樣判決就形成了所謂的「衡平法」。衡平法法院在 14 世紀下半葉成立獨立的法院，與普通法法院同時存在。由於衡平法法院多由精通羅馬法的僧侶擔任法官，而他們又可以參酌羅馬法的規定來處理案件，因此羅馬法就滲入了衡平法。

（二）普通法的表現形式主要是判例法，判例法是普通法的主要淵源之一

　　判例法是普通法的主要淵源，它是由英國高等法院的法官以判決的形式發展起來

的法律規則。判例法的一個主要特點是，法院在判決中所包括的判決理由必須得到遵循，即對做出判例的法院本身和對下級法院日后處理同類案件均具有約束力。這就是「先例約束力原則」（Rule of Precedent），根據這一原則，上議院的判決是具有約束力的先例，對全國各級審判機關都有約束力，一切審判機關都必須遵循。上訴法院的判決可構成對下級法院都有約束力的先例，而且對上訴法院本身也有約束力。高級法院的每一個庭的判決對一切低級法院有約束力，對高等法院的其他各庭也有很大的說服力。這些原則在美國有些變化，即聯邦和州的最高法院可以不受他們以前確定的先例的約束，他們可以推翻過去的先例並確立新的法律原則。

總之，普通法國家的法院在審理案件時，依據主要是判例，而不是法律條文。法院在審理案件時，先對訴訟的具體情節進行確定、評價和分析，然后再同先例中的具體事實進行比較識別，再根據先例約束力的原則判決，而不是以法律條文審理案件。

除判例法是普通法的主要淵源外，成文法、習慣法也是其淵源。

(三) 普通法的結構具有二元性

無論是英國法還是美國法，其法律結構都具有二元性。

從英國法來看，英國法分為普通法和衡平法兩種。兩者雖然都是判例法，但各有不同的特點。

1. 救濟法不同

普通法只有兩種救濟方法，一種是金錢賠償（Relief in the Form of Money），另一種是返還財產（Restoration of Property），且以金錢損害賠償作為主要的救濟方法。一般情況下，法院在受理債權債務案件時，給予債權人的救濟方法只能是判令債務人支付一定的損害賠償金額，這種救濟方法在大多數情況下可以滿足債權人的要求。但在某種情況下則不能，如有關土地和房屋等不動產交易，以及古董、字畫等特定物的買賣等。又如普通法對於發生不法行為或違約行為的情況，不能預先採取防止措施。當事人只能等待其行為發生后，才能向法院訴請損害賠償。

衡平法院為了彌補普通法的不足，發展了一些新的救濟方法。衡平法的救濟方法也是有兩種，一是實際履行（Specific Performance），有時又稱為依約履行，是指衡平法院可判令負有一定義務的一方當事人按照合同的規定履行其應負的義務。但以違約所遭受的損害不能以金錢賠償得到滿足，或損害的金額無法確定為限。二是禁令（Injunction），衡平法院可以發出禁令，命令當事人作某種行為或不作某種行為，以事先防止不法行為和違約行為的發生。

在下列情況下，衡平法院可以發出禁令：①不法損害動產或不動產；②發生違約行為；③違反信託行為；④官吏政府機構的不法行為；⑤不法征收租稅。

可見，當普通法的救濟方法不能彌補當事人的損失時，可用衡平法來彌補。

2. 訴訟程序不同

普通法法院有陪審團制度，衡平法法院均不設陪審團；普通法法院聽取口頭答辯，採取口頭詢問方式審理案件，而衡平法法院則採取書面訴訟程序。

3. 法院的組織系統不同

在英國的高等法院內設有王座法庭（Queen's Bench），適用普通法的訴訟程序法；設有樞密大臣法庭，適用衡平法的書面訴訟程序。在確定某種案件應屬於王座法庭還是樞密大臣法庭管轄時，不是根據該案件適用的法律是屬於普通法還是衡平法，而是考慮哪一種訴訟程序對該案件的審理最為合適來確定。現在普通法包括刑法、合同法和侵權行為（民事責任）法，但在這些法律部門中也適用衡平法發展起來的不正確說明（Mis-representation）、不正當的影響（Undue Influence）以及禁止自食其言（Estoppel）等原則。衡平法包括公司法、信託法（Trust）、破產法、遺囑與繼承法等。

4. 法律術語不同

為了避免與普通法院發生冲突，衡平法院在司法活動中使用自己所特有的法律術語。例如：衡平法中稱起訴為 Suit，普通法稱為 Action；衡平法中權利稱為 Interests，普通法稱為 Rights；普通法稱判決為 Decree，衡平法則稱為 Judgment；普通法稱將判令支付金錢損害賠償稱為 Compensation，衡平法則稱為 Damages；普通法律師被稱為 Common Lawyers，衡平法律師被稱為 Equity Lawyers。兩種法院的律師受不同的法律訓練，用不同的方法，分別處理不同的案件。

再來看美國法，美國法律的結構也具有二元性。

1. 美國法律分成聯邦法與州法兩大部分

這是美國法律結構的主要特點。根據1791年美國憲法修正案第十條的規定：凡憲法未授予聯邦或未禁止各州行使的權力，均屬各州。在不違反聯邦憲法規定的前提下，各州均有權自由制定或取消州憲法，不同的州憲法在具體規定上差別很大，州憲法的修訂也比聯邦憲法便利。若州法與聯邦法有抵觸時，應適用聯邦法。在民事立法方面，聯邦的立法權範圍主要包括銀行、工業、國際貿易、州際貿易、專利權和稅收等事宜。但即使在上述範圍內也並不排除各州的立法權，美國各州建有較為完整的行政、立法和司法結構，在一定的範圍內管轄本地的財政、稅收、文化和教育等方面的事務。

2. 美國的法院組織設有聯邦法院與州法院兩套系統

具體分為：聯邦法院包括地區法院、上訴法院和最高法院；州法院包括第一審法院、上訴法院和聯邦法院、州法院。

美國法律制度的發展，主要是判例法和成文法相互作用的結果，習慣法對其影響不大。

(四) 重視程序法

英國法有一句格言：救濟先於權利（Remedies Precede Right）。在英國，實體法是通過各種訴訟程序形成的，如果某種權利缺乏適當的救濟方法，這種權利就不能存在，就不能得到法律上的保障。救濟是指通過一定的訴訟程序給予當事人以法律上的保護，救濟屬於程序法的範疇，權利則屬於實體法的範疇，程序不對，權利也無從獲得。這表明訴訟程序在英國法中佔有十分重要的地位。

三、當代國際貿易法統一化的發展趨勢

第二次世界大戰后，全世界進入了較穩定的和平時期，大多數國家紛紛利用這段

難得的時期發展自己的經濟，從而出現了經濟全球化。20世紀末，又接連不斷地發生了一系列事件，例如歐盟的順利發展、北約的擴大、世界貿易組織的成功發展、聯合國調控世界事務力量的增強等。這些事件充分證明了一個真理：經濟全球化已經成為勢不可擋的歷史大潮。目前經濟全球化的發展，必然要求各國人民在國際貿易中遵守相同的游戲規則，即國際貿易法的統一化也成為不可阻擋的歷史潮流。因此，我們必須抓住這次難得的機遇和挑戰，為推進國際貿易法統一化做出應有的貢獻。

（一）兩大法系法律淵源的發展趨勢

1. 大陸法系「判例法」的地位不斷提高

大陸法系國家都非常強調成文法的作用，這些國家，原則上不承認判例與成文法具有同等效力。法、德等國在法典頒布後的一段相當長的時期內，法官只能對法典進行狹義解釋，只能將法律事實與法律條文生硬地「對號入座」，法官毫無適用法律的靈活權力，因而常被普通法系學者稱為「機器人」。隨著社會經濟的發展變化，屬於大陸法系的各國出現了許多法典和法規所不能預見的情況，社會生活的發展要求對法典和法規所確立的法律原則有所改變。因此進入20世紀以來，大陸法系各國無視判例作用的態度已有所改變，例如德國公開明確地宣布，聯邦憲法的判決對下級法院有強制性的約束力。大陸法系「判例法」的形成有兩種情況：一種是通過最高法院的判決確立新的法律原則；另一種是法官在判案中對法典的某些條款作了擴展解釋而創造的法律原則。所以這種「判例法」與英美法系的判例法是不同的。

2. 普通法系成文法的數量日益增多

自19世紀末到20世紀初以來，普通法系國家的法律結構發生了深刻的變化。這種變化主要是成文法的比重和作用不斷上升，逐漸成為英美法的重要淵源。普通法系的成文法包括兩種情況：一種是議會制定的法律；另一種是行政機關按照法律制定的條例。據統計，英國從19世紀中期到20世紀中期的100年間頒布的、至今仍然有效的法律共有3 386件，如1882年的《匯票法》、1893年的《貨物買賣法》、1906年的《海上保險法》就是這項工作的主要成果。此外，英國從1870年開始進行《法律修訂匯編》的編纂工作。但是，直到目前為止，英國仍然拒絕像大陸法國家那樣編纂統一的刑法典、民法典和商法典。特別是1939年以來，英國開展了大規模的立法活動，形成了一些新的法律門類，如勞動法、經濟法等。這些新法由各行政委員會實施，而這些準審判機關在其活動中則不適用「先例約束力」原則。

從美國來看，成文法的地位和作用比英國突出。美國有兩種成文法，即聯邦成文法和州成文法。聯邦成文法主要是聯邦憲法，州的成文法除州憲法和州刑法典外，大多數州還有刑事訴訟法，一些州也有了民事訴訟法典，個別的州還有民法典。從19世紀下半期起，美國開始進行聯邦立法的整理編纂工作。

自歐盟成立后，英國作為歐盟的成員國，就認可了歐盟法作為其法律的一部分，並享有優先權，這就意味著英國法開始在某些方面與大陸法相匯合，也標志著英國法接受了大陸法系的某些法律原則。大陸法系雖沒有「遵守先例」的原則，但是在舊法條文已經不適用的情況下，特別是在法典沒有明文規定的情況下，判例往往也成為法

官判案的參考和依據。普通法系國家成文法日益增多，判例法有所減少，有些判例所反映的法律原則通過立法，變成成文法。

由於兩大法系法律淵源的形成是歷史傳統、社會政治、經濟狀況、思想文化發展等不同而長期演變的結果，它們的發展趨勢也必將受到這些客觀條件的制約，不可能立即匯合成單一的西方法系，兩大法系的重大差別還將長期存在。例如，普通法系國家雖然成文法日益增多，但仍以判例法為主要法律淵源的這一特點目前並未根本改變；大陸法系國家的「判例法」也並非普通法系國家意義上的判例法。從結果上看，雖然它們都是法官創製的法律，而且這種「法官法」都具有一定的約束力，但從創製法律的依據來看，兩者則有很大的差別。因此，兩大法系匯合成單一的西方法系還要經歷漫長的階段。

(二) 國際貿易法統一化的趨勢

隨著世界經濟的快速發展，越來越多的國家紛紛參與到國際貿易中來，當代國際經濟結構發生了深刻的變化，貿易與投資、知識產權、現代科學技術等構成了越來越密切的關係，這就要求加快相關的國際貿易法律實現統一化進程。

國際貿易法統一化實際上就是國內法與國際公約、國際慣例的結合，判例法與成文法的結合。在國際貿易法統一化的過程中，國內法顯然不能調整國際經濟貿易關係。例如，在合同的成立方面，大陸法國家多採用到達生效的原則，而普通法系國家則採用投郵生效的原則，這無疑會影響到國際貿易當事方的利益。傳統的國際商法主要是由「意思自治」原則來調整的，但是，近年來國家通過立法，從關稅、原產地規則、衛生檢疫和商品檢驗、配額和許可證、外匯、反傾銷和反補貼等一系列法律法規對國際貿易進行管理。就其法律規範的性質而言，屬於國內法的範疇，然其調整的對象，卻是國際的貿易關係，傳統的國際商法「意思自治」原則的運用必須與時俱進進行調整，否則將對國際貿易產生直接的不良影響。雖然商人習慣法也有國際性，但它畢竟是商人之間的商事做法，並非主權國家共同參加起草及通過的國際條例。商人習慣法基本上不是成文法，各國商人長期沿用的不少貿易慣例仍未成文化，不同國家的商人常常給予不同的解釋，使國際貿易法具有不確定性和不穩定性，這也影響了國際貿易的順利發展。而國際貿易法統一化中的文件，幾乎都是成文法，包括大量的國際條約、協定、國內立法甚至對國際貿易慣例的編纂和整理，各國政府、商人、法官或者仲裁員可以迅速便捷地查詢和使用需要的內容。世界貿易組織所管理的數十項國際協定，聯合國國際貿易法委員會通過的公約等，充分說明了這一點。當前的國際貿易法統一化，就是要求主權國家發揮主導作用，並要求政府間國際組織全面參與國際貿易法的統一化進程，使國家開始對國際貿易進行直接的法律性規制，讓國際貿易法開始大範圍地成文化。當然，國際貿易法的統一化雖然取得了長足的進展，但是還存在一定不足。例如，沒有對一些重要的問題做出規定，有些慣例至今尚未得到普遍的承認和採用等。無論如何，國際貿易法統一化已是大勢所趨。

參考書

1. 馮大同. 國際商法［M］. 北京：對外經濟貿易大學出版社，1998.
2. 蔡四青. 國際商法［M］. 北京：科學出版社，2005.

思考題

1. 何謂國際商法？
2. 試述國際商法的主體之間的關係。
3. 簡述國際商法的淵源。
4. 試述英美法系與大陸法系的主要特徵。
5. 試述國際貿易法統一化的趨勢。

課后案例分析

　　大連氯酸鉀廠向美國威士利化工工業公司引進漂粉精生產線設備。1987年12月23日，買賣簽訂了近500萬美元的商業合同。合同主要包括技術轉讓和購買設備兩方面內容。

　　買方：中國技術進出口公司大連分公司（外貿代理）、中國化工建設總公司大連分公司（擔保人）和大連氯酸鉀廠。

　　賣方：美國威士利水化學公司、加拿大貝克蘭系統公司（中間人）。

　　其中購買設備費為392萬美元，專有技術即8項技術秘訣轉讓費100萬元。全部價款只付現金83%，剩下17%由賣方收購產品漂粉精產量的5%作為返銷（這樣可節約80萬美元的現金）。商業談判和合同簽訂得相當規範和仔細。

　　1988年年底，全部設備抵達大連，合同順利履行，400多萬美元從中國打入美方的帳戶，美方的技術人員在大連企業協助安裝調試機器，萬事俱備，只剩下那8項技術秘訣。

　　1990年4月，中方終於接到美方的回音，公司不幸破產，不能繼續履行與中方簽訂合同的內容，這是不可抗力。由於無技術，美方技術員走了，中方只好自己試車，終於生產出離合格率只差一點的漂粉精沫。大連廠的職工不甘心地將這些不合格的漂粉精沫產品裝進早已印刷好的包裝袋內，並帶到北京的一個展覽會上，可有人卻把展臺上的產品送給了美國人。

　　負責進出口的中國技術進出口公司大連分公司很不甘心，請了一位美國律師，去美方做破產清理程序的法院，做了債權登記，希望能從破產公司的清理中獲得一些補償。不料中國技術進出口公司大連分公司在美國法院受到美國的迪拿米克公司的控告，狀告其在引進生產線時犯了法。迪拿米克公司稱，當時中方用100萬美元為誘餌，從威士利公司騙取了早已獨家轉讓給它的專有技術，證據是中方用此技術生產並展覽的

產品，另有威士利獨家轉讓的全部文件以及中方用 100 萬美元購買技術的合同文本。

有關部門對美國的無理行徑採取不予理睬的政策。10 個月後，美國破產法院做出以中國技術進出口公司大連分公司和中華人民共和國為被告的缺席判決：中方支付 140 余萬美元的賠償金，今后永遠不得使用漂粉精生產技術。中方仍未理會，案件被送到聯邦地區法院。

1993 年 11 月聯邦大法官做出更加嚴屬的第二次判決，除原罰金外，又罰加利息，賠償金達到 1 400 萬美元，另加一條「藐視」法庭的罪名，被告人也從前面的 2 個增加到 8 個。

1996 年美國亞拉巴馬州法院向「中華人民共和國」等 8 家中國公司、企業被告發出傳票，通知將於 1997 年 2 月 18 日開庭，審理執行 1993 年該法院做出的一個中方敗訴的判決。

此次開庭根據美方律師要求，凍結這些機構在美國的資產 1 400 萬美元，中國銀行紐約分行也被列為被執行財產的對象。中國仍採取不予理睬的政策。

這實際上是一起國際大冤案。在這場危機中不僅表現在中方將無辜地損失 1 400 萬美元，更重要的是就此將在美國法院形成一個不利中國的判例，即凡是在美國敗訴承擔債務的中國企業，都將以「連坐法」牽連其他在美國註冊、受美國法律管轄的中國公司。為了不讓這個判例形成，推翻原判決，中國必須打贏這場官司。最終，中國勝訴。

這是一起長達 10 多年，法律關係比較複雜，涉及的法律知識較多的案例，分析起來可從以下幾個方面入手：對該案的法律關係的分析，對購買生產線及設備的合同的分析，對美國公司破產的分析，中方被控告的理由和原告身分的分析，對凍結中國 8 家企業在美國財產問題的分析，該案件的關鍵是對「技術保證」沒有防範措施等。

第二章 國際貿易中的商事組織法

教學要點和難點

1. 瞭解和掌握商事組織的法律形式的一般概念和特徵；
2. 瞭解個人獨資企業法的主要內容；
3. 瞭解和掌握公司設立的必要條件、公司內部組織結構建立的法律規定；
4. 掌握中外合資經營企業法的主要內容；
5. 難點是企業的法人和非法人概念。

案例導入

原告紐本曾與一個叫克瑞金的人簽訂一份書面合同，議定購買「約克車行」製造的某類汽車。原告付清全部價款后，克瑞金未交貨即不見蹤影。原告認為克瑞金和瑪斯本登（被告）是合夥人。理由是：被告曾向「約克車行」無息投入 8.5 萬美元，並且以為該類汽車購買元件和其他設備的方式參與了經營，原告到「約克車行」如遇克瑞金不在便總是與被告打交道，被告還從汽車銷售中取得利潤。

被告辯稱：投入的 8.5 萬美元屬「貸款」，取得的汽車銷售款是「貸款」的償還和購買部件等勞務的報酬。法院的判決：被告敗訴。理由：①既為「貸款」，則還款量或還款時間就應該是固定的，不應等到汽車銷售時；②既為勞務，也應定時定量支付。被告的資金投入或取得不具備「貸款」和「勞務報酬」的特徵，故被告應被視為克瑞金的合夥人。

第一節 國際商事組織的法律形式

案例導入

深海商行是一家個人獨資企業，出資人陳某擁有私人住宅 3 套。由於經營不善，陳某決定解散商行，清算商行現有資產后陳某獲現金 20 萬元。陳某隨即通知商行債權人林某（擁有 35 萬元債權，且無擔保債權），將 20 萬元償還給林某后，表示債務人是深海商行，其全部資產已用來清償債務，現商行已解散，其對外欠債也自行消減，拒絕償付林某余下的 15 萬元債務。林某無奈之下於 6 月 10 日向法院提起訴訟，主張剩餘的 15 萬元債務，要求變賣陳某的住宅，並將變賣所得清償其債權。

問題：陳某主張深海商行已以其全部資產對外承擔責任，現深海商行已解散，其對外債務自行消滅，該主張是否成立？

商事組織，又稱商事企業，是指以自己名義從事營利性活動，並具有一定規模的經濟組織。由於國際貿易中的商事關係是由商事組織建立和承受的，因此規範從事國際貿易商事活動的商事組織法在國際商法中具有首要的地位和作用。在實行市場經濟的國家，商事組織有各種各樣的法律形式，一般說來，商事組織主要有三種基本的法律形式，即個人獨資經營企業、合夥企業和公司。

一、個人獨資經營企業

個人獨資經營企業，又稱個人企業（Individual Proprietorship），是指由一個自然人出資並從事經營管理的企業。這類企業主要具有以下法律特徵：

（一）個人獨資企業是一個自然人企業，不具有法人資格

個人獨資企業的成立一般不要求履行正式的法律手續，只需辦理註冊和領取營業執照即可經營。企業的財產與出資人的財產沒有任何區別，出資人就是企業的所有人，他以個人的全部財產對企業的債務負責。也就是企業主對其經營活動和企業的債務單獨承擔無限的清償責任，即一旦因經營不善或其他原因而使企業發生虧損倒閉，企業主對企業債務賠償責任不僅限於他在企業中的資產，而且要以其在企業債務賠償進行抵償，也就是要以其全部財產對企業的債務承擔責任，因此個人獨資企業主的風險比較大。

（二）個人獨資企業不設立內部組織機構

個人獨資企業的出資人對企業的經營管理擁有控制權和指揮權。也就是個人獨資企業的企業主對本企業的一切業務活動有決定權、處置權和代表權，其經營比較靈活。儘管有時個人獨資企業會根據需要聘用一些管理人員，但經營的最高決策權仍屬於企業主。個人獨資企業的企業主有權決定企業的停業、關閉等事項。

（三）個人獨資企業的資金來源有限，資本數額較少

個人獨資企業通常只經營有限的小額生意。例如在美國或加拿大，只用花十幾美元或幾十美元的註冊費用即可被允許進入市場，法律上對個人獨資企業並無註冊資金的限制。在中國，改革開放初期個人企業通常是指個體工商戶。自 2000 年 1 月中國頒布《中華人民共和國獨資企業法》之後，個體工商戶被改稱為個人獨資企業。

（四）個人獨資企業的稅賦比較輕

個人獨資企業主只需繳納一次個人所得稅，而不必像公司企業的股東，在公司繳納了法人所得稅後，還須繳納個人所得稅，即「雙重納稅」。

知識拓展

由於個人獨資企業設立手續簡便，內部關係簡單，經營方式比較靈活，法律規定比較寬鬆和優惠，個人獨資企業在實行市場經濟國家中是數量最多的企業形式，如美國的個人獨資企業約佔其全部企業總數的77%。但又由於個人獨資企業資金通常比較單薄，難以形成大企業，加之企業主投資要承擔無限責任，風險比較大，因而個人獨資企業大多屬於中小企業，故在世界各國經濟中並不起主要作用。另外，某些國家對個人獨資企業的生產經營範圍有所限制，例如日本等國不允許個人獨資企業從事銀行、保險等事業。2000年1月1日起生效的《中華人民共和國獨資企業法》規定，獨資企業不具備法人資格，投資者須以其全部財產對企業的債務負責，還規定不允許獨資企業從事軍工、金融業的經營活動，不得生產經營國家禁止的產品。

二、合夥企業

合夥企業，又稱合夥（Partnership），是指兩個或兩個以上的合夥人共同投資經營，共同承擔責任或企業風險，共同分享利潤而組成的企業。與其他商事組織相比，合夥企業具有以下主要法律特徵：

1. 合夥企業是合夥人共有的營利組織

合夥人設立合夥企業的目的是營利，這就使合夥企業不同於工會、行會組織、其他宗教或慈善組織。合夥人共同擁有合夥企業，這使合夥人之間的關係不同於雇主與雇員、房東與房客、出租人與承租人之間的關係。合夥人共負盈虧，這使合夥人不同於只享有盈利不負擔虧損的債權人、雇員、代理人與出租人。

2. 合夥企業基於合夥人之間訂立的契約而成立

合夥企業的成立，通常要簽訂合夥契約。合夥契約是規定合夥人之間權利與義務的法律文件，是確定合夥人在出資、利潤分配、風險及責任的分擔、合夥的經營等方面權利與義務的基本依據，對每一個合夥人均具有約束力。因此，合夥人之間實際上是一種契約關係。即使合夥企業設有一定的組織機構負責日常的業務，其內部關係仍主要適用合夥契約的有關規定。

3. 合夥企業是「人的聯合」

合夥企業是基於合夥人之間的信任而建立在合夥契約基礎之上的。它強調的是人的聯合，合夥人與合夥企業緊密聯繫，合夥人中如有一人死亡、破產或退出，合夥企業即告解散。

4. 合夥企業的合夥人原則上均享有平等參與管理合夥事務的權利

除非合夥契約有相反的規定，每個合夥人均有權對外代表合夥企業從事業務活動。其在執行業務中所做出的行為，對合夥企業和其他合夥人都具有拘束力。

5. 合夥企業的合夥人對企業的債務承擔無限連帶責任

連帶責任是指合夥人對合夥企業的全部債務負有單獨清償的責任，債權人可以向任何一個合夥人要求清償全部債務。無限責任是指合夥人的責任不以出資數額為限，當企業財產不足以清償債務時，不足部分應由合夥人的其他財產抵償。可見，合夥人以個人所有的全部財產作為合夥債務的擔保。一旦合夥企業的財產不足以清償其債務，各個合夥人都要對此承擔無限責任，而且相互間存在連帶責任。

6. 合夥企業一般不是法人

合夥企業原則上不能以合夥企業的名義擁有財產，享受權利和承擔義務。合夥的財產應歸合夥人共有，只是管理權和使用權歸合夥企業，以便合夥企業統一使用合夥投資，實現合夥經營的目的。在合夥存續期間，合夥人不得擅自抽取、分割和任意轉讓企業的財產和資金。因為合夥關係只是合夥人之間的合同關係，不具有外部的統一性，故其對外活動以合夥人的名義進行。

但是少數大陸法系國家在立法或實踐中已經承認合夥企業是法人，如法國、荷蘭、比利時等。1987 年修改后的法國《民法典》第一千八百四十二條規定：「除隱名合夥以外的合夥，自登記之日起，享有法人資格。」英美法系國家雖然不承認合夥企業的法人資格，但在某些特定場合也把合夥企業視為法人，如美國法律規定，合夥企業可以以合夥的名義起訴、應訴。《中華人民共和國合夥企業法》（以下簡稱《合夥企業法》）規定，合夥企業不是法人，但鑒於個人合夥組織的客觀存在及其參加各種商事活動的事實和經濟意義，允許合夥企業起字號，依法經核准登記，在核准登記的經營範圍內從事經營。

知識拓展

合夥企業在市場經濟國家是一種數量較多的企業形式。由於合夥企業簡單易行、靈活方便，具有出資人相互極端信任的性質，而且比較穩定、可靠，尤其適用於小型企業，因此合夥企業在各國仍占一定比例。在實行市場經濟體制的各國，合夥企業也起到重要的作用，發達國家在加強公司立法的同時，也開始重視合夥企業的立法。英美法系國家主要以單行法的形式立法。英國現行的合夥企業法是由 1890 年《合夥法》和 1907 年《合夥法》組成的。美國的合夥法仍然屬於州法，為統一各州的合夥法，美國 1914 年由統一州法全國委員會起草了《統一合夥法》和《統一有限合夥法》。這兩個合夥法已得到大多數州的採納，從中可以看出，美國的合夥法深受英國的影響。大陸法系國家一般將合夥放在民法、商法典中加以規定，近年來，大陸法系中的某些國家如法國、日本等關於合夥規定的一項最重要的突破是承認合夥也為法人。中國的經濟活動中也大量存在合夥形式，《中華人民共和國民法通則》（以下簡稱《民法通則》）、《中華人民共和國私人企業暫行條例》《中外合作經營企業法》（以下簡稱《中外合作經營企業法》）等為中國合夥法的初期淵源。1997 年 2 月 23 日，中國終於通過了單行的《合夥企業法》，該法於 1997 年 8 月 1 日生效。

但是由於合夥企業在規模、組織以及資金來源等方面的限制，合夥人對債務負無限連帶責任，因此人們往往不願用這種形式出資。又由於合夥企業的人數有限，不容易集聚更大的資本，所以合夥企業大都屬於中小型企業，特別是家族企業。

三、公司

公司（Corporation）是依法定程序設立的，以營利為目的的法人組織。公司與企業是兩個既有聯繫，又有區別的概念。企業是指應用資本賺取利潤的一種經濟組織，包括獨資企業、合夥企業、合作企業和公司企業等形式。

(一) 公司的法律特征

公司只是企業的一種組織形式，根據各國法律的規定，公司一般應具備以下法律特征：

1. 公司是依法登記而成立的經濟組織

公司作為規範化的經濟主體，必須嚴格依照法律的規定設立。①依據公司法而成立。各國公司法對公司成立的一系列基本條件，如公司發起人的資格和數目、最低股本額、公司章程和公司管理機構的組成等都作了明確規定，只有滿足了上述條件並經過註冊登記后，公司才能成立。②公司除了要依公司法規定外，還要符合其他有關法律規定。如在中國境內設立外商投資公司，除符合中國公司法外，還要符合中國外商投資企業的有關規定。

2. 公司是以營利為目的的經濟組織

營利是指通過生產、經營或服務謀求某種利益，這種利益一般是指貨幣的增值。公司以營利為目的，指公司的設立、運行是為了獲得經濟利益，凡不是以營利為目的的社會組織就不是公司。

3. 公司是由數名股東共同出資而組成的經濟組織

從組織要素看，公司是「資本的聯合」，公司股東的退出、破產或死亡不影響到公司的存續。除政府特許外，一個股東不能設立公司①，這是它與獨資企業的區別。

4. 公司是具有法人資格的經濟組織

①公司必須擁有與其生產經營規模相適應的財產，而且應是獨立於它的成員（股東）的財產之外的。這些財產來自股東的投資，亦即公司的股東一旦將自己的資產投入公司，該財產在法律上就屬於公司所有，股東就喪失了直接處置該財產的權利。②公司須有自己的名稱、組織機構和經營場所。③公司以自己的名義進行活動，自主經營，自負盈虧，並以其全部財產承擔債務責任。

從各國來看，公司的數量在社會經濟因素中所占的比例並不是很大，但其經濟實力和影響卻是任何其他組織或個人所無法比擬的。以美國為例，據統計，美國非政府工作人員中，每6人中就有1人受聘於美國500家最大的公司，美國2/3的非農業經濟活動是由這500家公司包攬的。盡管公司在美國企業中所占的比例大約只有1/5，但公司卻為美國3/4的勞動力提供了就業機會。美國社會中的這些情況在其他發達國家和發展中國家也同樣存在。因此，可以這樣說，公司是社會經濟活動中最重要的商事組織，公司法不言而喻地成為商事組織法中最核心的法律。

(二) 公司的種類

根據股東對公司債務所負責任的不同，公司可分為無限責任公司、兩合公司、有限責任公司和股份有限責任公司四類，但在現實中主要是有限責任公司和股份有限責任公司兩類。

1. 有限責任公司

有限責任公司是指由公司法規定的一定人數（兩個或兩個以上）股東所組成，每個股東以其所認繳的出資額為限對公司債務承擔責任，公司以其全部資產對債務承擔責任的公司。

---

① 參照2005年修改的《中華人民共和國公司法》中規定設立一人有限責任公司的條件。

有限責任公司具有以下幾個特徵：

①有限責任公司的股東僅就其出資額為限對公司負責。②有限責任公司的資本不分為等額股份，不對外發行股票。證明股東出資份額的權利證書稱為出資說明書，而不是股票。它是非證券性質的，不能在證券市場上隨便轉讓。③有限責任公司的股東有最高人數的限制。中國公司法、英國公司法等規定，有限責任公司的股東人數不得超過 50 人，如超過此數，有限責任公司必須轉為股份有限公司或予以解散，其他公司沒有最高人數的限制。④有限責任公司不公開自己的財務狀況，因為其不涉及社會上其他公眾的利益。⑤有限責任公司股東的出資轉讓受到嚴格的限制。從廣義上講，有限責任公司基本上屬於資合性質，但股東之間一般比較熟悉，也具有人合性質。有限責任公司的董事通常擁有該公司的全部或主要股份，管理者就是擁有者，他們的退出或股份的轉讓對公司的存續有一定的影響。中國的公司法規定，有限責任公司的股東向股東以外的人轉讓其出資時，必須經全體股東過半數同意。⑥有限責任公司的聯合或合併較為困難，這是因為有限公司董事手中握有公司的大多數股份，它們在股東大會上有決定性的發言權和決策權，而且有限公司的股份轉讓限制較嚴，也阻止了某些股東要求公司合併的意圖。

知識拓展

無限責任公司，又稱無限公司。它指由兩個以上股東組成，股東對公司債務負連帶無限責任的公司。其特點有：①無限公司必須由兩個或兩個以上的無限責任股東組成，無限責任公司的股東多以自然人為限。②無限公司可以不擁有註冊資本，帳目不受外界檢查。③無限公司股東對公司債務承擔無限清償責任。④無限公司的股東必須直接參加公司的經營管理。在無限連帶責任這一點上，無限公司的股東與合夥組織的合夥人是完全相同的。

兩合公司，是指一部分股東對公司債務負無限責任，而另一部分股東對公司債務僅負有限責任的公司。在兩合公司中，負無限責任的股東對公司債務負連帶的無限清償責任，但他們享有代表和管理公司的權利，而只承擔有限責任的股東對公司債務的責任僅以其出資額為限，但他們無權代表和管理公司。兩合公司這種商事組織僅見於大陸法系國家，它類似於英美法系中的有限合夥，但與后者不同的是它具有法人資格。

2. 股份有限責任公司

股份有限責任公司是指公司資本劃分為等額的股份，股東僅以其所持有股份為限對公司債務承擔責任的公司。有限責任公司與股份有限公司相比，它們的共同特點是股東對公司債務都承擔有限責任，但它們還有較大的差別。

有限責任公司與股份有限公司的差別，主要表現在以下幾個方面：

①股份有限公司的全部資本分為等額股份，股份採取股票的形式。這是與有限責任公司最主要的區別。②股份有限公司的股東有最低人數的限制，而無最高人數的限制。③股份有限公司的股東就其所認繳股份對公司負責，也就是股東對公司只負繳清其股份金額的責任，但並不對公司的債務負責，公司以其全部資本對公司的債務承擔責任。④股份有限公司可對外發行股票，股份也可以自由轉讓。股份有限公司是比較典型的合資公司，具有完全的資合性質。在股份公司中股東的人身性質沒有任何意義，

任何願意出資的人都可以成為股東，沒有資格的限制。股東僅僅是股票的持有者。股東的所有權都體現在股票上，並隨著股票的轉讓而轉移。⑤股份有限公司因股東數眾多須公開自己的財務狀況。在股份有限公司中，股權分散，股東人數眾多，公司的擁有權與管理權相分離，公開股份有限公司的帳目有利於眾多的股東瞭解公司的經營狀況、資產動態和利潤增長等方面的信息，以便投資者或股東的進一步投資或獲得利益。

在各國現實經濟生活中，起主要作用的且數量較多的是有限責任公司與股份有限公司，中國公司法所肯定的也是這兩類公司。

第二節　合夥企業法

案例導入

史密斯先生是某合夥事務所的合夥人之一，與其他三個合夥人一起被授權參與經營管理。2009年5月，在沒有通知其他合夥人的情況下，他擅自與一家企業簽訂了一項合同，結果使得該事務所遭受損失，承擔了債務。同年10月，他退出該事務所。12月，債權人要求該事務所償還這筆債務，遭到拒付，理由是其他三個合夥人對此不知情；債權人要求斯密斯先生支付，也遭到拒付，理由是他已經退出該事務所。史密斯先生和該合夥事務所的拒絕是合理的嗎？

一、合夥企業的設立

（一）合夥合同

各國的法律一般規定，合夥企業是基於合夥人之間的合同而成立的。合夥合同是規定合夥人之間權利和義務的法律文件，是確定合夥人在出資利潤的分配、風險及責任的分擔、合夥的經營等方面的基本法律依據。

發達的市場經濟國家一般對合夥合同的形式是採用口頭的或書面的並無限制性要求。但是，中國《合夥企業法》要求設立合夥企業的合夥人必須以書面形式訂立合同，合同一經生效，對每一合夥人均具約束力。

合夥合同包含下列內容：①合夥企業的名稱、合夥人的姓名及其住所；②合夥目的和合夥企業的經營範圍；③主要經營場所的地點以及經營管理方式；④合夥人的出資方式、每一合夥人的出資種類和金額和交付出資的期限；⑤利潤分配和虧損分擔方法；⑥合夥企業事務的執行；⑦合夥的期限、入伙和退伙；⑧合夥企業的解散和清算；⑨違約責任；⑩其他必要事項。

中國《合夥企業法》中的上述規定對避免或減少合夥人之間的糾紛顯然是大有益處的。那些不強行要求有書面協議的國家的司法實踐一般也主張合夥人之間最好還是採用有憑有據的書面協議。

（二）合夥的登記

通常，成立合夥企業的手續較為簡便，但各國對此規定不一。

英美法系國家對普通合夥一般不要求政府的批准登記，但要求所有的合夥組織都必須有合法的目的。英國的合夥法對合夥組織的商號有特別的要求，即合夥組織的商號一般應以普通合夥人的姓氏命名，在姓氏之後可以加上「商號」（Firm）或「公司」（Company）的字樣。但是，無論是普通合夥還是有限合夥，其名稱中均不得加上「有限」字樣，否則即予罰款。若商號名稱未包含合夥人的真實姓名或未包含合夥人真實姓名的開頭字母，則要求該合夥組織必須向有關主管部門進行註冊登記，並須在其一切信箋、文具上提供參與商業活動人員的詳情以及每人的地址（一般為營業地址）。英國法的這些規定是為了使有關文件能順利送達。美國統一合夥法規定，合夥須依合夥人的協議而組成，無須政府批准，但必須有合法的目的，只有律師業、醫師業等特殊行業的合夥組織須向主管部門申領開業執照後才能正式從業。此外，按英國合夥法規定，若商號名稱中未包含合夥人的真實姓名或未包含合夥人真實姓名的開頭字母，則該合夥組織須向有關主管部門進行註冊登記。大陸法系國家都要求設立合夥組織時必須履行申請登記手續。中國《合夥企業法》要求，合夥企業經申請獲準登記並領取營業執照後，方可從事經營活動。

很多國家對合夥組織的成員數作了限制性規定，如英國規定，除律師、會計師、證券批發商、證券經紀商、專利代理人、檢驗師及與檢驗職業有關者、精算師、咨詢工程師和建築工程師所組成的合夥組織外，其他合夥組織的成員人數不得超過20人。美國各州法大多規定，合夥組織的成員數不得超過50人。

二、合夥企業的內部關係

合夥企業的內部關係是指合夥成員之間的權利與義務關係，一般情況下，它們的關係主要以合夥協議或合同形式明確。

（一）合夥人的權利

合夥人主要有以下權利：

（1）分享利潤的權利。每個合夥人均有根據合夥合同規定的比例取得利潤的權利。若合夥合同未規定的，按英、美、德等國合夥法的規定，合夥人應平均分配利潤，而不考慮合夥人出資的多少。法國則規定應按合夥人的出資比例分享利潤。

（2）參與經營的權利。除非合夥合同有相反的規定，每個合夥人在正常的業務範圍內有權相互代理。

（3）獲得補償的權利。合夥人在處理合夥組織的正常業務中的支出，有權從合夥組織中獲得補償，但合同另有規定者除外，任何合夥人不得針對其在合夥組織中的勞務要求報酬。

（4）監督和檢查帳目的權利。每一合夥人都有權瞭解、查詢有關合夥經營的各種情況，負責日常業務的合夥人不得拒絕。

（二）合夥人的義務

合夥人的義務主要有以下幾項：

（1）繳納出資的義務。合夥人有義務按合同規定的時間、數額、方式繳納出資。

(2) 忠實義務。每個合夥人在處理合夥組織的義務時，須對其他合夥人負「絕對真實」的義務，向其他合夥人提供合夥組織的真實帳目和一切情況，不得私自以合夥組織的名義與自己訂立合同，也不得經營與合夥組織相競爭的事業，否則，由此所賺的利潤須歸合夥組織。

　　(3) 謹慎和注意的義務。參與經營管理的合夥人在執行合夥事務時，必須謹慎小心，如因其失職而給合夥企業造成損失，其他合夥人有權請求賠償。

　　(4) 不得隨意轉讓出資的義務。合夥人未經其他合夥人同意不得將其在合夥中的出資及各項權利轉讓給第三人。

三、合夥企業的外部關係

　　合夥的外部關係是指合夥組織與第三人的關係。各國一般規定，每一合夥伙伴在企業所從事的業務範圍內，都有權作為合夥企業與其他合夥人的代理人。這種合夥人之間的相互代理規則決定了合夥企業同第三人的關係有以下特點：

　　(1) 每個合夥人在執行合夥企業通常業務中所作的行為，對合夥企業和其他合夥人都具有拘束力。除非該合夥人無權處理該項事務，且與其進行交易的第三人也知道其未得到授權。

　　(2) 合夥人間若對某一合夥人的權利有所限制，不得用以對抗不知情的第三人。

　　(3) 合夥人在從事正常的合夥業務中所作的侵權行為，應由合夥企業承擔責任。但合夥企業有權要求由於故意或疏忽的有關合夥人賠償企業由此而遭受的損失。

　　(4) 新合夥人對參與合夥之前合夥組織所負的債務不承擔任何責任，對已退出合夥組織的原合夥人而言，若日後發生的債務是在其退伙之前的交易結果，則他仍須對債務負責，若該債務與其退伙之前的交易無關，且第三人知道他已不是合夥人，則他對退伙后第三人的債務不承擔任何責任。

四、合夥企業的解散

　　合夥企業的解散可分為自願解散和依法解散兩種。

　　自願解散是指合夥企業依合夥人之間的協議而解散。因其本身是基於協議而成立的，故法律允許當事人再以協議解散。

　　依法解散是指合夥企業依法律的有關規定而宣告解散。這種類型的解散大體有以下幾種情況：①合夥人中的一人死亡、退出或破產。②因發生某種情況，致使合夥企業所從事的業務成為非法，如發生了戰爭，合夥人之一成了敵國公民等。③某合夥人精神失常，長期不能履行其職責；或因行為失當使企業遭受重大損失；或因企業經營失敗難以繼續維持。

　　無論採取哪種方式解散合夥企業，合夥人都應對合夥財產進行清算。如果合夥組織的財產不足以清償合夥組織的債務，合夥人須承擔無限連帶責任。但若清償了所有債務之后仍有剩餘，則所有合夥人都有權參與企業財產分配。

五、有限合夥

（一）有限合夥的概念

有限合夥，是指由至少一名普通合夥人和至少一名有限合夥人組成的企業，前者對合夥企業的債務負無限責任，後者則只負有限責任，即僅以其出資額為限對合夥企業的債務承擔有限責任。①

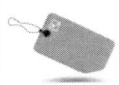

知識拓展

有限合夥的起源及發展：有限合夥起源於歐洲中世紀，在 12～13 世紀，隨著歐洲地中海地區海上貿易的發展和擴大，單個商人已不再適應較大規模的商業冒險。於是「卡孟達契約」（Commenda）便應運而生。「卡孟達契約」主要在普通商人與海運商人之間訂立，一般規定由普通商人提供資金，海運商人負責經營、販賣貨物，普通商人的風險及責任以其出資為限，這種契約後來便演變為有限合夥。1807 年法國商法典首次對有限合夥作了規定，1890 年英國合夥法也規定了有限合夥，1907 年又制定了單行的英國有限合夥法，「美國統一州法委員會」於 1916 年制定了美國統一有限合夥法，現已被大多數州所採納。

（二）有限合夥中有限合夥人的權利及義務

在有限合夥中，普通合夥人的權利和義務與其在普通合夥中是基本相同的。有限責任合夥人的權利、義務主要有以下幾項：①有限責任合夥人不參與企業的經營管理，其行為對企業無拘束力，如果其參與了企業的經營管理，其在此期間就要對企業的一切債務承擔責任；②有限責任合夥人的名稱一般不列入商號名稱，如果列入則有限合夥人將對合夥的債務承擔無限責任；③有限責任合夥人有權審查企業的帳目；④有限責任合夥人的死亡、破產不影響企業的存在，不產生解散企業的後果，但如果負無限責任的普通合夥人一旦死亡或退出，除合夥協議另有規定外，企業即告解散；⑤有限責任合夥人所持的股份經過普通合夥人同意之後，可以轉讓給別人；⑥有限責任合夥人不得發出解散企業的通知。

第三節　公司法

案例導入

史密斯先生與其他數人成立了「東亞股份有限公司」，專事投機買賣。公司註冊資本為 100 萬美元，史密斯先生在某日違反公司法與別人簽訂一筆合同，虧損 1 000 萬美元。債權人催他清償債務，他聲稱東亞股份有限公司乃獨立法人，他對該公司所負債務只以其出資 40 萬美元為限，而他的個人財產為 500 萬美元。斯密斯是否應用其個人

---

① 中國《合夥企業法》中規定了有限合夥的內容。

財產來支付公司債務？

公司法是指規定公司的設立、組織、經營、解散、清算以及調整公司對內對外關係的法律規範的總稱。公司的對內法律關係包括：公司的股東、董事、經理、職員等各部分人的權利與義務關係，公司各行政機構，如股東會、董事會、監事會等之間的法律規定。公司的外部關係包括：調整公司與政府之間的關係、調整公司與第三人之間的關係。第三人主要是指與公司進行業務往來的公司、企業、經濟組織以及個人。公司法的規範具有強制性、嚴格性，其目的是保護公司股東和債權人的合法權益，維護社會交易的安全。

一、公司的設立

公司的設立是指發起人為組建公司，使其取得法人資格，必須採取和完成的多種連續的準備行為。公司的設立必須履行以下手續：法定的發起人、發起人負責擬訂公司的章程和內部細則，湊齊法律所要求的最低資本金並組織認購股份，選舉或任命公司的管理人員，申請註冊登記等。這些手續完成后，經主管當局核准登記，即可領取營業執照，至此公司便告成立。由於公司的種類不同，設立的基礎不同，各國公司法對各類公司設立的具體要求不盡相同，但就各類公司設立行為的共同內容而言，主要包括以下幾個部分：

(一) 公司設立的方式

公司設立的方式可以分為兩種，即發起設立和募集設立。

1. 發起設立

它是指公司的資本由發起人全部認購，不向發起人之外的任何人募集而設立的方式。

這種設立方式，因其設立程序較為簡單，也稱為單純設立；又因其無須對外募股，由發起人共同認購，又稱為共同設立。由於無限責任公司是人合公司，兩合公司和有限責任公司也近似於人合公司，資本都具有封閉性，故只能採取此種設立方式。股份有限公司的設立也採取此種方式。

2. 募集設立

募集設立是指發起人不能認足公司的資本總額，其余部分向外公開募足而設立的方式。

與發起設立相比，募集設立的主要特點在於，向發起人之外的社會公眾募股，故僅適用於股份有限公司，特別是當設立規模較大的股份公司時，僅憑發起人的資本往往不足，則需要採取這種設立方式。由於這種方式既需對外募足股份，又須召開創立大會，其設立程序比發起設立複雜，故又稱為複雜設立。而由於股東的確定是分次而為之（發起人認股在先，股股人認股在后），又稱為漸次設立。

各國公司法對採取募集方式設立的公司，對發起人認購的股份應占發行資本總數的比例大都有限制性規定。這對於防止發起人完全憑藉他人的資本來開辦公司，自己不承擔任何財產責任，或者只投入極其少量的資本，僅承擔其有限的責任，是非常必要的。

（二）公司設立的條件

設立公司必須具備一定的條件，各國的法律雖有具體規定，但一般必須具備以下共同條件：

1. 發起人

發起人又稱創辦人，是指負責籌建公司的人員。由於發起人都有出資或認購公司股份的義務，在公司成立後即成為公司的首批股東。

但是發起人與股東又存在差別：①發起人在公司成立之前即存在，而股東只在公司成立之後才存在。②發起人的目的是創設公司，所以發起人除了認購並繳納出資外，還負有籌辦公司事務等一般股東不承擔的義務；股東是為了取得公司股份，作為公司的組成人員，其義務僅在於繳納出資，並對公司的債務承擔相應的責任。③發起人不一定成為股東。發起人籌辦創立公司的各種事務後，若公司成立了，發起人即成為公司的股東，但公司若未成立，發起人則不能成為公司的股東，因為沒有公司，也就無所謂股東。

在一般情況下，發起人可以是自然人，也可以是法人。自然人作為發起人，應是具有完全行為能力的人。法人作為發起人，應是法律上不受特別限制的法人。

各國公司法對發起人人數都有具體的規定，除個別國家如美國有些州的法律允許1人發起設立公司外，絕大多數國家規定發起人須在2人以上，如法國、日本為7人以上，德國為5人以上，英國為2人以上，中國股份有限責任公司為2人以上。

對於發起人的國籍和居住地問題，多數國家沒有限制性規定，本國公司和外國人都可作為公司的發起人。只有個別國家的公司法對發起人的資格作了限制。例如，意大利公司法規定，公司發起人不一定是意大利公民，但外國人擁有意大利公司3%以上股份時，需經意大利財政部批准。挪威公司法規定，若公司發起人的投股書是向公眾公開發出的，則發起人應有一半須在挪威居住2年以上。中國的公司法規定，在中國設立股份有限公司，必須有半數的發起人在其境內有住所。

各國都要求發起人對所創建的公司及其股東負有忠誠、無欺詐和公正的義務。例如，發起人須在投股書中向一個獨立的董事會或公司股份認購者說明在創辦中獲得的利潤。若其未向公司說明獲利情況，或向公司隱瞞其獲利情況，公司有權收回發起人的獲利。

2. 資本

公司資本是指由全體發起人或股東認繳的股金總額。公司資本是公司賴以生存的「血液」，是公司營運的物質基礎，也是公司債務的總擔保。因此，公司資本是公司設立必不可少的條件之一。

公司資本一般由現金、實物和無形財產構成。為保證公司資本的真實、可靠和充足，各國公司法對股東出資的義務、程序、方式等，都有著十分詳盡的規定，對公司法定資本金的最低限額也都有明確的要求。如德國要求股份有限公司至少為10萬德國馬克，法國規定至少為50萬法國法郎，英國規定至少為5萬英鎊。美國等少數國家對公司的資本要求較低，他們重視的是公司的經營能力。美國不少州規定，公司的資本額只要達到1 000美元即可，有些州甚至只規定為500美元。中國公司法規定，有限責任公司的註冊資

本最低限額為 3 萬元。股份有限公司註冊資本金最低限額為 500 萬元。[1]

3. 設立行為

設立行為是指發起人制定章程、確定股東履行出資、確定內部組織機構及向登記機關提出登記申請等創立公司的行為，公司發起人必須實施公司法所規定的各項設立行為，否則公司不得成立。此外，如公司創立不成，所有發起人應對這種行為所產生的債務承擔責任。

(三) 公司設立的程序

設立公司的程序問題，是公司法的一個重要組成部分。各國公司法對設立程序的規定雖有繁有簡，但對以下內容的規定卻是基本相同的：

1. 發起人發起

發起人要先對設立公司進行可行性分析，確定設立公司的意向。

2. 訂立公司章程

公司章程是公司設立過程中須向公司註冊機構提交的關於公司宗旨、資本數額、業務範圍、組織機構及其職權和活動方式等諸事項方面基本原則的最為重要的文件。

依各國公司法規定，公司章程的內容主要有以下幾個方面：

有限責任公司法規定，公司章程的內容主要有：①公司的名稱和住所。②經營範圍。③註冊資本。④股東的姓名或名稱。⑤股東的權利和義務。⑥股東的出資方式和出資額。⑦公司機構及其產生辦法、職權和議事規則。⑧公司的法定代表人。⑨公司的解散事由與清算方法。

股份有限公司除上述內容外還須載明：①公司的設立方式。②公司股份總數。③每股金額和註冊資本。④發起人的姓名或名稱。⑤認購的股份數。⑥公司利潤分配辦法。⑦通知或公告方式等。

知識拓展

設立任何公司都須制定章程，這是公司設立的極其重要的法定步驟。無限責任公司、有限責任公司及兩合公司的章程由公司最初的全體股東制定，股份有限公司章程的制定人是全體發起人，並須經創立會通過，此後須將其提交主管機關登記，以示公司保證按章程所定的準則從事組織和經營活動。一旦政府主管機關核准了章程，就等於接受了公司所作的保證，它就成為公司的「根本大法」，須對外公開。公司若違反章程，就應承擔相應的責任和處罰。

公司章程的法律特徵：

(1) 公司章程是公司內部的基本法律規範。股份有限公司和有限責任公司的章程規定了公司的類型、宗旨等重大事項，為公司的設立和活動提供了一個基本的行為規範。從實質意義上來說，章程是關於公司組織及行動的基本準則。依據《中華人民共和國公司法》(以下簡稱《公司法》) 的規定，公司章程是全體發起人共同的書面意思

---

[1] 參照 2005 年《中華人民共和國公司法》中的規定。

表示，中國《公司法》第九十一條規定：創立大會對通過公司章程所作出的決議，必須由出席會議的認股人所持表決權的半數以上通過。關於股份有限公司章程的修改，中國《公司法》第一百〇四條規定：修改公司章程必須經出席股東大會的股東所持表決權的 3/2 以上通過。

（2）公司章程是多數人的共同行為。公司章程必須經全體制定人同意，才能形成。制定章程是一種要式行為，章程應形成書面文件，制定人應在章程上簽名或蓋章。有些國家公司法規定，資合公司的章程，要經過公證機關或法院的公證，才能發生效力。公司章程生效后，必須保持其內容相對穩定，不得隨意變更。

（3）公司章程只對公司內部人員具有約束力。公司章程只對公司內部人員具有約束力，而不能對抗善意第三人。依中國《公司法》第十一條的規定設立公司必須依照該法制定公司章程。公司章程是某一團體的自治法規，公司章程對公司、股東、董事、監事、經理具有約束力。這體現了公司法保護社會利益、國家利益和善意第三人合法權益的原則。善意第三人是指與公司進行正常業務交往的個人和經濟組織。保護善意第三人的合法權益，是為了防止犯罪分子利用公司制度進行欺詐、脅迫活動，維護社會正常商業交往的安全。對於惡意的第三人，沒有進行合法正常的業務交往的違法者，則要予以嚴懲，這樣才能保障整個社會經濟秩序的穩定。規定公司不能以其對經理人或者其他負責人的任命不符合章程規定的程序和條件為由而對抗善意第三人，是世界各國的普遍做法。例如，在英國，只要代表公司進行交易的人是實際上有權或者應該有權的公司機關或負責人任命的，無論該職員的任命是否符合公司章程規定的條件和程序，善意第三人都有權要求公司對該職員的行為負責。法律之所以這樣規定，主要是為了增進交易的速度，如果不作這種規定，豈不意味著第三人在與公司進行交易時，必須調查公司代表或代理公司進行交易的人是否是經正常手續任命的。這種調查一方面很困難，另一方面也影響交易的速度，不利於交易的迅速進行。

3. 確定股東

無限公司、有限公司及兩合公司的股東，一般在訂立章程時予以確定，即在章程中明確記載股東的姓名。股份有限公司的股東，一部分可在章程中確定，這就要求是公司發起人。另一部分股東需要募集，通過募股程序來確定。

4. 繳納出資

公司的資本是由全體股東出資構成，在公司章程中應有明確記載。因此，除實行授權資本製的國家外，公司章程中所記載的資本總額，在公司成立時都必須落實到每一股東的名下，凡股東均負有出資的義務。

5. 確立機關

公司機關是公司的法定機構，在公司設立階段應予以確定。無限公司的全體股東及兩合公司中的全體無限責任股東，都具有代表公司執行公司業務的權利。但公司章程可以規定其中一人或數人作為執行業務股東。根據中國《公司法》的規定，股東人數較少或者規模較小的有限責任公司，可以設一名執行董事，不設董事會。董事會由股東會選舉產生。股份有限公司由公司創立大會選舉公司的董事，組成董事會，並由董事會選舉董事長。董事長是公司的法定代表人。在公司設立階段，還要確立公司的

監事和監事會，以及公司的經理、副經理等。

6. 申請登記

各國公司法皆規定，公司在向政府主管機關申請登記時，除繳納法定的手續費和捐稅外，還得提交若干法定的文件，如登記申請書、公司章程、驗資證明等，其中最主要的就是符合法律規定的章程。經登記主管機關審查完備合法后即予註冊，發給營業執照。至此，公司便告成立，取得法人資格。

（四）公司設立的效力

無論公司成立還是不成立，發起人對其設立行為都要承擔相應的法律責任，這就是設立行為效力的表現。公司設立行為的后果主要有以下兩個方面：

1. 在公司成立的場合發起人的責任

在公司成立的場合發起人的責任是：①資本充實責任。凡未能繳足首期發行股份的，以及認購人逾期不能繳付股金的，發起人應負連帶認繳責任。②損害賠償責任。凡在設立過程中，由於發起人的過失，造成出資有虛假或估計過高等情況，致使公司利益遭受損害的，發起人對公司應負連帶賠償責任。

2. 在公司不能成立的場合發起人的責任

在公司不能成立的場合發起人的責任是：①對設立行為所生債務的責任。對於設立中的公司地位的認識，各國一般都認為與合夥相當，準用有關合夥的法律規定。有公司不能成立時，發起人對設立行為所產生的債務和費用負連帶責任。②對已收股款的返還責任。採取募集方式設立公司的，在公司不能成立時，發起人對認股人已繳納的股款，負返還股款並加算銀行同期存款利息的連帶責任。

二、公司的基本權利和義務

根據各國公司法的規定，公司的基本權利主要有以下方面：①能以公司的名義起訴、應訴。②擁有並使用可隨意改變的印章或其摹本。③以任何合法的方式處理不論位於何處的動產或不動產、有形或無形財產、債權或債務。④資助雇員。⑤選舉或任命公司的行政人員和代理人，明確其職權，確定其報酬。⑥訂約權。⑦為經營和管理公司事務，制定或修改與法律不相抵觸的章程和內部細則。⑧有權貸款，使用其資金進行投資，為投資而作動產或不動產抵押。⑨在本國內外開展業務活動，建立辦事處及從事其他法律許可的活動。⑩為公共福利、慈善、科學和教育目的而捐款。⑪制定和實施對公司董事、雇員或任何個人的獎勵或撫恤計劃。⑫擁有並行使其他有利於實現其宗旨的合法權利。

根據各國公司法的規定，公司在行使上述權利的同時，也承擔下列幾項基本義務：不得侵犯國家和社會公共利益；不得侵犯第三人和股東的正當利益；依法經營；依法納稅等。公司如果違反上述義務或公司被某些人用來逃避法定義務或進行欺詐時，公司或有關責任人員則須承擔法律責任。

三、公司的資本

公司的資本，從狹義上是指公司的自有資本，與廣義的公司資本相對。廣義資本，

指公司生產經營的全部資本和財產，包括公司自有資本和借貸資本兩部分。各國公司法中的資本用語一般也僅限於狹義上的含義。本書所用「公司資本」是指狹義資本。

(一) 公司資本的構成

1. 現金

現金是公司資本構成的要素之一。為了保證公司資本中有足夠的現金從事經營活動，多數國家都規定了現金應占公司資本的比例。如德國、法國規定股份有限公司的現金出資應占公司資本的25%以上，意大利規定為30%，瑞士、盧森堡規定為20%。許多國家的公司法雖然沒有明確規定是否以貸款或借款作為現金出資，但就公司資本為公司債務擔保而言，股東不得以貸款或借款充作出資。

2. 實物

實物屬於有形資本，主要包括建築物、廠房和機器設備等。各國公司法均規定，允許以實物投資，但要求股東對出資的實物須擁有所有權，並出具有效證明，另外，不能以租賃物或他人財產作為出資，已設立擔保的實物也不能作為出資。各國公司法還規定，以實物出資的，應一次付清，並辦理實物出資的轉移手續。由於實物的價值直接涉及投資人及其股東的利益，為此，應請權威的評估機構採用科學的計算方法進行評估，並將評估結果讓其他股東知曉，得到發起人和其他股東的認可。

3. 無形資產

無形財產包括工業產權（專利權和商標權）、專有技術、土地使用權和商業信譽等。它們可以折價成為股東向公司的出資或入股。

(二) 公司的股份與股票

1. 股份

股份是股份有限公司資本構成的專稱。股份有限公司的自有資本來自股東的投資。股東將股本以資金和實物的形式繳納給公司，公司將這些資金和實物分成相等的單位，每一份代表一定金額。每份金額相同，這就是股份，也是股份有限公司資金構成的最小單位。而全部股份金額的總和即是公司資本的總額。股份也是股東法律地位的表現形式，它所包含的權利、義務一律平等。每股份代表一份股東權，股東權利與義務的大小，取決於其擁有股份數額的多少。

根據不同的標準，可將股份劃分為不同的種類。

(1) 依據股東的權限，分為普通股和優先股。普通股是指股份公司發行的沒有特別權利的股份。它是公司資本構成中最基本的股份，也是公司中風險最大的股份。它有以下幾個特點：①其股息不固定，視公司有無利潤及利潤多少而定，且須在支付公司債利息和優先股股息后方能分得。②在公司清算時，普通股東分配剩餘財產，亦須排列於公司債權人和優先股東之後。③普通股東一般都享有表決權，有權參與公司重大問題的決策。

優先股是指對於股份公司資產、利潤享有更加優越或特殊權利的股份。優先股可優先獲得股息，而且股息固定，不受公司經營狀況好壞的影響。優先股還可在公司清算時，在公司剩餘財產中優先於普通股受償。但是優先股股東對公司重大事項無表決權。

(2) 依據股東是否被記名，分為記名股和無記名股。記名股是將股東的姓名或名稱記載於股票的股份。其權利只能由股東本人享有，轉讓須將受讓人的姓名或名稱記載於股票之上，並通知發行公司記載於股東名冊之上，否則不產生轉讓效力。

(3) 依據股份是否以金額表示，分為有票面金額股與無票面金額股。有票面金額的股份是在股票票面上標明了一定金額的股份。它的每股金額必須一致，但具體數額多少，各國規定不一。為防止公司變相減少股本，造成公司資本的空虛，各國一般都禁止以低於票面值的價格發行股票，允許以高於面值的價格即溢價發行股票。無票面金額股是指股票票面不表示一定金額，只表示其公司資本總額的一定比例的股份。此種股份的價值隨公司財產的增減而增減。為此，股份所代表的金額常處於不確定狀態中，增加了股份轉讓交易的難度。多數國家已不允許發行無票面金額股，只有美國、日本、盧森堡等少數國家未予以禁止，但也大都對其作出種種限制性規定。

(4) 依據股份有無表決權，分為表決權股和無表決權股。表決權股是指享有表決權的股份。通常每一普通股份有一表決權，可以對公司重大事項無條件行使表決權。無表決權股是依法或依章程被剝奪了表決權的股份。公司的自有股份和自願放棄表決權的股份，即主要是享有特別分配利益的優先股，屬於無表決權股。

2. 股票

股票是股份公司股份的證明書，是股份的證券表現。股東可以憑藉它取得股息和紅利，或按它所體現的財產價值依法進行交易。各國法律規定，股票須按法定方式製作，並記載法定事項。

公司自設立到營運，一般都不止一次地發行股份（票）。如在設立時，要通過發行股份籌集組建公司所需用的資本；設立後增資時，也要發行股份。股票發行人既包括已成立的股份有限公司，也包括經批准擬成立的股份有限公司。除此之外，任何其他類型的公司都無權發行股票。

由於股票的發行事關社會經濟秩序的穩定及投資人的利益，因此，各國對股票發行的條件和程序都有具體規定。例如，以美國為代表的一些國家採取「公開原則」，要求發行人要將一切有關的管理資料公開，不得有虛假、誤導或遺漏；大陸法系國家一般採取「實質管理原則」，要求公開股票發行的真相，且要符合法定的實質條件，並賦予主管機關以廣泛的裁量權，以防止不良股票的公開發行。

(三) 出資的轉讓

無論何種類型的公司，股東的出資均可以轉讓。但因公司的性質不同，法律對股東出資的限制也寬嚴有別。

各國公司法皆規定，無限公司的股東無論轉讓全部或部分出資，必須經其他股東全部同意，不得隨意轉讓。這是因為無限公司以人為基礎，股東轉讓出資難以找到其他股東所信任的受讓人，同時也是防止股東在公司經營欠佳時，以轉讓出資方式來逃避連帶的無限責任的行為。

有限責任公司既具有資合性，又兼具人合性，故股東出資的轉讓也受到一定的條件限制。各國法律對其限制主要是：①向本公司其他股東轉讓限制較輕，向非股東轉

讓限制較嚴。②股東轉讓出資須經股東會半數或 2/3 以上股東同意，不同意轉讓的股東有優先受讓權，有的國家還規定董事轉讓出資，須經全體股東同意，在沒有受讓人股東時，才能對外轉讓，但轉讓的條件不得優於對內轉讓的條件。③對轉讓出資的條件和手續，授權由公司的章程規定。

股份有限公司是典型的資合公司，股東的人身關係較松散，因而股東可以自由轉讓其出資（股份），即使是記名股票，也只需背書和辦理過戶手續即可。但是某些國家對於股票的轉讓也有一定的限制。例如，有的國家規定，公司發起人因與公司有特殊的歷史關係，在公司成立后的一定期間內，不得轉讓其股票。有些國家對把股票轉讓給外國人有一定的限制，如英國公司法規定須事先取得財政部的同意。

（四）增資與減資

各國均允許各類公司在必要時可依法定條件和程序增加資本，其中股份有限公司發行新股的條件和程序較為嚴格、複雜。而資本的減少有可能危及社會交易的安全，影響到公司全權債權人的利益，因此，各國對減少股本作了明確的限制性規定。這些限制大體一致：須經股東大會決議，不影響公司的償債能力，交主管部門備案。

三、公司的組織機構

公司的組織機構，是實現對公司經營、監督與控制的公司內部組織系統，主要包括股東會、董事會、監事會和經理。

（一）股東會

股東會又稱股東大會，是全體股東的組織，是公司的最高權力機構，對公司擁有領導權和管理權。股東會對內並不直接對公司業務進行經營管理，對外也不代表公司，它是通過選舉和控制董事會來間接地行使管理和領導權。這是個非常設的意向決定機構。

1. 股東會的權力

各國對股東會職權範圍的規定主要如下：①決定公司重要負責人的任免及其報酬。②審查和批准公司的年度報告、資產負債表、損益表及其他會計報表。③決定公司股息和紅利的分配方案。④決定公司章程的修改和公司股本的增減。⑤決定公司的合併和解散等。

對上述權限，某些國家公司法也有所限制，如德國公司法規定董事會的成員由監事會選任與解任。

2. 股東會議及股東會決議

股東會通過定期或臨時地舉行由全體股東出席的會議來進行工作，以行使對公司聯合控制的最高權力。因定期股東會每年召開一次（也有的公司章程規定每年召開兩次），故稱為股東年會。各國規定，臨時股東會在董事會認為必要時，或由符合一定比例的有表決權的股東請求時，或根據法院的決定而召開，其大都是討論一些特別重要事項，因此，又被稱為股東特別會議。

無論是股東年會還是特別會議，原則上應由董事會召集，董事長（為股東會的主席）主持。在召開股東會時，董事會應根據公司法的要求或公司章程規定，在會前若

干天將會議的日期、地點及提交股東會議的事項通知各股東，並登報予以公告。各國公司法規定，參加各類股東會的股東須達到法定人數，一般規定要有代表公司股本 50% 以上的股東參加，股東會才能合法召開。在符合開會的法定人數前提下，股東會的普通決議要求以出席股東會有表決權的股東的簡單多數通過，特別決議須以 2/3 或 3/4 的多數通過方為有效。

3. 股東會的表決方式

股東在股東會上通過行使表決權來對公司的重大事項做出決策。表決權是公司股東權力的中心內容，是股東對公司進行有效控制的關鍵。為此，各國公司法對股東在股東會議上的表決方式都作出了規定。對於股份有限公司，傳統的表決方式是普通股「一股一權」製。而對於有限責任公司，大多數國家按出資比例分配表決權。

但是，為了防止大股東操縱股東會的表決權，損害小股東的利益，一些國家公司法規定，公司可以在章程中限制大股東的表決權。這些規定主要有：①對表決權數量的限制。如規定擁有股份數額超過一定比例，其超額部分以八折或五折計算。②對表決權代理的限制。例如，規定受託人的代表表決權，不得超過股份總數表決權的一定比例。③表決權行使迴避。例如，規定事關某些股東特別利益的表決，其結果可能會損及公司利益時，該股東應迴避表決，也不能代理其他股東行使表決權。

(二) 董事會

董事會，是由股東會選舉產生的，由董事會組成的行使經營決策權和管理權的公司常設機構。它對內管理公司事務，對外代表公司行使職權。隨著其地位和作用的日益加強，董事會現在已成為領導企業的最重要的機構。

各國公司法規定，股份有限公司必須設立董事會，對有限責任公司一般沒有強制性規定。關於董事會的法律規定主要包括以下幾個方面：

1. 董事會的組成

董事會由符合條件的當選董事組成。英美法系國家一般規定，自然人和法人皆可擔任董事，但在法人為董事時，須指定一名有行為能力的自然人作代理人。大陸法系國家中只有法國等少數國家的規定與英美法系國家的規定相同，而德國等大多數國家則明確規定法人不得擔任董事。

由於董事是代表股東對公司的業務活動進行決策和領導的專門人才，各國公司法都對董事的資格作出了限制性規定，以確保具有經營經驗和管理能力的人入選，從而科學地管理公司。

這些限制性規定包括：①要求董事會中至少有一名或一定比例的成員為本國國民或居民。至於董事是否必須為公司的股東，除公司內部細則或股東決議另有規定外，多數國家的法律並未對此有所限制，但德國法例外。②對董事年齡的上限，多數國家未限制。③對董事的品行，有些國家規定某些犯過罪的人在一定期限內不得擔任董事。④為了確保董事維護公司利益，恪盡職責，各國公司法一般規定，董事不得兼任任何其他公司的董事或實際管理人員。

關於董事會成員的人數，各國法律允許公司在其內部細則中加以規定。但英美法

系國家一般都規定了最低人數；某些大陸法系國家對董事會的人數不僅有最低限約束，而且還有最高限約束。

2. 董事會的權限

董事會作為公司最重要的管理機構，具有十分廣泛的權限。許多國家的公司法規定，除公司法或公司章程規定應由股東會決議的事項之外，公司的全部業務均可由董事會執行。但董事會具體行使哪些權力卻很少有國家以法律的形式進行列舉。

3. 董事的責任

董事對公司的業務管理擁有最高決策權，董事與公司有關的行為直接關係到公司、股東及第三人的利益，因此，各國皆規定了董事對公司的責任。大陸法系國家認為，董事長對公司負有善良管理人的義務，若不履行義務，致使公司利益受到損失，應負賠償責任。英美法系國家認為，董事具有公司代理人和財產受託人的雙重身分，應對公司承擔一種信託責任。儘管兩大法系對董事責任的規定有所差異，但都要求董事為公司的最高利益負忠誠、勤勉和謹慎的責任。

董事的責任主要包括以下幾個方面：①認真履行職責，發揮管理技能。②保守公司的商業秘密。③不得進行任何欺騙性或暗中交易活動。④不得收受賄賂。⑤不得超出法律規定或公司授權的範圍行使職權。⑥不得從事與公司營業範圍相同及與公司競爭的商業活動。⑦不得利用手中掌握的職權，運用公司的資金、財產、信用等為自己謀利。⑧不得自己處理與自己的利益有關而又可能與公司利益冲突的事務。

董事違反上述諸項職責而給公司造成損害的，應對公司承擔責任；若因董事會的決定有誤而使公司受到損害，參與決議的董事也應對此承擔責任。董事在對外代表公司執行業務時，給第三人造成損害的，應與公司承擔連帶賠償責任。根據各國規定，董事承擔責任的方式主要是賠償損失，此外還有罰款、開除，甚至承擔刑事責任。

(三) 監事會

監事會是指對公司的業務活動進行檢查的常設機構。

對公司是否設置監事會，各國立法規定不同。在有限責任公司中，監事會一般是公司的任意機關。公司可設監察人一至數人，也可不設。在股份有限公司中，有的國家規定，在股東會之下設有董事會和監事會兩個機構，由監事會對董事會執行業務的活動進行監督，如德國等；有的國家規定，只設董事會而不設監事會，如英、美等國；有的國家規定，公司可設監事會，也可不設監事會，由公司章程做出選擇，如法國等。

監事會成員一般由股東會在有行為能力的股東中選任。也有的國家規定，達到一定規模的公司，其監事會除有股東代表外，還要有一定比例的雇員和工會代表。為了使監事會能正常行使監察職能，各國皆規定，負責公司業務的董事、經理和財務負責人及他們的配偶不得擔任監察人。

監事會的職權，主要是對公司董事會和經理的業務活動實行監督，具體包括：①監督董事會的活動，如有權派代表列席董事會會議，定期和隨時聽取董事會的報告。②監督檢查公司的經營狀況與財務狀況。③審核公司的結算表冊和清算表冊；認為有必要時，有權召集股東會。④法律與章程賦予的其他權利。

(四) 經理

經理是指為董事會聘任的，輔助董事管理公司事務的行政負責人。它一般由公司章程任意設定，設置後即為公司常設的輔助業務執行機構。

根據西方國家公司法規定，經理的職權大體包括：執行董事會確定的經營方針、任免公司的職員、對外代表公司簽訂合同、負責管理公司的日常事務等。其義務主要有：對公司誠信、勤勉，不得從事與本公司有競爭或損害公司利益的活動，嚴格遵守公司股東會和董事會的決議。

中國《公司法》第一百四十九規定了董事、經理的義務和賠償責任。雖然董事義務部分規定在股份有限責任公司中，但根據《公司法》第一百四十九條的規定，同樣適用於有限責任公司的董事和經理。

根據中國《公司法》的規定，董事和經理對公司負有如下義務：

(1) 不得利用職務優勢取得個人利益。經理既不能利用職務優勢從公司直接獲得利益，也不能利用職務優勢使第三人從公司獲得利益、自己再從第三人那裡得到利益。前一種情況為侵占公司資產，公司可以對經理提起返還財產之訴；後一種情況為接受他人賄賂，除構成刑事犯罪應受刑罰製裁的以外，公司可以對經理和行賄人提損害賠償之訴或主張經理以公司名義與行賄人進行的交易無效。

(2) 不得挪用公司資金或者將公司資金借貸給他人。《公司法》第一百四十九條的規定，經理挪用公司資金或者將公司資金借貸給他人的，責令退還公司的資金，由公司給予處分，將其所得收入歸公司所有。構成犯罪的，依法追究刑事責任。動用公司資金為本人或他人從事營利活動而無永久占用公司資金的目的，為挪用公司資金。經理也不得將公司資金借貸給他人。無論經理以個人名義，還是以公司名義，將公司資金借貸給他人都為法律所禁止。但是，公司為自身利益而將合理數額的資金借給他人不屬於限制借貸的範圍，例如本公司人員差旅費的預支等。

(3) 不得以公司資產為本公司的股東或者其他個人債務提供擔保。中國《公司法》第一百四十九條規定：「董事、經理違反本法規定，以公司資產為本公司的股東或者其他個人債務提供擔保的，責令取消擔保，並依法承擔賠償責任，將違法提供擔保取得的收入歸公司所有。情節嚴重的，由公司給予處分。」除了為公司自身的債務而設定抵押之外，公司資產在原則上不得作為抵押物。否則，公司債權人之外的抵押權人就會先於公司債權人從公司財產中獲得清償，從而使資本確定原則失去意義。如果公司作為其他債務人的保證人，當被保證人無力清償債務時，公司資產將被用於清償被保證人的債務，公司自身債權人的利益將受到影響，同樣違反資本確定原則。

(4) 不得自營或者為他人經營與其任職公司同類的營業或者從事違反競業禁止義務的營業，即「經理違反本法規定自營或者為他人經營與其所任職公司同類營業的，除將其所得收入歸公司所有外，並可由公司給予處分」。經理處於公司受託人的地位，本應為實現公司的最大利益而盡職盡責。如果董事同時處於公司競爭者的地位，就不可能去實現公司的最大利益。董事、經理的競業禁止義務包括兩種情況，一是董事自營與公司業務同類的營業；二是為他人經營與其所任職公司同類的營業，比如為經營

同類業務的親朋好友出謀劃策、提供機會。

（5）除合同章程規定或股東會同意外，不得與本公司訂立合同或者進行交易。經理本身具有公司業務的代理權，如果其又代表公司進行交易，實際上就成了自己代理，難免要損害公司的利益。但是法律並不是絕對禁止董事、經理與公司之間的交易，只要這種交易是公司章程規定的或者股東會事先批准的。

（6）除依照法律規定或者股東會同意外，不得洩露公司秘密。公司秘密是指披露之后會使公司蒙受損失或者失去商業機會的信息。在法律規定的情況下，比如在公司發行新股、發行債券時，股份公司必須對公眾充分披露信息而公開自身的秘密，董事以保守公司秘密為理由不予披露的，可能構成對投資者隱瞞重要事實的情況而負賠償責任。在法律沒有規定必須披露秘密的情況下，董事對公司負有保密義務。

根據中國《公司法》的規定，經理對公司負有如下責任：

公司董事、經理負有必須嚴格地履行法律規定的義務。如果由於自己沒有盡到自己的義務而給公司造成了損失，就要負賠償責任。但並不是說董事、經理的任何行為造成了公司損失都要負賠償責任，經理負賠償責任應當具備如下條件：

（1）經理違反了其應該履行的義務。經理的義務包括明示義務和注意義務兩方面。明示義務是指根據法律、法規的規定或者股東會、董事會決議及公司章程的規定經理所應為的或不得為的行為。明示義務比較明確，比如中國《公司法》規定經理不得非法擔保的義務、不得非法借貸資金給他人的義務、執行股東會和董事會決議的義務等。違反了明示義務很容易被發現，判斷起來也比較明確。注意義務是指經理在管理公司過程中所應盡到的應有的注意責任。比如經理在其行為有選擇的余地時，應選對公司最有利的機會；在履行公司職務時應當考慮相關因素使公司避免損失等。注意義務實質上是中國《民法通則》中的誠信原則在中國《公司法》中的體現。經理是否盡到注意義務要結合各方面的因素綜合進行判斷。

（2）經理有過錯。過錯是指經理在行為的應受歸責的心理狀態，包括故意與過失兩方面。故意是指經理明知其行為將對公司造成損害而繼續進行該行為或者在可能避免公司損失時拒絕採取預防措施。過失又包括重大過失和輕過失。重大過失是指在一個稍微注意即能避免損失的情況下缺乏應有注意。輕過失是指經理缺乏一個正常的人在當時情況下所應盡到注意義務而導致公司損失的心理狀態。在公司或股東追究經理違反注意義務的責任時，不但要證明經理違反了注意義務，而且要證明在行為時有過錯。往往注意義務的違反和過錯的證明是不可分的。

（3）經理的過錯導致了損失。損失包括直接損失和間接損失兩種。直接損失是指經理的行為導致公司財產的直接減少，如經理把公司的資金借給他人，屆期得不到償還導致公司資金的直接減少。間接損失是指經理行為導致公司預期利益的減少或喪失。例如，公司訂立一個合同可得到100萬元利潤，經理卻把此機會轉讓給他人，使公司的預期利潤減少。損失不僅包括有形財產損失，也包括公司的法人人身權受到侵害而導致的無形財產損失，如公司的形象受到損害、信譽降低等。損失由經理負擔還必須是經理的行為導致了損失的發生。如果損失由第三人造成或由於不可抗力事件所致，經理也不負責。

四、公司的股利分配

(一) 公積金制度

公積金制度又稱儲備金，是指公司依法律和章程的規定，從營業盈余中提留的，不作為股息分配，保留在公司內部，具有特定用途的那部分累積資金。一般說來，公司的財產除原有資本外，最重要的就是公積金。公司要求長遠發展，用公積金追加投資是擴大營業範圍和經營規模的一個重要途徑。而且，建立公積金制度用以彌補虧損，又可避免公司經營出現較大的動盪，以使公司能在原有規模上正常穩定地經營。通常，英美法系國家允許公司在其章程中自定公積金的提取，而大陸法系國家則多以法律的形式明文規定。

各國一般將公積金分為法定公積金和任意公積金。

1. 法定公積金

法定公積金是指依據法律規定而強制提取的公積金。依其來源不同，還可將其分為：

（1）資本公積金，即直接由資本或資產以及其他原因所形成的公積金。它一般是投資的一部分或具有其他資本的性質，主要來自股票溢價發行的溢價款、資產估價增值所獲得的估價溢額、接受贈與財產的所得額等。

（2）法定盈余公積金，是指公司在彌補虧損后，分配股息前，按法定比例在稅后利潤中提取的公積金。各國對此規定的比例不一致。法定公積金的主要用途是彌補虧損和轉增股本。由於法定盈余公積金是經常性的，而資本公積金是非經常性的，故應先使用法定盈余公積金彌補虧損。在轉增股本時，應經股東會決議。

2. 任意公積金

任意公積金是指自由提取的公積金。它不受公司法強制性規定的限制，用途一經確定，即轉為專用資金，非股東會決議，不得挪作他用。

(二) 股利分配

股利分配即股息和紅利分配，只能於每一營業年度終了才能進行。股息和紅利來源於公司的可分配利潤，即公司盈利減去稅款和費用，彌補虧損和提取法定公積金；法定公益金后的剩餘部分。股息和紅利的分配一般採取現金支付，此外還有股份分配和財產分配方式。因各國有關股利分配的法律規定均為強制性規範，故違反這些法律規定的股利分配方案即為無效，股東應返還因此取得的股利。有些國家還規定參與決定分配方案的公司、董事對此應負連帶責任。

五、公司的合併、分立、解散和清算

(一) 公司的合併

公司的合併是指兩個或兩個以上的公司依法達成合意，歸並為一個公司或創設一個新的公司的法律行為。

公司合併有兩種方式：①將現存的兩個以上的公司同時解散，共同成立一家新的公司，稱為新設合併。②將一個或一個以上的公司解散，而將其財產轉歸一家現存公司，稱為吸收合併。

為確保合併行為順利、有效、切實保護各有關方面的合法利益，各國公司法規定合併應按以下程序進行：①由同意合併的各個公司的董事就合併的條件進行磋商。②由各有關公司召開股東會做出合併的決議。③各合併公司編製資產負債表及財產目錄，再將合併的辦法公告及通知各債權人，債權可在規定的期限內提出異議。公司對於持有異議的債權人應如數給予清償，或向其提供適當擔保，然後再進行資本的合併和財產的轉移。④依法向有關主管部門辦理合併登記手續，只要公司的合併行為既不影響原各公司的債權人利益，又不違反所在國的反壟斷法，各國一般都會批准合併申請並給予註冊。一經註冊，合併即告成功。

公司合併後將產生以下法律后果：①原公司消滅，新公司成立。就吸收合併而言，吸收合併的公司仍存續。②股東重新入股。股東願加入新公司的，成為新公司股東，股東不願加入的，可轉讓股份或轉讓出資。③債權債務承擔。因合併而消滅的公司債權及債務，由存續公司或新設公司無條件承擔。

(二) 公司的分立

公司的分立是指一個公司又設立另一個公司或一個公司分解為兩個以上公司的法律行為。公司分立也有兩種形式：①派生新高級分立，即公司以其部分資產另設一個新公司，原公司存續。②新設分立，即公司將其全部資產分別歸入兩個以上的新設公司企業，原公司解散。

公司分立的程序及其法律后果與公司合併基本相同。

(三) 公司的解散

公司的解散是指公司在經營中，因出現公司章程規定事由或其他法定事由而停止公司的對外活動，並清算處理未了結事務的法律行為。

公司一旦解散，即應停止對外的一切活動，不能再對外從事經營活動。但公司解散並不意味著法人資格一定消滅。公司解散分為兩種情況：一是法人資格並不立即消滅，公司解散以後，仍需處理未了結事務，如清理債權、債務等。此時，公司的法人資格仍然存在。二是公司法人資格消滅，如公司合併、分立，在這種情況下無須進入清算程序。

公司解散因其原因或條件不同，可分為任意解散和強制解散兩種。任意解散是指由發起人或股東約定或決議引起的公司解散。主要有以下幾種情形：如公司的營業期限屆滿；股東會做出解散決議；公司合併或分立；章程中規定的某些解散事由出現等。強制解散，是指因主管機關決定或法院判決所導致的公司解散。主要有：主管機關命令其解散；法院判定解散；公司被宣告破產等。

公司一旦宣布解散，就會給其帶來以下法律后果：①公司解散，其法人資格並不立即消滅，但公司的權利能力受到限制，只能在清算範圍內進行活動，超越清算範圍的經營活動，不具有法律效力。②公司解散后，應依法律規定進行清算，進入清算程

序。③公司進入清算程序后，原公司法定代表人不能代表公司對外進行經營活動，而應由公司清算組進行有關活動。

（四）公司的清算

公司的清算是指公司在解散過程中清理公司的債權債務，並在股東間分配公司剩余財產，結束公司所有法律關係的一種法律行為。依各國公司法規定，公司清算包括以下內容：

1. 成立清算組

公司清算事務的執行人是清算人，其可以由公司執行業務的股東或董事擔任，可以由公司股東選任，也可以由法院指派。清算組在清算期間對外代表公司，其職權主要有：①清算公司財產，分別編製資產負債表和財產清單。②通知或公告債權人。③處理與清算有關的公司未了結的業務。④清繳所欠稅款。⑤清理債權債務。⑥處理公司清償債務后的剩余財產。⑦代表公司參與民事訴訟活動。

2. 公告或通知債權人

清算組成，應在法定期間內通知公告債權人，以便債權人在法定期間內向清算組申報債權。逾期未申報的債權不列入清算範圍。

3. 清理債權債務

清算組成立后，應及時清理公司的債權債務，編製資產負債表和財產清單，制定清算方案，並報股東會或有關主管機關確認。

4. 清償債務

清算方案經批准后，公司財產能清償債務時，應按規定清償公司債務。清償后剩余的財產，有限責任公司按股東出資比例分配，股份公司按股東持有股份比例分配。

5. 注銷登記

公司清算結束后，清算組應製作清算報告，報股東或有關主管機關確認，並報送公司登記機關，申請注銷登記。

第四節　中國外商投資企業法

案例導入

中國某企業與美國一公司協商決定在上海設立一家外商投資企業。合同中規定，中方出資 60 萬元，美方出資 40 萬元；雙方合作期為 10 年；從第三年起，美方按照 80% 的比例分享利潤，直到回收投資后，再按中方 60%、美方 40% 的比例分享利潤；合同期滿后，全部固定資產歸中方所有。問：這家外商投資企業是什麼性質？該企業可採用什麼經營管理方式？

知識拓展

擴大對外開放、促進國際經濟合作是中國的一項基本國策。自20世紀80年代以來外商在中國進行的直接投資不僅為中國社會和經濟的發展提供了必要的資金，而且為中國引進和吸收國外先進的技術和科學管理經驗、大力發展中國進出口貿易創造了有利的條件。與此同時，中國不但在外商投資的硬件環境方面進行了改善，而且在外商投資的軟環境，特別是在對外商投資的法律保護方面也有了進一步的完善。為了保護外國投資者的合法權益，指導外商投資企業的行為，中國相繼制定了900多項有關外商投資的法律、法規、條例和規定，這些法律、法規、條例和規定為外商到中國投資提供了良好的法律環境。

一、外商投資企業法概述

（一）外商投資企業的概念及其種類

外商投資企業是外國人依照中華人民共和國的法律，在中國境內以私人直接投資方式參與或獨立投資方式設立的各類企業的總稱。

外商投資企業具有以下法律特徵：

1. 外商投資企業是外國人參與或獨立設立的企業

外國人是指外國國籍的法人或自然人，也指外國的企業、公司、其他經濟組織及個人。外國人參與設立企業指外國人與中國人共同設立的企業，包括中外合資經營和中外合作經營企業。外國人獨立設立指企業的設立人僅包括外國人，企業的全部資本都由外國人提供即外資企業。

2. 外商投資企業是依照中華人民共和國法律並在中國境內設立的企業

這一特徵表明，外商投資企業是中國企業，具有中國國籍，受中國法律的管轄和保護。這無論在性質上還是在法律地位上都與依外國法律設立的、在中國境內進行一定經營活動的外國企業的分支機構有區別。

3. 外商投資企業由外國人以私人直接投資方式設立

根據這一特徵，凡利用外國政府或各國政府投資共同設立的國際經濟組織的資金舉辦的企業，凡是利用外國人的借款、租賃等間接投資方式舉辦的企業都不屬於外商投資企業。只有外國人以舉辦企業這種直接投資方式設立的企業才屬於外商投資企業範疇。

根據不同的劃分標準，可將外商投資企業分為下列幾種類型：①外國人參與設立的外資企業。②具有法人資格的法人型企業和不具備法人資格的非法人型企業，即合資企業和合作企業。③產品出口企業、先進技術企業和一般外商投資企業。

（二）外商投資企業法的概念及其法律淵源

外商投資企業法是指中國制定的調整外商投資企業在設立、管理、經營和終止過程中產生的經濟關係的法律規範的總稱。

中國1979年7月1日通過、於1990年修訂、2001年3月再次修訂的《中華人民共和國中外合資經營企業法》（以下簡稱《中外合資經營企業法》）及國務院1983年

制定、1986年1月修訂、2001年7月再次修訂的實施條例；1988年4月13日頒布、2000年10月修訂的《中外合作經營企業法》及國務院1995年頒布、2002年1月修訂的實施細則；1986年4月2日頒布、2000年10月修訂的《中華人民共和國外資企業法》（以下簡稱《外資企業法》）及國務院1990年10月修訂的實施細則，是調整外商投資企業的基本法。

隨著中國對外開放政策的進一步貫徹和利用外資工作的進一步開展，中國於1990年4月4日對《中外合資經營企業法》進行了修訂，對應該外方合營者擔任董事長、合營期限等多項條款作了較大的修訂和補充。這些修訂和補充使《中外合資經營企業法》更趨完善。

知識拓展

對外商投資企業，有幾個界限應該明確。一是外國人，這裡指的外國人從法律形式講，是指法人、非法人和自然人，從組織形式講是指公司、企業、非法人經濟組織和個人獨資企業。二是在中國境內，遵循中華人民共和國的法律，如中國的外商投資企業法、中國公司法、中國合同法、中國的反不正當競爭法、中國的反壟斷法等。三是直接投資和間接投資。直接投資是指投資者直接開設公司或企業，直接從事經營管理，或者投資併購相關公司或企業相當數量的股份，從而對該企業具有經營上的控制權的投資方式。間接投資是指投資者以其資本購買相關公司、企業的債券、金融債券或公司股票等各種有價證券，以預期獲取一定收益的投資，由於其投資形式主要是購買各種各樣的有價證券，因此也被稱為證券投資。中國的外商投資企業是典型的直接投資方式，是吸引外商投資的一種比較好的方式。四是私人投資和政府投資。私人投資是指由公司、企業投資，必須考慮成本、收益、回報率的投資方式。政府投資是指由政府出資建設公共基礎設施項目的投資，如建設地鐵、修路、建造高鐵、建造公園項目的投資。外商投資企業就是典型的私人投資方式。

(三) 外商投資企業法的原則

外商投資企業在設立、生產以及管理等活動中，應當遵循以下基本原則：

1. 主權原則

主權原則即開辦外商投資企業，必須從維護中國國家主權和經濟獨立出發，必須符合中國經濟建設發展需要，不能有損中國主權。如合營企業的一切活動應遵守中國法律，合同、章程應報國家主管機關批准。有損中國主權的，違反中國法律的，不符合中國國民經濟發展需求的，成為環境污染的，登記處的協議、合同、章程顯屬不公平的，損害合營一方權益的，都不能被批准。

2. 平等互利原則

平等是指合營各方的法律地位平等；互利是指合營各方在經濟上要相互有利。如合資法規定，各方按註冊資本比例分享利潤並分擔風險及虧損，就是這一原則的體現。

3. 參照國際慣例原則

在外商投資企業法中，採用了在國際經濟交往中普遍接受的習慣做法，如董事會制度、仲裁解決爭議制度等。

4. 採取國際私人直接投資方式

國際私人直接投資是指私人投資者在國外舉辦企業或與當地資本合營，投資者對

所投入的生產要素的使用和企業的生產經營活動擁有管理權和控制權的投資。國際私人直接投資是國際投資的主要形式，是國際資本運動的基本方式，在國際投資中處於主導地位，對推動世界經濟的發展起著極其重要的作用。

根據國際慣例，外商投資企業大體可以劃分為股權式合營企業和契約式合作企業兩大類。中國的外商投資企業根據這一慣例，具體分為中外合資經營企業、中外合作經營企業和外商獨資企業三類。

二、中外合資經營企業法

(一) 中外合資經營企業的概念和特徵

中外合資經營企業（以下簡稱「合營企業」）是由外國公司、企業其他經濟組織或個人與中國公司、企業或其他經濟組織，依中國法律，在中國境內共同投資、共同經營、共享利潤、共擔風險而設立的有限責任公司。

從上述對中外合資經營企業概念的表述可看出，合營企業具有以下法律特徵：

1. 中外雙方合營

中外合營企業是由兩個或兩個以上的外商或其他經濟組織共同組成的，其中外方合營者可以是公司合夥，也可以是個人。

2. 依照中國法律並在中國境內

中外合營企業依照中國的法律，經中國政府批准在中國境內設立，因而是中國企業法人，必須遵守中國法律的管轄，並受到中國法律的保護。

3. 中外合營企業的法律形式為有限責任公司

中外合營企業擁有獨立的法人地位，以企業的全部財產作為企業從事經營活動的經濟擔保。合營各方對合營企業的債務僅以其出資額為限，且合營各方對合營企業債務互相承擔連帶責任。

4. 中外合營企業是股權式的合營企業

中外合營各方的所有投資以貨幣形式進行估價，然後以此折合成股份，並計算出其在整個註冊資本中所占的比例（稱作股權比例），再按此股權比例分擔企業的機會和風險、收益和虧損。

(二) 中外合資經營企業法的概念和立法宗旨

《中外合資經營企業法》是調整國家在管理和協調中外合資企業設立、經營、收益、分配和終止過程中經濟關係的法律規範的總稱。

《中外合資經營企業法》的立法宗旨是擴大國際經濟合作和技術交流，通過法律規範中外合資經營企業，以維護其合法權益和加強管理，促進對外開放，促進經濟發展。

(三) 中外合營企業的設立

1. 設立中外合營企業的條件

關於設立中外合營企業的條件，在實施條例中規定了兩個原則：

(1) 促進中國經濟的發展和科學技術水平的提高。中外合資企業的設立應能採用

先進的技術設備和科學的管理方法，有利於企業的技術改造，培訓企業技術人員和管理人員，使中國企業人員在技術的接受能力、管理方法的水平方面都得到提高。

（2）注重經濟效益。通過舉辦合營企業，不僅注重企業的經濟效益，即投資少、見效快、收效大，也就是要能增加產品品種、提高產品質量和產量、擴大產品出口、增加外匯收入，而且還要注重社會的經濟效益，節約能源和原材料，對有損中國主權、違反中國法律和產業政策、不符合中國經濟發展要求、造成環境污染而簽訂的合同、章程顯屬不公平、損害合營一方權益的申請，不予批准。

2. 設立中外合營企業的程序

在中國境內設立中外合資經營企業須經政府有關部門或機構的審查批准。合營企業的設立須經過以下主要步驟：

（1）立項。由中方合營者向企業主管部門呈報擬與外國合營者設立合營企業的項目建議書和初步可行性研究報告。該建議書和初步可行性研究報告經企業主管部門審查同意，並轉報審批機構審批的程序即是立項，其目的是確保合營項目符合國民經濟發展的需要，減少項目選擇的盲目性。

（2）編製可行性研究報告。在項目建議書和初步可行性研究報告被批准后，合營各方才能進行以可行性研究為中心的各項工作，並編製可行性研究報告，以及合營各方訂立合營企業協議、合同和章程，從而為合營企業的審批提供依據。

（3）審批。由中方合營者負責向審批機構報送下列文件：①設立合營企業的申請書；②各方共同編製的可行性研究報告；③合營企業協議及合同章程；④各方委派的合營企業董事長、副董事長、董事人選名單；⑤中方合營者的企業主管部門和企業所在地省、自治區、直轄市政府對設立合營企業簽署的意見。

（4）登記。合營各方在收到審批機關的批准書后1個月內，應向有關工商管理機關辦理登記手續，領取營業執照。合營企業營業執照簽發日期，即為合營企業成立的日期。

3. 中外合營企業的協議、合同及公司章程

（1）中外合營企業協議。合營企業協議是指合營各方對設立合營企業的某些要點和原則達成一致意見而訂立的文件。合營企業協議一般在合營各方正式簽署合營企業合同之前訂立，其主要目的是為合同的談判、起草以及簽訂確立一些基本原則和主要框架，以保證合同能夠最終順利地簽訂。合營企業協議一般包括的內容：合營各方的名稱、代表和談判的經過；合營企業的經營宗旨、經營範圍和生產規模；合營企業的總投資額、註冊資本、各方出資方式、出資比例及利潤分配原則；產品銷售方向、原材料來源；採用的設備和技術等。

（2）中外合營企業合同。合營企業合同是指合營各方為設立合營企業就相互權利、義務關係達成一致意見而訂立的文件。合營企業合同應包括的主要內容：①合營各方的名稱、註冊的國家、法定地址和法定代表人的姓名、國籍；②合營企業的名稱、法定地址、宗旨、經營範圍和規模；③合營企業的投資總額、註冊資本，合營各方的出資額、出資比例、出資方式，出資的繳付期限以及出資額欠繳、轉讓的規定，合營各方利潤的分配和虧損分擔的比例；④合營企業董事會的組成，董事會名額的分配以及

總經理、副總經理及其他高級管理人員的職責、權限和聘用辦法；⑤採用的主要生產設備、生產技術及其來源，原材料購買和產品銷售方式；⑥外匯資金收支的安排，財務、會計、審計的處理原則；⑦有關勞動、工資、勞動保險等事項的規定；⑧合營企業期限，解散及清算程序；⑨違反合同的責任，解決合營各方之間爭議的方式和程序；⑩合同文書採用的文字和合同生效的條件等。

從上述可以看出，合同是協議的具體化。一般來講，經合營各方同意，可以不訂立合營企業協議，只訂立合營企業合同。合營企業協議不是法定必需的法律文件，合營企業協議與合營企業合同有抵觸時，以合同為準。

（3）中外合營企業章程。合營企業章程是按合同規定的原則，經合營各方一致同意，規定合營企業的宗旨、組織原則和經營方法等事項的企業內部法律文件。合營企業章程的主要內容包括：①合營企業的名稱及法定地址；②合營企業的宗旨、經營範圍和合營期限；③合營各方的名稱，註冊的國家，法定地址和法定代表人的姓名、國籍；④合營企業的投資總額、註冊資本，合營各方的出資額、出資比例、出資轉讓的規定，合營各方利潤的分配和虧損分擔的比例；⑤合營企業董事會的組成、職權和議事規則，董事的任期，董事長、副董事長的職責；⑥管理機構的設置，辦事規則，總經理、副總經理及其他高級管理人員的職責、權限和任免辦法；⑦外匯資金收支的安排，財務、會計、審計的處理原則；⑧合營企業期限，解散及清算程序；⑨章程修改的程序。

中外合營企業章程與合營企業合同均為必備的法律文件。但兩者也有不同：

（1）兩者的法律后果不同。合營企業合同是設立合營各方相互間權利與義務關係的法律文件，其法律后果是導致合營各方相互間權利與義務的產生，並對合營各方有約束力；合營企業章程主要是規範合營企業及其內部各機構的法律文件，法律后果則是合營企業法人資格的產生，是合營企業向社會公開企業宗旨、組織原則和經營範圍以及承擔民事責任的文件。

（2）兩者的側重點不同。合營企業合同主要規定合營各方為設立合營企業而產生的各項權利與義務，重點在於合營企業的設立；合營企業章程則主要規定合營企業在設立后經營管理及對外開展業務所應遵循的原則和程序。

（3）兩者的變更、解除和程序不同。合營企業合同只能由合同當事人變更和解除；合營企業章程由合營企業董事會依法變更、解除。

（4）兩者的違約責任不同。違反合營企業合同的規定應依《中華人民共和國合同法》（以下簡稱《合同法》）追究違約責任；違反合營企業章程的規定應根據有關法律、法規，追究相應的行政責任、民事責任以至刑事責任。

(三) 中外合營企業的資本

1. 中外合營企業的註冊資本與投資總額

（1）中外合營企業的註冊資本。合營企業的註冊資本，是指為設立合營企業在登記管理機構登記的資本總額，應為合營各方認繳的出資額之和。註冊資本的作用在於：表明合資企業所擁有資本的大小，體現合資企業的經濟實力，明確合資企業承擔責任

的大小，它同時是合營各方對合營企業承擔風險和分配利潤的依據。企業在合營期內，不得減少其註冊資本；合營一方若要轉讓其出資額時，須經合營他方同意，並經審批機構批准。為了更多地吸收外國資本，且加強外方對合營企業經營管理的責任，《中外合資經營企業法》還規定，在合營企業的註冊資本中，外國合營者的投資比例一般不低於25%。

（2）中外合營企業的投資總額。合營企業的投資總額是指按合營企業合同、章程規定的生產規模需投入的基本建設資金和生產流動資金的總和，這一般包括註冊資本和借入資本。

（3）中外合營企業的註冊資本占投資總額應保持一定的比例。為了保證合營企業有足夠的註冊資本，《關於中外合資經營企業註冊資本與投資總額比例的暫行規定》要求：①投資總額在300萬美元（含300萬美元）以下的，其註冊資本至少應占投資總額的7/10；②投資總額為300萬~1 000萬美元（含1 000萬美元）的，註冊資本至少應占投資總額的1/2，其中投資總額在420萬美元以下的註冊資本不得低於210萬美元；③投資總額在1 000萬~3 000萬美元（3 000萬美元）的，其註冊資本至少應占投資總額的2/5，其中投資總額在1 250萬美元以下的，註冊資本不得低於500萬美元；④投資總額在3 000萬美元以上的，註冊資本至少應占投資總額的1/3，其中投資總額在3 600萬美元以下的，註冊資本不得低於1 200萬美元。

中外合營企業追加投資的，其追加的註冊資本與增加的投資總額也應適應上述規定的比例。

2. 中外合營企業的出資方式

根據《中華人民共和國中外合資經營企業法實施條例》的規定，合營各方可以現金、實物、工業產權、專有技術出資，其中中國合營者還可以土地使用權進行出資。但必須具備以下條件：

（1）中外合營各方須對其上述出資擁有所有權任何一方不得用以合營企業名義取得的貸款，或以合營他方的財產和權益為擔保而取得的貸款作為其出資，也不得用以合營企業名義租賃的設備或其他財產以及合營者外的他人財產作為自己的投資。

（2）中外對實物及無形資產和作價要公平合理，應由合營各方友好協商，一致同意或予以確定。如經各方同意，也可聘請第三者進行評估。

（3）中外合營各方不得在其上述出資上設有任何擔保物權，如抵押權或留置權，並出具對其出資享有所有權和處置權的有效證明。

（4）中外合營各方應在合營合同中訂明出資期限，並按合同規定的期限繳清各自的出資。凡合同中未具體規定出資期限，但規定一次繳清出資的，合營各方應依法從營業執照簽發之日起6個月內繳清。合同中規定分期繳付出資的，合營各方的第一期出資不得低於各自認繳出資的15%，並應在營業執照簽發之日起3個月內繳清。合營一方未按合同的規定如期繳付或繳清其出資的即構成違約。守約方應在逾期后1個月內，向原審批機關申請批准解散合營企業或申請批准另找合營者。守約方可依法要求違約方賠償因未繳清出資造成的經濟損失。

(四) 中外合營企業的組織機構

中外合營企業的組織機構由董事會及其領導下的經營管理機構組成。

1. 董事會

中外合營企業一般不設股東會，董事會是合營企業的最高權力機構，並有決策機構和領導監督機構的雙重職能。董事會有權決定合營企業的一切重大問題，主要包括：企業發展規劃，生產經營活動方案，收支預算，利潤分配，勞動工資計劃，停業，以及總經理、副總經理的任命或聘請及其職權和待遇等。

董事會中董事的人數一般為奇數。董事名額的分配由合營各方參照出資比例協商確定，並由各方委派，董事會設董事長和副董事長。董事長由合營各方協商確定或由董事會選舉產生。董事長是合營企業的法定代表人。

董事會會議每年至少召開一次，並只有在 2/3 以上董事出席時方能舉行。對於一些重大事項，包括合營企業章程的修改；合營企業的中止與解散；合營企業註冊資本的增減及轉讓；合營企業與其他經濟的合併等，必須由出資董事會會議的全體董事一致通過方可做出決議。

2. 經營管理機構

中外合營企業設經營管理機構作為董事會的執行機構，負責企業的日常經營管理工作。

經營管理機構，設總經理一人，副總經理若干人，他們由合營企業董事會聘請，可由中國公民擔任，也可由外國公民擔任。總經理的職責：執行董事會會議的各項決議，組織領導合營企業的日常經營管理工作。在董事會授權範圍內，總經理對外代表合營企業，對內任免下屬人員，行使董事會授予的其他職權。

(五) 中外合營企業的經營管理

1. 中外合營企業的生產經營計劃

中外合營企業在中國法律、法規規定的範圍內有權自主地從事經營管理活動，合營企業按照合營合同規定的經營範圍和生產規模製訂生產經營計劃，由董事會批准執行，報企業主管部門備案。

2. 中外合營企業的物資購買與產品銷售

中外合營企業對所需要的機器設備、原材料、燃料、配套件、運輸工具和辦公用品等，有權自行決定在中國購買或向國外購買，但在同等條件下應先在中國購買。在銷售方面，中國政府鼓勵合營企業向國際市場銷售其產品。但是，合營企業生產的產品屬於中國急需的或中國需要進口的，可以以中國國內市場銷售為主。

3. 中外合營企業的財務會計制度與利潤分配

中外合營企業設總會計師協助總經理主持企業的財務會計工作。根據《中華人民共和國會計法》規定，合營企業會計年度採用公歷年製，自公歷每年 1 月 1 日起至 12 月 31 日止為一個會計年度。合營企業採用國際通用的權責發生製和借貸記帳法，原則上採用人民幣記帳本位幣；經合營各方商定，也可以採用一種外國貨幣為本位幣。以外幣記帳的合營企業，除編製外幣的會計報表外，還應另編折合人民幣的會計報表。

合營企業按《中華人民共和國稅法》規定繳納企業所得稅後的利潤，按董事會確

定的比例提取儲備基金、職工獎勵及福利基金、企業發展基金后，即為可分配利潤，應按照合營各方的出資比例進行分配。但在虧損情況下，以前年度的虧損未彌補前不得分配利潤。以前年度未分配的利潤可並入本年度利潤分配。合營企業的各項保險應向中國的保險公司投保。

（六）中外合資經營企業的合營期限、解散和清算

　　1. 中外合營企業的合營期限

　　中外合營企業的合營期限按不同行業、不同情況作不同的約定。有的行業應當約定合營期限；有的行業可以約定合營期限，也可以不約定合營期限。約定合營期限的合營企業，合營各方同意延長合營期限的，應在距合營期滿前 6 個月向審查批准機關提出申請。審查批准機關應自接到申請之日起 1 個月內決定批准或不批准。

　　2. 中外合營企業的解散

　　中外合營企業的合營期屆滿而不申請延長合營期，合營企業解散，這屬於自然解散。如果在合同規定的有效期內發生下列情況，應由董事會提出解散申請書，報批准機關批准：①企業發生嚴重虧損，無力繼續經營。②合營一方不履行合營企業協議、合同、章程規定的義務，致使企業無法繼續經營。③因自然災害、戰爭等不可抗力遭受嚴重損失，無法繼續經營。④合營企業未達到其經營目的，同時又無發展前途。⑤合營企業合同、章程所規定的其他解散原因已經出現。

　　3. 中外合營企業的清算

　　中外合營企業宣告解散時，董事會應提出清算程序、原則和清算委員會人選，報企業主管部門審核並監督清算。清算委員會的任務是針對合營企業的財產、債權、債務進行全面的清查，編製資產負債表和財產目錄，提出財產作價和計算依據，制定清算方案，提請董事會會議通過后執行。在合營企業清算工作結束后，由清算委員會提出清算結束報告，提請董事會通過后報原審批機構，並向原登記管理機構辦理注銷登記手續，繳銷營業執照。合營企業解散后，各項帳冊及文件應由原中國合營者保存。

（七）中外合營各方爭議的解決

　　中外合營各方發生糾紛，董事會不能協商解決時，由中國仲裁機構進行調解或仲裁，也可以由合營各方協議在其他仲裁機構仲裁。如果合營各方之間沒有書面仲裁協議的，發生爭議的任何一方都可以依法向中國的人民法院起訴。

三、中外合作經營企業法

（一）中外合作經營企業的概念

　　中外合作經營企業，是指由外國企業、其他經濟組織以及個人，同中國企業、其他經濟組織根據合作經營企業合同約定的投資或合作條件，在中國境內共同投資而設立的契約式合營企業。

(二) 中外合作經營企業的特點

　　1. 合作企業是契約式合營企業

　　它與股權式合營企業有明顯區別。在合作企業中，合作各方根據合作企業合同的規定享受權利和承擔義務，而不是根據出資比例。《中外合作經營企業法》明確規定，中外合作者依法在合作企業合同中，約定投資或合作條件、收益或產品分配、風險和虧損的分擔、經營管理方式和合作企業終止時財產歸屬等事項。

　　2. 合作企業法人資格不確定

　　法人資格不確定是指合作企業不一定都具有法人資格，它們可以辦成法人企業，也可辦成非法人經濟實體。如果符合中國法律關於法人條件規定的，可取得中國法人資格，採取有限責任公司形式。合作各方對合作企業的責任以各自認繳的出資額或提供的合作條件為限，合作企業以其全部資產對其債務承擔責任。不具法人資格的合作企業的合作各方的關係是一種合夥關係，其合作各方應根據各自認繳的出資額或提供的合作條件，在合作合同中約定各自承擔債務責任的比例，但不得影響合作各方連帶責任的履行。償還合作企業債務超過自己應承擔數額的合作一方，有權向其他合作者追償。

　　3. 合作各方的合作條件不必作價

　　合作企業合作各方的出資過程比較靈活、簡便。合作企業股權式合營企業，雙方不必按出資比例享受權利和承擔義務，也不需將合作各方以合作條件形式向企業提供的財產折算成貨幣形態計算各方出資比例，減少了對實物和工業產權等投資進行估算和作價的困難和麻煩，便於加速合作企業的建立。但是各方以投資形式向企業提供的財產須進行作價，計算出各方投資比例，且依《中華人民共和國中外合作經營企業法實施細則》規定，在法人型合作企業中，外方的投資比例一般不低於合作企業註冊資本的25%。

　　4. 合作企業組織機構的形式多樣化

　　中外合作各方可以在合同中約定企業應採取的組織機構形式，一般可選以下其中一種形式：

　　（1）董事會領導下的總經理負責製。凡採取這種形式的合作企業，一般都屬於具有法人資格的經濟實體。

　　（2）聯合管理製。不組成法人形式的合作企業一般實行聯合管理製，即由合作各方選派代表組成統一的聯合管理機構，作為企業的最高領導和決策機構，決定企業的重大問題，任命或選派總經理對項目進行管理。

　　（3）委託管理製。委託管理製是指董事會或聯合管理機構委託中外合作者以外的第三方進行管理。由於這種形式不是合作企業組織機構的形式，而是合作企業的組織機構通過簽訂管理合同形式將企業經營管理轉讓給他人負責，因此採取這種管理形式時，須報審批機關批准，並向工商行政管理機關辦理變更登記手續。

　　5. 合作企業按合同約定分配收益或產品，承擔風險及虧損

　　在實踐中，常見的收益分配方式有：

　　（1）產品分成。即合作企業將企業生產的產品依合作合同約定的比例，分配給合

作各方。採取產品分配收益，即合作各方一般僅在生產環節上進行合作，到了銷售環節由合作各方獨立完成。產品是否銷售和能否銷售出去，銷售后能否收回成本，獲得利潤，均由各方自負。

（2）利潤分成。即將合作企業的利潤按一定百分比分配給合作各方。它可按各方的投資比例確定，也可不按各自投資比例而按合同約定比例確定。虧損及風險分擔的方式常見的有依各方投資比例約定，依各方利潤分成比例約定，在合同中另行約定等。

6. 合作企業的外方在合作期內可先行回收投資

在各國公司法中，資本是股東對公司的永久性投資，股東可以轉讓其出資。但在公司存續期限內股東不得收回其投資，只能在公司解散終止時，才能從公司剩余財產中收回其出資。《中外合作經營企業法》允許外國合作者進行資本回收，實質上是對外國合作者的一種優惠，目的在於盡可能地吸收外國人來華投資。

《實施細則》規定，外國合作者在合作期限內可申請按下列方式先行收回投資：①在按投資或提供合作條件進行分配的基礎上，在合作合同中約定擴大外方的收益分配比例；②經財稅機關國家有關稅收的規定審批，外方在合作企業繳納所得稅前收回投資；③經財稅機關和審批機關批准的其他回收投資方式，但合作企業的虧損未彌補前，外方不得先行收回投資。

在實踐中，目前逐步形成了兩種回收投資的方式：①外國投資者在利潤分成中先行回收投資。具體做法是：在合作期的前期（稱為資本回收期），中國合作者減少其應分得的利潤，擴大外國合作者利潤分成的比例，使其資本回收。合作期滿后，合作企業的財產全部歸中方所有。②外國合作者從企業固定資產折舊費中進行資本回收。具體做法是：中外合作者在合作企業合同中約定企業固定資產折舊費的提取辦法（往往是加速折舊法），然后外方每年提取企業固定資產折舊費，用於資本回收。合作期滿后，全部固定資產歸中方。

由於外方先行回收其投資，在資本回收完畢后的合作期內，若企業出現虧損或破產，虧損責任實際上將由中方承擔。因此《中外合作經營企業法》規定，外國合作者在合作期限內先行回收投資的，中外合作者應依有關規定和合作合同的約定對合作企業的債務承擔責任。

（三）中外合作經營企業的設立、期限和終止

1. 中外合作經營企業的設立

申請設立合作企業，應當將中外合作者的協議、合同、章程等文件報送國務院對外貿易合作主管部門或國務院授權的部門和地方人民政府審查批准。審查批准機關應當在接到申請之日起 45 日內決定批准或不批准。設立合作企業的申請被批准後，應當自接到批准證書之日起 30 日內向工商行政管理機關申請登記，領取營業執照。合作企業營業執照的簽發日即為該企業的成立之日。合作企業還應當在成立之日起 30 日內向稅務機關辦理稅務登記手續。

2. 中外合作經營企業的期限和終止

中外合作經營企業的合作期限由中外合作者協商並在合作企業合同中訂明。中外

合作者同意延長合作期限的，應在距合作期滿 180 日前向審批機關提出申請，審查批准機關應自接到申請之日起 30 日內決定批准或不批准。合作企業經批准延長合作期限的，應向原登記機關辦理變更登記手續。如果合作企業合同約定外國合作者現行收回投資，並且已經收回完畢，合作企業期限屆滿不再延長。

中外合作企業在合作期限屆滿或合作企業合同中規定的終止原因出現時終止。合作企業期限屆滿或提前終止時，應依照法定程序對資產及債權、債務進行清算。中外合作者應依照合作企業合同的約定確定合作企業財產的歸屬。合作企業期滿或提前終止，應向工商行政管理機關和稅務機關辦理註銷登記手續。

四、外資企業法

(一) 外資企業的概念及其特徵

外資企業是依照中國有關法律在中國境內設立的全部資本由外國投資者投資的企業，不包括外國的企業和其他經濟組織在中國境內的分支機構。

外資企業具有以下特徵：①外資企業的全部資本是由外國投資者投資的，投資者既可以是一個外國公司或一個自然人，也可以是兩個以上外國公司或兩個以上自然人。②外資企業是在中國境內，依中國法律設立的，屬於中國的企業。③對於符合中國法律關於法人條件規定的外資企業，可依法取得法人資格，採取有限責任公司形式。

(二) 外資企業法的概念及法律保護

外資企業法是調整外資企業從設立、經營、管理、終止期間所發生的各種經濟關係的法律規範的總稱。外資企業法的頒布和實施，有利於吸引更多的外國投資者到中國投資設立外資企業，也為保護外資企業的合法權益、為外資企業在中國境內從事經營活動和中國政府對外資企業進行管理監督提供了法律依據。

中國對外資企業合法權益的保護主要有以下幾個方面：①外國投資者對其在中國投資設立的外資企業和獲得的利潤享有財產所有權。②外國投資者和外資企業的外籍員工，其合法收入可以通過中國銀行匯往國外。③外資企業享有完全的經營管理權，其依照經批准的章程進行經營管理活動不受干涉。④國家對外資企業不實行國有化和征收，在特殊情況下，根據社會公共利益的需要，依照法律程序對外資企業實行徵收應給予相應的補償。⑤外資企業在中國境內的合法權益受到侵犯時，有權根據中國的法律規定，向中國仲裁機構或人民法院提請仲裁或訴訟，請求保護其合法權益。

外資企業盡管全部資本由外國投資者投資，全部股權屬於外商所有，但由於它是依照中國有關法律在中國境內設立，向中國工商行政管理機關登記註冊的，其主要辦事機構在中國境內因而它從法律上說屬於中國企業，其取得法人資格后即成為中國法人。所以，外資企業在中國境內從事經營活動必須遵守中國法律、法規，受中國法律的管轄。外資企業與中國國家行政機關、企業事業單位或個人發生爭議，因爭議各方都是處於中國屬地管轄權之下，其糾紛應由中國法院或仲裁機構按照中國法律，根據爭議的不同性質分別解決。外資企業既然是中國法人或中國企業，其合法權益必然受到中國法律的管轄和保護。

（三）外資企業的設立

1. 外資企業設立的條件

設立外資企業，必須有利於中國國民經濟的發展，能夠取得顯著的經濟效益，並應至少符合下列一項條件：①採用先進技術和設備，從事新產品開發，節約能源和原材料，實現產品升級換代，可以替代進口的。②年出口產品的產值達到當年產值50%以上，實現外匯收支平衡或有余的。

對於新聞、出版、廣播、電視、電影、郵電通信、公用事業、交通運輸、房地產、信託投資、租賃等行業，國家禁止或限制設立外資企業。

2. 外資企業設立的程序

根據《外資企業法》的規定，設立外資企業的程序與設立合營企業和合作企業程序基本相同，由於外資企業是由外國投資者投資並經營的，不需與中方合營者談判簽訂合營協議和合同，因而設立外資企業的手續相對要簡單一些。依中國的法律和實踐，設立外資企業須遵守如下程序：

（1）申請。外國投資者應向擬設立外資企業所在地對外經濟貿易委員會報送設立企業申請書和初步可行性研究報告，擬設立的外資企業章程，擬設立的外資企業董事會的人選名單，外國投資者的資信證明文件。

（2）批准。審批機關在接到外資企業的申請之日起90天內決定批准或不批准。

（3）登記。設立外資企業的申請批准后，外國投資者應在接到批准證書之日起30天內向工商行政管理機關申請登記領取營業執照。外資企業的營業執照簽發日期為該企業的成立日期。

（四）外資企業的出資方式及出資期限

1. 外資企業的出資方式

外國投資者可用能自由兌換的外幣出資，也可用機器設備、工業產權、專有技術等作價出資。經審批機關批准，外國投資者也可用其從中國境內創辦的其他外商投資企業獲得的人民幣利潤出資。以工業產權、專有技術作為出資的，其作價額不得超過外資企業註冊資本的20%。外資企業在其經營期內，不得減少其註冊資本。若將其財產或權益對外抵押、轉讓，須經審批機關批准，並向工商行政管理機關備案。

外資企業的註冊資本，即外國投資者為設立外資企業在工商行政管理機關登記的資本總額，要與其經營規模相適應，註冊資本與投資總額的比例應當符合中國法律、法規的有關規定。外資企業在經營期限內不得減少其註冊資本。

2. 外資企業的出資期限

外國投資者繳付出資的期限應在設立外資企業申請書和外資企業章程中載明。外國投資者可分期繳付出資，但最后一期出資應在營業執照簽發之日起3年內繳清。其第一期出資不得少於外國投資者認繳出資額的15%，並應在外資企業營業執照簽發之日起90天內繳清。凡未能按期出資或按期繳付，超過30天不出資的，批准證書自動失效。

（五）外資企業的經營管理

外資企業依其經過批准的章程進行經營管理活動不受干涉。在生產經營方面，法

律允許外資企業享有充分的自主權,外資企業在批准的經營範圍內所需要的原材料、燃料等物資可在中國購買,也可在國際市場上購買。外資企業的產品應全部或大部分出口。為了防止外資企業造假帳、搞兩套帳目以進行偷稅、漏稅等不法行為,《外資企業法》規定,外資企業須在中國境內設置會計帳簿,進行獨立核算,按規定報送會計帳表並接受稅務機關的監督。外資企業拒絕在中國境內設立會計帳簿的,稅收機關可以處以罰款,工商行政管理機關可以責令其停止營業或吊銷其營業執照。

(六) 外資企業的終止

外資企業有下列情形之一的,應予終止:①經營期限屆滿。②經營不善,嚴重虧損,外國投資者決定解散。③因自然災害、戰爭等不可抗力因素而遭受嚴重損失,無法繼續經營。④破產。⑤違反中國法律、法規,危害社會公共利益被依法撤銷。⑥外資企業章程規定的其他解散事由已經出現。外資企業終止的情形同樣適用於中外合資經營企業、中外合作經營企業。

參考書

1. 沈四寶. 國際投資法 [M]. 北京:中國對外經濟貿易出版社,1998.
2. 馮大同. 國際商法 [M]. 北京:對外經濟貿易大學出版社,2001.

思考題

1. 試述國際商事組織主要的法律形式。
2. 比較合夥企業與公司的主要區別。
3. 比較有限責任公司與股份有限責任公司的區別。
4. 試述公司章程的法律意義。
5. 試述公司董事、經理對公司的義務和責任。
6. 思考股份有限公司中股東大會與董事會的關係。
7. 試比較中外合資經營企業與中外合作經營企業的異同。

課后案例分析一

甲和乙為一營業執照是否正確發生爭論。甲認為該營業執照中有的項目不準確,明顯存在基本知識方面的錯誤,必須改正,如「公司名稱:某市土特產進出口公司。法定代表人:李小東。註冊資本:1 000 萬元。經營範圍:進出口土特產品……」乙則認為沒有什麼問題,不用大驚小怪。請問這份營業執照是否存在問題?

課后案例分析二

2009 年 1 月,甲、乙、丙、丁四人決定投資設立一合夥企業,並簽訂了書面合夥

協議。合夥協議的部分內容如下：①甲以貨幣出資10萬元，乙以機器設備折價出資8萬元，經其他三人同意，丙以勞務折價出資6萬元，丁以貨幣出資4萬元。②甲、乙、丙、丁按2：2：1：1的比例分配利潤和承擔損失。③由甲執行合夥企業事務，對外代表合夥企業，其他三人均不再執行合夥企業事務，但簽訂購銷合同及代銷合同應經其他合夥人同意。合夥協議中未約定合夥企業的經營期限。

合夥企業存續期間，發生下列事實：

（1）合夥人甲為了改善企業經營管理，於2009年4月獨自決定聘任合夥人以外的A擔任該合夥企業的經營管理人員，並以合夥企業名義為B公司提供擔保。

（2）2009年5月，甲擅自以合夥企業的名義與善意第三人C公司簽訂了代銷合同，乙合夥人獲知後，認為該合同不符合合夥企業利益，經與丙、丁商議後，即向C公司表示對該合同不予承認，因為甲合夥人無單獨與第三人簽訂代銷合同的權力。

（3）2010年1月，合夥人丁提出退伙，其退伙並不給合夥企業造成任何不利影響。2010年3月，合夥人丁撤資退伙。於是，合夥企業又接納戊入伙，戊出資4萬元。2010年5月，合夥企業的債權人C公司就合夥人丁退伙前發生的債務24萬元要求合夥企業的現合夥人甲、乙、丙、戊，退伙人丁，經營管理人員A共同承擔連帶清償責任。甲表示只按照合夥協議約定的比例清償相應數額。丙則表示自己是以勞務出資的，只領取固定的工資收入，不負責償還企業債務。丁以自己已經退伙為由，拒絕承擔清償責任。戊以自己新入伙為由，拒絕對其入伙前的債務承擔清償責任。A則表示自己只是合夥企業的經營管理人員，不對合夥企業債務承擔責任。

（4）2011年4月，合夥人乙在與D公司的買賣合同中，無法清償D公司的到期債務8萬元。D公司於2011年6月向人民法院提起訴訟，人民法院判決D公司勝訴。D公司於2011年8月向人民法院申請強制執行合夥人乙在合夥企業中全部財產份額。

要求：

根據以上事實，回答下列問題：

（1）甲聘任A擔任合夥企業的經營管理人員及為B公司提供擔保的行為是否合法？並說明理由。

（2）甲以合夥企業名義與C公司所簽的代銷合同是否有效？並說明理由。

（3）甲拒絕承擔連帶責任的主張是否成立？並說明理由。

（4）丙拒絕承擔連帶責任的主張是否成立？並說明理由。

（5）丁的主張是否成立？並說明理由。如果丁向C公司償還了24萬元的債務，丁可以向哪些當事人追償？追償的數額是多少？

（6）戊的主張是否成立？並說明理由。

（7）經營管理人員A拒絕承擔連帶責任的主張是否成立？並說明理由。

（8）合夥人乙被人民法院強制執行其在合夥企業中的全部財產份額後，合夥企業決定對乙進行除名，合夥企業的做法是否符合法律規定？並說明理由。

（9）合夥人丁的退伙屬於何種情況？其退伙應符合哪些條件？

第三章 國際貨物買賣法

教學要點與難點

1. 瞭解和掌握國際貨物買賣合同的特點；
2. 瞭解和掌握聯合國國際貨物銷售合同公約的主要內容；
3. 瞭解和掌握國際貨物買賣合同成立的主要內容；
4. 瞭解和掌握國際貨物買賣合同履行的主要內容。

案例導入

2012年，中國某機械進出口公司向一法國商人出售一批機床。法國商人又將該機床轉售給美國及一些歐洲國家。機床進入美國後，美國的進出口商被起訴侵權了美國有效的專利權，法院判令被告賠償專利人損失，隨後美國進口商向法國出口商追索，法國商人又向我方索賠。問題：我方是否應該承擔責任，為什麼？

第一節 國際貨物買賣法概述

案例導入

某年，中國一出口公司向英國的一家公司出口一批貨物，以 CIF 倫敦價格成交。我公司在裝運前已經取得商品檢驗合格證書，按照合同規定準時發貨，並且按照規定的單據收到貨款。但是，在貨輪航行到蘇伊士運河之前，我方才得知由於埃（及）以（色列）之間發生戰爭，該運河已經關閉，所以貨輪被迫向南繞道好望角行駛。在此期間的航程中，貨輪遭遇到了強颱風的襲擊，幾經周折，用了兩個多月才到達倫敦。經過英方復驗這批貨物，發現貨物部分受水漬而變質。因此，英方便向我方提出索賠和支付延期交付貨物的罰款。我方業務員在接到英方的索賠文件之後，認為該索賠是合理的，因為雙方的成交價格是 CIF，而 CIF 又稱為到岸價，要承擔貨物運至目的港的運費、風險費和其他一切費用，即貨物到達目的港，才是貨物所有權和風險轉移之時。所以，我方公司如數賠償了英方公司所提出的索賠款項。我方公司的做法是否合理？

國際貿易關係主要是買賣關係，各國買賣法和有關的國際公約對買賣關係作了規定，它是國際貿易法規的重要組成部分。

一、國際貨物買賣法概念

國際貨物買賣法是指調整國際貨物買賣關係法律規範的總稱。在市場經濟占主流的國際社會裡，當事人一般是通過合同形成國際貨物買賣關係的。因此，國際貨物買賣關係實質上是國際貨物買賣合同關係，國際貨物買賣法實質上就是調整國際貨物買賣合同關係法律規範的總稱。

國際貨物買賣合同是指營業地設在不同國家的當事人之間所訂立的貨物銷售合同。根據這一定義，國際貨物買賣合同具有這樣的特點：

1. 雙方當事人的營業地設在不同的國家

當事人的營業地是決定貨物買賣合同具有國際性的關鍵，其次交易的貨物必須跨越國境。如果雙方當事人的營業地設在不同國家，交易的貨物也跨越國境，他們之間訂立的貨物買賣合同就是國際貨物買賣合同。如果僅僅只是雙方當事人的營業地設在不同的國家，但交易的貨物沒有跨越國境，即使雙方當事人國籍不同，也應視為國內貨物買賣合同。因此，國際貨物買賣合同又可稱為跨國貨物買賣合同。

2. 國際貨物買賣合同比國內貨物買賣合同複雜

國際貨物買賣合同的標的貨物，要從一國運往另一國，通常這種運輸較國內運輸距離遠、時間長，因而運輸途中可能遇到的風險就多；國際貨物買賣在支付上一般要涉及外幣的使用，因此也可能遇到外匯匯率變動和政府外匯管制等引起的風險；國際貨物買賣合同中規定的雙方當事人的權利與義務關係應當由哪一國的法律來確定，在法律上也會遇到不少難以解決的問題。所有這些都使得國際貨物買賣合同趨於複雜。

3. 國際貨物買賣合同的標的是有形貨物

國際貨物買賣合同的標的既不包括不動產（土地房地等）以及公債、股票、投資證券、流通票據或貨幣的買賣，也不包括其他權利財產（如專利、商標、專有技術）和以提高勞務為主的貿易。根據中國《合同法》的規定，出賣具有知識產權的貨物或計算機軟件標的物的，除法律另有規定或當事人另有規定外，該標的物的知識產權不屬買受人。

二、國際貨物買賣合同適用的法律

目前調整國際貨物買賣合同的法律包括各國有關國際貨物買賣的法律、有關國際公約（包括雙邊或多邊協定、條約）或某種國際慣例。分別介紹如下：

（一）各國有關國際貨物買賣的法律

由於各國的歷史淵源和經濟發展情況不同，各國有關貨物買賣的法律也存在著差別。

大陸法系大部分國家把有關買賣法的法律納入民法典或商法典。商法合一，使之成為貨物買賣合同的法律淵源。

買賣法大都以單行法規的形式出現。其中英國1893年的貨物買賣法最具有代表性。它總結了英國數百年貨物買賣案件的判例，為英聯邦各成員國及美國以後制定類似的法律提供了一個範本，成為商品交易的一般準則。該法幾經修訂，現行的是

《1979年貨物買賣法修訂本》。1952年美國法學會和美國統一州法全國委員會制定並公布了《美國統一商法典》，該法經過多次修訂，迄今為止，美國各州採用較多的是1977年的文本。其第二篇即對買賣作了專門規定，其他各篇也以買賣為中心，是一部適應現代商業流轉需要的買賣法。

中國在國際貨物買賣方面適用《民法通則》《合同法》，與大陸法系和英美法系國家一樣，都只有一部買賣法，既適用於國內貨物買賣，也適用於國際貨物買賣，實現了貨物買賣法律的國內與對外的統一，這標誌著中國對外貿易法律法規與國際公約、國際慣例接軌的重大突破。

（二）有關國際貨物買賣的國際公約

由於各國貨物買賣法存在著分歧，為了避免減少由此而產生的法律衝突，促進國際貿易的發展，從19世紀末以來，在一些國家組織的努力下，制定了若干有關國際貨物買賣統一法公約。這些公約主要有1964年的海牙《國際貨物買賣統一公約》和《國際貨物合同成立統一法公約》，1979年的《聯合國國際貨物買賣時效期限公約》和1980年的《聯合國國際貨物銷售合同公約》。

> **知識拓展**
>
> 1980年的《聯合國國際貨物銷售公約》（以下簡稱《公約》）是迄今為止有關國際貨物買賣合同的一項最為重要的國際公約。它是由聯合國國際貿易法委員會主持制定，於1980年在維也納舉行的外交會議上獲得通過，並於1988年1月1日正式生效。《公約》合理劃分了買賣雙方的權利、義務，適當處理了違約和違約責任，維護了各方當事人的利益，並對不同社會制度、不同法律制度、不同經濟發展水平國家的不同要求及各方利益作了必要的調和、折中，成為世人所能普遍接受的貨物買賣規則。

中國作為《公約》的成員國之一，其企業、經濟組織在與營業地設在外國的締約國當事人簽訂貨物買賣合同時，適用該《公約》的規定。但是應注意以下幾個問題。

1. 中國對《公約》的保留

中國在批准《公約》時，曾做了兩項保留。

（1）關於採用書面形式的保留。按照《公約》第十一條的規定，國際貨物買賣合同無須具備特定的形式，無論是書面形式、口頭形式或其他形式都是有效的。這一規定同中國《涉外經濟合同法》關於涉外經濟合同（包括國際貨物買賣合同）必須採用書面形式的規定有牴觸，故中國對此提出保留。

（2）關於對《公約》適用範圍的保留。根據《公約》第一條第一款a項的規定，其適用範圍以當事人的營業地處於不同國家為標準，對當事人的國籍不予考慮。按照《公約》規定，若合同雙方當事人的營業地處於不同的國家，而且這些國家又皆為《公約》的締約國，該《公約》就適用於這些當事人間訂立的貨物買賣合同。對這一規定中國沒有異議。但同時公約又規定，只要當事人的營業地是處於不同的國家，即使他們的營業地所屬國不是《公約》締約國，但法院仲裁機構根據國際私法規則認為該買賣合同應適用某一締約國的法律時，則《公約》亦將適用於這些當事人之間訂立的買

賣合同。例如，甲乙雙方都處於非《公約》締約國內，而雙方當事人訂立國際貨物買賣合同的地點在締約國。假若合同適用甲方國家法律，但是甲方國家冲突法規規定適用合同訂立地法，則合同應使用《公約》，而不適用兩國的貨物買賣法。《公約》此項規定的目的在於擴大其適用範圍，對此，中國在核准公約時也提出了保留。但對當事人自願選擇適用《公約》的，中國與其他國家相同，承認當事人根據意思自治原則所做出的這種選擇。

2. 《公約》不適用的商品的買賣

（1）供私人、家庭使用而購買的貨物。因為在許多國家，消費品交易須遵守國家所訂旨在保護消費者的各種法律，為了避免妨害這一類國內法的效力，私人消費品的買賣不宜適用公約。

（2）採用拍賣方式進行的買賣。這種買賣須適用國內法的特殊規則。

（3）根據法律令狀進行的買賣。它是依司法當局或行政當局的執行令狀所進行的買賣，須根據強制執行法的程序進行。

（4）公債、股票、投資證券、流通票據或貨幣的買賣。有些國家不把公債、股票之類視為貨物，且這類交易在許多國家還須遵守特殊的強制性規範。

（5）船舶或飛機的買賣。有些國家把船舶與飛機的買賣視同不動產交易，或要求某些船舶和飛機的買賣須辦理登記手續方為有效，同一般的貨物買賣有不同的要求。

（6）電力的買賣。許多國家不把電力看作貨物，同時，國際電力買賣問題特殊，與一般的國際貨物買賣不同。

（7）賣方絕大部分義務在於供應勞力或其他服務的合同，也不屬於公約的適用範圍，如來件裝配合同、來料加工合同、咨詢服務合同等即屬此類。

3. 《公約》的適用不具有強制性

根據《公約》的規定，合同當事人可以排除《公約》的適用，也可以消減或改變《公約》的任何規定。即若合同雙方當事人的營業地分處於不同的締約國，本應適用《公約》，雙方也可在合同中規定不適用《公約》而選擇適用其他法律；若本應適用《公約》的雙方當事人未在合同中排除公約的適用，則公約就適用於他們所訂立的買賣合同。此外，若一方當事人營業地所在的締約國對《公約》有關合同訂立、修改及廢止等，可用書面形式以外的其他形式訂成的規定提出保留的，當事人即須遵守該締約國所做出的保留。中國就屬於這種情況。

4. 《公約》的適用優先於中國國內法

依中國《民法通則》與《合同法》的有關規定，若《公約》與中國有關法律有不同規定時，除了中國在加入《公約》時聲明保留的條款外，應適用《公約》的規定。

（三）有關國際貨物買賣的貿易慣例

在國際貨物買賣中，雙方當事人可以在合同中規定採用某種國際貿易慣例，用以確定他們之間的權利與義務。這方面的國際貿易慣例主要有：

1. 《國際貿易術語解釋通則》

該通則由國際商會於 1935 年制定，1953 年修訂，1980 年和 1990 年又作了兩次修

改。現行的文本是 1990 年修訂本。該通則在國際上已獲得廣泛的承認和採用。

2.《華沙－牛津規則》

該規則由國際統一私法協會於 1932 年制定，共 21 條。它主要是針對 CIF（成本保險加運費）合同制定，具體規定了這種合同中買賣雙方所承擔的費用、責任與風險，在國際上也有相當大的影響。

3.《1941 年修訂的美國對外貿易定義》

該定義是由美國商會、美國進口商理事會和全國對外貿易理事會組成的聯合委員會制定的，在南北美洲各國有很大影響。它對美國對外貿易中常用的貿易術語下了定義，具體規定了在各種貿易術語中雙方的權利與義務。其中它把 FOB（離岸價）貿易術語分為 6 種類型，與《國際貿易術語解釋通則》所作的解釋有很大差別。

第二節　國際貨物買賣合同的成立

案例導入

北京某公司希望向一美國公司出口工藝品，於星期一上午 10 點以自動電傳向美國紐約的一貿易公司發盤。公司原定價為每單位 500 美元 CIF 紐約，但是誤報為每單位 500 人民幣 CIF 紐約。

在下列三種情況下應當如何處理？①如果當天下午發現問題；②如果第二天上午 9 點發現問題，客戶還沒有接受；③如果第二天上午 9 點，客戶已經接受了。

國際貨物買賣合同的成立，是雙方當事人意思表示一致的結果。這是各國合同法的一般原則，同樣適用於國際貨物買賣合同。在對國際貿易中，雙方當事人取得一致意見的過程，就是合同成立的過程，又稱為交易磋商過程。國際貨物買賣合同的成立必須具有以下條件：

一、當事人應通過要約與承諾達成協議

合同的成立是雙方當事人意思表示一致的結果，這一過程必須包括兩個要素，即要約和承諾，也就是說，合同的成立，是通過一方提出要約，另一方對要約表示承諾而成立的。

（一）要約

要約（Offer）是一方當事人向另一方當事人所作的願與其訂立合同的一種意思表示或建議。提出要約的一方稱為要約人（Offeror），對方稱受要約人（Offeree）。

1. 根據各國法律規則和《公約》的規定，一項法律上有效的要約應具備的條件

（1）要約須向一個或一個以上特定人提出。《公約》明確規定，在國際貨物買賣中，要約必須向一個或一個以上的特定人提出。根據《國際商事合同通則》和大多數國家合同法的規定：凡不是向特定人發出的訂約建議，如寄送的價目表、拍賣公告、招標公告、招股說明書、商業廣告等，不認為是要約，而僅視為要約邀請（要約引

誘）。按此規定，不指定受要約人而泛指公眾的建議是不能視為要約的。但是在各國法律中，有明確的相反意思表示的廣告和懸賞廣告一般都認為是一項要約。

（2）要約人在要約中要表明訂立合同的旨意。要約必須表明要約人有訂立合同的目的，否則，不能稱為要約。由於要約表明要約人在得到受要約人承諾以後，就要受要約規定內容的約束，合同即告成立。因而在業務實踐中，如果當事人由於種種原因並不想自己發出要約，而是希望對方向自己提出要約，他可發出要約邀請（Invitation for Offer，業務上稱為虛盤）。有些公司經常向交易對方寄送報價單、價目表、商品目錄等，其目的是吸引對方向本公司提出訂貨單。這種訂貨單可以算是要約，但需要經本公司承諾后合同才能成立。還有些外國公司運用電函、估價單等作為要約邀請。因此，確定一方當事人是否有訂約意向，不僅要從其使用的文字和方式加以判別，更應考慮與事實有關的整個情況，包括談判情況、當事人之間確定的習慣做法、慣例和當事人其他任何行為。

（3）要約的主要內容必須是明確的、肯定的。根據這一要求，一項要約應包括擬訂立合同的主要內容，這樣，在被受要約人接受后，就能成立一項對雙方均有約束力的合同。在國際貨物買賣中，要約一般應包括商品的名稱、品質、價格、數量、交貨期以及付款方式六個方面的內容，根據《公約》第十四條的規定，訂約建議的內容應十分確定，在訂約建議書中必須包括三項內容，即買賣標的名稱、明示或默示地規定貨物的數量和價格以及規定應如何確定數量和價格。

（4）要約必須傳達到受要約人。英美法與大陸法系國家的法律都認為，要約這一意思表示必須傳達到受要約人才能產生法律效力。《公約》也規定，要約於送達受要約人時生效。因此，如果賣方通過信件或電報向買方發出的要約因郵局誤遞或疏忽而遺失，則該要約無效。因為買方（受要約人）只有知悉其要約的內容才能決定是否予以承諾。這一規定，同樣也適用於下述情況，即買賣雙方因偶然巧合，而在同時發出相同內容的要約，理論上這兩個碰頭的要約（交叉要約）也不成立，因為缺少承諾這一要素。

根據中國《合同法》規定，採用數據電文形式的要約，收件人指定特定系統接收數據電文的，該數據電文進入該特定系統的時間，視為到達時間；未指定特定系統的，該數據電文進入收件人的任何系統的首次時間視為到達時間。

2. 要約的撤回和撤銷

《公約》對要約的撤回和撤銷作了明確、肯定的規定：

（1）一項要約即使是不可撤銷的，在其送達到受要約人之前，都可以撤回，但撤回要約的通知必須先於要約到達受要約人，或至少同時到達，只有這樣才能阻止要約因到達而生效。

（2）即使要約到達受要約人后已經生效，但在合同成立之前，要約原則上仍可撤銷。不過撤銷要約的通知必須於受要約人發出承諾通知之前送達受要約人，否則撤銷要約的通知無效。但在這種情況下，該《公約》對要約人撤銷要約權利加以某種限制，即要約中已經寫明承諾期限或以其他方式表示要約是不可撤銷的；受要約人有理由信賴該項要約是不可撤銷的，而且他已本著對該項要約的信賴行事。

《公約》對這個問題的規定，既是將英美法系國家和大陸法系國家在要約問題上的法律相同點加以歸納，又將法律分歧點加以折中調和。

世界上主要國家，特別是兩大法系國家的法律認為，要約必須送達到受約人時才產生法律效力，在要約人發生要約到該項要約送達到受約人之前，由於要約在此期間尚未發生效力，對要約人無約束力可言，要約人當然可以把要約撤回，或者改變要約的內容。

但兩大法系在要約已經送達到受要約人，當受要約人做出承諾之前，要約人是否受其約束，是否可以撤銷要約或者變更要約的內容等問題上，分歧很大。

英美法認為，在上述情況下，要約人原則上不受其要約的約束，他可以在受要約人對要約表示承諾之前的任何時間內，撤銷其要約或變更其要約的內容。即使要約人在要約中規定了有效期限，他仍可以在期限屆滿以前的任何時間內將要約撤銷。因為英美法認為，在此情況下，要約人做出的允諾沒有獲得對價的支持，要約人可以不受其要約的約束。例如，要約人可以在要約中表明，如果受要約人允諾支付 100 英鎊，該項要約將於一周之內不予撤銷。這裡的 100 英鎊就是換取對方在一周之內不撤銷要約的允諾的對價。如果受要約人同意支付這筆款項，就等於雙方當事人成立了一個擔保合同或稱有選擇的合同，在此情況下，要約人就要受其要約的約束，在要約規定的一周之內不得撤銷或更改其要約的內容。

《美國統一商法典》突破了這一限制。它認為，在貨物買賣中，只要滿足三個條件，即使該項要約沒有對價，要約人仍須受其要約的約束。這三個條件是：①要約人應是從事該交易的商人。②要約的有效期限不超過三個月。③要約須以書面形式存在，並由要約人簽字。

大陸法系的德國法律對此問題的規定則與英美法的規定完全不同，它認為，要約在到達受要約人后，要約人須受其要約的約束。如果要約中有有效的規定，要約人在有效期內不得撤銷或更改其要約；如果在要約中沒有規定有效期，則依通常情形在可望得到答覆期間之前，要約人不得撤銷或更改要約的內容，除非要約人在要約中注明有不受約束的詞句。但如果在要約中有不受約的詞句，則一般地說，該要約在法律上僅只有要約邀請，而不是要約。採取德國法這一原則的還有巴西、瑞士、希臘等國。

3. 要約的有效期

各國法律認為，凡要約都有有效期。要約可在有效期內被受要約人承諾而成立合同。要約人對要約的有效期可作明確的規定，如「要約有效至 10 月 18 日」「要約限 10 月 18 日前復」等；也可不作明確規定，如「即復」「電復」等。凡明確規定有效期的要約，則要約在送達到受要約人開始生效至規定的有效期屆滿為止。要約未明確規定有效期的，則按「合理的時間內」，或「依通常情形在可望得到承諾的期間」有效。至於合理時間或依通常情形在可望得到承諾的期間，各國法律並沒有明確的規定或解釋。原則上，其計算取決於各種事實情況和交易的性質。如《公約》第十八條規定：對口頭要約必須立即接受，這裡的「立即」，也依事實情況或交易性質的不同而有所區別。一般來說，在國際貨物買賣中，國際市場上價格波動頻繁的商品，其「合理時間」或「依通常情形的可望得到承諾的期間」理解為短期；反之，則理解為長期。

關於有效期的計算問題，《公約》作了明確的規定。它認為，要約人在電報或信件內規定的承諾期間，從電報交發時刻或信上載明的發信日起計算。如信上未載明發信日期，則從信封上所載日期起算；要約人以電話、電傳或其他快速通信方法規定的承諾期間，從要約送達受要約人時起算。在計算承諾期間時，承諾期間內的正式假日或非營業日應計算在內。但是如果承諾通知在承諾期間的最後一天未能送到要約人地址，若那天在要約人營業地是正式假日或非常營業日，則承諾期間應順延至下一個營業日。

4. 要約的消滅

要約因種種原因而失去其法律效力叫要約的消滅，通常有以下幾種情況：

（1）要約因期間已過而失效。要約明確規定有效期的，則在該規定的期間終了自行失效。即使受要約人在此之後再作出承諾，這種承諾也不能使合同成立，而只能作為一個新的要約，須經原要約人承諾后才能成立合同。如果要約沒有規定有效期，則一般地說，在合理的時間內或依通常情形在可望得到承諾的期間未被承諾而失效。

（2）要約在被承諾前因被要約人撤回或撤銷而失效。

（3）要約因被受要約人拒絕而失效。要約一經拒絕即告失效，而不論原定的有效期是否已經屆滿。要約還可以因受要約人在承諾中對要約內容加以實質性的修改、限制或增加而失效，其效果也視同對要約的拒絕。

（4）要約因法律的效力而失效。實踐中有不少事件可以作為法律事實而使要約失效。這些事件的發生不必通知對方當事人，事件發生的同時要約也隨之失效。例如要約可因要約人或受要約人在要約被接受前死亡或喪失行為能力（如精神失常）或因要約的標的物非由於要約人的原因滅失而失效等。

（二）承諾

承諾（Acceptance）是指受要約人按照要約的規定，對要約的內容表示同意並願按此內容與要約人達成合同的一種意思表示。要約一經承諾，合同即告成立，雙方當事人都要受合同的約束，不得任意更改或撤銷合同。因此，承諾是合同成立中至關重要的一個程序。

1. 根據多數國家的合同法及《公約》，一項有效的要約應具備以下條件：

（1）承諾必須由受要約人作出。只有受要約人作承諾才能與要約人達成具有約束力的合同，這裡的受要約人包括其授權的代理人。除此之外，任何第三人即使知道要約的內容並對此做出同意的意思表示，也不能據此成立合同。向公眾發出的要約，則可以由知道該要約的任何人加以承諾而成立合同。

（2）承諾必須在要約的有效期內傳達到要約人。承諾必須在要約規定的有效期內做出，並傳達到要約人，才能成立合同。如果要約沒有規定有效期，則應在「合理時間內」或在「依通常情形在可望得到承諾的期間」做出承諾。遲於有效期做出的承諾，就叫作「逾期承諾」或「遲到的承諾」。按各國法律規定，逾期承諾不是有效的承諾，而是一項新的要約，它要由原要約人對此表示承諾后才能成立合同。

（3）承諾必須與要約內容一致。作為一種法律原則，如果受要約人在承諾中，對

要約內容附有添加、限制或其他更改，即為拒絕該項要約並構成反要約（Counter – Offer），多數國家包括英國的法律都有這一規定。但是，美國對此問題的規定卻採取了比較靈活的態度。按照《美國統一商法典》規定，在商人之前，如果受要約人在承諾中附加了某些條款，承諾仍然有效。其附加內容應視為合同的一部分，除非：①要約中已明確規定承諾時不得附加任何條件。②承諾中的附加條件對要約作了重大的修改。③要約人在接到承諾后已在合理時間內做出拒絕這些附加條件的通知。

《公約》除了吸取各國法律的一般原則外，也吸取了《美國統一商法典》的上述原則。它規定：對要約表示承諾但載有添加或不同條件的答覆，如所載的添加或不同條件在實質上並不變更該項要約的條件，除要約人在不過分遲延的期間內以口頭或書面通知反對外，仍構成承諾。如果要約人不做出這種反對，合同的條件就以該項要約的條件以及承諾通知內所載的更改為準。應注意的是，《公約》不但像《美國統一商法典》一樣，區分實質性的變更和非實質性的變更，而且還明確列舉了實質性更改的具體事項。它規定：有關貨物價格、付款、貨物質量和數量、交貨地點和時間、一方當事人對另一方當事人的賠償責任範圍或解決爭端等的添加或者不同條件，均視為在實質上變更要約的條件。

（4）承諾的傳遞方式必須符合要求。承諾的傳遞方式一般適用三條原則：①按照要約中對承諾傳遞方式的規定辦理。②如果要約中對承諾的傳遞方式無明確規定，則承諾就可按要約本身所採用的傳遞方式辦理。③受要約人也可採用比要約所指定的或要約所採用的傳遞方式更為快捷的通信方式做出承諾。

此外，各國法律一般都認為，受要約人對要約表示沉默或不行為都不構成承諾，不能成立合同。《公約》第十八條第一款也有明確規定：緘默或不行為本身不等於承諾。因此在實際業務中，如欲與對方成交，一般都須由受約人口頭或書面做出表示。

2. 承諾生效的時間

承諾從什麼時候起生效是一個極其重要的問題。因為承諾生效時間即合同成立時間，承諾生效地點即合同成立地點，一旦承諾生效，雙方當事人就承受了由合同產生的權利與義務。然而，在這一問題上，英美法系和大陸法系的分歧很大，採用以下兩種不同的原則：

（1）投郵生效原則（Mail – box Rule）。英美法系認為，凡以信件、電報做出承諾時，承諾的函電一經投郵或交發立即生效，合同即告成立。只要受要約人把載有承諾內容的信件投入郵筒或把電報交到電報局發出，承諾即於此時生效，即使此項函電在傳遞過程中被遺失或延誤，但只要受約人能證明他已在函電上寫明了收件人的姓名、地址，付足了郵資並交到郵電局，合同仍可成立。英美法系採取此原則旨在縮短要約人撤銷其要約的時間，以保護受要約人。英美法系認為，要約人可不受其要約的約束，在其要約被承諾前，隨時都可把要約撤銷，這對受要約人是不利的，故採取投郵生效原則，即只要承諾一旦投郵發出，要約人撤銷其要約的權利即告終止，不是在承諾送達其時才終止，以阻止要約人在承諾尚在途中時撤銷要約，而受要約人一旦發出承諾后，即可信賴要約而行事。當然，投郵生效對要約人不利，因為表示承諾的信函或電報在傳遞途中丟失，要約人在尚不知合同已成立的情況下，也要承擔合同義務。

（2）送達生效原則（Received the Letter of Acceptance Rule）。大陸法系認為，表示承諾的信函或電報必須送達要約人時才能生效，如在傳遞中發生遲誤或遺失，合同就不能成立。倘若承諾通知到達要約人的支配範圍以內，即使要約人未及時拆閱，尚未瞭解其內容，承諾也於送達時生效，合同也於此時成立。送達生效原則對要約人有利，要約人只有在收到表示承諾的信件后才承擔合同的義務。

在這個問題上，《公約》基本上是按大陸法系的「送達主義」的原則來處理的，即對要約所作的承諾，應於表示同意的通知送達要約人時生效。但《公約》又以英美法系為例外，規定若按要約的要求或依當事人相互間確認的習慣做法或慣例，受要約人可以做出某種行為的方式來表示承諾，而無須向要約人發出承諾通知，則承諾於做出該行為時生效。

根據中國《合同法》規定，承諾通知到達要約人時生效，採用數據電文形式訂立合同的，承諾到達時間可適用要約到達受要約人的規定。（見前面要約的有關內容）

3. 承諾的撤回

根據大陸法系承諾送達到要約人時生效的一般原則，受要約人可以在承諾到達要約人之前隨時撤回自己的承諾。而英美法系因在對用信件或電報表示承諾的問題上採取投郵立即生效的原則，故不存在撤回承諾的問題。而採取承諾送達生效的國家（如德國），只要撤回承諾的通知先於或與承諾的通知同時送達到要約人，就能產生撤回承諾的效果，達到阻止合同成立的目的。例如，以平郵或空郵發出的承諾通知，可即時用電報、電傳等更為快捷的傳遞方式把它撤回。但如承諾通知已到達要約人，則合同已經成立，也就無法撤回。

二、當事人必須具有簽訂合同的能力

在交易活動中，當事人雙方訂立的合同是否具有約束力還取決於當事人是否具有訂立合同的資格或能力。

1. 成年的自然人原則上都有訂立合同的能力

成年的自然人有資格訂立貨物買賣、運輸、租賃或技術轉讓等合同。但訂立或簽署國際商務合同則只是少數的自然人的資格。很多國家允許簽訂非特許類國際商務合同，某些具有特殊技能的自然人常被有關國家的商務組織吸引簽署較長期限國際商務服務合同，如某著名球星或教練與某國外的俱樂部簽訂 3～5 年的雇傭合同等。與商事組織一樣，自然人未經特許一般不能以特許服務提供者的身分簽訂特許類國際商務合同。

各國一般也不賦予未成年人（Infants）、禁治產人（Persons Who are Banded to Govern Their Properties by Law，大陸法的術語）[①]、精神病患者（Insane Person）、酗酒者

---

① 德國《民法典》第一百〇四條規定，禁治產人是指因患精神病，或有飲酒癖不能處理自己的事務，或因揮霍無度、浪費成性，由法院宣告禁止治理財產的人。

(Alcoholics)[①] 以及部分行為能力受到限制的成年人超出其認知狀態簽訂合同的，也就是說，若未成年人、禁治產人或精神病患者依法具有簽訂國際商務合同的權利能力，則在需要時由他們的監護人代簽這樣的合同。但是，根據中國《合同法》第四十七條、德國《民法典》第一百零七條及英美法系國家的一些判例，未成年人簽署的純獲利的國際商務合同具有法律效力。若某網絡少年被德國某知名公司網上軟件設計比賽廣告吸引，瞞著監護人參加了比賽，並獲得了大獎，則該德國公司就不得以該少年無締結國際商務合同的行為能力為由而拒絕發給獎品。

2. 法人具有訂立合同的能力

法人具有訂立合同的能力，但法人的訂約能力不能超出法律或法人章程所規定的範圍。英國、中國公司法規定，公司訂約能力須受公司章程的支配，否則屬於越權行為，這種合同在法律上是無效的。

發達的市場經濟國家一般允許其境內的商事組織簽訂非管制類國際合同，而金融、保險、會計或法律等國際服務提供合同，則只能由經特許的商事組織同接受特許服務的其他商事組織或自然人簽署。中國目前仍屬於轉型經濟的國家，國內商事組織簽署國際商務合同的資格受到了不少限制，廣為人知的例子便是國內的一些商事組織因沒有貨物進出口經營權而不能直接簽署貨物進出口合同。加入世貿組織後，中國的有關規定將會很快改變，越來越多的國內商事組織將具有訂立越來越廣的國際商務合同的權利能力和行為能力。

3. 代理人具有簽訂合同的能力

法人的法定代表人或負責人有權以法人的名義訂立合同，即法定代表人或負責人在其職權範圍內訂立的合同，由此產生的權利與義務關係直接由法人承擔。法定代表人可以委託代理人以法人的名義簽訂合同，但代理人的手續必須合法，具體表現為：①代理人必須是具有行為能力的公民或有資格的單位。②代理人必須先取得書面的委託或授權書。③代理人應在授權範圍內以委託單位的名義簽約，這樣的代理才能對委託單位產生權利與義務關係。

三、合同的內容必須合法

各國的法律都要求當事人所訂立的合同必須合法，凡是違反法律、違反善良風俗與公共秩序的合同一律無效。

1. 合同的內容不違背公共政策（公共秩序）

公共政策一般是指各國成文法所規定的政策或目標和一般公認的社會利益、公眾安全、良善習慣和道德規範等。英美法國家稱之為公共政策（Public Policy），大陸法國家稱之為公共秩序，在中國和一些國家稱之為社會公共利益（Public Interest）。由於政治的、經濟的、歷史的不同背景，各國的公共政策含義及其內容和解釋是不完全相同的。如果一個合同的內容和目的違反上述事項，在某國將被視為違反公共政策，從

---

① 確定酗酒者是否有訂立合同的能力是比較複雜的，依照美國的法律，酗酒者訂立的合同，原則上應有強制執行力，但如酗酒者在代理合同時候，由於醉酒而失去行為能力，則可要求撤銷合同。

而成為不合法合同（Illegal Contract）。

2. 合同的內容不能涉及違禁品問題

各國政府對違禁品的買賣都有各自的規定。凡是屬於被該國列入的違禁品，對於買賣這類貨物的合同，都視為不合法合同。各國以至在同一國家的不同時期，對違禁品都有不同的規定。一般地說，這類貨物是由各國政府的成文法或法令直接規定的。例如：毒品、走私物品、嚴重破壞社會道德風尚的物品等，一般均列為違禁品。

3. 與國家禁令有關的貿易合同問題

如果一國與另一國處於戰爭狀態，或者雙方國家雖然未處於戰爭狀態，但是由於政治的、經濟的、歷史的、種族的原因，一國會把另一國視為敵國，各國政府對於本國人與敵國所訂立的貨物買賣合同，一般均視為不合法合同；有些國家對於某些國家雖然不屬於敵國，但是由於各種原因，該國政府已明文規定，不得與某國進行貿易往來。因此對於本國人與禁止貿易往來國的人所訂立的合同，一般也視為不合法合同。

對於不合法合同，在當事人之間既不產生權利，也不產生義務，一旦雙方當事人發生有關權利與義務的爭議或糾紛，任何一方均不享受上訴權，法律對這種合同不予承認和保護。如果法律認為有必要時，還要追究當事人的刑事責任，對合同的標的物予以沒收，這一點與無效合同是有重大區別的。

四、當事人的意思表示必須真實

各國法律一般都要求合同當事人的意思表示必須真實，如果意思表示不真實，可依法申請撤銷或主張合同無效。① 法律上所指的意思表示不真實，主要有以下幾種情況：

1. 錯誤

錯誤（Mistake）是指當事人在訂立合同時，對已有的事實或法律所作的不正確的假設，在認識與客觀存在的事實不一致的情況下，訂約的意思表示有錯誤。

錯誤可能來自表示者本身，也可能來自對另一方意思發生誤解，不論是屬於何種情況，這些意思都不是當事人原來的意思，從這個意義上來說，這種意思表示是不真實的。但是，考慮到合同是雙方的法律行為，合同的成立或撤銷都會給雙方當事人帶來后果，因此，各國法律採取了慎重的態度，並按錯誤的不同性質和可能產生的后果，把錯誤分為：

（1）本質錯誤。大陸法系國家一般規定，必須是本質性的錯誤才能導致合同無效或得以撤銷。但是，大陸法系國家關於本質性錯誤的限定範圍很不一致，如法國限為涉及合同標的物本質的錯誤和主要因為對當事人個人的錯誤兩類。意大利却規定可以是以下四種本質性的錯誤：涉及合同的性質或標的物；涉及交付標的物同一性或應協議確認的同一標的物的質量；涉及對方當事人身分或基本情況；涉及構成唯一或主要原因的法律錯誤。

---

① 中國《民法通則》第五十九條、法國《民法典》第一千一百一十條、德國《民法典》第一百一十九條均有規定。

(2) 單方錯誤和共同錯誤。英美法系國家一般將錯誤區分為單方錯誤和共同錯誤兩類。單方錯誤通常不能導致合同無效或得以撤銷。不過，這一規則也有例外，即若對方當事人知道或應當知道發生了錯誤，則合同可以撤銷。若各方當事人都發生了錯誤，並且從事實角度來看都情有可原，則任何一方當事人都可以解除合同。共同錯誤是指雙方對基本條款有不同的理解。

對於單方錯誤，一般採取比較嚴格的態度。對於共同錯誤，一般採取比較寬容的態度，但對於重大事件有錯誤，一般可以使合同無效或可撤銷。根據意大利《民法典》規定，本質錯誤只有為締約另一方可識別時，才能構成合同被撤銷的原因。例如：屬於對標的物的基本屬性的認識發生錯誤；屬於認定合同性質方面發生錯誤；屬於認定訂約當事人或其能力方面發生錯誤；屬於認定標的物是否存在方面發生錯誤。當事人以誤解作為宣告國際商事合同無效的理由是受到嚴格限制的。

2. 欺詐

欺詐（Fraud）是指一方當事人為引誘對方當事人訂立合同而對事實所做的欺詐性陳述（Fraudulent Misrepresentation）或沉默地隱瞞事實真相的行為（Misrepresentation by Silence），是一人為了從他人那裡圖謀利益，故意使他人產生錯誤的行為。

各國法律都認為，凡因受欺詐而訂立的合同，蒙受欺騙的一方可以撤銷合同或主張合同無效。法國《民法典》和德國《民法典》均對此作了規定。英美法把欺詐稱為「欺騙性的不正確說明」，即一方在訂立合同之前，為吸引對方訂立合同而對重要事實所作的虛假說明，它既不同於一般商業上的吹噓，也不同於普通的表示意見或看法，如果作出不正確說明的人並非出於誠實地相信真有其事，則屬於欺騙性的不正確說明。

在處理上，英國法相當嚴厲，規定蒙受欺詐的一方可以要求賠償損失，並可撤銷合同或拒絕履行其合同義務。

3. 脅迫

脅迫（Duress Under Influence）是指以非法威脅的方法、以現實存在的危險或以親友的生命健康、名譽或財產等作為威脅，使人產生恐怖，迫使對方接受苛刻條件而被迫與之訂立合同的行為。在受脅迫的情況下所作的意思表示，不是自由表達的，不能產生法律上意思表示的效果。為此，各國法律均認為，凡在脅迫之下訂立的合同，受脅迫的一方可以撤銷合同。①

大陸法系國家認為脅迫與絕對強制不同，脅迫是使當事人產生精神壓力，絕對強制則是身體上的強制，使當事人失去人身自由。兩者產生的法律后果不同，前者受脅迫方可以撤銷合同，后者所訂的合同根本無效。英美法則不區分脅迫和絕對強制，在這兩種情況下所訂立的合同，當事人均可撤銷。中國《合同法》規定，採取欺詐或脅迫手段訂立的合同無效。

4. 施加不當影響

施加不當影響是英美合同法中一個常見的概念，是指一方當事人違背誠信原則，利用對方當事人的某種依賴關係，缺乏遠見，無知，無經驗或缺乏談判技巧等弱點，

---

① 參照法國《民法典》第一千一百一十二條、意大利《民法典》第一千四百三十五條和一千四百三十六條。

誘使其簽訂合同的行為。如果一方當事人對另一方當事人施加了不正當影響，使簽訂合同的意思缺乏真實性，在另一方當事人瞭解真相后，即可以不當影響為由要求撤銷合同。不過，《國際商事合同通則》要求，受不當影響所訂立的合同只有在對另一方當事人過分有利的情況下，才可以被宣告無效。

五、合同的訂立必須以對價為根據

對價（Consideration）是英美法系國家合同法中的重要概念之一。有些英美學者認為，合同有兩大基礎，一是意思表示一致，二即對價。對價是指當事人之間存在的「相對給付」的關係，即雙方都要承擔給付的責任。例如，在買賣合同中，賣方必須交貨而買方必須付款，這種相對給付就是買賣合同中的對價。英美法的簡式合同必須有對價，否則就沒有拘束力。

根據英美法的規定，一項有效的對價必須具備下列條件：

（1）對價必須合法，凡是以法律所禁止的東西作為對價都是無效的。

（2）對價必須是將來履行的對價或已履行的對價。將來履行的對價是指雙方當事人允諾在將來履行的對價。例如，買賣雙方在五月份簽訂了一份合同，合同規定賣方於九月上旬交貨，買方於九月下旬付款，其中交貨和付款都屬於將來履行的對價。已經履行的對價是指當事人中的一方以其作為要約或承諾的行為，表明自己付出了代價，並以此換取對方的對價。例如，買方需要賣方的貨物，主動向賣方匯款，如果賣方接受匯款，合同即告成立，其中買方的匯款就是已經履行的對價。

（3）過去的對價不是對價。過去的對價是指在對方做出允諾之前一方已經履行完畢的對價，已履行的對價並不是為換取對方對價而做出的。例如，某個技術員曾為某人維修家用電器，爾后某人允諾付錢給這位技術員。但技術員的維修服務並不是針對某人的諾言（付款）而提供的對價，是在某人允諾付錢之前做出的，因此是過去的對價。英美法有一項原則：「Past consideration is no consideration」，即「過去的對價不是對價」。但也有例外，如果過去的某種行為是根據允諾人的要求而做出，或者雙方當事人本來打算對某種行為支付一定金額，這就不能算作過去的對價。

（4）對價必須具有某種價值①，但不要求等價。這種價值可以是金錢上的價值，也可以是其他東西，對價不是等價，不要求與對方的允諾相等。

（5）已經存在的義務或法律上的義務不能作為對價。凡屬原來合同上已經存在的義務，不能作為一項新的允諾的對價，此外，凡屬履行法律上的義務，不能作為對價。例如，某甲的親人被綁架，他登報聲明，對找回親人者，願付賞金 5 萬英鎊，某警察被指定辦理此案，並找回某甲親人，這是法律上的義務，不能作為對價。

對價在英美合同法中具有很大的作用。但是，由於法律對於對價的有效性作出種種限制性的規定和解釋，結果使傳統的對價原則難以適應當代社會經濟活動的需要。目前，對價原則正在演變中，《美國統一商法典》第二條至第二百零九條規定，關於改變現存合同的協議，即使沒有對價也具有約束力。英國某些判例在對價問題上也採取

---

① 何寶玉. 英國合同法 [M]. 北京：中國政法大學出版社，1999：139.

了比較靈活的態度。

六、合同的擔保

合同擔保（Guarantee）是保證合同履行的一項法律制度，是法律規定的或當事人約定的保證合同履行的措施，其目的在於促進當事人履行合同，在更大程度上使權利的利益得以實現。根據各國合同法，合同的擔保主要有下述幾種：

1. 保證

保證是指合同當事人以外的第三人作保證，當債務人（被保證人）不履行合同時，由保證人負責代為履行的制度。

保證的特點主要有：①保證關係是一種合同關係，保證合同一般由保證人與被保證合同的債權人訂立。②保證合同是從合同，被擔保的合同是主合同，保證人是保證合同的債務人。③保證人是以自己的資產和名義作擔保的。保證人必須有足夠的清償能力；保證人和債權人訂立保證合同時，應當明確保證的範圍，保證人可以約定保證全部合同債務，也可以約定保證部分債務；如果合同中沒有約定保證的範圍或者約定得不明確，法律又沒有規定的，應推定為保證人是保證全部債務。④保證人是從債務人，當他代被保證人履行合同或承擔賠償損失的責任后，根據代位權的原則，就成為被保證人（主債務人）的債權人，有權向被保證人追償。

大陸法國家把保證區分為普通保證與連帶保證。連帶保證就是保證人與主債務人共同負擔責任，債權人可以不首先向主債務人提出履行合同的請求，而是向保證人提出要求。英美法把保證分為擔保與保證。保證與大陸法的普通保證含義相同，擔保則類似於大陸法的連帶保證。中國《合同法》規定：充當保證人的必須是法人單位，公民個人不能作為合同的保證人；除法律規定外，國家機關不能擔任經濟合同的保證人。又規定當債務人不履行債務時，按約定由保證人履行或承擔連帶責任；保證人履行債務后，有權向債務人追償。

2. 定金

定金（Deposit）是指雙方當事人訂立合同時規定由一方預先付給對方一定數額的金錢或其他有價代替物。

（1）定金的擔保作用是通過定金罰則體現出來的。根據大多數國家規定，支付定金后，交付方不履行合同時，即喪失定金；接受方不履行合同時，應加倍返還。但英國和法國則無須加倍。

（2）定金與預付款的區別：定金既起擔保作用，又起預先支付作用。而預付款沒有擔保作用，給付預付款的當事人不履行合同時，有權請示返還預付款。接受預付款的當事人不履行合同時，給付方有權請求返還預付款。合同履行后，在結算的時候則多退少補。

（3）定金與違約金、賠償金的區別：定金是擔保形式；違約金是因當事人的過錯而違約所承擔的違約責任，賠償金是由於違約給對方造成經濟損失的一種補償。如果一份合同採取了定金擔保，履行時違約，違約行為又給對方造成經濟損失時，三者可以並用，但並用之和，以不超過合同標的價款總金額為限。

3. 抵押

抵押（Mortgage）是指債務人或者第三人向債權人提供一定的財產作為抵押物，用以擔保債務的履行。債務人不履行債務時，債權人有權依照法律的規定以抵押物折價或者從變賣抵押物的價款中優先受償。在抵押關係中，債權人為抵押權人，債務人為抵押人。

抵押權具有以下的基本特征：

（1）抵押權是一種他物權。抵押權是對他人所有物有取得利益的權利。即在債務人不履行債務時，債權人（抵押權人）有權依照法律以抵押物的折價或者從變賣抵押物的價款中得到清償。

（2）抵押權是一種從物權，即抵押權是隨著債權的發生而發生，又隨著債權的消滅而消滅，它不能脫離債權而獨立存在，因而是一種從物權。

（3）抵押權是一種對抵押物的優先受償權。在償還債務時，抵押權人的受償權優於其他債權人，這是抵押權的重要特點。

（4）抵押權具有追收力。當抵押人將抵押財產擅自轉讓他人時，抵押權人可通過追收抵押物而行使權利。抵押人財產在設立其他權利時，抵押權不受影響。在抵押權人行使抵押權，使受讓人遭損失時，只能由非法轉讓抵押物的抵押人承擔責任。

4. 留置

留置（Lien）是指當事人一方（債權人）在對方（債務人）不能履行合同義務時，根據法律或有關法規的規定，對事先已經佔有的對方財產可以採取扣留措施，從扣留之日起一段時間內，對方仍然不能履行合同義務的，則有權將扣留的財產進行變賣，從變賣的價款當中，取得優先受償的權利，在扣除應償費用外，如有剩餘，則以對方的名義存入銀行，如還不足清償者，有權要求對方繼續補償。在留置關係中，債權人為留置權人，債務人為留置人。

留置擔保的特點主要有：

（1）採用留置形式的擔保，只能適用於合同簽訂后，一方當事人依法佔有了對方財產的情況，一旦對方不履行合同，即可採取扣留措施。

（2）只有留置期限屆滿對方仍不履行合同義務時，才能變賣扣留的財產。如在承攬加工中，對加工方貨物的合理扣留，等支付貨款后退還；未受貨款的賣方，在仍佔有貨物的情況下可以行使留置權；如果貨物已脫離賣方在運輸途中，賣方可以行使停運權。

七、國際貨物買賣合同的形式

在國際貨物買賣中，雙方當事人在要約與承諾達成協議之後，各國法律和《公約》對國際貨物買賣合同的形式無特殊的要求，一般採取「不要式原則」。即無論以口頭方式、書面方式或以行動等來表示都可以。中國在核准《公約》時，對其提出了保留，堅持認為國際貨物買賣合同的訂立、修改、撤銷等均須採用書面方式方能有效。國際貨物買賣合同可分為以下形式：

1. 正式合同

正式合同是指在雙方達成交易后,由當事人一方根據交易的內容草擬成書面合同,然后由買賣雙方共同簽署的正式文件。這種合同由賣方草擬的,稱為銷售合同或出口合同;由買方草擬的,稱為購買合同或進口合同。現在國際貨物買賣合同中當事人越來越多地採用一些國際組織制定的標準格式合同。對於這種合同,買賣雙方只需填上各自的名稱,所買賣貨物的質量、數量以及價款等,無須就合同的內容逐條起草。

2. 確認書

確認書一般用於函電成交的買賣,是指當交易成立后,由當事人一方將交易內容製成確認書並簽名,以確認交易的有關內容的書面協議。確認書無須按一定的規格制定,文字也可以用得很簡單,只要將主要權利、義務載明即可。它在送達對方時,接受方如果對其內容持有異議,應在一合理期限內通知發送方;否則,經過一段合理期限后即認為接受方無不同意見,確認即生效。確認書與正式合同的區別在於,正式合同應由雙方共同簽署方能生效,而確認書只要一方簽署即可生效。

3. 訂單

訂單是指買主向賣方發出的要約,只有經賣方接受並簽認,合同才能成立。但有些國家的商法,如德國法規定,賣方在接到訂單后,在一定期限內,如不明確表示接受或拒絕,則推認他接受了該項要約,合同即告成立。

第三節　國際貨物買賣合同的主要內容

案例導入

我自行車總廠從德國進口一批鋼管,雙方訂約前,中方業務員告訴賣主(負責人),這批鋼管是供軋製自行車輪頭用的,賣主按合同規定交貨,中方對鋼管軋製后發現彎曲並出現裂痕,不能用於製造自行車輪頭。該案如何處理?

正式的國際貨物買賣合同或一些國際組織制定的標準格式合同通常由三個部分組成,即約首、本文和約尾。

一、約首

約首又稱首部,是合同的開頭部分。一般包括合同的名稱、合同的編號、訂立合同的日期和地點、訂約雙方名稱(用全名)、法定地址、營業所在地以及合同的序言等。這些雖不是合同的實質性內容,但它們一般都具有一定的法律意義,一旦發生糾紛,就可能成為法院仲裁庭處理爭議的某種依據。因此,在訂約時應仔細、慎重。

二、本文

本文是合同的主體部分,包括眾多實質性的合同條款。合同本文部分具體地規定了雙方當事人的權利和義務。本文的主要條款包括基本條款和一般條款。基本條款是

指一方當事人向另一方當事人發出要約表明訂立合同的意思表示時，必須包含的內容條款；一般條款是指除了基本條款之外的條款，這些條款可以根據雙方當事人的意思或協商來訂立。

(一) 國際貨物買賣合同的基本條款

 1. 標的物條款

  商品的名稱，也就是合同標的的名稱。合同標的的名稱必須與交出貨物的名稱一致。如果交出貨物的名稱與合同規定不符，盡管賣方解釋商品名稱雖不同，但質量無問題，對方仍會認為是違約行為。在國際市場上牌號、商標、產地本身就代表著質量，名稱不符就會影響商品的銷路。

 2. 品質條款

  商品的品質（Quality）就是商品內在素質和外表形態的綜合，如化學成分、物理和機械性能、生物學的特徵以及造型、結構、色澤、氣味、圖案等技術指標。商品必須符合買主所指出的特定用途，具有買主對該類商品必須達到某特定用途而規定的指標。

  品質條款在買賣合同中一般被列為「品名及規格、貨號」，是合同的一項主要條款。在對外貿易中表示商品品質的方法，主要是通過下列買賣來表示：

  （1）憑樣品買賣（Sale by Sample）。它是指買賣雙方以樣品作為買賣和交貨品質的依據。在實際交易中，賣方為了防止所交貨物與樣品不能完全一致而招致嚴重的法律後果，在買方的同意下，往往在合同中寫上「品質與樣品近似」的字樣。

  （2）憑規格、等級或標準的買賣。商品的規格是指用以反映商品品質的一些主要指標，如成分、含量、純度、尺寸、粗細等。商品的等級是指同一類商品按其規格上的差異，分為不同的等級。商品的標準是指政府機構或商業團體統一制定和公布的標準化品質指標，如國際標準、國家標準、部分標準、行業標準、企業標準等。在以標準成交時，應明確規定運用何種標準，以免雙方各執一詞，產生糾紛。

  （3）憑牌號、商標買賣。它是指買賣雙方在交易時採用市場上具有良好聲譽的牌號、商標以表示品質的方法。在國際市場上已樹立了良好信譽的商品，其牌號或商標即代表一定的規格或品質。

  （4）憑說明書買賣（Sale by Description）。它是指一些機電、儀器產品或大型成套設備，其結構和性質複雜，無法用若干簡單的指標表明其品質的全貌，必須憑樣本或說明書具體詳細地說明產品構造、性能、材料、用途、操作和維修方法等，通常還輔以圖紙、照片等資料來表示品質的方法。

 3. 數量條款

  數量條款是指以一定的度量衡量表示商品的重量、個數、長度、面積、體積、容積的量，如噸、米、平方米、立方米、升等。它是合同的主要條款之一。商品的數量一經確定，賣方必須按合同規定的數量交貨；否則，即構成違約，要承擔違約的責任。

 4. 價格條款

  國際貨物買賣合同的價格條款應包括兩項基本內容：單價與總值。單價通常由計

算單位、單位價格金額、計價貨幣和價格術語四個部分組成（價格術語參見本章第二節）。

5. 交貨條款

國際貨物買賣合同中的交貨條款主要包括運輸方式、交貨時間、裝運港、目的港、能否允許轉船、裝運通知等事項。

6. 支付條款

支付條款主要是對支付金額、支付工具、支付時間和支付方式等事項規定。它主要明確了買方承擔的基本合同義務，也明確了賣方的主要權益。

(二) 國際貨物買賣合同的一般條款

1. 保險條款

合同中的保險條款應確定投保人、保險的種類、保險金額、理賠地點、保險公司等。

2. 包裝條款

買賣合同中的包裝條款，主要包括包裝材料、包裝方式與尺寸、包裝費用以及運輸標志等內容。商品的包裝材料和方式應根據商品的特點和運輸方式而定，並在合同中作出明確規定。包裝費用一般都包括在貨價之內。但如果買方提出特殊要求，賣方可另計包裝費用。運輸標志可由賣方提供。如由買方提供，應規定買方在貨物裝運期前若干天提供運輸標志；否則，可由賣方根據商品性或運輸要求自行決定。

3. 商品檢驗條款

商品檢驗條款主要是訂明對出口交貨或進口到貨商品進行檢驗的時間、地點、方法、標準以及檢驗機構、檢驗證書等內容。目前，在國際貿易中，有關商品檢驗條款的規定一般有三種做法：①以離岸品質、離岸重量（數量）為準。②以到岸品質、到岸重量（數量）為準。③以裝運港的檢驗證書作為議付貨款的依據，貨到達目地港后，允許買方對貨物進行復驗。其中：①對賣方有利而對買方不利；②對買方有利而對賣方不利；③的做法較為公平，符合國際貿易習慣和法律規則。

4. 索賠條款

索賠條款與商檢條款密切相關。有時合同中不列商檢條款，而列索賠條款，有時兩者都列。其主要內容是訂明索賠的依據和期限，或賠償辦法和金額等。

5. 不可抗力條款

不可抗力條款是指合同訂立后，由於出現當事人所無法預見、人力所不能抗拒的意外事件，當事人無法履行或不能完全履行合同規定的義務，而免除或部分免除當事人責任的一種法律規定。不可抗力條款在大陸法系國家被稱為「情勢變遷」，在英美法系國家被稱為「合同落空」。

不可抗力事故一般應具備這些要求：①它是發生在合同訂立之后；②它不是由於任何一方當事人的疏忽或過失造成的；③當事人對此事故是無法控制的。只有符合這些條件，當事人才能免除或部分免除不履行合同或不能如期履行合同的責任。

不可抗力事故包括兩種情況，一是由自然原因引起的，如水災、旱災、颶風、大

雪、地震、火災等自然災害；二是由社會原因引起的，如戰爭、政府的封鎖禁運等。目前，國際上對此並沒有一個統一的、確切的解釋，因此雙方當事人可以在合同中具體列明。

不可抗力條款的內容主要包括：不可抗力事故的含義和範圍；事故發生后當事人通知另一方當事人的期限；出具證明的機構及證明的內容；事故發生后合同的處置等。

不可抗力事故所引起的法律后果主要有兩種：一是解除合同，二是延遲履行合同。採取何種法律后果，具體要看意外事故對合同履行的影響，也可由雙方在合同中作出具體規定。如果合同中無具體規定，一般的解釋為：如不可抗力事故只是暫時阻礙了合同的履行，則只能延遲履行合同。

6. 仲裁條款

合同中的仲裁條款至少應訂明仲裁的地點、仲裁權構、仲裁程序、裁決的效力以及仲裁費用的負擔等內容。

三、約尾

約尾是合同的結尾部分。它通常載明合同使用的文字及其效力、正本的份數、附件及其效力、雙方當事人的簽字等。在國際貿易中，除極少數重要的買賣合同須經國家主管部門批准才能生效外，在通常情況下，一經雙方當事人簽字，合同即告成立。

上述有關國際貨物買賣合同的內容，其多寡繁簡一般根據貨物的性質、交易量的大小、當事人國家間的關係以及訂約人的法律知識、業務水平等因素而自由協商決定。

第四節　國際貨物買賣合同的履行

案例導入

中國的甲公司與美國的乙公司訂立了一份國際貨物買賣合同。合同約定：甲公司出售一批木材給乙公司。履行方式為：甲公司於7月份將該批木材自吉林交鐵路發運至大連，再由大連船運至美國紐約，乙公司支付相應的對價。但7月份，甲公司沒有履行。8月3日，乙公司通知甲公司，該批木材至遲應在8月20日之前發運。8月10日，甲公司依約將該批木材交鐵路運至大連，但該批木材在自大連至紐約的運輸途中因海難損失80%。由於雙方對貨物滅失的風險約定不明確，於是發生爭執。乙公司認為，甲公司未於7月份履行合同是違約在先，應承擔損害賠償責任。合同因甲公司未按時履行義務已終止，故貨物損失的風險理應由甲公司承擔。

問題：

（1）乙公司是否有權要求甲公司承擔損害賠償責任？

（2）乙公司認為本案合同因甲公司違約已經終止的觀點是否正確？

國際貨物買賣合同的履行就是買賣雙方訂立合同之后，有關當事人按合同規定履行各自的義務，行使和實現各自的權利。在履行合同的過程中，會出現各種各樣的違

約情況，還會涉及貨物的風險和所有權的轉移等法律問題。

一、買賣雙方的義務

(一) 賣方的義務

賣方的主要義務是按合同規定交貨。在國際貨物買賣中，存在著兩種交貨方式。一種為實際交貨，即賣方把貨物連同代表貨物所有權的單證一起交付買方，完成貨物所有權與佔有權的轉移，如按 FOB（離岸價）條件成交的合同交貨；另一種為象徵性交貨（Symbolic Delivery），即賣方將代表貨物所有權的單據或憑證以及提取貨物的單據交給買方，完成貨物所有權的轉移，即為完成交貨義務，如 CIF（成本加保險加運費）條件成交的合同就是象徵性交貨。

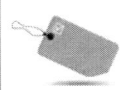

> **知識拓展**
>
> 國際貨物買賣合同是一種雙務合同，合同一經成立，買賣雙方都有責任履行其依據合同所應承擔的義務，對此各國的買賣法和《公約》都有具體的規定。但這類規定大多是非強制性的，即《公約》及各國買賣法根據契約自由原則，允許雙方當事人在合同中自由決定其權利與義務，即使合同中的某些有關規定與所選擇適用的某國買賣法或《公約》的規定有所不同，但只要它與強制性的法律規定不相抵觸即可。可見合同中的規定是至關重要的。因此，凡是雙方在合同中已明確規定了權利、義務的，雙方都必須按合同的規定執行。只有當買賣合同對某些事項沒有作出規定或規定不明確時，才須援引《公約》或有關國家國內買賣法的規定來確定雙方當事人的權利與義務。

賣方在履行交貨義務過程中會遇到許多法律問題，須承擔一系列法律義務。其中主要有以下四項：

1. 提交貨物的時間、地點和方式的義務

一般情況下，賣方應按合同規定的交貨時間和地點交付貨物，但是，如果合同對這些事項未作出具體規定，則須按有關國家法律或《公約》規定辦理。

(1) 交貨時間。若合同未約定交貨時間，大陸法系規定應在合同成立時即時交貨；英美法系規定應在合理期間內交貨。

《公約》第三十三條規定：若合同訂有交貨日期，或通過合同可以確定一個日期，則應在該日期交貨；若規定有一段時間，賣方可在這段時間內任何一天交貨；在其他情況下，賣方應在訂立合同后的一段合理時間內交貨。

(2) 交貨地點。若合同未約定交貨地點，各國通常即依所交貨物的種類確定。大陸法系和英美法系都規定，特定物的交貨地為訂約時特定物所在地；種類物交貨地為賣方營業地。

特定物是指具有單獨特徵、不能以其他物所代替的物品，既包括絕無僅有的物品，也包括當事人專門選定的物品。種類物是指不具有單獨特徵、可以代替、可以用度量衡確定的物。

《公約》第三十一條至三十三條規定，合同未規定交貨地點的，則在下列地點交

貨：①若合同涉及貨物運輸，賣方應把貨物交給第一承運人以運交買方；②若是特定物的買賣，而各方當事人在訂立合同時知道這些貨物是在某一特定地點，賣方應在該地點把貨物交給買方支配；③在其他情況下，賣方應在訂立合同的營業地把貨物交給買方。

（3）提交貨物的方式。各國的有關法律規定，除非合同有相反規定；否則，賣方必須將貨物一次交付給買方。賣方不恰當地將貨物分批交付，買方在一定情況下有權拒絕接收。但是，在有些情況下一次性交貨實際上是不可能的，如買方可能無充足的倉儲設施或者賣方無法獲得充分的運輸工具進行一次性交貨，那麼，交貨也可分批進行。

《公約》還規定，①若賣方應將貨物交給承運人，但沒有在貨物上加標記，或未以裝運單據或其他方式清楚地注明有關合同，則賣方必須向買方發送列明貨物的發貨通知。②若賣方有義務安排貨物的運輸，則賣方必須訂立必要的合同，以按照通常運輸條件，用適合情況的運輸工具，把貨物運到指定地點。③若賣方沒有義務對貨物運輸辦理保險，則賣方必須在買方提出請求時，向買方提供一切現有的必要資料，使其能辦理需要的保險。

2. 提交貨物單據的義務

單據通常包括提單、保險單、商品發票、裝箱單、商檢證、原產地證書以及檢疫書等。這些單據在國際貨物買賣中，是買方提取貨物、辦理報關手續、轉售貨物以及向承運人或保險公司請求賠償等所必不可少的文件。按照國際貿易慣例，在大多數情況下，賣方都有義務向買方提交有關貨物的各種單據。而且，買賣合同也往往規定，以賣方移交裝運單據作為買方支付貨款的對流條件。

《公約》第三十四條規定賣方移交有關貨物單據的義務主要包括：

（1）賣方移交與貨物有關的單據，須根據合同規定的時間、地點和方式進行。移交單據的種類、內容應與合同相符。在以信用證方式支付時，單據應與信用證要求相符。

（2）賣方提前移交單據時，可在合同規定的提交單據時間以前糾正單據中任何不符合合同規定的情形。但賣方行使權利時，不得使買方遭受不合理的不便或承擔不合理的開支。

3. 對貨物的權利擔保義務

權利擔保是指賣方應保證對其所出售的貨物享有合法的權利（Sells Right to Sell the Goods），沒有侵犯任何第三人的權利，並且任何第三人都不會就該項貨物向買方主張任何權利。由於各國關於賣方對貨物的權利擔保義務方面的規則較為接近，《公約》在考慮國際貨物買賣特殊性的基礎上吸收總結了這些規則，將之規定於第四十一至四十四條之中。賣方對貨物的權利擔保義務包括三個方面的內容：

（1）賣方必須保證對其出售的貨物享有合法的權利。即賣方必須保證其對貨物享有完整的所有權，沒有侵犯任何第三方的權利，並且不會有任何第三方就該貨物向買方提出權利主張。一般說來，第三方對賣方所出售的貨物提出請求的情況有兩種：①有權請求，是指第三人基於其對貨物擁有合法權益而提出請求，如第三方對買方提

起訴訟，主張他是貨物的真正所有權人或對貨物享有某種權利，結果勝訴，則賣方應對買方由此引起的損失負責。第三方勝訴在法律上表明他是貨物的真正所有權人，賣方即違反了公約的權利擔保義務。②無權請求，是指第三方提出的請求因沒有根據而敗訴，在這種情況下，賣方仍被認為違反了權利擔保義務，因為第三方的請求雖然沒有在法律上實現其對於貨物的主張，但他的請求使買方至少遭受訴訟費用的損失，賣方對此仍應負責。賣方的責任形式表現為賣方必須參與訴訟並在訴訟中為買方的利益反駁第三方，賣方還必須承擔舉證責任，以支持買方反對第三方。如果賣方不能充分舉證，不能阻止第三方的請求，則賣方有責任採取其他適當的行動，使買方免受第三方主張之累。

（2）賣方應保證在其出售的貨物上不存在任何未曾向買方透露的擔保物權，如抵押權、留置權等。

（3）賣方所交付的貨物不得侵犯任何第三方的工業產權或其他知識產權，但關於工業產權或其他知識產權的擔保義務是有條件的，不是絕對的。這裡所謂的知識產權，是指專利權、商標權、服務標志、廠商名稱、產地標志等的總稱，但主要是指專利權與商標權。所謂其他知識產權，是指從事文學、藝術和科學活動而獲得的著作權。

鑒於這些複雜的情況，《公約》規定賣方保證其所售貨物不侵犯第三方的工業產權或其他知識產權的義務是有條件的，條件限制包括了時間限制、地域限制、賣方主觀過錯限制、買方客觀過錯限制等方面。

①時間限制。賣方訂立合同時知道或應當知道第三方將對其貨物提出工業產權或其他知識產權方面的權利或請求，則原則上必須對買方承擔責任。換句話說，如果賣方在訂立合同時不知道或不可能知道第三方請求權的存在，而是以后才知道的，則賣方不應當對侵犯工業產權或其他知識產權負責。

知識拓展

國際貨物買賣涉及工業產權或其他知識產權的情況比一國範圍內的工業產權或其他知識產權複雜得多。國內工業產權或其他知識產權糾紛一般只涉及本國的工業產權或其他知識產權，不牽涉外國的工業產權或其他知識產權。國際貿易中侵犯工業產權或其他知識產權經常涉及其他國家，如賣方所交付的貨物沒有侵犯賣方國家的工業產權，但可能侵犯買方國家的工業產權；或者雖沒有侵犯買方國家的工業產權或其他知識產權，但由於買方將貨物轉售第三國，可能侵犯第三國的工業產權，甚至可能侵犯了賣方自己國家的工業產權，也侵犯了買方國家和第三國、第四國的工業產權。

在國際貨物買賣中，侵犯工業產權或其他知識產權的情況往往發生在賣方以外的國家。從法律角度看，不能期望賣方像瞭解自己國家的法律那樣瞭解其他國家的法律，特別是當貨物經多次轉售，其最終銷售地或使用地在訂立合同時賣方是不可能知道的，在這種情況下，賣方就更難以避免，甚至根本不可能避免侵犯工業產權或其他知識產權的可能性。

---

②地域限制。根據《公約》第四十二條的規定，賣方對買方所承擔的涉及第三方的工業產權或其他知識產權的權利擔保義務的地域限制表現在兩個方面：第一，第三方的請求必須是根據貨物特定銷售地國家的法律提出的，也就是說，如果買賣雙方在訂立合同時，就已確定將貨物銷售到某一特定國家，則賣方只對根據貨物在該特定國

家的法律提出的請求負責。如果買賣雙方在訂立合同時，沒有規定貨物特定銷售地，則賣方不對買方負責。地域限制在法律上的含義是賣方在訂立合同時知道買方預期貨物將在哪一國銷售，則賣方對第三方依據該國法律所提出的工業產權或其他知識產權的權利或請求，應當對買方承擔責任。因為賣方在訂約時既然已經知道貨物將銷往某一國家或某些國家，則賣方對這一國家或這些國家關於工業產權或其他知識產權的規定應當有所瞭解，如果賣方不作瞭解，則負有過失責任。第二，第三方的請求是根據買方營業地所在國的法律提出的，賣方應當負責任。這一限制是針對買賣雙方的交易沒有確定貨物的最終銷售地或使用地的情況而作出的，賣方只對那些根據買方營業地所在國的法律提出的請求向買方負責。這就是說，第三方的權利或請求根據買方營業地所在國有關工業產權或其他知識產權的法律提出，則不論賣方是否知道第三方的權利請求，賣方都應對買方承擔責任。這一限制的法律含義是，賣方有責任知道買方營業地所在國的工業產權或其他知識產權的法律規定以及相關的情況，如果賣方對其貨物的買方營業地所在國的工業產權或其他知識產權的法律不瞭解，這也是賣方的過失。顯然，《公約》要求賣方無論如何對第三方就買方國家法律提出的請求負責，但對第三方依據第三國法律提出的請求是否負責，就看賣方在訂約時是否知情。如果賣方在訂約時並不知情，對第三方就第三國家的法律提出的請求就不負責任。

③賣方主觀過錯限制。買方在訂立合同時，已經知道或不可能不知道第三方將對貨物提出有關工業產權或其他知識產權方面的權利或請求，在這種情況下，買方若仍然同意與賣方達成協議購買貨物，說明買方自願冒侵犯第三方工業產權或其他知識產權的風險，因此，由此引起的責任應由買方自己承擔。

④買方客觀過錯限制。第三方提出的有關工業產權或其他知識產權的權利或請求是由於賣方依據買方提供的技術資料、圖案製造產品而引起的，應由買方自行負責。

4. 對貨物的品質擔保義務

賣方的品質擔保包括明示擔保和默示擔保。

（1）明示擔保是指賣方保證其所出售的貨物具備某種質量特徵、性能及用途，若貨物未達到這些標準，賣方就要承擔相應的法律責任。通常，若合同對貨物的品質規格已有具體規定，賣方應按合同規定的品質、規格交貨；若合同對貨物的品質規格未做出具體規定，則賣方應按合同所適用國家的法律或《公約》的規定負責。各國的買賣法都要求貨物必須與賣方的明示擔保（Express Warranties）一致，否則，即構成對買方的違約。即使賣方無明示擔保，包括中國在內的各國買賣法一般規定了賣方對貨物所承擔的默示擔保（Implies Warranties）義務，不過，有些國家規定得較為簡單，另一些國家規定得較為詳盡，其中較為詳盡的國家有美國、英國和意大利等。大陸法系把品質擔保稱為瑕疵擔保，認為賣方應保證銷售的貨物品質符合合同規定，無任何瑕疵。

（2）默示擔保是指商銷性的默示擔保，是指合同項下的貨物在該行業中可以無異議地被通過，貨物不但須具備該類貨物一般的商銷性品質，即合同品質條款的規定，還必須滿足特定用途。英國《貨物買賣法》規定，貨物買賣中，標的物的品質不僅要符合合同的明示條件和擔保，還要符合默示條件和擔保。其中條件是合同的主要條款，擔保是從屬於合同的次要條款。

《美國統一商法典》中對默示擔保的有關規定如下：

（1）商銷性（Merchantability）的默示擔保。根據《美國統一商法典》第二條至三百一十四條的規定，如果賣方是專門經營某種商品的商人，那麼在這種商品的買賣合同中，他必須向買方承擔該商品具有適合商銷性的默示擔保義務。所謂「適合商銷性」是指合同項下的貨物在該行業中可以無異議地通過；在出售的貨物為種類物的情況下，該貨物具有同類貨物的平均良好品質；貨物具有同類貨物的一般用途；在合同允許的差異範圍內，貨物的每一單位和所有單位在品質、品種和數量方面相同；貨物按合同要求，適當地裝箱、包裝和加上標籤；貨物與容器或標籤上的說明相符。

（2）適合特定用途的默示擔保。《美國統一商法典》第二條至第十五條規定，如果賣方在訂立合同時有理由知道買方要求貨物適用於特定用途，且有理由知道買方依賴賣方挑選貨物的技能或判斷力，賣方即默示承擔貨物將適用於特定用途的義務。根據這一規定，貨物不但須具備該類貨物一般的商銷性品質，還必須滿足特定用途。同時，要使賣方承擔這一擔保義務，買方還必須依賴賣方的判斷力或技能。若買方是行家或向賣方提供了技術規格或其他選擇標準等，則說明買方未依賴賣方的判斷力。例如一家生產原子能發電設備的企業，向機床廠訂購一臺立式車床。買方訂購時說明了車床用於加工原子能鍋爐壓力容器，但賣方提供的是一臺普通的立式車床，導致買方在加工壓力容器時發生事故。這一合同中，賣方即屬違反默示擔保。

在國際貿易中，買方通常利用賣方所交貨物違反了其國內的有關法律、技術標準和檢驗檢疫法規，不符合商銷性、特殊用途以及消費習俗等為理由，認定賣方違反國內法律，要求賠償損失。國際貨物品質默示擔保僅僅是「商銷性」含有根據各個國內法律、技術、檢驗檢疫法規的內容，在買賣雙方履行合同過程中發生一般性糾紛，通常以雙方的習慣做法解決。但這些內容又與國家管制對外貿易和貿易保護主義的限制進口的政策有關，一旦買方的這種做法對賣方的利益造成巨大的損失，甚至影響到賣方國家的實質性利益時，這種做法的性質即將轉變為技術性貿易壁壘。[①]

國際貨物品質默示擔保責任的不確定性本質上就是一種風險。這種不確定性和風險可以通過買賣雙方的合理預期來降低乃至消除。但是買賣雙方預期的合理性取決於所掌握的信息，風險防範的實質是信息的取得和取得信息的成本，如果買賣雙方訂立合同和履行合同時，買方就為賣方提供有關自己國家一系列穩定的技術、衛生、檢驗和檢疫標準的信息，使賣方可以更合理地預期，把不確定性和風險減少到最低限度。但是，正如前面所分析的，如果買方採取機會主義手段，那麼，合同履行期越長，實施機會主義的可能性就越大，賣方承擔的風險也就越大。由於國際貨物品質默示擔保中技術貿易壁壘的風險又具有其特殊性，所以對國際貨物品質默示擔保中技術貿易壁壘的防範措施，既要從買賣雙方訂立合同時開始防範，又要從生產源頭開始防範。

與明示擔保責任相比，默示擔保責任在國際貨物買賣中最容易引起糾紛。在《美

[①] 盡管貨物買賣品質默示擔保所涉及的法律問題主要為買賣法，但是由於各國對貿易壁壘的加強，使技術貿易壁壘由國家之間的貿易爭端轉嫁到各個商事組織以及個人。參見蔡四青：《國際貿易中國際貨物品質默示擔保與技術貿易壁壘風險的防範》，《經濟問題探索》2004 年第 2 期 119 頁。

國統一商法典》中，默示擔保責任可採取以下方式加以排除：

①如果賣方想要排除或限制商銷性的默示擔保，必須使用「商銷性」這個詞，並寫於書面合同，字體醒目和顯眼。②賣方可以使用「依現狀」（as is）「帶有各種殘損」（with all Faults）或其他一般能引起買方注意的措辭，表示賣方不承擔任何默示擔保責任。③如果買方在簽訂合同之前，已對貨物、樣品或模型作過充分檢驗，或買方拒絕檢驗貨物，則賣方對於買方在檢驗貨物情況下應能發現的缺陷，就不存在任何默示擔保義務。④根據雙方當事人過去的交易做法，履約做法或行業慣例，也可以排除默示擔保。

《公約》關於賣方對貨物品質擔保義務的規定主要體現於第三十五條。根據該條的規定，合同對貨物的質量、規格與包裝方式有規定的，賣方所交付貨物必須符合合同規定。此外，賣方交付的貨物還必須符合下列要求：①貨物適合於同一規格貨物通常使用的目的。②貨物適合於訂立合同時買方曾明示或默示地通知賣方的任何特定目的，除非情況表明買方並未依賴或沒有理由依賴賣方的技能和判斷力。③貨物的質量與賣方向買方提供的樣品或模型相同。④貨物按此類貨物的通常方式裝箱或包裝，或者無此種通常方式，以一種足以保護貨物的方式包裝。

（二）買方的義務

買方的主要義務是支付貨款和受領貨物。如果合同對某些事項沒有做出明確的規定，則應按有關法律或《公約》辦理。

1. 買方支付貨款的義務

賣方交付貨物與買方支付貨款是對等的權利與義務。英美法系要求這兩者關係為對流條件。根據《公約》第三部分第三章的規定，買方支付貨款的義務主要有：

（1）履行必要的付款手續，其義務包括根據合同或其他有關法律和規章規定的步驟和手續支付價款。如買方向銀行申請信用證或銀行付款保函，向政府主管機構申請進口許可證及所需外匯等。如果買方未辦理上述各種必要的手續，使貨款難以支付，即構成違約。

（2）價格的計算。如果合同沒有規定價格，則按訂立合同時此種貨物在有關貿易的類似情況下銷售的通常價格確定；如果價格是按貨物的重量規定的，如有疑問，則按淨重量確定。

（3）支付價款的地點。如果買方沒有義務在任何其他特定地點支付價款，則付款地點為移交貨物或單據的地點。但如果因賣方營業地在訂立合同以后發生變動而增加了有關方面的費用，則該費用由賣方承擔。

（4）支付價款的時間，買方必須按合同和《公約》第五十八條規定的日期或從合同和《公約》第五十九條可以確定的日期支付；賣方向買方處置時，買方就必須支付價款；如果合同涉及貨物運輸，賣方可以在買方支付價款后把貨物或控制貨物處置權的單據交給買方作為發運貨物的條件。

2. 買方收取貨物的義務

法國《民法典》規定，對於商品及動產的買賣，如買方逾期不受領買到的貨物，

不經催告，買賣即當然解除。

英國《貨物買賣法》把買方收到貨物與接受貨物區別開來。收到貨物（Receipt of Goods）不等於接受貨物。買方一旦接受貨物（Acceptance of Goods），就喪失了拒收貨物的權利；而如果僅僅是收到了貨物，則日后如買方發現貨物與合同不符合仍可拒收。

《公約》第六十條對於買方收取貨物義務規定如下：

（1）買方為了賣方能夠交付貨物，應採取一切合理的行動以提供便利。在國際貨物買賣中，常需由買方採取一定的行動作為賣方履行交貨義務的前提。例如在 FOB（離岸價）合同中，買方就要安排貨物的運送，簽訂必要的運輸合同以便讓賣方將貨物交給第一承運人運送給買方。

（2）受領貨物。受領貨物即是買方進行交易的目的和權利，也是買方履行合同應盡的義務。買方不得借故拒絕或延遲接受貨物，並且應承擔為接受貨物而支付的各項費用和風險。

(三) 買賣雙方保全貨物的義務

保全貨物是指合同當事人雙方發生糾紛致使貨物的受領或退回不能及時進行時，最適宜防止貨物毀壞或遺失的一方當事人承擔保證貨物安全，盡量減小貨物損失的義務的行為。通常，保全貨物的義務並非一定是違約方，多數情況下是受損害者本人。如果是由受損害者保全貨物，違約方則須負擔另一方因保全貨物所支出的費用。對此《公約》第八十五條、第八十六條、第八十七條和第八十八條作了明確、具體的規定。

1. 賣方保全貨物的義務

《公約》第八十五條規定，如果買方推遲收取貨物，或在支付價款和支付貨物應同時履行時，買方沒有支付價款，而賣方仍擁有這些貨物或仍能控制這些貨物的處置權時，賣方必須按情況採取合理措施，以保全貨物。同時，他有權保有這些貨物，直至買方把他所付的合理費用償還給他為止。若由於賣方未行使該義務而導致貨物損失，則由賣方承擔責任。買方除履行合同義務以外，尚須承擔因違約而由賣方保全貨物時所耗費的一切合理費用，否則賣方有權保有合同標的物。

賣方負有保全貨物義務的情況通常有兩種：

（1）當買方按合同規定應在賣方營業所在地收取貨物，但未在合同約定的日期收取貨物時，由於賣方尚擁有合同標的物，故負有保全貨物的義務。

（2）當賣方按合同規定將貨物裝運並取得可轉讓的裝運單據后，賣方依約請買方付款贖單，但買方不按約支付價款時，由於此時賣方擁有裝運單據仍能控制合同標的物的處置權，故負保全貨物的義務。

2. 買方保全貨物的義務

《公約》第八十六條規定，買方在下列情況下負有保全貨物的義務：

（1）若買方已收到貨物，發現貨物有嚴重瑕疵並打算行使退貨權時，買方必須按情況採取合理措施，保全貨物。買方負起保全貨物義務的同時也得到留住貨物的權利，這一權利至賣方將其為保全貨物所付出的合理費用償還而終止。

（2）若貨物已運抵目的地並置於買方處置的狀態下，但買方尚未實際控制貨物時，

如果買方行使退貨權，則買方必須代表賣方收取貨物並採取合理措施保全貨物。

但在這種場合下，買方一般只有在以下兩個條件都得以滿足時，才負有代表賣方提取貨物並保全貨物的義務：①買方這樣做不需支付物價款並不致遭受不便或不合理的費用。②賣方或其代理人或其代表不在目的地。不過，在上述兩個條件不完全滿足的情況下，如果買方應賣方的要求，允諾代賣方收取貨物時，則買方必須按照賣方的要求代賣方保全貨物；否則，買方則需承擔未按賣方的要求保全貨物而造成的損失。如果買方在履行上述保全貨物的義務時耗費了合理的費用，其費用由賣方負擔，如果賣方拒絕支付該費用，買方有權留置合同標的物，直至賣方將買方保全貨物所耗費的合理費用清償時止。

二、違約及違約的救濟方法

各國法律均明確規定，合同當事人都須受合同的約束，履行合同所規定的義務。但由於種種原因，當事人可能發生違約行為。為了維護合同法律關係的嚴肅性，保障當事人的合法權益，《公約》在第三部分第一、二、三章中及各國法律均對各種違約行為及其救濟方法作出了具體規定。

（一）違約及違約責任的構成

違約（Breach of Contract）是指合同的一方當事人沒有履行合同或沒有完全履行合同規定的義務的行為。

根據各國法律規定，除某些例外情況，違約的一方均應負違約責任。但是，在違約的構成上，大陸法系和英美法系存在著重大差異，主要表現在：

（1）關於過失（Culpa）責任原則。大陸法系規定，違約方只有存在著可以歸責於他的過失才承擔違約責任；英美法系則規定，違約方只要未履行合同，即使其無任何過失，也要承擔違約責任。

（2）關於催告（Putting in Default）。催告是合同一方向另一方請求履行合同的一種通知。大陸法系以催告作為使違約方承擔遲延履約責任的前提；而英美法系則無此項要求。

（二）違約的形式

由於違約情況的不同，違約一方所承擔的違約責任也有所區別。為此各國法律和《公約》對違約的形式作了區別。

1. 給付不能與給付延遲

大陸法系各國基本上類似地把違約分為這兩種。法國法與德國法規定相類似：

給付不能（Supervening Impossibility of Performance）是指合同當事人由於種種原因不可能履行其合同義務。[①] 其中又分為自始不能和嗣后不能兩種。自始不能是指合同成立時該合同即不可能履行；嗣后不能是指合同成立時，該合同是可能履行的，但合同

[①] 德國《民法典》第二百八十條、第三百〇六條、第三百二十三條規定：如屬於自始不能的情況，合同在法律上是無效的。

成立后，由於出現了阻礙合同履行的情況而使合同不能履行。

給付延遲（Delay in Performance）是指合同已屆履行期，而且是可能履行的，但合同當事人未按期履行其合同義務。凡合同履行期屆滿，經催告違約方仍不履行，則違約方自受催告時起負延遲責任。但非由於違約方的過失而未按時履行的，則不負延遲責任。

2. 違反條件（要件）和違反擔保

這兩種違約形式為英國《貨物買賣法》的劃分。

違反條件（Breach of Condition），即違反合同的重要條款；違反擔保（Breach of Warranty）是指違反合同的次要條款。在一個具體違約案件中，違約究竟屬於違反條件還是違反擔保，由法院根據具體事實裁定。

3. 重大違約和輕微違約

這是美國法對違約的規定。重大違約是指由於一方當事人未履行合同或履行合同有缺陷，致使另一方當事人不能得到該項交易的主要利益。輕微違約是指一方當事人在履行合同中盡管存在一些缺點，但另一方當事人已得到該項交易的主要利益。例如，履約的時間略有延遲，交付貨物的數量和品質與合同略有出入等都屬於輕微違約的範圍。

4. 根本違約和非根本違約

《公約》對違約的分類與美國法類似。根本違約（Fundamental Breach of Contract）是指，如果一方當事人違反合同的結果，使另一方當事人蒙受損害，以至於實際上剝奪了他根據合同有權期待得到的東西。非根本違約是指，違反合同的一方並不預知而且同樣一個通情達理的人處於相同情況中也不能預知會發生這種結果。

根據《公約》第二十五條的規定，構成根本違約必須符合以下條件：

（1）違約的后果使受害人蒙受損害，以至於實際上剝奪了他根據合同有權期待得到的利益，這是構成根本性違約的實質條件。如果一方當事人已違約，並使另一方遭受損害，但若這種損害未達到實際上剝奪了他根據合同有權期待得到的東西的程度，仍不能構成根本違約。對於「實際剝奪」，公約未加以規定，這須根據每一個合同的具體情況確定，如根據違反合同造成其金額損失程度，或違反合同對受害方其他活動的影響程度等來確定損害是否重大，是否嚴重地剝奪了對方的經濟利益。

（2）違約方預知，而且一個同等資格、通情達理的人處於相同情況下也預知發生根本違約的結果，這是判斷是否構成根本違約的主觀要件。如果違約方不能預見到違約行為的嚴重后果，便不構成根本違約，並對不能預見的嚴重后果不負責任。這是一種過失責任原則。

從法律后果上看，《公約》認為，一方構成根本性違約，對方可以解除合同，並要求損害賠償；對非根本性違約，只能要求損害賠償而不能解除合同。

(三) 違約的救濟方法

按照各國法律規定,① 當一方違約使對方的權利受到損害時,受損害的一方有權採取補救措施,以維護其合法的權益,這種措施在法律上稱為違約救濟方法(Remedies for Breach of Contract)。其目的是使受損方得到一定的經濟補償,使其獲得根據合同本應獲得的經濟利益,並不是為了懲罰違約的責任方。

1. 賣方違約時,買方可獲得的救濟方法

賣方違反合同主要有以下情況:不交貨;延遲交貨;交付的貨物與合同規定不符。《公約》從總的方面對賣方違反合同時買方可以採取的各種補救方法作出規定。

(1) 賣方不交貨時買方的救濟方法。按合同規定交貨是賣方的一項基本義務。當賣方拒絕交付買賣合同規定的貨物時,根據《公約》第三部分第二章第三節規定,買方可以採取以下幾種救濟方法:

①要求賣方履行其合同義務。《公約》的這一規定與英美法系和大陸法系國家的賣方不交貨的情況下,買方有權要求實際履行(Specific Performance)的法律規定相似。但是如果買方已採取與這一要求相抵觸的某種補救方法時,就不能再要求賣方交貨。例如,買方因賣方不交貨已宣告撤銷合同,即他就不能再要求賣方交貨。

②撤銷合同(Resolution)。根據《公約》只有在根本違約的情況下,受損害的一方才能要求撤銷合同。

③請求損害賠償(Damages)。損害賠償是《公約》規定的一種主要救濟方法,這與各國法律把損害賠償作為一項基本補救方法的規定是一致的。在賣方不交貨的情況下,買方有權要求損害賠償。並且,買方要求損害賠償的權利,並不因為他行使採取其他補救方法的權利而喪失。例如,買方因賣方不交貨,已經宣告撤銷合同,或已經要求賣方實際履行交貨義務,他仍有因賣方不交貨使他遭受的損失而要求損害賠償的權利。《公約》對損害賠償的基本原則是,使受損害一方的經濟狀況同如果合同得到履行時所應有的經濟狀況相等。賠償範圍應與另一方當事人因違反合同而使受損方遭受的包括利潤在內的損失額相等。但這種損害賠償不得超過違反合同一方在訂立合同時,依照他在當時已經知道或理應知道的事實和情況,對違反合同預料或理應預料到的可能損失。關於計算方法,《公約》規定,買方可獲得合同價格和替代物(如買方以合理方式在市場購進替代貨物的話)或市價之間的差價,加上由於賣方違約所造成買方的其他損失。公約還規定,沒有違反合同的一方必須按情況採取合理措施,減輕由於另一方違反合同而引起的損失,包括利潤方面的損失。如果他不採取這種措施,違反合同一方可以要求從損害賠償中扣除原可以減輕的損失數額。《公約》的上述規定,與各國對此問題的有關法律規定大同小異。

(2) 賣方交貨延遲時買方的救濟方法。《公約》規定,只有當賣方延遲交貨構成根本性違約時,買方才可要求撤銷合同。如果賣方延遲交貨的行為並未構成根本性違約,

---

① 美國《統一商法典》第二條~第七百〇八條、中國《合同法》第一百一十二條、法國《民法典》第一千一百四十九條都有此種規定。

則買方可以規定一段合理的額外時間，讓賣方履行其交貨義務。只有當賣方不在規定的額外時間內交貨，或賣方已聲明他將不在買方規定的額外時間內交貨時，買方才能撤銷合同。即使買方宣告撤銷合同，他要求損害賠償的權利仍不喪失，他有權在撤銷合同的同時，要求損害賠償。

（3）賣方所交貨物與合同不符合時，買方的救濟方法。賣方所交貨物與合同不符是指貨物的品質、規格、重量（數量）或包裝等方面與合同的規定不一致。《公約》規定，如果賣方所交貨物與合同不符合，買方必須在發現或理應發現不符合情況後的一段合理時間內通知賣方，說明不符合合同情形的性質，否則就喪失聲稱貨物不符合同的權利，但無論如何，如果買方不在實際收到貨物之日起兩年內將貨物不符情形通知賣方，他就喪失聲稱貨物不符合同的權利，除非這一時限與合同規定的保證期限不符。

在賣方所交貨物與合同不符的情況下，買方可以採取的救濟方法主要有：

①要求賣方修補不符合合同的貨物，公約四十六條第三款規定，如果賣方所交貨物不符合合同規定，買方可以要求賣方通過修補對不符合合同之處作出補救，除非他考慮了所有情況之後，認為這樣做是不合理的。

②要求減價。《公約》第五十條規定，如果賣方所交貨物與合同規定不符，不論貨款是否已付，買方可以要求減價。減價應按實際交付的貨物在交貨時的價值與合同載明的貨物在當時的價值之間的比例計算。但是如果賣方已對貨物不符合同的規定作出了補救（賣方有權這樣做），或者買方拒絕賣方對此作出補救的話，則買方就無權要求減價。

③要求賣方交付替代貨物。《公約》第四十六條第二款規定，如果賣方所交貨物與合同不符，而此種不符情況構成了根本違反合同時，買方可以要求賣方交付替代貨物，即要求賣方另外交付一批符合合同要求的貨物，以替代不符合合同的貨物。

④要求撤銷合同。《公約》第四十九條規定受損害一方撤銷合同的權利是有所限制的。同樣，在賣方所交貨物與合同不符的問題上，買方撤銷合同的權利也是受到限制的。根據《公約》規定，只有賣方所交貨物與合同不符合已構成根本違約時，買方才可以撤銷合同。而如果賣方所交貨物與合同不符尚未構成根本違反合同，則買方可規定一段合理的額外時間，讓賣方履行其義務。如賣方未能在規定的時間內交付符合合同的貨物，或未能對不符合合同的貨物作出補救修理，或者賣方聲明他將不在買方規定的額外時間內交付貨物或作出補救措施，買方才能撤銷合同。對此權利的行使，買方也應在合理的時間內作出，否則有喪失撤銷合同權利的可能。

⑤請求損害賠償。《公約》規定，受損害一方要求損害賠償的權利是絕對的，並不因為他行使採取其他補救措施的權利而喪失。當賣方所交貨物與合同要求不符，買方可以要求損害賠償。

2. 買方違約時，賣方可獲得的救濟方法

在貨物買賣合同中，買方的主要義務就是按合同規定支付貨物價款和收取賣方交付的貨物。如果買方拒絕付款、拒收貨物或不履行合同規定的其他義務時，即構成違

約。各國法律①以及《公約》第六十二條規定，在買方違約的情況下，賣方根據不同情況，可採取的救濟方法主要有：

(1) 要求買方按合同規定履行義務。《公約》規定，在買方違反合同規定的義務時，賣方可以要求買方支付貨款、收取貨物或履行其他義務。通常的做法是：賣方可以規定一段合理的額外時間，讓買方履行其義務。在這段時間內，賣方不能對違反合同採取其他任何補救措施。但如果賣方收到買方的通知，聲稱他將不在所規定的時間內履行義務，則賣方有權在這段時間內採取其他的補救方法。

(2) 要求損害賠償。當買方違反合同義務時，賣方請求損害賠償的權利也是絕對的，也不因採取其他補救措施而喪失。賣方請求賠償的金額與他因買方違約在遭受的包括利潤損失在內的損失額相等。如果買方的違約是拖延支付貨款，則賣方可以要求包括貨款利息在內的損害賠償。

(3) 要求撤銷合同。當買方不履行合同時，《公約》第六十四條第一款也給予賣方在一定情況下可以撤銷合同的權利：①當買方不履行其合同義務或公約中的義務，構成根本違約時，賣方可以撤銷合同。②如果買方不履行合同義務不構成根本違反合同時，則賣方可以給買方規定一段合理的額外時間，讓買方在此期間內履行其義務。如買方不在這段規定的時間內履行其支付義務，或買方聲明他將不在規定的時間內履行其義務，則賣方亦可撤銷合同。但是，如果買方已支付了貨款，賣方原則上就不能行使撤銷合同的權利。除非在買方延遲履行義務時，賣方在得知買方履行義務前就已撤銷合同，或者買方還有其他的違約事項。

3. 預期違約及其救濟方法

預期違約是指合同的當事人在合同規定的履行期到來之前，即明確表示屆時他將不履行合同。這種表示可以用言詞或文字來表達，也可以用行為來表達。《公約》規定，在訂立合同之後，當事人一方鑒於對方履行合同的能力或信用嚴重缺陷，或者從對方準備履行或履行合同的行為中，明顯看出對方顯然將不履行其大部分重要義務時，當事人一方可以中止履行其義務；如果在履行合同日期之前，明顯看出一方當事人將根本違約，另一方當事人可以宣告合同無效。當事人採取上述中止履行其義務或宣告合同無效都應謹慎行事。因為如果到了履行期，原來預計的對方不履行其大部分重要義務或根本違約的情況實際上並沒有發生，則該當事人就要承擔由此可能造成的違約責任。

三、貨物所有權和風險的轉移

(一) 貨物所有權的轉移

貨物所有權的轉移，是指從何時起買方成為所買貨物的所有人，從而對貨物享有完全佔有、使用、收益和處分的權利。在國際貿易中，貨物所有權轉移與否具有十分

---

① 美國《統一商法典》第二條～第七百〇三條、第二條～第七百〇六條，英國《貨物買賣法》第四十九條都有規定。

重要的法律意義，它直接關係到買賣雙方的切身利益。如對賣方來說，一旦貨物所有權轉移於買方后，若賣方尚未收到貨款，買方即失去償付能力，賣方就將遭受重大的損失。又如，在實行貨物所有權的轉移決定風險轉移的國家，誰擁有貨物，誰就應承擔貨物滅失的風險。

一般來說，各國法律對所有權的轉移不作強制規定，允許買賣雙方當事人在訂立合同時確定轉移時間。但在實際業務中，買賣雙方很少對此做出具體的規定。為解決這一問題，各國法律規定一些原則，主要包括以交貨時間作為所有權轉移時間，以合同成立的時間作為所有權轉移時間，以貨物特定化作為轉移所有權的前提條件。

1. 大陸法系

在大陸法系各國，一部分國家規定以合同成立時間作為所有權轉移時間，如法國、意大利、葡萄牙等國就實行這一原則，另有一部分國家規定貨物所有權的轉移不能僅以雙方當事人的意思表示加以實現，尚須由賣方實際交付貨物的行為加以支持，否則無效，如德國、荷蘭、西班牙等國實行這一原則。

2. 英美法系

依英國法的規定，在特定物或已特定物的貨物買賣中，貨物所有權的轉移由雙方當事人轉移所有權意思表示決定；在非特定物的買賣中，把貨物特定化（把處於可交貨狀態的貨物無條件地劃撥於合同項下的行為），是實現貨物所有權轉移的前提條件。但無論是特定物還是非特定物的買賣，賣方都可保留對貨物的處分權，只有在賣方要求的條件得以滿足時（通常指在買主支付貨款時），貨物的所有權才轉移於買方。

依美國法的規定，原則上在把貨物確定於合同項下以前，貨物的所有權不能轉移給買方。如交易雙方對此有協議，可依協議處理；如無協議，則所有權須是賣方完成交貨時才轉移給買方。

具體表現為：①凡賣方需把貨物交給買方，但未規定具體目的地點，貨物的所有權於裝運貨物的時間和地點轉移給買方；若規定了目的地，則貨物的所有權於目的地交貨時轉移給買方。②凡不需賣方運輸只須交付所有權憑證的，所有權在交付憑證的時間和地點轉移；凡是合同訂立時貨物已特定化，賣方無須交付所有權憑證的，所有權在合同訂立的時間和地點轉移。

3. 《公約》

由於所有權轉移涉及當事人的經濟利益，各國法律規定有較大差異，難以達成一致協議，因此，《公約》未規定所有權轉移的問題。

4. 國際貿易慣例

在國際貿易慣例中，只有《華沙－牛津規則》對所有權轉移於買方的時間作了明確規定。依該規則，在 CIF（成本加保險加運費）合同中，貨物所有權轉移於買方的時間，應是賣方把裝運單據交給買方的時刻。雖然《華沙－牛津規則》是針對 CIF（成本加保險加運費）合同的特點制定的，但一般認為這項原則也適用於賣方有提供提單義務的其他合同。包括 CIF（成本加運費）合同和 FOB（離岸價）合同。

(二) 貨物風險的轉移

貨物風險的轉移是指貨物所發生的滅失或損壞等風險從何時起由賣方轉移給買方。

劃分風險的目的在於確定損失的承擔者，故貨物風險的轉移也具有十分重要的意義。各國法律對此都作了一些規定，這些規定主要有：

（1）以所有權轉移的時間決定風險轉移的時間。英國和法國等國的買賣法均採取這一原則，即在貨物所有權轉移於買方之前，貨物風險由賣方承擔；在貨物所有權轉移為買方所有時，不論貨物是否交付，風險由買方承擔。

（2）以交貨時間決定風險轉移的時間。現在，越來越多的國家包括美國、德國、奧地利、中國等國的買賣法均採取這一原則，其中以《美國統一商法典》為代表。他們認為，以抽象的不可捉摸的所有權轉移問題決定現實的風險轉移這一問題是不妥的，主張應把兩者區別開，以交貨時間來確定風險轉移時間。

《公約》對風險轉移時間的規定和美國法相類似，原則上以交貨時間來決定風險轉移時間。其主要內容是：①當合同涉及運輸時，若規定賣方有義務在某一特定地點把貨物交給承運人運輸，則賣方在該地將貨物交給承運人之後，貨物的風險也隨之轉移到買方；若未指明交貨地點，貨物的風險自賣方將貨物交第一承運人時起轉移於買方。②當貨物在運輸途中出售時，則從買賣合同成立之時起，風險由賣方轉移於買方。③在其他情況下，從買方收到貨物時起，或由貨物交與買方處置時起，風險轉移給買方。

參考書

1. 趙承璧，等．國際貿易統一法［M］．北京：法律出版社，1998．
2. 張聖翠，等．國際商法［M］．上海：上海財經大學出版社，2002．
3. 郭瑜．國際貨物買賣法［M］．北京：人民法院出版社，1999．

思考題

1. 試述國際貨物買賣合同成立的條件。
2. 試述國際貨物買賣合同的主要條款。
3. 試述國際貨物買賣合同中買賣雙方的義務和共同義務。
4. 試述違反國際貨物買賣合同的救濟方法。

課后案例分析一

2009年8月1日，北京A公司向美國B公司發出一份傳真（「8月1日傳真」），要求從B公司購買美國華盛頓州2009年產蘋果3 000噸，溢短裝5%，單價每噸800美元，FOB西雅圖，裝運期2009年10月，目的地中國天津新港，與合同引起的所有爭議提交中國國際經濟貿易仲裁委員會在北京仲裁。B公司收到傳真后，於8月10日回電並附上B公司一方強制的B公司標準合同格式文本（「8月10日回電」／「8月10日蘋果合同文本」）。該文本特別提到，所有與本合同有關的爭議均提交巴黎國際商會仲

裁院仲裁，合同適用的法律是美國加州法律；合同文本的其他條款與 A 公司 8 月 1 日傳真內容相同。A 公司收到 8 月 10 日回電後，沒有答覆。2009 年 10 月，B 公司在西雅圖將 3 000 噸蘋果裝上船運往中國天津新港。2009 年 11 月 5 日貨到天津新港，B 公司通知 A 公司提貨（「11 月 5 日提貨通知單」）。由於 A 公司經營不佳，再加上當時中國市場大量進口美國蘋果，中國市場價格低迷。因此，A 公司決定不接受這批貨物，於是在 11 月 8 日電傳 B 公司，表示不接受貨物（「11 月 8 日電傳」）。

根據以上事實，回答下列問題：

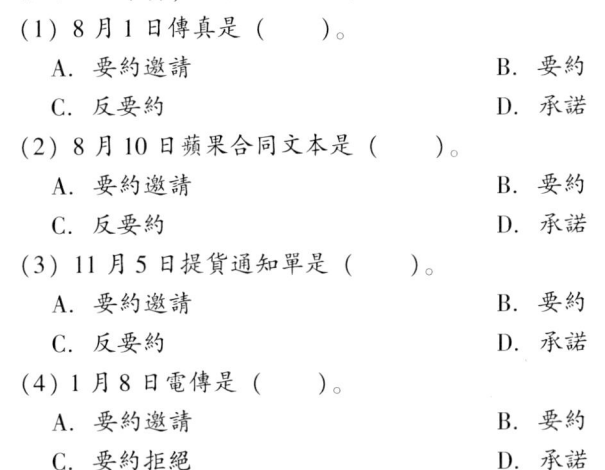

(1) 8 月 1 日傳真是（　　）。
　　A. 要約邀請　　　　　　　　B. 要約
　　C. 反要約　　　　　　　　　D. 承諾

(2) 8 月 10 日蘋果合同文本是（　　）。
　　A. 要約邀請　　　　　　　　B. 要約
　　C. 反要約　　　　　　　　　D. 承諾

(3) 11 月 5 日提貨通知單是（　　）。
　　A. 要約邀請　　　　　　　　B. 要約
　　C. 反要約　　　　　　　　　D. 承諾

(4) 1 月 8 日電傳是（　　）。
　　A. 要約邀請　　　　　　　　B. 要約
　　C. 要約拒絕　　　　　　　　D. 承諾

(5) 如果 A 公司在收到 B 公司 11 月 5 日提貨通知後三天，即 11 月 8 日到天津新港收取貨物（「11 月 8 日收貨行為」）並在 11 月 15 日在北京予以轉售（「11 月 15 日轉售行為」）。請問成立合同的要約是（　　）。
　　A. 8 月 1 日傳真　　　　　　B. 8 月 10 日合同文本
　　C. 11 月 8 日收貨行為　　　　D. 11 月 15 日轉售行為

(6) 接 (5)，請問成立合同的承諾是（　　）。
　　A. 8 月 10 日合同文本　　　　B. 11 月 5 日提貨通知
　　C. 11 月 8 日收貨行為　　　　D. 11 月 15 日轉售行為

(7) 接 (5)，A 公司應支付的合同價格是（　　）。

課后案例分析二

在下列情況下，哪些合同是無效的呢？

①某人在計算商品價格時發生錯誤；②某人認為一古玩價值為 10 萬美元，實際上只值 1 000 美元，估計失誤；③某公司同意為另外一家公司在三個月內完成一項工程，但是實際上延長四個月后才完工；④某人在閱讀郵購說明書時，錯誤地理解了產品的用途，因此購買了他並不需要的產品；⑤某人錯誤地把借貸認為是捐贈；⑥某人要購買 5 號電池卻錯選了 6 號電池，而營業員明明知道他選錯電池，卻並沒有明確指出；⑦某公司想要購買小麥，而合同對方則想要出售大麥；⑧某公司打算將自己的一套文

字處理設備轉讓給另外一家公司，但是在合同訂立前不久，該文字材料設備已經被盜，雙方均不知道。

課后案例分析三

某商店雇用了一個服務員，雙方簽訂了雇傭合同，規定每小時的工資為3.5美元，而當時的市場價格為4.5美元。該合同成立嗎？

第四章　國際貨物運輸法與保險法

教學要點和難點

1. 瞭解和掌握海上貨物運輸法的主要內容；
2. 瞭解和掌握海運提單的法律特徵；
3. 熟悉國際貨物多式聯運法的主要內容；
4. 掌握和熟悉國際貨物運輸保險法的主要內容。

案例導入

中國甲公司與法國乙公司於2008年10月簽訂了購買300噸化肥的合同，由德國某航運公司「NEW ORIENTATION」號將該批貨物從法國馬賽港運至中國青島港。「NEW ORIENTATION」號在航行途中遇小雨，因貨艙艙蓋不嚴，部分貨物遭受雨淋，受到損失。

問題：根據《海牙規則》的規定，承運人應否賠償貨物因遭受雨淋的損失？為什麼？

第一節　國際貨物運輸法

案例導入

2010年3月，中國某市南方公司與美國中國某進出口公司與加拿大商人簽訂一份出口大米合同，由中方負責貨物運輸和保險事宜。為此，中方與上海某輪船公司A簽訂運輸合同租用「遠達」號班輪的一個艙位。2010年6月15日，中方將貨物在上海港裝箱。隨后，中方向中國某保險公司B投保海上運輸貨物保險。貨輪在海上航行途中遭遇風險，使貨物受損，作為賣方公司的顧問律師，請就貨物運輸的有關事宜向當事人提供法律咨詢。

問題：

（1）如果賣方公司向B投保的是平安險，而貨物遭受部分損失是由於輪船在海上遭遇臺風，那麼賣方公司是否可從B處取得賠償？為什麼？

（2）如果賣方公司投保的是一切險，而貨受損是由於貨輪船員罷工，貨輪滯留中途港，致使大米變質，那麼賣方能否從B處取得賠償？為什麼？

（3）如果發生的風險是由承運人的過錯引起的，並且屬於承保範圍的風險，B 賠償了損失后，賣方公司能否再向 A 公司索賠？為什麼？

一、國際海上貨物運輸法的主要內容

（一）海上貨物運輸合同

海上貨物運輸合同是指海運承運人與貨主（托運人）之間訂立的，海運承運人以船舶將貨主的貨物經海道從一港運至另一港，而貨主為此支付運費的協議。國際海上貨物運輸合同主要有班輪運輸合同和租船運輸合同。

> **知識拓展**
>
> 海上貨物運輸是眾多貨物運輸方式中最重要的，這是因為國際貿易總量的 1/3 至 3/4 是通過海上運輸方式進行的，又由於長期以來的航海貿易形成了比較統一的海上運輸的法律和慣例，具有很強的國際性，各國有關海上運輸的法律較接近，因此這種運輸方式容易被貿易雙方所接受。

（二）班輪運輸合同

班輪運輸是指輪船公司在預先公告的確定的航線上航行，沿線停靠若干固定的港口，按固定的航期和規定的運費率組織的運輸。班輪運輸合同的表現形式通常採用提單方式，承運人的責任以提單為限，所以班輪運輸又稱提單運輸。在英美法國家，班輪運輸的承運人稱為公共承運人，其權利與義務適用有關公共承運人以及有關提單運輸的法律和有關國際公約的規定。

1. 班輪運輸合同當事人的權利和義務

班輪運輸合同的當事人是指承運人和托運人，有時還會出現第三人——運輸合同中的收貨人。承運人一般是指船舶的所有人或其他有權經營海上航運的人。托運人一般是指國際貨物買賣合同的買方和賣方。收貨人一般不是運輸合同的獨立當事人（除非合同的托運人就是收貨人自己），但在運輸合同中他和托運人的利益是一致的，通常將他們稱為貨方。但收貨人運輸合同的履行一般不負任何責任，當承運人違反合同時，他有權提出索賠，甚至拒收貨物。

2. 班輪運輸合同承運人的權利和義務

根據《海牙規則》的規定，班輪運輸合同承運人的基本權利是收取運費。

班輪運輸合同承運人的義務主要有：①提供適航的船舶。承運人在船舶開航前與開航時必須謹慎處理，以便使船舶具有適航性；適當地配備船員、設備和船舶供應品；使貨艙、冷藏艙和該船其他運載貨物的部位適宜，並能安全地收受、運送和保管貨物。②承運人應適當、謹慎地裝載、搬運、積載、運送、保管、照料和卸下所承運的貨物，即承運人要負責安全運送貨物。

3. 班輪運輸合同托運人的權利和義務

托運人收貨人的基本權利是在目的港提取貨物。

托運人的基本義務：①供托運的貨物。托運人應把約定的托運貨物及時運到承運人指定的地點，以便裝船；同時應在提單上將貨物的品名、標志、號碼、件數、重量、裝運港、目的港的名稱以及收貨人的名稱寫清楚。此外托運人還須按有關港口規定，辦妥貨物出港的所有手續。②支付運費。支付運費是托運人的一項主要義務，運費支付方式由雙方當事人在運輸合同中加以規定。③托運人或收貨人還有義務在目的港收受貨物。

(三) 提單

提單是班輪運輸中最重要的單據。它是由承運人在收到承運的貨物後簽發給托運人，證明雙方已訂立運輸合同，並保證在目的港按照提單所載明的條件交付貨物的一種書面憑證。

1. 提單的作用

從法律上講，提單主要有四個作用：

(1) 提單是海上貨物運輸合同存在的憑證。承運人簽發提單證明該承運人與托運人之間存在著運輸合同的關係。提單就是這種合同關係的書面表現形式。提單雖只由承運人一方簽發，但他是應托運人托運貨物的要求而簽發的，所以提單對雙方都有約束力，實際上起著合同的作用。

(2) 提單是承運人收到貨物後出具的收據。承運人收到托運人交來的貨物後，核對托運人在提單上提供的貨物標志、數量、重量、包裝數目或件數以及貨物表面狀況以後才簽發提單，所以提單起著貨物收據的作用。對托運人來說，也是他向承運人交貨的憑證。提單簽發之日就是承運人對貨物的保管、運送和承擔相應的法律責任之時。

(3) 提單是代表貨物所有權的憑證。提單的主要目的是使提單的持有人通過處理提單來處理提單項下的貨物，即使貨物在運輸途中也是如此。當托運人將提單寄交收貨人或收貨人指定的代理人時，貨物的所有權也隨之轉移。誰佔有提單，誰就有權要求承運人交付提單項下的貨物。因此提單就是貨物的象徵，是一種物權憑證。提單的這一職能使提單在國際貿易中起到有價證券的作用，它可以買賣或轉讓（不可轉讓的提單除外）。但拉美一些國家（如委內瑞拉）認為，收貨人可以不用提交提單而取得貨物，只要他有足夠的證據證明他確是該批貨物的收貨人。

(4) 提單是不同的合同當事人通過銀行進行結算的重要單據。

2. 提單的格式

提單一般無統一格式，由航運公司按照自己的提單格式事先印刷好。提單的正面印有：承運人、托運人和收貨人的名稱、地點；船舶的名稱、國籍；裝運地和目的地；貨物的名稱、標志、包裝、件數、重量或體積等；運費和其他費用；提單簽發的日期、地點、份數和號碼；承運人簽字等項。這些項目，凡屬托運人填寫的，托運人應如實填寫。如因托運人填寫不清或不正確而導致貨物的滅失或損失，由托運人負責。如承運人發現問題，可以在提單上添加批注，添加批注是承運人保護其自身利益的一種方法。

提單的反面主要是規定承運人和托運人權利和義務的各種條款。這些條款由各輪船公司自行擬訂，內容繁簡不一。不少航運公司的提單條款運用 1924 的《海牙規則》

的內容。

3. 提單的種類

提單的種類繁多，根據不同的角度可將它分成以下幾類：

（1）按是否裝船，分為已裝船提單和備運提單。裝船提單是承運人在貨物裝上船後簽發的提單。單上必須載明裝貨船名和裝船日期。買賣合同一般都規定賣方必須向買方提供已裝船提單，因為這種提單對收貨人按時收貨保障大。備運提單是指承運人僅收到貨物但尚未將貨物裝上船簽發的提單，所以，也稱收貨待運提單。這種提單由於具有較多的不確定因素（如何時裝運，裝上什麼船等），所以買方一般都不願接受這種提單。但這種做法在集裝箱運輸中却很普遍，因為集裝箱內陸收貨站一般不易確定船名和裝船日期。

（2）按提單有無批注，可以分為清潔提單與不清潔提單。清潔提單是指承運人對貨物的表面狀況未加任何批注的提單，在國際貨物買賣合同中，一般都規定賣方必須提供已裝船的清潔提單。不清潔提單是指承運人對貨物的表面狀況添加批注的提單，如添加「包裝破損」「沾有油污」等，這是承運人為免除其責任而運用的一種方法。在國際貿易中，買方一般都不願意接受不清潔提單，銀行也不接受不清潔提單作為議付貨款的單據。

（3）按收貨人抬頭方式的不同，可分為記名提單、不記名提單和指示提單。記名提單是指在提單上具體填明收貨人名稱的提單。這種提單只能由指定的收貨人提貨，不能背書轉讓他人，因而又稱為不可流通的提單。這種提單在國際貿易中很少使用，一般只用於運輸貴重物品或有特殊用途的貨物。不記名提單是指在提單收貨人一欄內不填寫具體收貨人名稱而留空白的提單，又稱空白提單是或持票人提單。不記名提單轉讓無須背書，僅憑交付第三者即可。由於這種提單風險較大，國際貿易中使用也不多。指示提單是指在提單收貨人一欄內只填憑指示或憑某人指示字樣的提單。前者叫空白指示提單，后者叫記名指示提單。這種提單只要經過背書就能提貨或轉讓給第三者，是一種可以流通的有價證券。這種提單在國際貿易中使用較為普遍。中國在出口業務中也大多使用這種提單。

（4）按運輸方式的不同，可分為直達提單、轉船提單、聯運提單和聯合運輸提單。直達提單是指貨物從裝運港裝船後直接運到目的港卸貨的提單。在國際貿易中，信用證如規定貨物不準轉船時，賣方需用此提單才能向銀行議付貨款。轉船提單是指貨物需經中途轉船才能到達目的港，而由承運人在裝運港簽發的全程提單。轉船提單上注有「在某港轉船」的字樣。聯運提單是指海運與其他運輸相結合而由第一承運人收取全程運費后，在起運地簽發到目的港的全程運輸提單。簽發提單的承運人只負責自己運輸的一段航程中所發生的貨損。聯合運輸提單或多式聯運提單又稱集裝箱運輸提單，它是由集裝箱聯運經營人簽發給托運人的提單，該經營人對聯合運輸的全程運輸負責。聯合運輸提單與聯運提單是不同的。

4. 提單運輸的法律適用

目前在世界上調整提單的法律形式有國內法和國際公約。

從國內法來講，隨著海上貨物運輸業的發展，許多國家都制定了有關海上貨物運

輸的法律規範。其中，有些國家將調整提單的法律歸在海商法中，如法國；另有些國家則專門制定了調整提單的單行法，如英國1924年制定的《海上貨物運輸法》和美國1936年制定的《海上貨物運輸法》等。

從國際公約來講，由於提單使用的廣泛性及其在法律上的重要性，1921年在國際法協會的主持下，當時一些主要的海運國家為保護船主在國際海上貨物運輸中的利益，在海牙召開會議，終於簽訂了《統一提單的若干法律規則的國際公約》，即《海牙規則》。目前在國際上基本以《海牙規則》為主，只有少數國家之間適用《維斯比規則》和《漢堡規則》。中國至今未參加上述三個公約，但中國在實踐中是採用《海牙規則》來確定雙方當事人權利與義務關係的。如在中國遠洋運輸公司和中國對外貿易運輸總公司制定的提出單格式中都明確規定，有關承運人的義務、責任、權利和豁免適用《海牙規則》。

知識拓展

《海牙規則》於1931年生效，到目前為止，已被80多個國家和地區採用，從而成為國際海上貨物運輸中最重要的國際公約之一。但由於《海牙規則》為船主規定了多項免責條款，在使用中一直受到代表貨方利益和船運業較不發達國家的反對。因此，某些海運國家於1968年在布魯塞爾簽訂了《修改海牙規則議定書》，由於議定書的準備工作在維斯比完成，故又簡稱《維斯比規則》。此規則在1977年生效，目前已有20多個國家加入。《維斯比規則》只是對《海牙規則》進行非本質修補，而不是有關提單中權利與義務關係的基本改變。為此，廣大發展中國家要求對《海牙規則》作全面修改，使其比較合理地規定了承運人、托運人雙方對貨物運輸所承擔的責任與義務。

（四）租船運輸合同

1. 租船運輸合同

租船運輸合同是指船舶所有人（或船方）與租船人（或租方）之間關於租賃船舶所簽訂的一種海上運輸合同。船舶所有人或船方為出租人，其主要義務為提供海上運輸的船舶；租船人（或租方）為承租人，其主要義務是支付租船費用。

在國際貿易中，當出口進口大宗貨物時（如煤、油、糧、礦砂、木材等），一般都採用租船合同的方式進行運輸，這種運輸較靈活，費用也較低。目前，世界租船市場的業務極其複雜，在實際業務活動中，租船人通常委託租船代理人代其簽訂租船合同，出租人也通常通過租船經紀人辦理簽訂租船合同的業務。

租船運輸合同可不受《海牙規則》的限制，其內容可由出租人與承租人雙方自行商定。但對於《海牙規則》的參加國來說，當租船人將承運人根據租船合同簽發給他的提單背書轉讓給第三者時，《海牙規則》的有關規定則是適用的。

2. 租船運輸合同的種類

租船運輸合同按船舶出租的方式，可分為兩種：

（1）航次租船合同，是指出租人按約定的一個或幾個航次，將船舶租給承租人，由承租人支付約定運費的運輸合同。按此合同，出租人保留船舶所有權和佔有權，並由其謹慎地雇佣出租船舶的船長和船員，船舶的經營仍由船東負責。

（2）定期租船合同，是指出租人按照一定的期限將船舶租給承租人，由承租人按照約定的用途和區域進行運輸，並由其支付約定運費的運輸合同。根據運輸合同，出租人仍保留船舶的所有權和佔有權，支付出租船舶的船長和船員的工資和給養。與航次租船合同所不同的是，船舶的經營管理及費用由承租人負責。

定期租船在還有一種「光船租船」方式，它是指承租人租的船舶只是光船一條，沒有任何人員、給養、燃料、物料等的配備。這種情況下的承租人實際上在租期內成了臨時船主。從法律性質上來說，光船租船合同不是貨物運輸合同，而是財產（船舶）租賃合同。但由於這種合同也是以從事海上貨物運輸為目的，所以一般仍把它看作租船運輸合同的一種，但是，在海運業務中，採用光船租賃的情況並不多見。

3. 標準租船合同格式

在世界租船市場上，有些國家與地區的航運組織或商務為了節省洽談業務的時間，加速交易的迅速進行，制定了不少標準租船合同格式。這些標準合同格式的條款一般是維護船東利益的。因此，在洽談租船時，租船人為了維護自身利益，往往是通過談判鬥爭，對標準租船合同格式加以修改或補充。

在程租租船合同方式方面，使用得最普遍的格式合同是「標準雜貨租船合同」，簡稱「多金康合同」。它適用於一般雜貨的租船合同運輸。其他較通用的還有「澳大利亞穀物租船合同」「太平洋沿岸穀物租船合同」「古巴食糖租船合同」等。

在定期租船合同方面，國際航運中應用最廣泛的標準合同格式是波羅海國際航運公司制定的「統一定期租船合同」，簡稱「波爾太姆合同」。此外，還有紐約土產交易所的「定期租船合同」。英國航運公會制定的「定期租船合同」等。

中國海上貨物運輸中也使用標準租船合同格式。在程租方面，中國進出口雜貨多採用或參照「金康合同」的格式，在期租方面，使用中國租船公司1976年制定的「定期租船合同標準格式」。

二、國際航空貨物運輸法主要內容

航空運輸是一種現代化的運輸方式，盡管國際海上貨物運輸至今仍占絕對優勢，但空運所占的份額正在迅速擴大，並在某些貨物運輸中，如易腐商品、鮮活商品、急需物資和貴重商品等，成為貨主優先選擇的貨運方式。

航空運輸中有班機運輸和包機運輸兩種方式。班機運輸是指經由客、貨班機，定時、定點、定線進行運輸，適用於載運數量較少的貨物。包機運輸是指包租整架飛機運輸貨物，適用於載運數量較大、有急需或特殊要求的貨物。

（一）有關國際航空貨物運輸的國際公約

各國關於航空貨物運輸的國內立法都比較簡單。國際關於航空貨物運輸的法律關係，主要受有關國際航空運輸的國際公約調整。

目前有三個較為重要的國際公約：

（1）1929年《華沙公約》（全稱是《關於統一國際航空運輸某些規則的公約》），該公約於1933年正式生效。該公約主要規定了以航空運輸承運人為一方和以旅客和貨

物托運人與收貨人為另一方的法律義務的相互關係。該公約適用於運輸合同中規定的啟運地和目的地都在一個成員國境內，但飛機停留在其他國家的航空運輸。全世界有100多個國家和地區參加了該公約。中國於1958年正式加入該公約。

(2) 1955年《海牙議定書》（全稱是《修改1929年10月12日在華沙簽訂的統一國際航空運輸某些規則的公約的議定書》），於1963年正式生效，中國於1975年加入該議定書。《海牙議定書》對《華沙公約》的修訂，主要是簡化了運輸憑證的內容，提高了責任限額，刪去了航行過失負責條款。《海牙議定書》的適用範圍比《華沙公約》更為廣泛。它規範無論是連續運輸還是非連續運輸，無論有無轉運，只要啟運地和目的地在兩個成員國的領域內，或雖在一個成員國領域內而在另一個成員國或非成員國的領域內有一定的經停地點的任何運輸。

(3) 1961年《瓜達拉哈拉公約》（全稱為《統一非締約承運人所辦國際航空運輸某些規則以補充華沙公約的公約》），於1964年生效。該公約把《華沙公約》中的有關承運人的各項規定擴及非合同承運人，即根據與托運人訂立航空運輸合同的承運人的授權來辦理全部或部分國際航空運輸的實際承運人。中國沒有參加該公約。現在中國和華沙公約成員國之間的航空運輸，適用1929年《華沙公約》的規定；中國和海牙議定書參加國之間的運輸，則適用《海牙議定書》的規定。

(二) 國際航空貨物運輸單據（航空貨運單）

航空貨物運輸的運輸憑證是由華沙公約參加國簽發的 Air Consignment Note（空運托運單），簡稱 ACN，由海牙議定書參加國簽發的 Air Way Bill，簡稱 AWB，中國民航總局所譯的名稱是「航空貨運單」。

航空貨運單是訂立合同、接受貨物和承運條件的證明，是國際空運貨物最重要的單證。貨物承運人有權要求托運人填寫航空貨運單，托運人有權要求承運人接受這項憑證，但它與海運提單不同，它不是物權憑證，也不是提貨憑證，單證不符、不全或遺失，並不影響運輸合同的存在和有效。

根據《華沙公約》第十一條第一款的規定，航空貨運單的法律性質是，在沒有相反的證據時，航空貨運單是訂立合同、接受貨物和承運條件的證明。同海運提單不同之處在於，航空貨運單並不是一種可以自由流通、轉讓物權的憑證，托運人將航空貨運單第二份正本交付收貨人時，並不意味著物權的轉移。因為根據《華沙公約》第十二條第一款的規定，托運人在履行運輸合同所規定的一切義務條件下，有權在啟運地航空站或目的地航空站將貨物提回，或在途中停留時中止運輸，或在目的地或運輸途中交給非航空貨運單上所指定的收貨人，或要求將貨物退回起運地航空站，但不得因為行使這種權利而使承運人或其他托運人遭受損失，並且應該償付由此產生的一切費用。如果一批空運貨物是憑信用證議付貨款的，則除了以航空貨運單代替海運提單（鐵路運單）外，其余單據都按照跟單信用證上的各項規定辦理，與海陸運輸相同。

(三) 國際航空貨物運輸承運人的法律責任

(1) 承運人對於在其保管下的貨物因毀滅、遺失或損壞而產生的損害負賠償責任。承運人的保管包括貨物在航空器上或地面上，也包括為了履行空運承運合同而發生的

貨物的地面或水面運輸或轉運。

《華沙公約》規定的承運人免責或減輕責任的條款有：①如果承運人證明自己和他的代理人為了避免損失的發生，已經採取了必要的措施，或不能採取這種措施時，就不負責任。②如果承運人證明損失的發生是由於駕駛上、航空器的操作上或領航的過失，而在其他一切方面承運人和他的代理人已採取一切必要的措施以避免損失時，就不負責任。③如果承運人證明損失的發生是由於受害人的過失所引起或助成的，法院可以按照法律規定，免除或減輕承運人的責任；但損失的發生是由於承運人的不良行為引起者不在此限。

在《海牙議定書》中，鑒於貨主對承運人因駕駛、操作等過失得以免責這一條款反應強烈，已將這一條款予以取消，而對其餘條免責和減輕責任的條款仍予保留。

(2) 承運人對賠償貨物責任的限額。《華沙公約》和《海牙議定書》都規定以每千克250法國法郎為限，如果證明損失係出於承運人、受雇人或其代理人故意造成的或者明知可能損失而漠不關心的，則承運人就不得享受上述責任限額的保護。

(3) 托運人（收貨人）收到貨物時發現破損，應立即向承運人提出異議，如果未及時提出異議則認為貨物已按運輸憑證上的規定完好地交付。貨主不能當場發現的破損，最遲應於7天內向承運人提出異議（《海牙議定書》中分別延長為14天和21天）。

(4) 訴訟應在航空器到達或者應該到達之日起，或在停止運輸之日起兩年內提出，否則就喪失了要求賠償的權利。有關賠償損失的訴訟，應按原告的意願，在一個締約國的領土內，向承運人住所地或其總管理處所在地或簽訂合同的機構所在地的法院提出，或向目的地法院提出。訴訟程序應根據受理法院的法律決定。

(5) 如果一批貨物是由幾個承運人連續承運的，托運人得（但並不限於）向第一承運人索賠。同樣的，收貨人得（但並不限於）向最後一個承運人索賠。全程中各承運人對貨主負連帶責任。

三、國際陸上貨物運輸法的主要內容

(一) 國際鐵路聯運

國際鐵路聯運是指使用一份統一的國際聯運票據，由鐵路負責經過兩國或兩國以上的鐵路完成貨物的全程運送，並由一國鐵路向另一國鐵路移交貨物，不需發、收貨人參加的一種運輸方式。國際鐵路聯運時簡化貨物運輸手續、加速貨物流轉、降低運輸成本與雜項費用，對保障運輸的順利進行都起到了積極的作用。

(二) 國際鐵路聯運協定

國家間通過協商，可簽訂雙邊或多邊的鐵路聯運協定（如《國際鐵路貨物運送公約》等），規定鐵路聯運的各種規章制度。

> **知識拓展**
>
> 單純從鐵路業務角度來看，國際鐵路貨物運輸同國內鐵路貨物運輸相似。托運人（發貨人）將出口貨物交給國內任何一個能辦理國際聯運業務的車站，辦理出口聯運業務，填寫運單，支付運費等，基本上同國內鐵路運輸一樣。但國際聯運也有其本身的特點，如承運人不是一個國家的鐵路部門，而是幾個國家的鐵路部門，中轉站和到運站在國外，還有各國的國境檢驗、關稅、不同貨幣的運費等。而所有這一切，包括承運人和托運人之間的運輸合同關係和相互權利與責任，都受到始發、到達、中轉和過境各個國家的不同法律和規章制度的管轄。只能根據《國際貨協》或《國際貨約》的有關規定將其統一起來。

調整國際鐵路貨物運輸的國際公約主要有：①《國際鐵路貨物運輸公約》，簡稱《國際貨約》。它由總部設在伯爾尼的國際鐵路運輸中央執行局制定，1961年由法國、西德、比利時等西歐國家代表簽字通過。目前使用的是1970年通過、1975年1月1日生效的公約文本。中國未參加這一公約。②《國際鐵路貨聯運協定》，簡稱《國際貨協》，1951年在波蘭的華沙簽訂。主要成員國是阿爾巴尼亞、保加利亞、匈牙利、羅馬尼亞、波蘭等，隨後中國、朝鮮等國也先后加入。目前生效的是1974年7月1日修訂和補充的新條文。

1. 國際聯運的運單

根據《國際貨協》的規定，國際聯運運輸合同的形式是鐵路始發站簽發的運單。簽發國際鐵路運輸的運單時，雖可使用本國文字，但以俄文或德文的譯文為準。運單中一部分是發貨人填寫的，發貨人對運單中填寫部分的正確性負責。運單還必須附上有關稅單（或其免征稅收證明）及出口單證。如果由於單據不齊、填寫不實或錯誤，造成貨車在邊境站滯留時，發貨人除應立即設法補救時，並應賠償鐵路因此而遭受的損失。

貨物發出后（一般是在裝車完畢取得車站填有車號並蓋有日戳的運單后），發貨人便可持運單及外貿合同向銀行議付貨款。鐵路運單同海運提單的法律性質基本相同，但它不能如海運提單那樣背書轉讓，鐵路只對運單上注明的收貨人交貨。收貨人只能在貨車尚未從「到達路國」（到達站所屬的那條鐵路所在的國家）的國境站發出時，才能請求到達國鐵路部門變更收貨人，即指定站或異站的另一個收貨人。但這種變更請求，到達路國的鐵路部門只受理一次。

2. 國際聯運的運費支付

國際聯運的運費支付較海運複雜，海運在一次航程中往往只在啓運港（如為「運費到付」）結算一次運費。即使中途要換裝第二程船，其運費也由第一程船統一計收。國際鐵路貨物運輸則不然，運費需分段支付。

《國際貨協》規定，發送路（始發站到本國邊境站的一段鐵路）的運費由發貨人向始站以本國貨幣起算。到達路（指到達站國境內那一段路程的鐵路）的運費由到達站向收貨人核收。如果要通過幾個國家的鐵路時，可由發貨人和收貨人在貿易合同的交貨條件中規定由誰支付過境鐵路的運費。可以根據「統一運價」的條款，由發貨人支付一段或幾段的運費（以外幣支付），必須由發貨人一次付清的，發貨人不得將過境

鐵路運費轉向收貨人收取。此外，如果貨物到達時，因貨物損壞或霉爛變質以致收貨人拒絕收領部分或全部貨物時，發貨人應支付該批貨物的一切運費及罰款。

3. 國際聯運承運人的責任

國際聯運人的責任是按照運單如期、安全、迅速、準確地將貨物運交目的地收貨人。如果貨物發生滅失、損壞、逾期不到等情況，承運人應負賠償責任。

但由於國際鐵路聯運往往要經過許多國家，一旦發生責任事故，如果有關國家的鐵路部門彼此推諉，托運人（收貨人）勢必難以確定責任屬於誰，更無力同鐵路區段去一一打交道。為此《國際貨協》規定：按《國際貨協》運單承運貨物的鐵路部門應對托運人（收貨人）負連帶責任。托運人可以檢查有關證件及單據向始發站提出索賠，收貨人也同樣可以向到達站提出賠償，即使責任事故可以被證明發生在中途某一個國家的鐵路區段內。貨物全部滅失或多收運費由發貨人提出索賠，貨物部分滅失、毀損、腐壞或逾期到達由收貨人提出索賠（在一定情況下，也可以由發貨人提出索賠）。鐵路部門如部分或全部拒絕理賠，或在規定的 180 天內不作答覆，依照《國際貨協》規定，提出索賠的人可以向受理（或拒絕）賠償請求的鐵路（一般為發送路或到達路）所屬國家有管轄權的法院提出訴訟。

以下原因造成損失，承運人可免除責任：①由於不可抗力原因；②由於貨物或自然性質引起的變質、缺斤、鏽損、揮發而引起的損失；③由於發貨人或收貨人自身的過失或疏忽而引起的損失，如包裝不固、刷嘜不清、笨重貨物或其他應在特定條件下進行作業，而發貨人未作必要的聲明，鮮活貨未及時提走等。

以下原因鐵路部門對逾期交貨可免除責任：①鐵路通過路段發生塌方、雪（沙）災、水災或其他自然災害，按照鐵路區段所在國鐵路中央機關的命令停止運行在 15 天內的。②發生其他情況致使有關國家指示鐵路中斷或限制營運的。

《國際貨協》規定關於鐵路及貨主之間根據運輸合同相互提起索賠或訴訟的時效：鐵路及貨主關於貨物逾期到達的索賠和訴訟應在兩個月內提出，丟失時效后，索賠請求或訴訟不受理。

四、國際貨物多式聯運法主要內容

國際貨物多式聯運是指按多式聯運合同，以至少兩種不同的運輸方式，由多式聯運經營人將貨物從一國境內接管貨物的地點運至另一國境內指定交付貨物的地點。

《聯合國國際貨物多式聯運公約》有以下主要內容：

1. 多式聯運合同雙方當事人的法律地位

多式聯運合同的訂約一方稱為發貨人，另一方稱為多式聯運經營人。聯運人是以本人的身分同發貨人訂立多式聯運合同的當事人。他不是發貨人的代理人或代表，也不是參與多式聯運的承運人的代理人或代表。他有履行整個聯運合同的責任，並以本人身分對聯運的全程負責。在聯運人接管貨物之後，不論貨物在哪一個運輸階段發生滅失或損害，聯運人都要直接承擔賠償責任，而不能借口已把全程的某一運輸階段委託給其他運輸分包人而不負責任。

2. 多式聯運單據

聯運人在接管貨物時，應向發貨人簽發一項多式聯運單據，證明多式聯運合同和多式聯運人接受貨物並負責按合同條款交付貨物。在多數情況下，多式聯運單據就是多式聯運合同，有作為貨物收據和提貨憑證的作用。它依據交貨人的選擇，可做成可轉讓單據，也可做成不可轉讓單據。

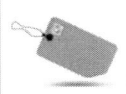

> **知識拓展**
>
> 由於國際多式聯運把海、陸、空運輸聯結在一起，涉及兩個或兩個以上的主權國家，因而聯運業務的發展迫切要求制定一項國際通用的多式聯運公約，以明確各方當事人的權利、義務，保護合法權益，促進聯運和國際貿易的發展。為適應這一要求，1980 年 5 月 24 日通過了《聯合國國際貨物多式聯運公約》，簡稱《多式聯運公約》。該公約成為國際貨物運輸法的重要組成部分。中國也是 67 個簽字國之一。

3. 聯運人的賠償責任

聯運人在賠償責任期間，依公約規定，從其接管貨物之時起到交付貨物時為止，並在整個期間內承擔統一的責任。

公約採用完全的過失責任原則作為貨物賠償責任的基礎。聯運經營人要對他本人的行為、不行為，或其受雇人、代理人在受雇範圍內行事時的行為、不行為而造成的貨物滅失、損害和延遲交付所引起的損失負賠償責任。除非多式聯運經營中能證明本人、受雇人或代理人為避免事故的發生及其後果，已採取一切合理要求的措施。

《公約》對聯運人的賠償責任限額作出下述規定：①若聯運包括海運在內，按每件貨物 920 記帳單位（即特別提款權），或毛重每千克 2.75 記帳單位，並以較高者為準。②若聯運不包括海運或內河運輸，按毛重每千克 8.33 記帳單位計算。③若確知貨物發生的具體階段，而該階段所適用的國際公約或國內法所規定的賠償額高於上述賠償額，則按后者較高的賠償額償付。

4. 索賠和訴訟

無論是收貨人向聯運人索賠，還是聯運人向發貨人索賠，都必須在規定的時間內向對方發出有關貨物的書面通知。

根據《公約》規定，收貨人對貨物的一般性滅失或損害，應在不遲於接到貨物的次一個月內提出書面通知；對於不明顯的貨物滅失或損害，收貨人應在接到貨物后 6 天內發出書面通知；對於延遲交貨的索賠，收貨人應在交貨后 60 天內向聯運人提交書面通知。超過期限，即喪失追訴權。若因發貨人或其代理人或雇傭人的過失或疏忽給聯運人造成損失，聯運人應在貨損事故發生后 90 天內書面通知發貨人，否則發貨人不予賠償。有關國際多式聯運的任何訴訟，其訴訟時效為 2 年，自貨物交付之日起算。若在貨物交付之日起 6 個月內，未提出書面索賠通知，則訴訟在此期限屆滿后即失去時效。有關多式聯運合同的爭議，也可由雙方當事人協議以仲裁的方式解決。

第二節　國際貨物運輸保險法

案例導入

中國新華公司與新加坡 ABC 公司於 2010 年 10 月 20 日簽訂購買 55 500 噸飼料的 CFR 合同，新華公司開出信用證，裝船期限為 2011 年 1 月 1 日至 1 月 10 日。由於 ABC 公司租來運貨的「亨利號」在開往某外國港口運貨途中遇到颱風，結果裝貨至 2011 年 1 月 20 日才完成。承運人在取得 ABC 公司出具的保函的情況下，簽發了與信用證條款一致的提單。「亨利號」途經某海峽時起火，造成部分飼料被燒毀。船長在指揮救火過程中又造成部分飼料濕毀。由於船在裝貨港口的遲延，使該船到達目的地時趕上了飼料價格下跌，新華公司在出售餘下的飼料時不得不大幅度降價，給新華公司造成很大的損失。

問題：

(1) 途中燒毀的飼料損失屬什麼損失？應由誰承擔？為什麼？

(2) 途中濕毀的飼料損失屬什麼損失？應由誰承擔？為什麼？

(3) 新華公司可否向承運人追償由於飼料價格下跌造成的損失？為什麼？

(4) 承運人可否向托運人 ABC 公司追償責任？為什麼？

一、國際貨物運輸保險概念

1. 國際貨物運輸保險

國際貨物運輸保險是指一方當事人以預先支付一定費用為條件，要求另一方當事人對在國際運輸的貨物可能發生的某種損失承擔約定的賠償責任。支付一定費用的一方稱為被保險人，其支付的費用叫保險費，承擔約定賠償責任的一方當事人稱為保險人。

國際貨物運輸保險是國際貿易中不可少的一環，在貨物的裝卸、運送、存儲的過程中可能遇到各種意外損失，保險作為一種通過法律形式來實現的金融手段，可以及時地對被保險人進行經濟補償，以保證國際貿易的正常進行。

2. 國際貨物運輸保險合同

國際貨物運輸保險是通過保險人和被保險人之間的合同關係來設立和實現的。與此有關的立法和慣例都是以合同的訂立、履行、爭議的解決為主要內容的。因此，從法律上講，國際貨物運輸保險合同是實現這種保險的中心環節。

根據保險合同的條款，保險人的主要權利有以下幾項：①簽發保險單；②收取保險費；③進行再保險；④出險賠償後取得代位求償權；⑤推定全損並賠償後，通過委付取得殘餘物的所有權；⑥出險時有權參與對損失和事故的勘察、檢驗；⑦按合同規定免除賠償責任。保險人的主要義務有兩項：①接受投保單后，簽發保險單；②在保險責任期間內，對已發生的承保險別項下的損失，按保險金額與損失大小的比例給予賠償。

二、國際貨物運輸保險的主要險別

國際貨物運輸保險可根據各種保險單的條款中載明的承包範圍來區別。

(一) 海上貨物運輸保險的主要險別

1. 平安險

平安險，英文原意是「不負單獨海損責任」，即被保險標的所遭受的單獨海損，保險人原則上不負賠償責任。在平安險項下，保險人負責的賠償為：被保險貨物在運輸途中由於遭受惡劣氣候、雷電、海嘯、地震、洪水等自然災害，或由於運輸工具擱淺、觸礁、沉沒、碰撞、失火和爆炸等意外事故造成的全部損失、共同海損的犧牲、分攤和援助費用等。

2. 水漬險

水漬險，英方原意是「負單獨海損責任」。該險別項下保險人的責任範圍除了上述平安險的各項責任外，還負責被保險的貨物由於惡劣氣候、雷電、海嘯、地震、洪水等自然災害所造成的部分損失。

3. 一切險

一切險又稱「綜合險」，是三種主要險別中保險人責任範圍最廣的一種。除了上述兩種險別的各種責任外，保險人還負責被保險貨物在運輸途中由於外來原因所致的全部或部分損失。

(二) 航空貨物運輸保險的主要險別

1. 航空運輸險

航空運輸險項下保險人有責任對下列原因引起的被保險貨物的全部或部分損失進行賠償：①航空器被電擊、失火、爆炸、翻滾、失航、墜毀以及其他意外事故。②在航空運輸中遇到無法預見的惡劣天氣及危險，貨物因而被拋棄。

2. 航空運輸綜合險

航空運輸綜合險項下保險人的責任為：①保險人承擔在航空運輸險中應負的全部責任。②保險人承擔因被保險貨物被偷竊或由於短少以及其他外來原因造成的貨物全部或部分損失。

(三) 陸地貨物運輸保險的主要險別

1. 陸地運輸險

陸地貨物運輸險項下保險人對因風暴、雷擊、地震、洪水等自然災害及運輸中因工具碰撞、翻車、出軌、拋錨、塌方、失火、爆炸等意外事故而造成的貨物全部或部分損失，承擔賠償責任。

2. 陸地運輸綜合險

在陸地運輸綜合險中，保險人承擔陸地險中的全部責任，以及因偷竊、短少、發霉等外來原因所造成的貨物全部或部分損失。

三、國際貨物運輸保險的法律問題

（一）國際貨物運輸保險單的法律作用

在國際貨物運輸保險中，保險單簡稱「保單」，一般由保險人簽發給被保險人，在保險單上應詳盡地列明保險合同的全部內容。一張有效的保險單具有下列法律作用：

1. 保險單是保險雙方訂立保險合同的書面憑證

被保險人提出保險申請后，只要保險人確認了這一要求，保險合同即告成立。在這裡，被保險人的要約和保險人的承諾都可以是書面的或口頭的。保險人隨即根據被保險人的請求簽發保險單，使之成為雙方訂立保險合同的書面憑證。

2. 保險單是被保險人提出索賠的主要依據

保險單是保險人接受保險的正式憑證，一旦保險標的因保險事故而受損時，被保險人可以憑保險單向保險人提出賠償請求。與此同時，保險單也是保險人向被保險人索賠的主要依據。

3. 保險單具有有價證券的性質

保險單經被保險人背書后可以隨保險標的物同時轉讓給受讓人，被保險人的權利、義務也隨同保險單一起轉移。在 CIF 條件下，賣方取得保險單與提單以後，通常以背書方式將其轉讓給買方，以完成交貨義務。

（二）保險標的損失的賠償及其除外責任

在國際貨物運輸保險方面，保險人的基本義務就是在標的物出險后，以保險單及法律規定向被保險人支付保險金。保險人對保險標的因意外事故遭受損失時是否應予以賠償，關鍵在於導致保險標的物損失的意外事故是否在保險人的承保範圍內。只有該意外事故在保險人承保範圍內，保險人才對保險標的損失承擔賠償責任。因此，保險人對於保險標的損失是否予以賠償取決於保險人的責任範圍，即保險人承保的保險險別。從原則上講，只要保險單上沒有相反的規定，保險人對於責任範圍內的損失必須承擔賠償責任。但是，不少國家的貨物保險條款都規定了保險人的「除外責任」。在除外責任範圍內，保險人可以不負賠償責任。

1981 年 1 月 1 日修訂的《中國人民保險公司海洋運輸險條款》明確規定，保險人對下列原因造成的損失不可負賠償責任：①被保險人的故意行為或過失所造成的損失；②屬於發貨人責任所引起的損失；③在保險責任開始前，被保險貨物已存在品質不良或數量短差所造成的損失；④被保險貨物的自然損耗、本質缺陷以及市價跌落、運輸延遲所引起的損失或費用；⑤中國人民保險公司海洋運輸貨物戰爭險條款和貨物運輸罷工險條例規定的除外責任。

根據 1981 年 1 月 1 日修訂的《中國人民保險公司海洋運輸物戰爭險條款》的規定，保險人對下列兩項損失不負賠償責任：①由於敵對行為使用原子或熱核製造的武器所致的損失和費用；②因執政者、當權者或其他武裝集團的扣押、拘留引起的承保航程的喪失和挫折而提出的任何索賠。

(三) 國際貨物運輸保險的索賠

在貨物發生了已投保的險別項目下的損失時，具有被保險人權利的人有權要求保險人按規定給予保險賠償。賠償範圍除了以投保的險別與保險金額為根據外，還取決於貨物受損的程度和性質，被保險人發現貨物受損時，應及時向保險單指定的檢驗機構或理賠代理人申請檢驗，或向承運人或海關、港口當局索取貨損差證明。

被保險人向保險人索賠時應提交索賠申請書，並附有各種能證明可取得賠償的單證，如檢驗報告或其他證明損失的文件、保險單正本、貨物發票、運輸提單、裝箱單、磅碼單、貨損貨差證明以及索賠清單。

如因保險人拒賠而發生爭議，無法協商解決時，可以通過訴訟或仲裁來解決。按照中國的實踐，解決這一爭議的法院或仲裁機構應在被告住所地國。按照「中國保險條款」的規定，海上貨物運輸保險的索賠時效為兩年，從被保險貨物在最后卸載港全部卸離海輪之日起算；航空和陸地貨物運輸保險的索賠時效為一年，從被保險貨物在最后目的地機場或車站全部卸離飛機或車輛之日起算。

參考書

1. 沈木珠．海商法比較研究［M］．北京：中國政法大學出版社，1998.
2. 趙承壁，等．國際貿易統一法［M］．北京：法律出版社，1998.

思考題

1. 試述海運提單的法律特徵。
2. 試述海運提單與航空運輸提單的差別。
3. 簡述海上貨物運輸保險的主要險別。

第五章　國際產品責任法

教學要點和難點

1. 瞭解和掌握產品責任及產品責任法的特徵；
2. 瞭解和掌握美國產品責任法的訴訟依據和抗辯理由；
3. 瞭解產品責任國際立法的主要內容；
4. 瞭解中國產品質量法的主要內容。

案例導入

一宗向中國政府索賠 5 000 萬美元的菾花爆炸案，歷經 6 年訴訟，最終於 1999 年 9 月 13 日由美國南卡羅來納州哥倫比亞地區聯邦法院審結。

本案案情如下：

原告：美國菾花爆炸事故中傷亡者及其遺產代理人。

被告一：中國廣東省土產進出口總公司及其兩家香港分銷商。

被告二：中華人民共和國。

1996 年 6 月，一份美國哥倫比亞聯邦法院委託送達的訴狀通過美國駐中國大使館送交中國外交部。

訴狀稱：1993 年 6 月，數名美國人在裝卸一批菾花時，因產品質量問題，部分菾花突然爆炸，致使兩名裝卸人員當場死亡，另有一人重傷一人輕傷。經查，該批菾花標明廣東省土產進出口總公司註冊的中國馬牌（Chinese Horse Brand）商標，由兩家香港分銷商分銷至美國。原告訴請被告承擔 5 000 萬美元的賠償。因廣東省土產進出口總公司是一家國有企業，故將中國政府也列為被告。

外交部接到該訴狀后，會同當時的外經貿部和司法部商討對策。司法部致函美國國務院，闡明根據國際法，主權國家享有國家豁免權，不受域外法院的管轄，美國法院不應將中國政府列為被告。另外，中國的國有企業都是獨立法人，能夠獨立承擔民事責任，政府不應對其債務負責。同時，致函廣東省土產進出口公司，讓其盡快拿出應對方案。廣東省土產進出口總公司的律師認為若不應訴，敗訴的可能性很大，美國法院極有可能查封中國政府在美國的所有國家財產，后果將會非常嚴重，遂決定赴美應訴。

應訴后，中方利用原告確定訴訟主體以及法院送達訴訟文書的失誤，成功地說服哥倫比亞聯邦法院將廣東省土產進出口總公司列為被告，以取得在法庭上辯駁的機會。

在庭審中，原告出示了美國菾花協會專家關於爆炸事故是由於產品質量引起的鑒

定結論，中方要求該專家向法庭提供直接證據。結果該專家向法庭作證：由於當初取樣不當，自己原來所做的鑒定結論是不全面的，沒有科學依據。與此同時，中方提出了原告疏忽的抗辯。依據美國法，廠商必須雇用 18 周歲以上的成年人，否則被視為非法雇用童工；而且從事菸花等危險品的搬運，須經專門培訓取得上崗資格證書後方可進行，否則也被視為非法。而本案中，廠商所雇用的搬運工是利用暑期打工的大學生，未經過任何培訓，且其中有兩位還是未滿 18 周歲的童工。據此，中方提出不承擔任何責任。原告律師見此情形，提出和解，並最終撤回了起訴。

1999 年 9 月，法院判決中國政府不承擔任何責任。中方支付了道義性質的 20 000 美元慰問金。

這是中國成功地以勝訴收場的一個國際產品責任訴訟。此案雖然勝訴，但該案的經驗與教訓卻值得我們思索及總結。

第一節　產品責任法概述

案例導入

瓦克維爾工程有限公司訴 BDH 化學製品有限公司案

該案是警示缺陷的經典案例。案情經過是：被告向瓦克維爾工程有限公司提供了一種裝在玻璃安瓿裡的瓶上標有「有害蒸氣」的化學藥劑。供應商並不知道該化學藥劑遇水后會發生強烈反應。一位科學家在做實驗時意外地將安瓿掉在水池裡引起爆炸，導致該科學家死亡，並給原告的工廠造成了巨大損失。

法院裁決製造商負有過失責任，因為他未能提供該化學藥劑的危險性的充分的警告。

一、產品責任法的概念和特征

（一）產品責任法的含義

產品責任，是指產品的生產者或銷售者因製造或經銷有缺陷的產品，造成消費者或使用者的人身傷亡或財產損害時所應承擔的賠償責任。

產品責任法是調整產品的製造者、銷售者因製造、銷售缺陷產品造成產品消費者、使用者人身傷害或財產損害所引起的賠償關係的法律規範的總稱。

（二）產品責任法的特征

1. 產品責任法的立法目的在於保護消費者利益

產品責任法調整的對象是產品缺陷引起的人身傷害和財產損害，不包括單純的產品本身的損害，即在貨物買賣中的品質或質量問題。在產品責任訴訟中，凡是遭到該產品傷害的人，均有可能作為原告向法院起訴。在歐美各國，依據產品責任法，原告的當事人可以是直接使用該產品而受傷害的消費者或使用者，也可以是其親屬，或其

家中的任何人，甚至還可擴大到旁觀者或過路人。

在產品責任法中，承擔責任的被告不局限於產品的生產者，還包括銷售者，而銷售者包括產品的進口商、批發商、經銷商、零售商、代理商等。據此，凡是產品的設計、生產、包裝、運輸標籤、使用說明等項中任何一項有缺陷而致使消費者、使用者受到損害的，上述所有與產品生產或銷售有關的人員都應承擔損害賠償責任。

產品責任的最終承擔者是生產者與銷售者，他們之間存在損害賠償的連帶責任。受害人向產品的銷售者索賠后，可向生產者要求補償。產品責任的賠償金額一般比買賣法索賠的賠償金額要大得多。

> **知識拓展**
>
> 在貨物買賣的索賠中，賠償金額一般不會超過合同的總金額。但在產品責任案件中，賠償金額的根據不是合同，而是根據產品責任制度所確立的賠償原則，補償受傷害者的全部損失，包括：受害者過去財產（即受損失的部分）的損失，受害者將來的效益（即若不受損失可能獲得的利益），受害者的實際開支（如醫療費），受害者痛苦的代價（如精神損失）。賠償金額必須一次性支付，不得扣除原告可能從其他方面取得的任何補償或津貼（如保險賠償或社會救濟金）。

2. 產品責任法實行侵權責任原則，突破了傳統的契約原則

從傳統的合同法原則看，產品責任法與合同法有一定的聯繫。在合同法中有關賣方對貨物擔保責任的規定與產品責任法的某些要求是共通的。但合同法屬於私法的範疇，其調整的是買賣雙方基於合同所產生的權利與義務關係，它的規範大多是任意性的，雙方當事人可以在合同中排除或更改。而產品責任法則主要調整產品的生產者、銷售者與消費者之間基於侵權行為所引起的人身傷亡和財產損害的責任，它的各項規定與原則都是強制性的，雙方當事人不能在訂立合同時事先加以排除和變更。合同法對雙方當事人的保護是平等的，而產品責任法明顯傾向於保護消費者的利益，加強生產者的責任。

產品責任法與侵權法的聯繫非常緊密。最初的產品責任是建立在生產者和消費者之間簽訂了買賣合同中的擔保責任上，在存在合同關係的前提下，消費者或使用者只能以買方的身分向賣方提起違反明示擔保或者存在過錯或欺詐的民事責任。在沒有合同關係的情況下，消費者無權利向生產者、銷售者提起損害賠償之訴。但是產品責任事故的不斷發生，而消費者或使用者往往與生產者之間幾乎沒有合同關係，常常遭到不公平的賠償。為了保護消費者、使用者的合法權益，美國、西歐等發達國家的法院首先對由於產品引起的典型案例作了突破歸責原則的判決，採用了侵權責任原則。從嚴格意義上講，由於產品責任是一種特殊的侵權責任，因此，產品責任法調整的也就是一種特殊的侵權行為，是民事責任發展的新領域。

將產品責任從一般侵權責任中單獨分離出來，使其具有相對獨立性，是考慮到保護消費者權益和救濟消費者的弱者地位的政策因素。產品責任在舉證責任和因果關係證明上與一般侵權責任不同，採用的是舉證責任倒置或無過錯責任，以彌補消費者對產品信息缺乏的弱勢，使消費者更容易得到法律的救濟。如在合同制度下，出賣人如

果明知標的物有瑕疵而不告知買方時，他除了應返還已收取的價款外，並應賠償買受人的全部損失。但在嚴格侵權責任制度下，生產者應對產品的缺陷所引起的損害負責，不論他是否知道此項缺陷。這就使產品責任法由傳統的「有合同，有責任；無合同，無責任」的合同關係向「無合同，有責任」侵權責任關係轉變。

3. 產品責任法多是強制性的法律規範

產品責任法是隨著現代工業的發展，許多新產品投入市場造成消費者受到傷害的案件不斷增多的情況而形成和發展起來的。就法律性質而言，產品責任法屬於社會經濟立法的範疇，屬於國家經濟立法，具有公法的性質，它的絕大多數規定具有強制性。產品責任法是為保護社會經濟生活的安全，為保護廣大消費者的利益，作為國家干預社會經濟生活的一項重要內容而制定的一系列產品責任法律規範，必須由社會各類人員嚴格予以遵守，不允許有關當事人通過合同或其他任何方式加以排除或變更。發生了產品責任法所規定的產品責任事故時，受害者可要求損失賠償。除法律另有規定外，有關當事人應切實承擔起其依法所應承擔的法律責任，不得有任何形式的例外。

綜上所述，產品責任法律規範的目的可歸納為：①補償被害人身體、生命及財產上的損害。②借產品責任有關的法律和行政規章，預防損害的發生，進一步排除市場上的危險商品。③懲罰不法的生產者，起到威懾和預防的作用。④確保消費者使用商品享有安全或衛生的保障。⑤要求生產者和銷售者公開提供使用商品應注意的事項及各種保護消費者權益的信息。

(三) 產品責任法產生和發展

產品責任法的產生和發展與「消費者主權」運動緊密相連。隨著科學技術與生產力的高速發展，產品責任問題不斷增多，據美國產品安全全國委員會 1990 年最終報告統計，每年有 2 000 萬美國人因使用消費產品而受傷，其中 11 萬人終生致殘，3 萬人喪生。美國 1992 年上半年在各法院收到了產品責任訴訟案 8 944 件。如原聯邦德國銷售的鎮靜劑，孕婦服用后嬰兒中毒畸形，其賠償達 1.1 億馬克。由於不斷產生的產品責任對消費者或使用者造成的損害也越發嚴重，專業化和高技術使得消費者不僅對許多商品失去了識別、檢查、防範的能力，締約能力的不平等也使得消費者不可避免地接受各種免責條款，因而保護消費者權益成為一項重大的社會問題。第二次世界大戰以後，產品責任受到了越來越多的重視，各國對有關產品責任和消費者權益保護的立法大量出現，產品責任法得到了長足的發展，產品責任法律制度成為消費者保護的核心法律制度之一。與此時代要求相一致，20 世紀 60 年代產品責任領域法律制度確立了嚴格的產品責任理論。1963 年，美國加州最高法院首次在判例中使用了產品製造商承擔無過失責任原則。1968 年，德國最高法院也確立了可以舉證責任倒置原理推定商品製造商的產品責任。20 世紀七八十年代是發達國家產品責任制度不斷發展與完善的年代，其間，各國制定了大量的成文法，如這一時期美國有關產品責任的法案有《統一消費者買賣實務法案》《消費者產品安全法案》《聯邦食品、藥品和化妝品法案》《公平標籤與包裝法案》和《侵權法重述》和《統一商法典》等。英國最具代表性的是 1987 年的《消費者保護法》。此外，英國、美國等判例法國家也誕生了大量由判例形成的產

品責任原則。中國1993年也頒布並正式了《中華人民共和國產品質量法》（以下簡稱《產品質量法》），日本1995年正式實施《產品責任法》。

二、產品責任法涉及的基本概念

（一）產品

關於產品（Products）責任法適用的產品範圍，各國規定不盡相同。

美國《產品責任法》中的產品是指任何經過工業處理用於銷售的物品，包括可移動的和不可移動的，各種有形物和無形物及天然產品。無論此種物品是適合工業用途還是農業用途，只要因使用它而引起傷害就可視為責任的「產品」。

歐洲理事會1976年制定的《斯特拉堡公約》把產品解釋為一切可移動的物品。該公約第二條規定：「產品這個詞系指所有動產，不論是否加工過、天然的或工業的，甚至組合到另一可移動或者不可移動的物體中的物品。」根據1982年前歐共體《產品責任指令》的規定，「產品」一詞系指工業生產的可移動的物品。

中國的《產品質量法》規定：「本法所稱的產品是經過加工、製造、用於銷售的產品。」必須強調的是，這裡的產品必須經過加工，就排除了未經加工的天然品，如原礦、原油、原煤以及初級農產品，狩獵產品。再次是必須用於銷售，雖然經過加工製作，但非因銷售而交付的產品，如援助品、贈予品以及試用品等就不是產品責任法意義上的產品。

從上述來看，各國產品責任法對產品的理解基本相同，但也存在著一些差異。如，歐盟的「動產」概念較為清晰，美國的「產品」概念較為寬泛（只要用於銷售的任何物品都可能被法院視為產品），而中國的「產品」概念兼明確了「加工、製作」和「用於銷售」兩個要件。

（二）產品存在缺陷

缺陷（Defects）是承擔產品責任的前提條件。產品缺陷一般是指產品具有不合理的危險性。

1. 產品缺陷

產品缺陷主要包括：①產品設計時的缺陷。即對產品的科學性、安全性和可靠性考慮不周，缺少必要的安全保護裝置等。②生產產品時的缺陷。即在產品原材料的選擇上或產品的製造裝配方面存在疏忽而缺乏必要工藝流程的考慮。③使用產品的指示缺陷。即對於一些具有特殊性質或必須採用特殊的使用方法的產品未作必要的說明或指示，或作了不真實或不充分的說明或指示等，這些都可視為有關產品存在缺陷。

產品責任法中所指的產品缺陷與貨物買賣法中的產品缺陷並非同一概念，買賣法中的產品缺陷泛指一切貨物、產品不符合合同規定的各種情形。

2. 產品具有不合理的危險性

產品是否具有不合理的危險性，一般考慮以下幾個因素：

（1）生產者製造產品的預期用途是否合理，即如果製造商知悉產品存在瑕疵，可能造成消費者或使用者的人身傷害或財產損害，而仍將該商品投放市場，此種商品就

具有不合理的危險性。

（2）普通消費者或使用者購買產品的合理期望，即一件產品應該具備普通消費者或使用者在可預見使用範圍內認為的安全性。如果消費者知道該產品不具備此種安全性而使用，就不構成不合理的危險性。如剪刀是有危險性的，但消費者願意購買並承擔這種危險，就不能認為剪刀具有不合理的危險性。

（3）當時的認識和技術水平。如果因生產產品時的技術水平認識不到產品的危險，就不能認定產品有缺陷。

總的來說，「不合理的危險性」作為認定產品缺陷的標準具有較大的彈性，需依具體情況而定。

（三）生產者和銷售者

產品責任法中的「生產者」即產品責任的被告是指造成產品缺陷並由此引發人身和財產損害的責任主體，它不僅是指產品的製造者，而且包括生產過程中任何一個環節的經營者，如原材料或零部件的製造人或供應人、加工者、裝配者、修理者、運輸者、倉儲者、在產品上標明其名稱、商號及商標的人等。產品責任法中的「銷售者」是指銷售缺陷產品並由此引起他人人身和財產損害的責任主體。它包括銷售過程中的批發商、零售商、進口商、出口商等任何經銷產品的人。

（四）缺陷產品的受害人

產品責任的原告是缺陷產品的受害者。受害者首先是缺陷產品的購買者（Buyer），但由於各國產品責任法早已不要求原、被告之間具有直接的合同關係，因此購買者概念不能概括產品責任的所有原告。其次是消費者（Consumers），消費者概念不僅包括購買者，而且包括合理預見範圍內缺陷產品的實際使用者。再次是缺陷產品的其他受害者，如旁觀者（by Standers）等。所有因缺陷產品遭受了損害的人，都可以原告身分向缺陷產品的生產者、銷售者提起產品責任之訴。

（五）產品責任

產品責任（Product Liability）是指產品的生產者、銷售者因產品存在缺陷致消費者或使用者人身或財產損害而應承擔損害賠償的責任。承擔產品責任的歸責理論多種多樣，其中占主導地位的法律制度是嚴格產品責任制度。

生產者和銷售者在此承擔的是一種連帶賠償責任，即每個人都得以其全部資產對有關缺陷產品所造成的損害承擔全部的損害賠償責任。作為受害者的消費者或使用者或其他第三者得單獨向眾多的生產者和銷售者中的某人或某幾個人請求損害賠償，也可以同時向所有的生產者和銷售者提出賠償要求。

（六）產品責任構成的要件

產品責任構成要件包括：①產品存在缺陷。②使用產品的消費者或使用者或其他第三人遭受到人身傷害或財產損失。③損害事實與產品缺陷存在直接的因果關係。這是承擔產品責任的內在條件。若發生損害是由於使用者未按要求正常合理使用產品，則不存在產品責任問題。若發生損害是由於第三人的原因，則生產者不承擔賠償責任。

若發生損害是由於產品缺陷、受害人過錯等多方原因,而產品缺陷是其中的主要原因,則生產者應承擔產品責任,但應減輕其賠償責任。

上述構成產品責任的三個要件缺一不可。

第二節　美國的產品責任法

案例導入

原告埃斯克拉是一位餐館女服務員,當她將可口可樂放進冰箱時,其中的一瓶發生了爆炸,致使原告嚴重受傷。雖然原告並沒有提供被告可口可樂瓶裝公司過失的證據,而且被告也提供了其瓶子的製造、檢驗以及裝氣的適當性證明,但是,加利福尼亞州最高法院仍判決原告勝訴。理由是:當製造商將其產品投放市場時,明知其產品將不經檢驗就會被使用,如果這種產品被證明具有致人傷害的缺陷,那麼製造商就應承擔賠償責任。

隨后,美國法院在判例中不斷擴大對疏忽責任的解釋,如責任人不限於製造商,因設計人的疏忽造成的損害也要承擔責任等。

美國產品責任法是目前世界上發展最迅速、最完備、最具有代表性的產品責任法。所以本節將著重介紹美國產品責任法的主要內容。

美國產品責任法是從傳統的侵權行為法和合同法發展起來的一種特殊的侵權行為法,為美國各州的產品責任訴訟提供了靈活的基礎。美國產品責任法主要是州法,各州都有自己的產品責任法,而且各有差異。美國商務部在1979年1月提出了《統一產品責任法(草案)》供各州採用。

一、美國產品責任法的歸責原則

產品責任的歸責原則是指產品責任承擔人承擔該責任的依據。美國在司法實踐中所形成的有關產品責任的四個歸責原則反映了產品責任法的發展演變過程,非常具有代表性。目前美國的法院還逐步實行了「市場份額」裁決原則,進一步完善了美國產品責任法。

(一) 疏忽責任原則(過失責任原則)

疏忽原則(Doctrine of Negligence)是指由於產品的生產者或銷售者的疏忽造成產品缺陷,致使消費者或使用者的人身或財產遭受損害,對此該產品的生產者和銷售者應對其疏忽承擔責任,賠償消費者的損失。

所謂「疏忽」,是指生產者或銷售者沒有做到合理的注意,違反了合理的注意義務(Duty of Care)。衡量行為人是否違反疏忽義務的標準主要有法律和行政規章以及司法判決確定的行為標準。在沒有上述標準的情況下,依據每個個案具體的行為人情況,採用合理人(Reasonable Person)客觀判斷標準衡量行為人是否能夠合理地預見到對消費者所造成的損害。因疏忽而產生的產品責任起初僅適用於產品的製造商,即因產品製造商在製造過程中未盡到合理的注意,使產品產生不合理的危險,而對該產品可預

見的消費者或使用人所受到的損害或損失承擔賠償責任，后來其適用範圍逐漸擴大，如包括了設計上的疏忽或警示上的疏忽。

> **知識拓展**
>
> 疏忽責任原則是美國法院在1916年審理「麥克弗遜訴別克汽車公司」判案中創立的。1916年美國別克汽車公司通過銷售商賣給買主的汽車車胎爆炸，使買主麥克弗遜受傷。法庭審判中，被告聲稱汽車不是從他處購買的，而是從別人處購買來的，該公司與買主之間沒有任何合同關係，因此不存在承擔責任的義務。但法官認為，任何產品依其本質如果會危害人的生命健康，均屬於危險品，則不論當事人之間有無合同關係，製造人對該產品應負有「注意」的義務。對消費者或使用者要求有直接的合同關係是不公平的，因為在大部分情況下，製造者與他們產品的消費者或使用者是沒有合同關係的。最後，法官判決被告應負疏忽責任，給予原告賠償。這一原則一經提出，立即為其他各州法院所採納，成為當時美國法院確定產品責任的主要依據。

當原告以疏忽為理由提起訴訟時，原告和被告之間不需有直接的合同關係。但是原告負有舉證的責任，即要證明：①被告確有疏忽，沒有做到合理的注意。如在設計生產方面沒有做到「合理注意」；對產品的危險未做出適當的警惕；產品中的缺陷對原告來說是未知的；生產者沒有對產品的危險性做出充分說明，以提醒消費者或使用者注意，從而構成疏忽。②由於被告的這種疏忽，直接造成原告的損失。

但實際上，在現代化生產條件下，產品越來越複雜，產品從生產到製造始終控制在生產者手中，原告對此過程不熟悉，要舉證是很困難的，於是原告以疏忽為理由訴生產者或銷售者時就遇到了難題。

(二) 擔保責任原則

擔保責任原則（Doctrine of Breaching Warranty）是指產品存在某種缺陷，生產者或銷售者違反了對貨物的明示擔保或法律規定的默示擔保，致使消費者或使用者遭受損害，買方可以以違反擔保為理由提起訴訟，要求被告賠償其損失。對此，生產者或銷售者應承擔責任。

由於這種產品責任是基於間接的合同關係，因此，原告無須證明被告確有疏忽致使產品有缺陷。但是原告必須證明：①被告違反了對產品的明示或默示的擔保；②產品存在缺陷；③原告的損失是由於產品有缺陷導致的。

擔保責任分為違反明示擔保和違反默示擔保兩種。

1. 明示擔保

明示擔保是指產品的生產者或銷售者對產品的性能、質量、用途等做出保證性的聲明或陳述。如產品廣告、標籤、說明書中列入的事項；廣告中所記載的產品的特殊功能或效用；食品類產品標志上所載明的成分、標準、日期等。原告以被告違反明示擔保為依據起訴而要求賠償時，只需證明：被告所作的說明；原告相信該說明；傷害是由於產品不符合被告所作的說明而引起的。

> **知識拓展**
>
> 在某一案件中,被告(福特汽車公司)以書面形式保證「福特牌」汽車的擋風玻璃是防碎玻璃,即使遭受強大的冲擊也不致破裂。原告從汽車銷售商處買來的該品牌的汽車在駕駛時被飛石打碎了擋風玻璃,致使原告左眼受傷失明。原告遂以違反明示擔保為理由,控告福特汽車公司要求賠償損失,法院即判決福特公司承擔明示擔保責任。

2. 默示擔保

默示擔保是指生產者或銷售者在生產或出售商品時,應默示擔保消費者使用該商品時是安全可靠的,不會傷害消費者。默示擔保又分為商銷性的默示擔保和適合特定用途的默示擔保。其中若被告因違反商銷性的默示擔保要求賠償時,原告須證明:產品在出廠時即有缺陷;缺陷與損害之間存在因果關係。若因被告違反適合特定用途的默示擔保要求賠償時,原告須證明:被告知道或有理由知道產品的使用意圖;原告信賴被告在選擇產品方面的技能和技術及專業知識;損害是由於產品未能符合特殊用途而引起的。

可見,在以違反擔保為理由提起訴訟時,對原告的有利之處在於他無須證明被告有疏忽。當然,擔保責任具有合同法的性質。根據合同法原則,只有雙方當事人有直接的合同關係時才能以違反擔保為由提起訴訟。而現代商業社會中,受損害的消費者與生產者之間往往沒有直接的合同關係,所以若在產品責任訴訟中固守雙方當事人必須要有直接的合同關係這一原則,就不可能達到保護消費者的目的。有鑒於此,有些州法院在審判實踐中,對以違反擔保為理由提起的產品責任的訴訟,逐步放寬和取消了對雙方當事人要有直接合同關係的要求。

(三)誤示責任原則

誤示責任原則(Doctrine of Misrepresentation)是指銷售者通過廣告、報紙、雜志、電視、電臺或其他方式向公眾宣傳其產品時,對其產品的特徵和性質做出不正確的表示,以致消費者產生錯誤判斷購買、使用該產品而受到損害時,銷售者應承擔侵權責任。美國《侵權法重述》第四百〇二條對此有明確的表述:從事商品的經營者,如通過廣告、標籤或其他方式對由其銷售的產品的性能和質量方面的主要事實向社會公眾做出錯誤的說明,該製造商就必須對合理依賴這種說明而受到損害的消費者承擔賠償責任。即使這種誤示並非故意或者過失所致,或者該消費者並未向銷售者購買該產品或與之發生任何其他合同關係,製造商也應承擔賠償責任。

誤示說是以侵權行為之訴為特徵,因此,原、被告之間不需要存在合同關係。但是,原告需要證明銷售者通過宣傳媒介向公眾做出不符合實際情況的表示是使其信以為真,購買、使用了與其表示不符的產品以致造成損害的直接原因。例如原告懷特在使用一種高爾夫球訓練器具擊球時被該器具擊傷。為此,原告以誤示說向法院起訴,訴稱之所以購買該器具,是因為相信了被告卡拉所作出的「絕對安全,絕不會傷害球員」的說明。最后,加利福尼亞州最高法院認為,被告的上述說明構成對該產品主要事實的誤示,因此判原告勝訴。

誤示說與違反擔保說不同，前者是基於被告在出售某種產品以前就該產品所作的錯誤說明，后者則是基於被告違反了根據合同所應當承擔的明示或默示義務。誤示說與指示上的疏忽也有所不同。前者通常是被告在出售某種產品以前就該產品所作的錯誤性積極行為；后者則是被告對已知曉或應知曉產品存在著對消費者不合理的危險，未做出適當的指示或說明的消極行為。由於誤示說不要求原、被告之間存在合同關係，也不要求原告證明被告做出的不切實表示是出於欺騙或者疏忽，因此在被告存在誤示時，適用該原則對保護消費者權益比較有利。

（四）嚴格責任原則（無過失責任）

嚴格責任原則（Strict Liability）是指無論生產者有無過失，只要產品有缺陷，對消費者或使用者具有不合理的危險性而使他們人身遭受傷害或財產遭受損失，該產品的生產者和銷售者都要對此承擔責任。嚴格責任原則是以侵權行為訴訟為特徵，不要求原告與被告之間存在直接的合同關係，而原告無須證明被告存在疏忽，因此，嚴格責任原則對保護消費者權益是最有利的。

對原告來說，以嚴格責任原則為依據對被告起訴是最為有利的，它消除了以違反擔保或以疏忽為理由提出損害賠償時所遇到的困難。因為：①嚴格責任是一種侵權行為之訴，它不要求雙方當事人之間有直接的合同關係。②從產品的生產者來說，不管他有無過失，只要其產品有缺陷，對消費者、使用者造成人身傷害或財產損失均負責任，所以嚴格責任又是一種無過失責任。③在以嚴格責任為理由起訴時，原告沒有證明被告有疏忽的舉證責任，因為它要求賣方承擔無過失責任。在這種情況下，原告的舉證責任僅限於：①證明產品確實存在缺陷或不合理的危險性；②正是由於產品的缺陷給消費者或使用者造成了損害；③產品所存在的缺陷是在生產者或銷售者把該產品投入市場時就有的。只要原告能證明以上三點，被告就要承擔賠償損失的責任。

但是，若使用者或消費者在拿到產品之後，擅自改變了產品的性能而造成了人身傷害和財產上的損害，則不能要求生產者或銷售者賠償損失。美國各州目前所採用的訴訟依據並不一致，疏忽、擔保和嚴格責任在各州獨立並存，其中嚴格責任已為大多數州所採用，並成為產品責任法的共同基本制度。

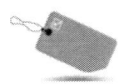

知識拓展

在一案件中，原告格林曼在按說明書使用尤巴電器公司生產的多用電器削木機機床時，一塊木頭從機器中飛出來，撞擊到格林曼的頭部致成重傷。經檢查，該多用電器機床屬於有缺陷的產品，它與事件有直接關係。法院在該案的判決中明確表示：一旦製造者將其產品投入市場，而明知消費者或使用者對產品不經檢查就使用，只要能證明該產品的缺陷對人造成傷害，生產者即負賠償責任。

（五）市場份額原則

這一原則是法官判決時採用的原則。市場份額原則是指，原告在以嚴格責任原則為依據向被告起訴，當不易證明哪一位被告應承擔賠償責任時，法官可以按每個被告

的產品在市場上的銷售份額來確定他們各自應承擔的賠償金，除非被告中有人能證明自己不曾生產或銷售過使原告受到傷害的產品。

這一原則對原告或被告都有利。對原告的有利之處在於解除了原告必須證明是哪一位製造商、銷售商應承擔產品責任的舉證責任，從而使其獲得賠償的機會大大增加。對被告的有利之處在於，被告可以援引該原則向法院提出如此抗辯，在賠償金一定的情況下，責任人的範圍越大，各自按份額承擔的責任就越小。

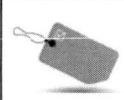

> **知識拓展**
>
> 美國有一位甲狀腺癌患者 A，在她出生前，其母親服用了當時廣為採用的防止流產的藥品乙烯雌粉（DES）。后經醫學證明，DES 與癌有很大關係，A 就是 DES 的受害者。但 A 無法知道她的母親究竟服用了哪個製藥廠的藥品，於是便向她出生時 15 家生產該藥的製造商提起損害賠償之訴，由於其中有 4 家製藥商證明自己的產品銷往國外，最后美國加州法院裁定其中的 11 家製藥商對原告的損害負連帶賠償責任。這一判決就是採用市場份額原則。

二、被告可以提出的抗辯理由

根據美國產品責任法，因使用某種產品而受到傷害的使用者或消費者在向該產品的生產者或銷售者提起訴訟時，被告可以提出某些抗辯，要求減輕或免除其責任。被告可以提出的抗辯依隨原告起訴的原因不同而有所不同。被告抗辯的理由主要有以下幾種。

（一）擔保的排除或限制（Disclaimer or Limitation of Warranties）

在產品責任訴訟中，若原告以被告「違反擔保」為理由對其起訴，被告如果已在合同中排除了各種明示或默示擔保，他就可以提出擔保已被排除作為抗辯理由。但是，按照美國 1974 年《馬格納森莫斯保證法案》（Maguson－Moss Warranty Act）的法律規定，為了保護消費者的利益，在消費交易中，賣方如有書面擔保就不得排除各種默示擔保。此外，這項抗辯僅能對抗以「違反擔保」為理由起訴的原告，而不能用來對抗以「疏忽」為理由起訴的原告，因為后者屬於侵權之訴，不受合同中關於排除明示或默示擔保義務的制約。

（二）原告自己的疏忽行為（Negligence）

原告自己的疏忽行為，又稱為原告的過失分擔，指原告由於自己的過失而未能發現產品中的明顯缺陷，或對於缺陷可能引起的損害沒有採取適當預防措施，原告對此也應負擔一部分甚至全部的責任的行為。這就是說，原告負有保護自己安全的義務，若因疏忽大意未能發現或阻止本應能避免的危害，就應對此承擔一定的責任。由於原告自己一旦有過失行為，就會喪失獲取任何賠償的權利，故美國法院為了避免這一原則可能產生極不公平的后果，又以「比較過失」取而代之。根據這一理論，當原告與被告都有過失行為時，法院並不在無賠償和全部賠償兩者之間做出選擇，而是根據原告與疏忽行為在受傷害因素中所占的比例，減少判給原告的賠償額，這又稱為「相對

疏忽」（Comparative Negligence）。

（三）自擔風險（Assumption of the Risks）

自擔風險是指原告已知產品有缺陷或帶有危險性，仍甘願將自己置於這種危險或風險的境地，由於原告的甘願冒風險而使自己受到損害時，應由其自己承擔責任。按照美國法，無論原告是以被告違反擔保為由起訴、以疏忽為由起訴或以嚴格責任為由起訴，被告都可以提出「原告自擔風險」作為抗辯。

（四）非正常使用產品（Abnormal or Abuse of Product）

在產品責任訴訟中，若原告由於非正常地使用產品或誤用、濫用產品，使自己受到損害，被告可以此為由提出抗辯，要求免除責任。但是，當被告提出原告非正常使用產品或誤用、濫用產品的抗辯時，法院往往對此加以某種限制，即要求被告證明原告對產品的誤用或濫用已超出了被告可能合理預見的範圍。若這種對產品的誤用或濫用是在被告可能合理預見的範圍之內，被告就必須採取措施予以防範，否則就不能免除責任。

（五）擅自改動產品（Subsequent Alteration）

若原告對產品或其中部分零件擅自加以變動或改裝，從而改變了該產品的狀態或條件，因而使自己遭受損害，被告就可以以原告擅自改變產品的狀態或條件為理由提出抗辯，要求免除責任。

（六）帶有不可避免的不安全因素的產品

若某種產品即使正常使用也難以完全保證安全，但權衡利弊，該產品對社會公眾是有益的，是利大於弊的，則製造或銷售這種產品的被告可以要求免除責任。其中，以藥物最為典型。因為有些藥物不可避免地含有某種對人體有副作用的物質，但它又確能治療某些疾病，在這種情況下，製造和銷售這種產品的賣方只要能證明該產品是適當加工和銷售的，而且其已提醒使用者注意該產品的危險性（如藥物的副作用），他就可以要求免責。即使嚴格責任之訴中，被告也可提出這一抗辯。

三、產品責任訴訟中損害賠償的範圍

按美國法院的判例，在產品責任訴訟中，原告可以提出的損害賠償的請求範圍相當廣泛，判決的金額往往也相當可觀。具體來說，原告可提出的損害賠償主要有下列幾種。

（一）人身傷害

如果原告由於產品的缺陷遭受人身傷害，他可向被告要求如下賠償：①因肢體傷殘所遭受的痛苦。②精神上遭受痛苦的代價。③生活收入的損失及失去謀生能力的補償。④過去和將來必要合理的醫療費用開支。

美國法律不僅允許受害者要求被告賠償其醫療費用，還允許他索賠肉體上和精神上的痛苦的賠償，而且后者的金額在全部賠償額中佔有很大的比重。而且，賠償金額

必須一次性支付，不得扣除原告可能從其他方面獲得的任何補償或津貼（如保險賠償或社會救濟金等）。這是美國產品責任法的一個重要特點。

(二) 財產損失

財產損失的賠償通常包括替換受損壞的財產或修復受損財產所支出的合理費用，在個別案例中，也有把修理時因財產損失而不能使用該財產所產生的損失也計算在內。這在商業案件中有特殊意義。

(三) 懲罰性賠償

根據美國商業部起草制定的《統一產品責任法範本》規定，若原告通過明朗的、令人信服的證據證明，其所受的傷害是由於被告的粗心大意，根本不顧產品的使用者或消費者或其他可能受到產品傷害的人的安全所致，法院就可判決給予懲罰性賠償。懲罰性賠償的金額一般比較高，其目的是對有過錯一方惡意的、不負責任的行為施加懲罰，以遏止其他人重犯類似過錯。

通常情況下，法院根據以下幾個因素來決定是否判處懲罰性的損害賠償及其金額的大小：①在相關的時間內，由被告的不當行為而產生嚴重傷害的可能性。②被告認識到這種可能性的程度。③不當行為對被告的有利性。④不當行為的持續時間以及被告對此的隱瞞。⑤被告不當行為被發現后的態度及其行為，以及不當行為是否停止。⑥被告的經濟條件。⑦作為不當行為的結果，施於或可能施於被告其他的懲罰的總的效果，包括判給情形和原告相似的人的懲罰性損害賠償，以及被告已經或可能受到的刑事處罰的嚴厲性。⑧原告所受的傷害是否也是自己粗心大意，不顧個人安全的結果。

四、美國產品責任法的訴訟管轄和法律適用

1. 有關訴訟管轄

在美國，產品責任法屬於各州的立法權限範圍。因此，產品責任的訴訟案件一般由各州的法院審理，而且一個州的法院只對本州居民有管轄權。但隨著美國州際貿易的發展，各州之間經濟、政治聯繫日益密切，美國的法院逐步採取了本州法院對另州的居民也享有管轄權的態度，這就是「長臂司法管轄」原則。該原則承認法院有對外的管轄權，使本州受害者可在州所在地法院控告他州加害者。

雖然各州依「長臂司法管轄」（Long-arm Statute）原則對管轄權的標準規定並不完全一致，但一般而言，各州都要求：凡是非居民的被告，都必須與該州有某種「最低限度的接觸關係」（Minimum Contact），該州法院才能對該被告有管轄權。根據美國1962年《統一州際和國際訴訟法》規定，只要有下列接觸之一而提出的訴訟，即可予以管轄：①在該州經營商業的。②簽訂合同在該州供應勞務或貨物的。③在該州的作為或不作為造成侵權傷害，而他在該州經常從事商業或招攬商業，或從事任何其他連續性的行為，或從在該州所使用或消費的商品或提供的勞務中獲得相當收入的。

美國產品責任法雖然是國內法，但它在某些情況下也適用於涉及產品責任的對外貿易爭議案件。當外國的產品輸入到美國時，只要該產品在美國使用並造成損害，就可構成美國司法管轄所要求的「最低限度的接觸關係」，美國法院即可取得對被告的管

轄權。

2. 有關法律適用按照美國的沖突法原則

產品責任訴訟通常是適用損害發生地法來確定當事人責任的，即產品在哪個地方對消費者或使用者造成了損害，就適用那個地方的法律來確定產品生產者和銷售者的責任。但近二十年來，這項原則受到了批評，特別是在涉及汽車事故的產品責任案件中，由於汽車到處行駛，經常跨州越國，如果完全以出事地點的法律來確定汽車的生產者或銷售者的產品責任，有時可能對受害者不利。因此，近年來，美國一些有影響的州如紐約州和加利福尼亞州已經不再堅持適用損害發生地法，而轉為適用對原告最為有利的地方的法律，以保護美國原告的利益。

第三節　其他各主要國家的產品責任法

案例導入

有個日本消費者看電視時，在電視機上放了一盆花，看到一半時，給花澆水。可想而知，電視機發生了爆炸。消費者受傷。而這個用戶居然向電視機制造商要求損害賠償。他說：「我買電視機的時候，電視廣告介紹圖片中電視機上放了一盆花，給我一個錯覺，以為電視機上可以放花，可以澆水。」法院認為消費者有道理，這個產品指示上有缺陷，造成了消費者的損害。

除美國外，其他各主要西方國家的產品責任立法遠不如美國的完善。以下僅介紹這些國家的產品責任法的主要內容。

一、英國的產品責任法

英國是世界上最早出現產品責任判例的國家，1842年英國法院就確立了「無合同，無責任」的產品責任原則。這一原則在英國統治了近百年的時間，直到1932年，英國才以判例承認超越合同關係的產品責任。總的來說，在1987年以前，英國的產品責任制度採取的是過失責任原則，即疏忽責任原則，要求受缺陷產品損害的消費者向生產者或銷售者追償時，必須證明受訴方有過失或疏忽。

英國直至1987年才制定了消費者保護法，將《關於對有缺陷產品責任的指令》納入國內法，實行嚴格責任原則。按照英國消費者保護法的規定，原告無須證明被告有疏忽，任何由於產品的缺陷而受到損害的消費者，都可以對責任方起訴。承擔產品責任的對象包括：製造商、加工者、原材料供應者、進口商以及商標牌號的所有人。但是，商品的批發商和零售商對產品的缺陷原則上不承擔責任，除非其說不出該有缺陷的產品是由誰向其提供的。該法未將初級農產品和游戲工具包括在內，也未規定生產者對同一產品、同一缺陷所引起的人身傷亡責任的最高賠償額。

二、德國的產品責任法

德國於1989年12月15日通過了一項產品責任法，將歐共體的《產品責任指令》

納入本國國內法。該法於 1990 年 1 月 1 日生效。

德國產品責任法放棄了傳統的過失責任原則，而採用無過失責任原則，即嚴格責任原則。該法不要求生產者對發展風險負責，發展風險是指由於運用新技術、開發新產品而產生的產品責任風險。新產品的生產者可把發展風險作為抗辯理由，該法所指的產品也不包括初級農產品和天然產品。按照該法的規定，生產者對同一產品、同一缺陷的最高賠償責任限於 1.6 億馬克。

該法適用於對一切人身傷害的賠償責任。至於對財產的損害賠償，則僅限於供私人使用或消費的財產造成的傷害。若有缺陷的產品對工商業中使用的財產造成損害，則不能適用該法，而只能按傳統的侵權法來處理。

此外，非物質性的賠償，特別是對受害者遭受痛苦的賠償，亦不包括在該法的責任範圍之內。

三、日本的產品責任法

在日本，有關產品責任的訴訟依據主要是日本《民法典》中有關侵權行為法的規定和日本法院的司法判例。日本法院在 20 世紀五六十年代根據日本《民法典》第七百零九條的規定確定了產品問題上的過失原則，規定產品的生產者和銷售者所承擔的產品責任必須以其對產品缺陷的存在具有過失為前提。而且，要求受害者在有關產品責任的訴訟中，對產品缺陷的存在和產品缺陷與其所受害之間的因果關係，以及生產者和銷售者在生產、製造和銷售缺陷產品時所存在的過失承擔舉證責任。后來由於受專業技術和經濟勢力等方面的限制，消費者根本無法舉證證明生產者和銷售者的過失時，才轉為適用推定過失責任原則，規定由生產者和銷售者來承擔其無過失的舉證責任。如果生產者和銷售者不能就其產品缺陷的存在提出相反的證據，就推定其有過失，並由其依法對受害者承擔損害賠償責任。

進入 20 世紀 90 年代，日本開始討論制定產品責任法，1992 年審議該法的可行性，1994 年國會正式通過《產品責任法》，並於 1995 年 7 月 1 日開始實施該法。該法已確立以嚴格責任原則為原告訴訟的依據。

第四節　產品責任的國際立法

案例導入

中國某玩具進出口公司向美國某玩具公司出口塑料彈弓。出口后不久，美國方面就反映有質量問題。美國方面稱，該國兒童使用彈弓時弓柄斷裂，並已發生多起傷害案件，有的甚至眼睛致殘。經法院審理，美方提出證據表明，我方出口的彈弓所使用的材料不安全，僅經受 9 磅拉力弓柄就斷裂，香港同類彈弓弓柄能經受 60 磅的拉力。

問題：

(1) 該彈弓產品屬於質量不合格產品還是缺陷產品，為什麼？

（2）中國出口商是否應承擔產品責任，應對誰承擔產品責任，為什麼？

一、產品責任國際立法概述

如前所述，隨著產品責任事故的頻繁發生，世界各國都在進入 20 世紀以後，特別是在進入 20 世紀五六十年代以後，加快和完善了有關產品責任方面的立法和司法實踐。由於受各自社會、政治、經濟發展水平的影響和限制，各國產品責任立法和司法實踐對產品、產品責任、消費者、生產者和銷售者等基本概念和問題又作了各不相同的規定，並確立了各不相同的產品責任原則。而隨著國際經濟貿易交往的飛速發展，國際性的產品責任事故也不斷發生，產品責任問題已超出了國家的界限而成為國際性的問題，這一問題的解決也就需要各有關國家的共同合作。國際社會為消除世界各國在產品責任問題上的立法衝突，為妥善解決存在這種法律衝突的情況下所發生的各種國際性的產品責任糾紛，做出了積極不懈的努力，簽訂了一系列有關產品責任的國際條約，逐漸形成了國際產品責任法。本節主要介紹目前國際社會最具有代表性的三個國際公約。

二、《關於產品責任的法律適用公約》

該公約簡稱《產品責任海牙公約》（以下簡稱《公約》），已於 1978 年 10 月 1 日生效。到 1989 年為止，歐洲主要國家先後批准簽署該公約。公約共有 22 條，除對產品責任的法律適用規則做出規定外，還對「產品」「損害」和「責任主體」作了明確規定。

（一）《公約》對產品、損害及責任主體的規定

《公約》規定，「產品」一詞應包括天然產品和工業產品，無論是未加工的還是經過加工的，也無論是動產還是不動產。這裡對「產品」所下的定義，比歐共體《產品責任指令》所下的產品定義更為廣泛。

《公約》對「損害」也作了廣義的解釋。按照公約的規定，「損害」是對人身的傷害或財產的損害以及經濟損失，但是，除非與其他損害有關，產品本身的損害以及由此而引起的經濟損失不應包括在內。

《公約》規定，對產品責任的主體應當包括：①成品或部件的製造商；②天然產品的生產者；③產品的供應者；④在產品準備或銷售等整個商業環節中的有關人員，包括修理人和全體管理員。上述人員的代理人或雇員的責任亦適用該公約。

（二）《公約》對產品責任的法律適用規則的規定

《公約》對產品的責任法律適用採取了頗有特色的重疊運用原則，即規定某種國家的國內法為基本的適用法律，同時又規定幾個連接因素時，該國內法只有同時具備其中至少一個連接因素，才能被作為準據法適用。《公約》確定了以下四項法律適用規則：

（1）若以損害地所在國的國內法為基本的法律適用，則在該國同時符合下列情況之一時，才能適用損害地所在國的國內法：①直接遭受損害的人慣常居所所在的國家；②被請求承擔責任的人的主要營業地；③直接遭受損害人取得產品的所在地。

（2）若以直接受害人的慣常居所國家的國內法為基本的適用法律，則在該國同時符合下列情況之一時，才適用直接受害人慣常居所國家的國內法，即被請求承擔責任的人的主營業地、直接受害人取得產品的所在地。

（3）若上述兩條法律適用的規則所指定的法律都無法適用時，除非請求人根據傷害地所在國的法律提起訴訟，否則適用的法律應是被請求承擔責任人的主營業地國家的國內法。

（4）若被請求承擔責任人證明他不能合理預見該產品或他自己的同類產品經由商業渠道在傷害地所在國或直接受害人經常居住國出售時，則這兩國的法律都不能適用，能適用的是被請求承擔責任的人的主要營業地所在國的法律。這一規則顯然考慮到了應避免過分損害被告的利益，限制了原告選擇的法律。

《公約》規定，適用的法律應確定下列基本內容：①責任的依據和範圍。②免除、限制和劃分責任的依據。③損害賠償的種類。④賠償的形式及其範圍。⑤損害賠償的權利可否轉讓或繼承的問題。⑥可依自己的權利要求損害賠償的人。⑦委託人對其代理人或雇主對其雇員行為所承擔的責任。⑧舉證責任。⑨時效規則，包括有關時效的開始、中斷和中止的規則。

三、《斯特拉斯堡公約》

該公約的全稱是《關於人身傷害和死亡方面的產品責任之歐洲公約》。目前該公約已經生效，成員國有法國、比利時、盧森堡和奧地利。

該公約採取了嚴格責任原則。生產者所承擔的責任範圍以缺陷產品給消費者造成死亡或人身傷害的賠償責任為限，不包括對財產所造成的損失。

依公約規定，承擔責任的主體包括製造商以及原材料供應商。公約所規定的產品不包括農產品。

依公約規定，各締約國在簽字或交存其批准書時，可保留賠償限額的權利，但對於每一個死者或受到人身傷害的賠償限額不得少於 20 萬德國馬克；對於具有相同缺陷的同類產品所造成的一切損害，賠償限額不得少於或相當於 3 000 萬德國馬克，或等值的其他貨幣。

四、《產品責任指令》

該指令是歐共體理事會從 1973 年開始組織起草，經過長達 12 年之久的反覆討論後，於 1985 年 7 月 25 日正式通過的，全稱為《關於對有缺陷產品責任的指令》（以下簡稱《指令》）。《指令》對歐盟各成員國的產品責任法有較大的影響，主要內容如下：

1. 採用嚴格責任原則，使得消費者能獲得更充分的保護

《指令》規定，對有缺陷產品承擔責任的人，限於生產者。被《指令》列入生產者範圍的有四種人：①任何成品和原材料或零配件的生產者。②任何將其姓名、商標或其他識別特徵用於產品上，表明自己是該產品的生產者的人。③若不能查明產品的生產者，應視產品的每一個提供者為該產品的生產者，除非他在合理時間內將生產者或其他提供產品者的身分通知受害者。④任何為轉售或類似目的將產品輸入歐共體者，

應視為該產品的生產者。

《指令》還規定，若兩個或兩個以上的人對同一損害負有責任，則應負連帶責任。

《指令》規定，所謂「產品」是指可以移動的物品，但不包括初級農產品和戲博用品。對於核產品，如果出現核意外事故，則只要求該事故已為各成員國批准的國際條約所包括，亦被排除在「產品」的定義範圍之外。

2. 對缺陷的定義採用客觀標準

按照這種標準，如果產品不能提供一般消費者有權期待得到的安全，該產品就被認為是有缺陷的產品。在確定產品是否有缺陷時，要考慮到各種情況，包括產品的狀況、對產品的合理預期的使用和把產品投入流通的時間。不能因為後來有更好的產品投入市場，就認為先前的產品有缺陷。

3. 規定了損害賠償範圍

（1）關於人身傷害和死亡的損害賠償。①對受害人死亡的損害賠償應包括對受害人從事故造成其傷害至死亡時的賠償費；②對死者有權利人的救濟費，如對其配偶和近親屬的贍養費。對受害人傷害的損害賠償，主要包括由於人身傷害而造成的治療費用以及恢復健康和損害謀生能力的費用。但《指令》對精神痛苦和損失費用的補償有所保留，規定按有關國家的國內法來處理。

（2）關於財產的損害賠償。《指令》所規定的財產，是指具有缺陷的產品以外的財產。

（3）時效。在產品責任訴訟中，時效已過也是重要的抗辯理由。《指令》對時效作了以下規定：①受損害者的權利自生產者將引起損害的產品投入市場之日起10年屆滿即告消滅，除非受害者已在此期間對生產者起訴；②各成員國必須在其立法中規定提起損害賠償訴訟的時效，該訴訟時效為3年，從原告知道或理因知道受到損害、產品有缺陷及誰是生產者之日起計算。

（4）賠償的最高額。生產者的責任原則上應當是沒有限制的。但《指令》允許成員國在立法中規定，生產者對由於同一產品、同一缺陷引起的人身傷害或死亡的總賠償責任不得少於7 000萬歐洲貨幣單位。

4. 規定抗辯理由

《指令》規定，在產品責任訴訟中，被告可以提出以下抗辯：①無罪責。若生產者能證明他沒有罪責，就可以不承擔責任。如：該生產者未把該產品投入市場。②引起損害的缺陷在生產者把產品投入市場時並不存在，或證明這種缺陷是后來才出現的。③生產者製造該產品並非用於經濟目的的銷售或經銷，亦非在其營業中製造或經銷。④該缺陷是由於遵守公共當局發布的有關產品的強制性規章引起的。⑤按生產者將產品投放市場時的科技水平或工藝水平，缺陷不可能被發展。⑥零件的製造者能證明該缺陷是由於該產品的設計所致，而不是零件本身缺陷，亦可不承擔責任。

第五節　中國的產品責任法

案例導入

原告陸某為裝修新買的房屋，先后向恒成裝飾材料門市部購買了 138.27 平方米的水曲柳實木地板，購買價為人民幣 8 711 元。裝修竣工后不久，其發現室內飛蟲不斷，越來越多，影響了正常生活。原告稱，飛蟲系地板中長出，顯然是因為地板質量不合格，故要求將已鋪設使用的地板退貨，並由被告承擔賠償責任。

在本案的審理過程中，有兩種意見：一種意見認為，地板鋪設后出現飛蟲是質量瑕疵，屬於沒有按照合同約定交付合格的貨物，是違約行為；另一種意見認為，地板出現飛蟲，不僅是質量瑕疵，而且是產品缺陷，屬於產品責任，原告可以選擇訴訟。

一、關於產品的定義

中國的《產品質量法》所稱的產品是指經過加工、製作、用於銷售的產品。產品必須符合以下三個條件：①產品必須經過生產者加工、製作，即通過生產者的手工製作或工業加工而成的實物物品。②產品必須以銷售為目的，雖然經過加工、製作，但不投入流通領域，不為出售的商業目的，則此種物品不是《產品質量法》所指的產品。③產品必須是可移動的，不包括土地、房屋、建設工程等不動產。另外《產品質量法》規定，軍工產品不適用該法的規定。

知識拓展

1993 年以前，中國沒有專門的有關產品責任方面的立法。1993 年 2 月中國頒布了《產品質量法》，並於 2000 年 7 月進行了修改。此次修改除了強化產品質量的行政管理和行政責任之外，還增加了殘疾賠償金和死亡賠償金等精神賠償的內容，擴大了人身傷害賠償責任的範圍。此外，《中華人民共和國食品衛生法》《中華人民共和國藥品管理法》《中華人民共和國民事訴訟法》（以下簡稱《民事訴訟法》）以及《合同法》等法律在各自的調整範圍內也對產品質量作了相應的規定。尤其是 1994 年 1 月 1 日生效的《中華人民共和消費者權益保護法》，明確規定了經營者承擔的各項產品質量的義務和責任。其中將經營者向消費者承擔的保證產品安全義務作為首要義務，並規定了因經營者產品缺陷造成消費者人身和財產損害的產品責任。由此我們可以看出中國產品質量法律制度在不斷健全和完善。

二、關於缺陷的定義

根據中國《產品質量法》規定，產品缺陷是指產品存在危及人身及他人財產安全的不合理的危險；產品不符合有關保障人體健康、人身、財產安全的國家標準、行業標準。

三、產品責任的主體

《產品質量法》規定，任何由於合理使用產品而受到傷害的人員，都可以向產品的生產者或銷售者要求賠償，即生產者、銷售者是承擔產品責任的主體，但其範圍僅限於在中國國內的生產者或銷售者。

由此可見《產品質量法》規定的產品責任主體範圍較窄，國外產品對中國消費者造成人身傷害或財產損失的涉外產品責任訴訟難以適用該法的有關規定，該法對責任主體的限制也與中國法院依法對涉外案件行使管轄權規則及衝突法規則不協調。

四、責任原則

《產品質量法》採取根據不同情況分別適用嚴格的無過錯責任原則與過錯責任原則或兩者相結合的原則。該法規定，因產品存在缺陷造成人身以及缺陷產品以外的其他財產損害的，生產者應承擔賠償責任，即生產者承擔的是嚴格責任；銷售者只對因自己的過錯造成的產品缺陷負責。

該法還規定，因產品缺陷造成人身、他人財產損害的，受害人可向產品的生產者要求賠償，也可向產品的銷售者要求賠償，即銷售者和生產者對有缺陷產品造成的損害承擔連帶的賠償責任。

五、對產品責任的抗辯

根據《產品質量法》的規定，在產品責任訴訟中，被告方可以為自己提出辯護。若被告是產品的生產者，則依該法規定，能證明有下列情形之一的，即可不承擔賠償責任：①未將產品投入流通領域。②產品投入流通時引起損害的缺陷尚不存在。③將產品投入流通時的科學技術水平尚不能發現缺陷的存在。若被告是產品的銷售者，只要他能證明自己沒有過錯就可不承擔責任。

六、損害賠償的範圍

根據《產品質量法》的規定，侵害人承擔的損害賠償的範圍應包括：①造成人身傷害的，應賠償有關的醫療費、因誤工減少的收入、殘疾費與生活補助費等費用。②造成受害人死亡的，應賠償喪葬費、撫恤費、死者生前撫養的人的必要的生活費等費用。③造成財產損害的，應對財產進行修理使其恢復原狀，折價賠償，受害人還有權對因財產損失而帶來的重大間接經濟損失向有關責任方追償。

七、關於時效的規定

《產品質量法》規定：①受害者的權利自產品最初出售起經過 10 年即告消滅，但尚未超過明示的安全使用期的情況除外，即產品的生產者如明示地擔保某產品的安全使用期在 10 年以上的，應以這一擔保的期限為受害者可依法受到保護的期限。②提起損害賠償訴訟的時效為 2 年，從受害者知道或應知道其權益受到損害時起計算。

參考書

1. 曹建民, 等. 國際經濟法概論 [M]. 北京: 法律出版社, 1999.
2. 張聖翠, 等. 國際商法 [M]. 上海: 上海財經大學出版社, 2002.

思考題

1. 試述產品責任法的主要特徵及其發展。
2. 試述美國產品責任法中的歸責原則。
3. 中國《產品質量法》與發達國家的產品責任法有何區別。

課后案例分析

N公司向汽車生產廠商H公司訂購載重車4輛, 合同總價近400萬美元。由於採用信用證付款方式等原因, 交易方式變為由N公司與H公司產品的經銷商J公司簽訂買賣合同, N公司將遠期信用證開給J公司, J公司轉開即期信用證給H公司, 並由H公司按N與J所簽合同向N公司交貨。合同貨物運抵目的港投入使用后, N公司向H公司提出該批車輛存在一系列質量缺陷, 幾十種零部件損壞, 十余臺發動機出現故障, 並稱經專家鑒定, 認為車輛除部分零部件質量不合載重標準, 主要是設計不符載重要求, 如繼續按合同要求的形式載重使用, 將會造成嚴重后果。於是N公司自稱只得降級使用該批車輛, 給N公司造成巨大損失。N公司進行起訴, 以J公司與H公司為共同被告, 提出索賠降級使用的差價, 總額達200多萬美元。但N公司提出索賠的法律依據不是《中華人民共和國合同法》, 而是《中華人民共和國產品質量法》。N公司強調: 產品的生產者 (此處指H公司) 應對其生產的產品質量負責, 生產的產品必須具備應當具備的使用性能, 而生產者在製造車輛的設計上存在嚴重缺陷, 達不到設計載重量, 不具備其應當具備的使用性能, 不能滿足用戶對車輛的基本要求; 銷售者 (此處指J公司) 也應保證其所售產品的質量, 在銷售的車輛上也存在嚴重缺陷, 因此特根據《中華人民共和國產品質量法》的有關規定, 提出訴訟, 要求賠償。

問題: 該案是什麼性質的責任糾紛?

第六章　國際貿易中的代理法

教學要點和難點

1. 瞭解和掌握國際貿易代理的基本關係；
2. 瞭解國際貿易代理的種類；
3. 瞭解和掌握調整國際貿易代理關係的主要法律規範。

案例導入

李某受單位委派到某國考察，王某聽說后委託李某代買一種該國產的名貴藥材。李某考察歸來後將所買的價值1500元的藥材送至王某家中。但王某的兒子告訴李某，其父已於不久前去世，這藥材本來就是給他治病的，現在父親已去世，藥材也就不要了，請李某自己處理。李某非常生氣，認為不管王某是否活著，這藥材王家都應該收下。

問題：

（1）李某行為的法律后果到底應由誰來承擔？

（2）藥是否應由王家出錢買下？為什麼？

第一節　代理法概述

案例導入

德國某一商人根據當地市場銷售情況，建議德國JT公司生產一種玩具，條件是要求作為銷售該貨物的獨家代理人，JT公司同意並簽訂合同。后來，JT公司與當地某一公司直接簽訂訂貨合同，沒有經過代理人。該商人向JT公司索要佣金，JT公司以合同沒有通過代理人為由，拒不支付佣金。

問題：

（1）JT公司是否要給代理商佣金？

（2）為什麼？

答：

（1）JT公司應該向代理商支付佣金。

（2）因為大陸法規定，凡在指定地區享有獨家代理權的獨家代理人，對於本人同

指定地區的第三者所達成的一切交易，不論該代理人是否參與其事，該代理人都有權要求佣金。德國商法典還有一個強制性的規定，即商業代理人一經設定，他就有權取得佣金，即使本人不履行訂單或者履行的方式同約定有所不同，代理人都有權取得佣金。

目前，無論是在國內貿易還是在國際貿易中，代理制度都有了很大的發展，而且得到廣泛的應用。在國際貿易中，許多業務工作都是通過各種代理人進行的。其中包括普通代理人、經紀人、運輸代理人、保險代理人、廣告代理人以及銀行等。現代社會經濟生活如果離開了這些代理人，國際貿易就無法順利進行。因此我們有必要瞭解有關國家的代理制度以及中國的外貿代理制度，並在對外貿易業務中靈活使用這些制度。

一、代理的概念

(一) 代理的含義及代理關係

1. 代理的含義

代理（Agency）是指代理人（Agent）按照本人（Principal）的授權（Authorization），代表本人同第三人訂立合同或實施其他的法律行為，由此而產生的權利與義務直接對本人發生效力。

這裡所說的本人就是委託人，代理人就是受本人的委託替本人辦事的人，第三人則是泛指一切與代理人打交道的人。根據各國有關代理法律的規定，如果代理人是在本人的授權範圍內行事，他的行為就對本人具有拘束力，本人既可取得由此產生的權利，也須承擔由此產生的義務，而代理人則一般不對此承擔個人責任。代理人的行為之所以能夠約束本人，是由於他得到了本人的授權，因此只要他的行為沒有越出授權的範圍，本人就要對此負責。代理人不能代表本人或第三人與自己實施法律行為，也不能既代表本人又代表第三人實施法律行為。

2. 代理關係

代理關係一般分為內部關係（Internal Relationship）和外部關係（External Relationship）。本人與代理人之間的關係稱為內部關係，這種關係是由他們之間的合同來決定的。在這種合同中，一般都規定了本人與代理人雙方的權利與義務以及代理人的權限範圍。本人與代理人對第三人的關係稱為外部關係。在這種外部關係中，代理人是以本人的名義同第三人訂立合同或實施法律行為，合同一經訂立，其權利與義務都歸屬本人，由本人對第三人負責，代理人一般不承擔責任。但在一些複雜的情況下，對於第三人究竟同誰訂立合同這樣的問題，大陸法系與英美法系國家又有不同的規定。

(二) 代理的分類

代理商與委託人之間的關係不是貨物買賣關係，而是委託代理關係。國際貿易的代理可概括為以下幾類：

（1）獨家代理。獨家代理是指委託人在一定時期、一定地區給予代理人推銷指定商品的專營權利。委託人有義務向該代理人支付佣金，負擔經營風險，並保證只通過

他指定的代理商向該地區銷售指定的商品。獨家代理商享有產品專賣權。

（2）一般代理。一般代理是指不享有專賣權的代理。

（3）特別代理。特別代理是指經本人授權進行某種特定的行為，或者經本人授權從事某項交易活動中的一件或一些事情。特別代理人在某種交易活動中的權力是有限制的。

（4）總代理。總代理是指在特定地區內，不僅有權獨家代理委託人簽訂買賣合同、處理貨物，還有權代表委託人辦理其他非商業事務。

知識拓展

委託代理與對外貿易中的包銷、定銷及寄售有區別：①包銷是指由出口商通過簽訂包銷協議給國外包銷商在一定時間、一定地區內經營某種或某幾種商品的專營權。在包銷關係中，出口商與包銷商之間不是委託代理關係，而是買賣關係。包銷人從出口商那裡購買貨物後，自負盈虧，自己承擔經營上的風險。根據包銷協議，包銷人享有專買權和專賣權，出口商不能在同一時間、同一期限內向同一地區的其他客戶出售同類商品。②定銷是指銷商不享有商品的專營權，只是當出口商出售商品給定銷商時，在價格、支付條件等方面給予定銷商一定優惠。③寄售是出口商先把商品運交給國外約定的代售人，由其根據寄售協議代為出售商品，貨款由代售人在商品出售後，扣除佣金和其他合理費用，然后通過銀行匯給寄售人。在買賣成交前貨物雖存放在代售人倉庫中，但貨物所有權仍屬於寄售人。

（三）代理行為的法律特征

1. 代理人以本人的名義進行代理活動

代理行為的法律后果由本人承擔。如果代理人以自己的名義進行民事活動，就不是代理活動，而是自己的行為，其法律后果由行為人自己承擔。

2. 代理人應按本人的指示辦理代理事務，不能自作主張

代理人應按本人的指示辦理代理事務，不能自作主張，代理人對第三人不享有任何權利與義務。代理人確定為了本人的利益，在事先來不及征求本人同意的情況下，可以變更本人的指示，但必須立刻通知委託人。如果代理人無故違反本人指示而給其造成損失的，代理人應當承擔賠償責任。

3. 代理可以是有償的，也可以是無償的

一般經濟活動中的代理都是有償的。本人應向代理人支付報酬及代理事務所必需的費用。

4. 代理行為必須是具有法律意義的行為

即代理行為能在本人與第三人之間確立、變更或終止某種民事權利和義務關係，如代理簽訂合同、履行債務等，因此代理人完成代理活動一定要涉及第三人。如果僅僅只是應他人的委託而辦理某些具體事務性工作，如代為修理、清理帳目、整理資料等，都不能成立代理關係。因為這些行為都不是法律行為，不能產生直接的法律后果。

5. 代理人在本人授權範圍內有獨立的意思表示

本人之所以授權給代理人，是基於對代理人的瞭解和信任。所以代理人雖然是以本人的名義從事代理活動，但表現的是代理人的意志，而不是本人的意志。因為代理

人在授權範圍內，有權自行決定如何向第三者進行意思表示，或者是否接受第三人的意思表示，而不僅僅是在本人與第三人之間起媒介作用。

（四）調整國際貿易代理關係的法律規範

1. 國際公約

（1）《關於協調成員國自營商業代理人法指令》（以下簡稱歐盟《指令》）。調整國際貿易代理關係的法律規範已經生效的、具有統一代理法性質的國際公約是原歐共體1986年制定的《關於協調成員國自營商業代理人法指令》（以下簡稱歐盟《指令》）。歐盟《指令》規定歐盟所有成員方適用於自營商業代理人與本人之間的關係的法律規則自1994年1月1日始，都必須符合歐盟《指令》。

知識拓展

調整代理方面的公約還有《代理統一法公約》《代理合同統一法公約》《國際貨物銷售代理公約》三大公約，雖然它們並未生效，但是因歸納了很多國家的共同規定而受到國際商法學界的重視。這三大公約都是由國際統一私法協會制定的，其中制定於1983年的《國際貨物銷售代理公約》比前兩個公約更具代表性，可適用直接或間接的銷售代理關係。它不僅得到智利和瑞士等國的簽署，而且已被意大利、法國、南非和摩洛哥等國核准或加入。根據該公約的第三十三條，在第十個國家核准或加入1年后該公約生效，可以預見，該公約是有希望最終生效的。

特別值得一提的是《代理法律適用公約》。海牙國際私法會議一直致力於統一國際代理法律適用規則，並於1978年訂立了《代理法律適用公約》，它是迄今為止國際上僅有的一個全面規範代理法律適用的國際公約。

（2）《代理法律適用公約》。該公約共分五章二十八條，規定了公約的適用範圍、本人與代理人之間內部關係的法律適用、本人與第三人和代理人與第三人之間外部關係的法律適用、一般性條款和最后條款等方面的內容。

《代理法律適用公約》的適用範圍。《代理法律適用公約》只涉及支配代理關係的法律，而不包括代理中有關法院管轄權或判決的承認與執行方面的規則。《代理法律適用公約》第一條第一款規定：「公約適用於由一方（代理人）有權代表他人（本人）行為、代表他人行為或意在代表他人行為而與第三人進行交易所產生的具有國際性質的關係的準據法的確定。」這指明了該公約所稱的代理的特定含義。第二款規定：「本公約應擴大適用於代理人的作用是代表他人接收和轉達提議或進行談判的場合。」這裡對代理的擴大解釋是各國代理法通常未包括的，是該公約所特有的。第三款規定：「無論代理人以自己的名義還是以本人的名義進行活動，也無論其行為是經常的還是臨時的，本公約均應適用。」這一款對前兩款進行了說明，而且不難看出，在公約代理的含義上，既包括直接代理，也包括了間接代理。也就是說，既適用於大陸法系國家的代理制度也適用於英美法國家的代理制度，這就擴大了該公約的適用範圍，使其能夠為更多的國家所接受。

《公約》第二條明確列舉了不適用於該公約的事項：①當事人的能力；②形式方面的要求；③家庭法、夫妻財產法或繼承法上的法定代理；④根據司法或準司法機關的決定，或由這些機關直接控制下的代理；⑤與司法性質的程序有關的代理；⑥船長執

行其職務時的代理。此外,該《公約》第三條還規定,公司、社團、合夥或其他不論是否具有法人資格的實體的內部機關或內部人員所謂的職務性「代理」以及信託關係,也不屬於公約的適用範圍。而該《公約》第四條則規定,凡《公約》所規定的法律,無論其是否締約國的法律,均應予以適用。這些規定顯然是想擴大公約的適用範圍,使其具有普遍性。

本人與代理人之間關係的法律適用。該《公約》第八條規定,本人與代理人之間關係是指:其一,代理人代理權的存在和範圍、代理權的變更或終止、代理人超越或濫用代理權的后果,代理人指示替補代理人、分代理人或增設代理人的權利;其二,在代理人和本人之間存在潛在利益衝突的場合代理人代表本人訂立合同的權利;其三,非競爭性條款和信用擔保條款,在顧客中樹立的信譽的補償;其四,可以獲得賠償的損害的種類。由此可見,該公約適用於代理內部關係的幾乎所有實質性問題。

本人或代理人與第三人的關係。《公約》第十一條第一款規定:「在本人和第三人之間,代理權的存在、範圍和代理人行使或打算行使代理權的效力,應適用代理人實施有關行為時的營業地所在國的國內法。」但是,《公約》第十一條第二款規定,如果存在以下情況,應依行為人行為地國家的國內法進行調整:其一,本人在該國境內設有營業所,或雖無營業所但設有慣常居所,而且代理人以本人的名義進行活動;其二,第三人在代理人行為地國設有營業所,或雖無營業所但設有慣常居所;其三,代理人在交易所或拍賣行進行代理活動;其四,代理人無營業所,而且在當事人一方有數個營業所時,則應以其中與代理人的有關行為有最密切聯繫的營業所為準。

該《公約》在一般條款和最后條款部分規定了強制性規則的適用,公共政策,對適用公約的保留以及公約的簽字、批准、加入、退出等事項。

綜上所述,《公約》為世界範圍內國際代理法律適用問題提供了一套統一的規則,並且盡可能地考慮到不同法系、不同國家代理制度所存在的差異,易於被各主權國家接受。《公約》已於 1992 年 5 月 1 日生效,並將在國際代理領域發揮越來越重要的作用。

2. 國際慣例

國際商會 1960 年曾擬定了一份《商業代理合同起草指南》。該指南為促進國際商事活動中本人與代理人間內部關係提供一些建議,該指南並不像《國際貿易術語解釋通則》或《統一跟單信用證慣例》那樣明確有關當事人之間的權利和義務,而且其適用範圍也僅僅局限於直接代理關係。因此,目前國際社會尚不存在規範化的、專門適用於國際商事代理關係的國際慣例。但是,由於《國際商事合同通則》可以適用於各類國際商事合同,因此國際商事代理關係中的當事人可以援引該通則作為確定他們相互間合同權利和義務的框架規則。

3. 國內法規範

由於調整國際商事代理關係的國際法規範的局限性,國內法規範在調整國際商事代理關係中依然扮演著重要角色。

英國的商事代理業早已十分發達,英國很早就出抬了將判例成文化的制定法,如 1889 年《商業代理人法》。英國早期的其他商事制定法中也含有調整特定代理關係的

規範，如 1906 年的《海上保險法》。英國在 20 世紀 70 年代開始更加注重制定法工作，先后制定了《不動產及商業代理人法》(1970 年)、《代理權利法》(1971 年)、《不動產代理人法》(1979 年) 等單行法。但是，在英美法系國家，判例仍是調整國內和國際商事代理關係的法律規範的重要淵源。

在美國，調整國內和國際商事代理關係的制定法至今也不及英國全面、完善，但由美國法律協會主編的《代理法重述》(第二次) 經常成為美國法官判案援引的根據。因此，該重述可視為美國代理法重要的輔助淵源。此外，美國各州的公司法等單行法中也含有一些代理法性質的規則。

大陸法系國家適用於國際商事代理關係的法律規範仍然主要體現於民商法典之中。不過，大陸法系國家中也有一些國家制定了專門調整商事代理關係的單行法，如德國 1953 年的《商業代理法》等。

中國調整國際商事代理關係的法律規範主要體現於《民法通則》《合同法》等民事法律之中。此外，還包括有關代理制度的行政規章，如《關於外貿代理制的暫行規定》以及最高人民法院的司法解釋《最高人民法院關於貫徹執行〈民法通則〉若干問題的意見（試行）》等。

二、代理權的產生

代理權可以根據多種原因產生，大陸法系和英美法系各有不同。

(一) 法定代理和意定代理

大陸法系把代理權產生的原因分為如下兩種：

1. 法定代理

凡不是由本人的意思表示而產生的代理權稱為法定代理權（Statutory），具有這種代理權的人稱為法定代理人。法定代理權的產生主要有以下幾種情況：①根據法律的規定而享有的代理權；②根據法院的選任而取得的代理權；③因私人的選任而取得的代理權。

2. 意定代理

意定代理（Voluntary）是由本人的意思表示產生的代理權。這種意思表示可以採用口頭方式，也可以採用書面方式；可以向與代理人表示，也可以向與代理人打交道的第三人表示。

(二) 明示指定、默示授權、客觀必需的代理和追認代理

英美法系認為代理權可以由這些原因產生。

1. 明示指定

明示指定就是由本人以明示的方式指定某人為其代理人。這種明示的方式即代理協議，代理協議既可以採用口頭方式，也可以採取書面方式。

2. 默示授權

默示授權（Implies Authority）是指一個人以他的言詞或行動使另一個人有權以他的名義簽訂合同，他就要受該合同的拘束，就像他明示地指定了代理人一樣。這在英

美法上又稱為「不容否認的代理」。

3. 客觀必需的代理

客觀必需的代理（The Agency of Necessity）是在一個人受委託照管另一個人的財產，為了保存這種財產而必須採取某種行動時產生的。在這種情況下，雖然受委託管理財產的人並沒有得到採取此種行動的明示的授權，但由於客觀情況的需要得視為具有此種授權。這種情況在國際貿易中時有發生。

行使這種代理權必須具備三個條件：①行使這種代理權是實際上和商業上所必需的。②代理人在行使這種權力前，無法同本人取得聯繫以得到本人的指示。③代理人所採取的措施必須是善意的，並且必須考慮到所有有關各方當事人的利益。

4. 追認代理

追認代理（Ratification）是指如果代理人未經授權或者超出了授權的範圍而以本人的名義同第三人訂立了合同，這個合同對本人是沒有拘束力的。但是本人可以在事後批准或承認這個合同，這種行為就叫作追認。追認的效果就是使該合同對本人具有拘束力，如同本人授權代理人替他訂立了該合同一樣。追認具有溯及力，即自該合同成立時起就對本人生效。

追認必須具備以下條件：①代理人在與第三人訂立合同時必須聲明他是以代理人的身分訂立合同，否則就不可能在事後由本人予以追認。②合同只能由訂立該合同時已經指出姓名的本人或可以確定姓名的本人來追認。③追認該合同的本人必須是在代理人訂立合同時已經取得法律人格的人。根據英美法，如果代理人替尚未成立的公司訂立合同，日後即使該公司經過註冊成為法人，但該公司不能追認這個合同。④本人在追認該合同時必須瞭解主要內容。

三、無權代理

無權代理是指欠缺代理權的人所作的代理行為。

無權代理的產生主要有以下情況：①不具備默示授權條件的代理。②授權行為無效的代理。③越出授權範圍行事的代理。④代理權消滅后的代理。

根據各國法律規定，無權代理所作的代理行為，如與第三人訂立合同或處分財產等，非經本人的追認，對本人沒有拘束力。如果「善意」的第三人由於無權代理人的行為而遭受損失，該無權代理人應對「善意」的第三人負責。「善意」是指第三人不知道該代理人是無權代理的。如果第三人明知代理人沒有代理權而與之訂立合同，則屬於咎由自取，法律上不予以保護。

四、代理關係的終止

（一）代理關係的終止

代理關係可以根據雙方當事人的行為或者法律終止。代理人的授權一旦終止，代理人即喪失為本人代理從事各種行為的全部權力。

1. 根據雙方當事人的行為終止代理關係

（1）根據代理合同而終止。如果雙方當事人在代理合同中訂有期限，則代理關係於合同規定的期限屆滿時終止。如果合同中沒有具體期限的規定，代理關係將延續到一個合理的時間，但它可以根據雙方任何一方的意思終止。

（2）根據雙方當事人的同意而終止。由於代理關係是建立在雙方同意的基礎上，所以當事人可以通過雙方的同意終止代理關係。

（3）根據被代理人的撤回而終止。本人解除代理人時，代理關係即告終止，即使代理人被指明為不可撤回者。如果代理關係沒有確定特定的時間，而且僅僅是根據雙方的意願或者如果代理人因錯誤的行為而導致犯罪，本人可以解除代理人並且不承擔義務。

（4）根據代理人的放棄而終止。如果代理關係是建立在意願的基礎上，代理人在任何時候都有權放棄代理權。如果代理人拒絕繼續作為代理人而行為，代理關係即告終止。如果本人因進行錯誤的要求或其錯誤的行為而導致犯罪，代理人在任何情況下對於代理關係都有撤銷的權力。但是如果代理關係在合同中載明一個確定的時間段，只要被代理人沒有錯誤的行為而導致犯罪，直到期限屆滿以前，代理人都沒有撤回的權力。如果代理人的撤回是錯誤的，代理人對本人應承擔義務。

2. 根據法律終止代理關係

在下列情況下，代理關係即告終止：

（1）死亡。無論是本人還是代理人的死亡都將自動地終止代理關係，即使是一方不知道另一方死亡的情況下也是如此。

（2）精神錯亂。無論是本人還是代理人，如果發生精神錯亂，代理授權即告終止。但如果本人的無行為能力只是暫時的，代理人的授權可以中止，到本人的行為能力恢復后繼續行使。

（3）破產。本人或代理人的破產通常要終止代理關係。但是代理人破產並不能終止代理人處理他所管理的被代理人的財產、貨物的權力。同宣告破產不同，無清償債務能力者，通常不終止代理關係。

（4）不可能。當代理人無論如何都不可能履行代理行為時，代理關係即告終止。如代理的客觀事物的毀壞，同代理人訂立合同的第三人行為能力的喪失或者死亡，或者法律的變更而使代理人無法依法行使代理權。

（5）戰爭。如果本人所在國家與代理人所在國家處在戰爭中，代理授權通常要終止，或者至少中止直到恢復和平。一般情況下，當戰爭影響並使得代理行為無法進行時，代理關係即告終止。

（6）偶然事件與環境變化。偶然事件的發生或者代理貨物的價值和商業條件的變化往往導致代理關係的終止。如一個代理人授權在特定價格上出賣土地，當由於在這些土地上發現油田而使土地價格大幅度上漲時，代理授權即告終止。

（二）代理關係終止的效果

如果代理權被本人撤回，為本人而進行行為的代理人的授權直到代理人收到撤回

通知時才告終止。一旦代理人的授權終止，約束被代理人的代理權對第三人也失去效力。這種代理權的終止是有效的，並且不必通知第三人。但如果由於本人的行為導致代理關係終止，則必須通知第三人，在通知前代理人同第三人簽訂的合同仍然對本人有約束力。

當法律要求在結束代理關係必須通知有關當事人時，個人的通知必須向與代理人和本人對某項法律行為有關的一切人發出。對於公眾的通知可以通過報紙發表聲明，聲明某種代理關係已告終止。一旦有關當事人確定收到了本人的通知，無論通知的方法是否適當，終止代理關係就是有效的。相反地，如果本人的通知是適當的，至於被通知的當事人是否對此引起了重視則是不重要的。如本人已通過報紙發表了終止代理人的代理權的聲明，而第三人沒有看到報紙，此時就不能因第三人沒有看到報紙而使本人仍受代理關係的約束。

第二節　本人與代理人的關係

案例導入

原告雇了被告從事廢舊鋼鐵的買賣交易。當生意興隆時，被告與公司另一名職員準備也創立一個類似的鋼鐵公司，並在業餘時間積極準備。后兩人辭職並於一年後正式成立了一家鋼鐵公司。原告認為被告在任職期間不忠實，所以應賠償損失，並要求法院禁止被告開業。法院認為，被告在任職期內並未開辦類似的公司與被代理人競爭，業餘時間的準備是合理的，辭職一年後才開業，也不違反商業信譽原則，故不涉及不忠實問題，原告敗訴。

本人與代理人之間的關係屬於代理關係中的內部關係，在通常情況下，本人與代理人都是通過訂立代理合同或代理協議來確立他們之間的代理關係，這種關係又通過雙方的權利與義務關係體現出來。各國對於本人與代理人的權利和義務的法律基本上是一致的。

一、代理人的義務

1. 代理人應勤勉地履行其代理職責

如果代理人不履行其義務，或者在替本人處理事務時有過失，致使本人遭受損失，代理人應對本人負賠償責任。

2. 代理人對本人應誠信、忠實（Good Faith and Loyalty）

代理人必須向本人公開他所掌握的有關客戶的一切必要的情況，以供本人考慮決定是否同該客戶訂立合同；代理人不得以本人的名義同代理人自己訂立合同，除非事先征得本人的同意；代理人不得受賄或密謀私刑，或與第三人串通損害本人利益。根據英國法規定，若代理人受賄、密謀私刑或與第三人串通損害本人利益的，要追究受賄的代理人和行賄的第三人的刑事責任。

3. 代理人不得洩露本人的商業秘密

代理人在代理期間和代理關係終止後，都不得向任何第三人洩露他在代理業務中所獲得的本人的保密情報和資料。

4. 代理人須向本人申報帳目

代理人為本人收取的一切款項須全部交給本人。但是如果本人欠付代理人的佣金或其他費用時，代理人對於本人交給他佔有的貨物享有留置權，或以在他手中掌握的屬於本人所有的金錢，抵銷本人欠他的款項。

5. 代理人不得把他的代理權委託給他人

如果客觀情況有此需要，或貿易習慣上允許這樣做，或經征得本人的同意者，可不在此限。

二、本人的義務

1. 支付佣金

本人必須按照代理合同的規定，付給代理人佣金或其他約定的報酬，這是本人的一項最主要的義務。在貿易代理合同中，對佣金問題必須特別注意以下兩點：①本人不經代理人的介紹，直接從代理人代理的地區收到訂貨單，直接同第三人訂立買賣合同時，是否仍須對代理人付佣金。②代理人所介紹的買主日後連續訂貨時，是否仍須支付佣金。由於有些國家在法律上並無詳細規定，故這些問題如何處理完全取決於代理合同的規定。

2. 償還代理人因履行代理義務而產生的費用

除合同確定外，代理人履行代理任務時所開支的費用是不能向本人要求償還的，因為這是屬於代理人的正常業務支出。但是如果代理人因執行本人指示的任務而支出了費用或遭到損失時，則有權要求本人予以賠償。例如，代理人根據本人的指示在當地法院對違約的客戶進行訴訟所遭受的損失或支出的費用，本人必須負責予以補償。

3. 本人有義務讓代理人檢查核對帳冊

這主要是大陸法國家的規定。有些大陸法國家在法律中明確規定，代理人有權查對本人的帳目，以便核對本人付給他的佣金是否準確無誤。這是一項強制性的法律，雙方當事人不得在代理合同中作出相反的規定。

4. 與代理人合作以便利其履行義務

很多情況下，離開本人的合作，代理人無法完成代理任務。國際貨物銷售代理是一種重要類型的國際貿易代理，這種代理關係中的代理人特別需要本人在某些方面給予合作。當事人不得以約定的方式排除本人對代理人的下列合作義務：①向代理人提供所涉及貨物的有關必要文件。②為代理人提供履行代理合同所必需的信息，特別是在預見到商業交易量實質性地低於代理人通常所期望的交易量時即在合理的時間內通知代理人。③在合理的時間內就其接受、拒絕或不執行代理人已議定的交易通知代理人。在其他的國際貿易代理關係中，本人也應根據具體情況與代理人合作，否則，因本人不予合作而導致代理人不能完成代理任務的，代理人無須承擔任何違約責任。代理人因本人不予合作而遭受其他損失的，代理人還有權向本人索賠。

5. 為代理人提供安全的工作條件

根據約定或慣例，國際貿易代理人的工作場所、設備和用品等工作條件是由本人提供的，本人有義務按代理事務所在國的安全法規提供安全的工作條件。代理人因本人提供的工作條件不安全而遭受損害的，本人有義務予以賠償。

第三節　本人及代理人同第三人的關係

案例導入

甲長期擔任 A 公司的業務主管，在 A 公司有很大的代理權限。在甲的努力下，A 公司生意興隆，新老客戶遍及世界。由於 A 公司的董事長嫉妒甲的才能，無理解雇了甲。甲懷恨在心，於是在遭解雇一個月後，繼續假冒 A 公司的名義從老客戶 B 公司處騙得貨物，並逃之夭夭。B 公司要求 A 公司付款，A 公司則以甲假冒公司名義為由拒絕付款。B 公司堅持認為在其與甲做生意期間，並不知甲已被 A 公司解雇，並且也未收到關於 A 公司已解雇甲的任何通知。

問題：甲的行為屬於什麼行為？A 公司是否要為甲的無權代理行為負責？

本人及代理人同第三人的關係往往是錯綜複雜的，在這個三角關係中，最重要的問題是弄清第三人究竟是同誰訂立了合同。這個問題在國際貿易業務中是時常發生的，因此有必要弄清。對於這個問題，大陸法和英美法有不同的處理方法。

一、以代理人代表的身分標準確定代理關係

在確定第三人究竟是同代理人還是同本人訂立了合同的問題時，大陸法所採取的標準是看代理人是以代表的身分還是以他自己的身分同第三人訂立合同。基於這種標準，大陸法把代理分為兩種。

1. 直接代理

如果代理人在代理權限內以代表的身分，以本人的名義同第三人訂立合同，其效力直接及於本人，稱為直接代理。在這種情況下，代理人在同第三人訂立合同時，可以指明本人的姓名，也可以不指明本人的姓名而僅聲明是受他人的委託進行交易，但無論如何必須表示是作為代理人的身分訂約的，否則就將認為是代理人自己同第三人訂立合同，代理人應對該合同負責。

2. 間接代理

如果代理人以他自己的名義，但是為了本人的利益而與第三人訂立合同，日後再將其權利與義務通過另外一個合同轉移於本人的稱為間接代理。另外的合同是指權利轉讓合同，即代理人與本人簽訂另外的代理與委託合同，授權代理人的代理權，接受已簽訂合同的權利與義務。

在大陸法國家，直接代理稱為商業代理人，間接代理稱為行紀人。行紀人雖然是受本人的委託並為本人的利益而與第三人訂立合同的，但他在訂約時不是以本人的名

義同第三人訂約，而是以自己的名義訂約。因此這個合同的雙方當事人是代理人與第三人，而不是本人與第三人，本人不能僅憑這份合同直接對第三人主張權利。只有當代理人把他從這個合同中所取得的權利轉讓給本人之後，本人才能對第三人主張權利。

二、以承擔合同義務的標準確定代理關係

對於第三人究竟是同代理人還是同本人訂立合同的問題，英美法的標準是，對第三人來說，究竟是誰應當對該合同承擔義務則是同誰訂立了合同，即採取義務標準。這個標準一般區分為三種情況。

1. 代理人在訂約時已指出本人的姓名

在這種情況下，這個合同就是本人與第三人之間的合同，本人應對合同負責，代理人不承擔個人責任，即退居合同之外，既不能從合同中取得權利，也不承擔合同義務。

但是有下列情況者除外：①如果代理人以自己的名字在簽字蠟封式合同上簽了名，他就要對此負責。②如果代理人以自己的名字在匯票上簽了名，也應對此負責。③如按行業慣例認為代理人應承擔責任者，代理人也須負責。如按運輸行業的慣例，運輸代理人替本人預訂艙位時須對輪船公司負責交納運費及空艙費（當然這筆費用在本人義務的第二條中得到償還）。

2. 代理人在訂約時表示有代理關係存在但沒有指出本人的姓名

在這種情況下，這個合同仍被認為是本人與第三人之間的合同，應由本人對合同負責，代理人對該合同不承擔個人責任。如果只在信封抬頭或在簽名之後加列「經紀人」或「經理人」的字樣並不能排除個人責任，必須以清楚的方式表明他是代理人，如寫明「買方」或「賣方」代理人，至於代理的本人姓名或公司名稱可不在合同中載明。

3. 代理人在訂約時根本不披露有代理關係的存在

在這種情況下，誰應當對該合同負責是一個較複雜的問題。一般來講，代理人應對合同負責。

英美法認為，未被披露的本人原則上可以直接取得這個合同的權利並承擔其義務。具體有兩種情況：①未被披露的本人有權介入合同並直接對第三人行使請求權，或在必要時對第三人起訴，如果介入了，她就使自己對第三人承擔個人義務。②第三人在發現了本人之後，就享有選擇權，他可以要求本人或代理人承擔合同義務，也可以向本人或代理人起訴。第三人一旦選定了要求本人或代理人承擔義務之後，一般不能改變主意，除非這種情況被推翻。如果法院作出了判決，就不能再改變。

這一點也就是英美法與大陸法的不同特點。因為前兩種情況與直接代理類似，第三種情況類似間接代表。大陸法中間接代理需有轉讓合同，方可改變法律關係；而英美法中，第三人發現了本人，可以直接對本人起訴，不再需要轉讓合同。

第四節　承擔特別責任的代理人

案例導入

A 銀行代 B 銀行開證，並對信用證加具保兌。證中指定議付行為國內 W 銀行，且規定單據到保兌行付款。而 W 銀行接到出口商單據，經過認真審核確認單證相符后，卻未按信用證規定將單據寄給保兌行 A 銀行，而是誤寄了開證行 B 銀行。B 銀行長時間無反應，使 W 銀行意識到自己的失誤，並轉而向保兌行 A 銀行索款，卻遭拒付。然后 W 銀行重新向開證行 B 銀行索取款項，結果該行以已過有效期和單據提示期為由拒付。

在國際商事交往中承擔特別責任的代理人起著越來越重要的作用。承擔特別責任的代理人是指由代理人和第三人或本人進行特別約定或按某行業的商業慣例，對第三人或本人承擔特別責任的代理方式。

知識拓展

根據各國代理法，代理人在授權範圍內代表本人同第三人簽訂合同，在本人違反該合同時，代理人對第三人不承擔個人責任。同樣，代理人只要履行了勤勉、服從和誠信等一般代理人的義務之后，在第三人不履行合同時，他對代理人也不承擔其他任何責任。但是，由於國際貿易的當事人身處兩地，難於掌握較多的商業信息以防範交易風險，便要求非常熟悉本國和外國客戶的資信和經營等事項的代理人為交易合同承擔特別責任。為擴大客源，代理人也樂於承擔特別責任，於是國際貿易代理業務中出現了承擔特別責任的代理人。這些承擔特別責任的代理人的出現，不僅促進了國際貿易的發展，而且也突破了傳統的代理法理論。目前，大多數國家的法律也允許代理人和第三人或本人進行特別約定或按某行業的商業慣例，對第三人或本人承擔特別責任。承擔特別責任的代理人可分為對第三人承擔特別責任的代理人和對被代理人承擔特別責任的代理人兩類。這些承擔特別責任的代理人在國際貿易中起著十分重要的作用。

一、對本人承擔特別責任的代理人

對本人承擔特別責任的代理人是出口保理人。在國際經濟與貿易活動中，傳統的對本人承擔特別責任的代理人主要是信用擔保代理人。信用擔保代理人的責任是在他所介紹的買方（第三人）不付款時，由他賠償本人因此而遭受的損失。信用擔保代理人在過去西方國家的出口貿易中曾起到過積極作用，現代承擔特別責任的代理人是出口保理人。

對本人承擔特別責任的出口保理人的業務比信用擔保代理人的業務範圍廣泛，這種保理人向出口商（本人）提供一套包括對買方（第三人）的資信調查、全額的風險擔保、催討貨款、進行財務管理及融通資金等綜合性的代理服務。為安全收取貨款而選擇此種代理的出口商，在與外國進口商訂立買賣合同前，必須先與保理人聯繫，將準備與之訂約的進口商名稱和地址告之代理人，在得到保理人認可並簽訂了保理協議

後，方可在協議規定的限度內與進口商訂立正式的買賣合同。買賣合同簽訂後，出口商應按合同規定提交貨物，並向保理人提交發票、匯票及提單等有關憑證，再由保理人通過其在進口地的分支機構或代理人向進口商收取貨款。如果進口商不按時付款或拒付，那麼保理人應負責追償和索賠，並負責按保理協議規定的時間向出口商支付賠款。但是，作為本人的出口商因自己違反買賣合同而遭受進口商的拒付或延遲支付，保理人對出口商是不負責的。

出口保理人作為一種新的代理概念，是隨著國際貿易發展而產生的，這種新的代理關係也將會得到進一步發展。

二、對第三人承擔特別責任的代理人

在國際商務活動中，有些代理人根據法律、慣例或合同規定，須對第三人承擔特別責任。通常主要有以下幾種：

1. 保付代理人

保付代理人（Confirming Agent）在一些發達的市場經濟國家很常見，主要是由出口協會的出口商設立的，專門從事無追索權的對外貿易資金融通的商業機構。其主要業務是：接受國外買方的委託，向本國的賣方訂貨；在國外買方的訂單上加上自己的保證，在該被代理的買方違約不付款時，由其向本國的賣方支付貨款。通過保付代理行訂立的貨物進出口合同中的賣方必須注意嚴格按合同規定交付貨物和有關單據，否則，因賣方違反合同而使買方有合理的理由延遲或拒付貨款時，保付行即解除其對賣方的保付責任。此外，保付行也只承擔保付協議中規定的信用額度風險，超過該額度的發貨部分，保付行也無保證付款責任。

2. 保兌銀行

保兌銀行（Confirming Bank）是應開證行的請求，對開證行開出的不可撤銷信用證再加保兌的銀行。在這種法律關係中，開證銀行是委託人（本人），保兌銀行是代理人，賣方是受益人（第三人）。由於保兌銀行在開證銀行的不可撤銷信用證上加上了自己的保證，他就必須據此對第三人承擔責任。

在國際貿易中，當事人經常採用開立信用證的方式支付貨款，但其中的一些賣方當事人對國外的某些開立信用證的中小銀行也不大放心，於是便通過買方，要求該開證行對其開立的信用證取得其他銀行的保兌。該信用證一經保兌，出口商便獲得了開證行和保兌行議付或付款的雙重保證，從而大大地加強了自己的收匯安全。在實踐中，保兌行通常是通知行，但有時也可能是出口地其他銀行或第三國銀行。通知行負責保兌責任時，一般在信用證通知書上加注保兌文句，其他銀行的保兌文句則一般直接加於信用證上。

根據國際商會1993年跟單信用證「500統一慣例」的解釋，不可撤銷的信用證一經保兌，即構成保兌行在開證行承諾之外的一項確定的承諾，保兌行對受益的第三人承擔必須付款或議付的責任。且這種責任是第一位的，即受益的第三人不必先向開證行要求付款，等開證行拒付後再找保兌行，而是可以首先向保兌行要求付款或議付。保兌行做出議付後，即使開證行無理拒付或倒閉，它也不能向受益的第三人追索。可

見，保兌行對受益的第三人的責任相當於其本身單獨開立信用證，其后不論開證行發生什麼變化，它都不能單方面撤回其保兌的責任。

3. 貨物運輸代理人

貨物運輸代理人（Forwarding Agent）在國際貿易中很受歡迎。貨物運輸代理人對海陸空運具有專門知識，對國內外的海關手續、運費、折扣、港口、路站及機場的習慣與慣例、運輸貨物的包裝和安置等都非常精通。有時他們還承擔代驗商品和催收債款的業務。

國際上的運輸代理人經常參照英國的運輸代理機構制定的標準交易條件，同本人和從事實際運輸的承運人即第三人簽訂合同。這類合同主要包括如下內容：①運輸代理人必須留置本人的商品，直至本人對實際承運人和自己的債務均已付清。②運輸代理人有權接受所有經紀費用、佣金、津貼及其他報酬。③本人可委託運輸代理人投保，但運輸的代理人不能自行決定投保。④運輸代理人若同意對已經倉儲的貨物投保，則其倉儲費用必須包含於保險單中，否則運輸代理人得對有關損失負賠償責任。⑤運輸代理人對因本人未及時指示而使有關商品在關稅提高之日以前未能報關所造成的損失概不負責。⑥運輸代理人根據本人請求代訂艙位，若本人未能裝貨而使船舶空艙航行，則運輸代理人得向承運人即第三人支付空船費。當然，運輸代理人事后可就該費用向本人追償。

4. 保險代理人

在國際貿易中，進口商或出口商投保貨物運輸保險時，一般不能直接與保險人或保險公司訂立保險合同，而必須委託保險經紀人代為辦理，這是保險行業的慣例。根據有些國家如《英國1906年海上保險法》《中華人民共和國保險法》（以下簡稱《保險法》）的規定，保險經紀人（Insurance Broker）是基於投保人的利益，為投保人與被保險人訂立保險合同提供仲介服務，並依法收取佣金的單位。這一定義與其他國家的保險經紀人的概念基本相同，只是很多國家並未限定只有單位才能為經紀人。不過，實踐中，很多國家的經紀人都已組成為經紀人公司或合夥企業。

保險經紀人的具體業務是代投保人向保險人洽談、訂立保險合同、辦理投保手續、代交保險費或代為索賠等。中國《保險法》第一百三十六條還明文規定：保險經紀人辦理保險業務時，不得利用行政權力、職務或職業便利以及其他不正當手段強迫、引誘或限制投保人訂立保險合同。

根據國際保險界的習慣，保險經紀人接受投保人的委託后，其佣金並不是由被代理的投保人而是由保險人即第三人支付的。與此習慣相對等的是，保險經紀人對保險人即第三人也承擔不同於一般代理人的特別責任，即當投保人不支付保險費時，保險經紀人必須向保險人繳納該保險費，這是與一般代理不同的。

第五節　中國的外貿代理制

案例導入

A 公司是專門從事外貿代理進出口的一家企業。2015 年 8 月 1 日，新西蘭 C 公司向 A 公司以電子郵件的形式發出要約，其中有關於數量的描述是：「up to 200ts, buyer's Option」（最多 200 噸，數量由買方決定）。2015 年 8 月 3 日，A 公司回覆：「We confirm the offer, please change the quantity to 250 ts.」（我們接受該要約，但請將數量改為 250 噸）隨後，A 公司確認了糕點生產企業 B 公司的 200 噸奶粉的訂單，並要求 C 公司於 2016 年 1 月按照 B 公司的指示發貨。

2015 年 8 月中旬，奶粉國際市場價格普遍上漲了一倍。A 公司接到新西蘭 C 公司的電話，表示 250 噸的奶粉買賣合同沒有成立，C 公司不會按照原要約發貨。2015 年 12 月底，A 公司相繼接到糕點生產企業 B 公司的發貨通知。一方面是新西蘭 C 公司明確拒絕按照原要約發貨，另一方面糕點生產企業 B 公司不願意在價格上做出讓步，堅決要求 A 公司按照訂單發貨，而奶粉國際市場價格居高不下，A 公司遭受「雙面夾擊」，面臨向 B 公司承擔違約賠償責任的風險。

問題：從上述案例中可以得出什麼教訓呢？

推行外貿代理制是中國外貿體制改革的主要任務之一。本節將對外貿代理制的主要內容進行介紹。

知識拓展

由於國際代理仲介入了國際因素，因此從某一具體國家來看，這種介入了外國因素的代理為涉外代理。在中國的對外經濟交往中，對外代理的發生主要有以下幾種情形：一是最常見的具有進出口經營權的公司代理國內企業從事進出口貿易；二是經批准成立的國際貨物運輸代理企業接受進出口貨物收貨人、發貨人的委託，以委託人或者自己的名義，為委託人辦理國際貨物運輸及相關業務；三是對外商標代理組織代理外國人和外國企業在中國申請商標註冊和辦理其他商標事宜；四是進出口公司的境外分支機構從事代購、代銷或代理其他行為。此外，最近幾年逐漸有國外公司、企業等在中國設立代理機構或選任代理人從事商事方面的代理活動。隨著中國對外經濟交往的不斷增多，對外代理越來越顯示出其旺盛的生命力，而外貿代理在中國的對外貿易中更是起著巨大的作用。

一、外貿代理制的法律性質及特點

1. 外貿代理制的法律性質

中國的外貿代理制多數情況下屬於間接代理，即外貿代理人在代理權限內以自己的名義實施法律行為，在外部關係中直接對第三人享有權利、承擔義務和責任，待轉入內部關係後，代理行為的這種法律後果才最終歸本人承受。

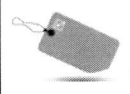

> **知識拓展**
>
> 　　行紀是大陸法系國家典型的商事制度，它是指以自己之名義，為他人之計算，為動產之買賣或其他商業上之交易，而受報酬之營業。其中，以自己的名義為他人（委託人）購買或銷售貨物從事商事行為的人稱為行紀人（受託人），委託行紀人為自己從事商事行為的人稱為委託人。行紀制度是在十五十六世紀伴隨著國際工商交易的興起而發展起來的。行紀制度產生之前，商人常派遣貿易代理人到國外從事商事貿易，但代理人常濫用其信用給被代理人（商人）造成極大的損害，而且不論國際貿易業務繁簡，常設國外代理人，也導致了交易成本的增加。為了解決這一問題，行紀制度便應運而生。一方面，商人在國外經商，委託當地行紀人以行紀人名義為商人（委託人）從事買進賣出業務，商人向其支付相應報酬，大大降低了交易成本；另一方面，行紀人準確、全面地瞭解和掌握當地貿易情況和商業信息，並基於自己所熟知的信息為委託人提供服務，避免了外地商人因異地貿易情況和商業信息不熟悉而可能發生的交易風險，這是行紀制度在進出口貿易中得到廣泛採用的主要原因。近年來，行紀業已超出了外貿進出口的範圍，服務領域日益擴大。

　　中國的外貿代理制借鑑於大陸法國家的行紀制度。在借鑑行紀制度的過程中，中國也創新了自己的思路，中國外貿代理的普遍做法是：國內購貨或供貨單位（多為無外貿經營權的生產企業）憑訂貨或供貨卡，經批准進口或出口某種貨物或技術後，委託有該類貨物外貿經營權的外貿公司代為辦理進出口業務。外貿公司以自己的名義對外簽約、履約以及進行其他各種必要交涉。

　　2. 外貿代理的特點

　　（1）在外貿代理制下，代理人是對外貿易交易的直接當事人。他以自己的名義對外簽約，並對外承擔義務、享有權利。

　　（2）在外貿代理制下，委託人是對外貿易交易的間接當事人。他不直接對外商承擔義務和責任，也不直接主張權利，一切須經過外貿代理人來完成；反之，外商對委託人也是如此。

　　（3）在外貿代理制下，委託人必須承受代理人代為進出口業務的法律後果，除非他能證明代理人實施代理行為過程中存在過失，如未按代理協議行事、未恪盡代理職責等。

　　（4）在外貿代理制下，代理人未能按約定的條件實施代理行為，或者對外履約，屬於委託人的過錯，由委託人承擔責任；屬於代理人的過錯，代理人自行承擔責任；雙方均有過錯的，各自承擔相應的責任。

　　（5）在外貿代理制下，代理行為實施過程中的各種風險，如市場價格風險，進出口貨物運輸途中的損毀、短量、滅失風險，利率及匯率風險，信用風險等，原則上均由委託人承擔，除非他能證明代理人存在過失或未盡代理責任。但代理人同時有義務獨立決定採取一切可能的措施防範上述風險，如代委託人投保、在進出口合同中安排保值條款或採取其他保值措施以及調查客戶資信等。

　　（6）代理人為了委託人的利益採取各種風險防範措施而發生的費用由委託人承擔。

二、外貿代理制的法律適用

　　外貿代理的運作涉及三方關係人，即外貿公司（代理人，又稱受託人）、生產企業（又稱委託人，本人）以及外商（第三人）。這三方面的關係人又結成了兩種關係，即

外貿公司與生產企業之間的委託代理關係和外貿公司與外商之間的貨物買賣關係。

外貿公司與外商之間的貨物買賣關係屬於涉外經濟關係，一般適用中國《涉外經濟合同法》《聯合國國際貨物銷售合同公約》以及有關國際貿易慣例等；外貿公司與生產企業之間的委託代理關係則適用中國有關外貿代理的專門立法，如1991年8月29日經貿部頒布的《關於對外貿易代理制的暫行規定》（以下簡稱《暫行規定》）以及有關間接代表的一般法理。在委託協議中的交易條款適用國內《經濟合同法》，委託人為具有外貿經營權的公司或企業，屬於間接代理性質的，即代理人以自己的名義對外簽訂合同的，雙方權利與義務適用《暫行規定》；屬於直接代理性質的，即代理人以被代理人名義對外簽訂合同的，雙方權利與義務則適用《民法通則》的有關規定。自1999年10月1日正式實行的《合同法》，也為外貿代理制的法律適用。

三、外貿代理協議的主要內容

在外貿代理制下，委託人與代理人之間的權利與義務關係的具體內容是由雙方訂立的委託代理協議所確定的。外貿代理協議的主要內容由以下幾個部分組成：

1. 委託進口或出口的標的物及交易條件

這一部分主要包括國際貨物買賣合同的條款，即商品或標的物的名稱、範圍、內容、品質、數量、價格幅度、支付方式、交貨方式、計價貨幣以及其他需要明確的對外貿易條件，如檢驗、保險、包裝、索賠、仲裁等。這部分內容在法律上被視為委託人給予代理人的指示，構成日後代理人對外商簽訂進出口合同（如國際貨物買賣合同）的依據及基礎。因而凡是需要在進出口合同中明確的交易條件，首先應該在委託代理協議中予以明確。

2. 委託方對受託方的授權範圍

這部分內容主要載明委託的事項和代理人的權限：①委託事項包括委託全程代理和部分代理。全程代理是指由代理人代為完成進出口交易各個環節的業務和工作，在委託方不具有外貿經營權的場合，多適用全程代理。以出口代理為例，全程代理就是：外貿公司為委託人尋找市場、聯繫客戶、磋商交易、成交簽約到催證、備貨、製單、訂艙、領證、商檢、投保、報關、出運直至最後結匯、收匯全部代為辦理。部分代理是指代理人只代理受託環節的業務，其他環節的業務仍由委託人自己完成。②代理權限是指代理人進行能夠設立、更變或消滅最終由委託人承受的權利和義務的法律行為，如與外商約定成交價格及其他各項成立條件，修改、變更或解除進出口合同，對外提取仲裁或訴訟等時具有的權限範圍。代理人必須在委託人授予的代理權限範圍內行事，越權代理行為，如未經委託人追認，其法律後果由代理人自行承受。

3. 承托雙方的權利、義務和責任

這部分內容是委託協議的核心，當事人雙方須根據法律確立的原則和框架協商訂立。

根據《暫行規定》的規定，委託人的主要義務是：①負責辦理進出口報批手續。即依國家有關法律、法規和規章的規定，辦理委託進口或出口商品的有關報批手續。②尊重代理人獨立進行意思表示的權利。為了更好地安排進出口合同，完成代理事項，

代理人在代理權限內應該具有獨立進行意思表示的權利，即在談判簽約過程中應該能夠根據實際情況，自行決定如何向外進行意思表示，或者是否接受外商的意思表示。為此，委託人不得自行對外詢價或進行商務談判，不得自行就合同條款對外作任何形式的承諾，亦不得自行與外商協商變更或修改進出口合同。③嚴格履行委託協議規定的義務。如及時按約定條件向代理人提供進口所需要的資金或委託出口的商品，否則要對因自身違約所造成、引發的一切后果負責。如因委託人違約致使代理人對外違約的，委託人應向代理人照付各項有關費用，並承擔代理人因此對外承擔的一切責任。④承擔各項有關費用。代理行為全部完成后，委託人有義務按照委託協議的規定，向代理人支付約定的手續費，並償付代理人為其墊付的費用、稅金及利息。

根據《暫行規定》的規定，代理人的義務主要是：①對外承擔權利和義務。代理人應根據委託協議和有關規定，以自己的名義與外商簽訂進出口合同，並對外承擔合同義務，享有合同權利。②恪盡代理責任。在代理進出口業務過程中，代理人應能從委託人的利益出發，以高度負責的態度，權衡利弊得失，自覺採取適當的措施或實施適當的行為，最大限度地維護委託人的利益。如代理人有義務保證進出口合同條款符合中國有關法律、法規及規章的規定，符合國際慣例，不損害委託人的利益。③嚴格履行委託協議規定的義務。因代理人不按委託協議履行其義務而導致對外違約的，代理人應賠償委託人因此而受到的損失，並自行承擔一切對外責任。④通報有關信息。代理人應向委託人提供代理商品的國際市場行情，並應及時通報對外開展業務的進度及履行代理人義務的情況。在發生對外索賠或理賠的情況下，還應及時向委託人通報有關索賠或理賠的情況。⑤負責對外實施違約救濟。遇有外商違約情況時，代理人應按照進出口合同的有關規定及時對外索賠，且在依法允許同時或單獨採取其他救濟方法的情況下，征得委託人同意后，亦應負責對外實施其他救濟。

四、外貿代理糾紛

外貿代理項上可能出現的糾紛可分為兩種：一種是外貿公司與外商之間的糾紛，屬於涉外經濟糾紛，其處理與一般國際貨物買賣糾紛並無二致。另一種是外貿公司與生產企業之間的糾紛，屬於國內經濟糾紛。由於有關外貿代理制的立法尚不健全，目前這種糾紛的處理具有一定的難度，但是只是雙方本著平等互利的原則，採取中國法律尚無規定的有關間接代理的一般法理和國際上的慣例這樣一種做法，發生在委託人與代理人之間的各種糾紛是能夠得到妥善解決的。

隨著外貿代理實踐的發展，中國有關代理的一般立法和外貿代理專門立法的豐富和完善，以及外貿代理制法律問題研究的深入進行，外貿代理法必將日臻完善。

參考書

1. 馮大同. 國際商法 [M]. 北京：對外經濟貿易大學出版社，1997.
2. 趙威. 國際代理法理論與實務 [M]. 北京：中國政法大學出版社，1995.

思考題

1. 簡述代理行為的法律特征。
2. 簡述代理權產生的原因。
3. 試述代理人與本人之間相互承擔的基本義務。
4. 試述中國外貿代理制的主要內容。

第七章　與貿易有關的知識產權法

教學要點和難點

1. 瞭解和掌握知識產品財產權的特點；
2. 瞭解和掌握知識產權的法律特徵；
3. 瞭解和掌握知識產權中各種專有權及法律制度的主要內容；
4. 瞭解和掌握世界貿易組織《與貿易有關的知識產權協議》的主要內容。

案例導入

2015年10月，搜狗公司以8項輸入法專利權被侵犯為由，將百度公司起訴至法院，並索賠8 000萬元。11月，搜狗公司又就9項專利向法院提起訴訟，指控百度公司的百度輸入法侵犯其專利權，並提出1.8億元的賠償請求。總計2.6億元的索賠額刷新了中國專利訴訟索賠數額的記錄。

作為輸入法軟件市場的先行者，2006年，搜狐公司正式發布搜狗輸入法產品。2010年，百度公司推出百度輸入法，正式進軍輸入法市場。

「此次訴訟涉及的專利，都是輸入法中比較重要的。正是根據這些專利的重要性，我們權衡之後提出了這樣的索賠金額。在搜狗輸入法產品研發方面，搜狗公司也在近10年間投入了大量的人力、物力來對它進行不斷創新和完善，這也是我們索賠的重要依據。」搜狗公司相關負責人表示。

面對搜狗公司的專利攻勢，百度公司已就相關專利向國家知識產權局專利復審委員會提起了專利權無效宣告請求。2016年4月5日，國家知識產權局專利復審委員會對其中一個無效宣告請求案進行了公開口頭審理。

業內有觀點認為，搜狗公司和百度公司的輸入法之爭其實是為了搶佔互聯網入口。輸入法是人機交互的主要手段，也是進入互聯網的第一入口，互聯網企業通過分析用戶輸入的字符，可以收集用戶信息和個性化需求。這為企業向用戶定向推送產品和服務提供了準確依據。

點評：搜狗公司與百度公司此次在輸入法市場上的短兵相接，背後是輸入法軟件巨大的市場潛力。近年來，輸入法軟件已經成為除瀏覽器和即時通信軟件外，中國網民使用最頻繁的軟件之一。越來越多的互聯網企業試圖通過打進輸入法市場，來增加用戶黏性，爭奪用戶流量。互聯網行業作為知識密集型行業的典型代表，知識產權也成為互聯網企業在市場競爭中最重要的武器之一。

第一節　知識產權法概述

案例導入

　　2000年8月11日，浙江省某進口公司向深圳海關申報出口滑雪夾克，指運地為香港。經深圳海關查驗，發現實際出口的滑雪夾克標有Nike商標，涉嫌侵犯權利人Nike國際有限公司在海關總署備案的Nike商標專用權。

　　美國耐克公司的「Nike」商標在世界大多數國家都進行了註冊，但是西班牙CIDESPORT在耐克公司之前就在西班牙先註冊了該商標，因此在西班牙，Nike是屬於CIDESPORT公司的。此外，美國耐克公司在中國對「Nike」商標申請了註冊並獲得了商標權。

　　該進口公司主張，第一，出口商品使用的Nike商標是由西班牙的CIDESPORT公司在西班牙合法註冊的，其公司是受委託生產該批產品，與美國耐克公司無關；第二，這批貨生產后，並不在國內銷售，而是經香港轉向西班牙，同時並沒有向任何第三國出口。

【法院裁決】

　　深圳中院做出判決：原告是在美國註冊登記的法人，在中國是「Nike」商標的專用權人，「Nike」商標一經被核准註冊，就在國家商標局核定適用的商品範圍內受到保護。據此，對於具有地域性的知識產權，在中國法院擁有司法權的範圍內，被告在未經原告許可的情況下，不得以任何方式侵害原告的註冊專用權。原告在中國取得的耐克商標的專用權應得到保護，遂依據商標法相關規定，判決原告勝訴。

　　在當今的國際貿易中，與貿易有關的知識產權交易越來越多，這突破了傳統的有形貨物買賣的界限。要在國際貿易中順利地進行與貿易有關的知識產權交易（有關的交易規則見第九章），首先必須瞭解和掌握知識產權法的有關規則。

一、知識產權的概念

　　知識產權是指法律賦予人類創造性智力活動成果或知識產品所擁有的財產權。根據《保護工業產權巴黎公約》《成立世界知識產權組織公約》以及目前大多數國家的有關法律規定，知識產權主要包括下列兩大部分：由發明專利權、工業品外觀設計專利權、商標專用權、服務標記專用權、原產地專用權以及製止不正當競爭權等方面組成的工業產權；由自然科學、社會科學以及文學藝術等方面的權利組成的版權，以及與版權相關的鄰接權。隨著科學技術的不斷發展，一些比較發達國家的知識產權範圍也在不斷擴大。如動植物新品種、半導體芯片等也受到保護。

　　從法律的角度講，知識產權與一般的民事權利有所區別，它既包括了財產權，即使用權和獲得報酬權，又包含了精神權利，即作者的作品發表權和署名權、作品不可侵犯權、作品修改權和對已發表作品的收回權、發明人和設計人在專利文件上標明自

己是發明人和設計人的權利。知識產權的某一權利一經授予，便與特定人身不可分離，除依法規定外，不得以任何方式轉讓。

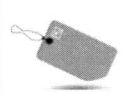

> **知識拓展**
>
> 　　知識產權是知識產品財產權的簡稱，知識產品是人類創造性智力活動成果的表現形式，知識產品之所以能作為知財產權出現的基本原因主要是：①知識產品的有用性。由於科學技術、作品以及商標和服務標志等能夠創造財富，在市場經濟中構成了一定的有用性價值，如創新技術發明可以轉化為生產力，減少生產成本；作品和設計等能夠滿足人們的生產和生活需要；商標和服務標志的作用在於減少市場中的搜尋成本。②知識產品要素的稀缺性。能夠有所發明創造的人是稀缺人才，如果創新的激勵機制不健全，知識產品的供給就不足。③個人收益與社會收益差距太遠，創新收益不能內化。在大多數情況下，知識或信息的使用者一旦得到知識或信息，就很容易不付費用而使用它。因為知識或信息的發明或發現雖然成本極高，但複製成本卻極低。這種情況使發明者為發明而付出的成本得不到補償，更談不上取得高額回報了。這樣就導致了在一個相當長的時期內，發明被看作發明者個人的事業，發明者依靠的是個人對科學發明的興趣，而不存在或很少有經濟方面的激勵。
> 　　正是知識產品的上述特征，知識產權法律制度的確立在很大程度上激發了知識產品生產者創新的積極性，保護了知識產品權利人的合法權益。

二、知識產權的法律特征

知識產權作為一種特殊的財產權利，具有不同於普通物質財產的顯著的法律特征：

1. 無形性

知識產權的無形性是指權利與體現權利的載體可以分離，而不是指知識產權不需要任何有形的物體來體現。就一般財產而言，財產權隨財產的轉移而消失。但知識產權可以與體現其權利的載體分離。如一個作者的著作權可以有成千上萬本書作為載體，任何一本書的出售或贈送都不會影響作者的著作權。

2. 壟斷性

知識產權的壟斷性即該項權利的擁有者對其權利有獨占或專有的權利。他的這項權利受到法律的嚴格保護，不受他人的侵犯。任何人未得到該項權利擁有者的同意，不得享有或使用該項權利，否則，就構成侵權。

3. 地域性

知識產權的地域性即在通常情況下，經一國法律保護的某項權利，只在該國範圍內發生法律效力，在他國不發生法律效力，即他國法律對該項權利不承擔保護的義務，除非該國與其訂有雙邊互惠協定或同為有國際公約的締約國。

4. 時間性

知識產權的時間性即各國法律對知識產權各項權利的保護都規定有一定的有效期限，超過這個期限，法律一般不再給予保護。各國法律對保護期限的長短有可能一致，也可能不一致。

5. 可複製性

知識產權之所以能成為某種財產權，是因為這些權利被利用后，能夠體現在一定

產品、作品或其他物品的複製活動上，即知識產權的客體可由一定的有形物去固定，去複製，如專利權人的專利必須體現在可複製的產品上，或是製造某種產品的新方法，或是新產品本身。沒有這些有形物，專利權人也無從判斷何為侵權。

知識產權的特點是以上五個方面的綜合，如果僅僅抓住其中的某一方面，那麼其某一特點在其他產權中也能反映出，從而不僅是知識產權特有的。經常把握住這五個特點，有助於避免人們經常發生的進入知識產品公有領域與未進入知識產品公有領域相混淆，把知識產權的權利與權利載體相混淆。

三、知識產權發展的狀況

知識產權的概念起源於歐洲。1474 年威尼斯第一次以法律形式授予某些機器和技術的發明人 10 年的特權；1709 年在英國下議院通過了世界上第一部版權法；17 世紀英國出現了保護商標權的判例；1804 年法國《拿破侖法典》第一次確認了商標權作為一種財產應受到保護的規則。

從 17 世紀初到 19 世紀后期，歐洲國家率先在世界上建立了知識產權保護制度。目前世界上大多數國家都有了自己的保護專利、商標和版權的法律體系。在知識產權制度剛開始建立時，它只是各國的國內法，大多數只保護本國國民的知識產權。當時不僅各國之間缺少法律的協調，各國的法律規定本身差別也很大。

隨著世界各國之間經濟貿易來往日益增多，技術和文化交流也日益頻繁。由於這些活動帶來的知識交往和糾紛也增多了，就產生了協調各國知識產權制度的需要。從 19 世紀后期開始，世界出現了保護知識產權的國際公約。如 1883 年的《保護工業產權巴黎公約》、1886 年《保護文學藝術作品伯爾尼公約》等。100 多年來，大多數有關知識產權的國際公約的內容幾乎沒有與國家之間的貿易相聯繫。1993 年關貿總協定烏拉圭回合協議的最后文件中《與貿易有關的知識產權協議》（以下簡稱「TRIPS」）是對近兩個世紀以來知識產權國際保護制度的總結和發展。它第一次把知識產權與國際貿易問題聯繫在一起，同時又規定了一些強制措施，這個協議標誌著知識產權國際保護向前邁進了一大步。

第二節　專利法

案例導入

2003 年 3 月，荷蘭皇家菲利浦電子有限公司（以下簡稱菲利浦公司）請求佛山市知識產權局對順德區大良鎮某電器製品有限公司（簡稱電器製品公司）侵犯其名稱為「蒸汽噴霧熨斗」（專利號 ZL98327068.6）外觀設計專利的行為進行處理。

佛山市知識產權局經過勘驗發現，該電器製品公司確有生產同類產品的侵權行為。該公司是外向型企業，也擁有不少專利，公司表示並非有意侵權。在市知識產權局主持下，雙方達成和解協議，電器製品公司賠償菲利浦公司損失 3 萬元，銷毀侵權產品 1 600

只、半成品 300 只、包裝盒 1 000 個、宣傳彩頁 300 本，銷毀價值 6 萬元的模具 3 套。

一、專利與專利法概述

專利通常有三層含義：①獲得專門機構批准，被授予專利的發明創造，即指技術內容。②記載這些發明創造技術內容的文件，如專利申請書、專利說明書等。③法律授予的專利權。在本書中主要闡述的是專利權。

專利權是指一國政府主管部門根據該國的法律規定，授予一項技術創造的發明人或者其合法繼承人、受讓人在一定時期內對該項發明創造的獨占性權利。

專利法是指由各國立法機構制定並頒布的調整因發明而產生的各種社會關係的法律規範的總稱。它的核心內容是解決發明的歸屬和利用問題，目前世界上絕大多數國家都制定了專利法。盡管各國專利法在內容和形式上都不盡相同，但其基本結構和主要內容都大體相近或相似，一般都涉及專利的主體和客體、專利條件、專利申請與審批程序、專利權人和權利與義務、專利的法律保護等方面的規定。

二、專利權的主體與客體

（一）專利權的主體

專利權的主體是指能夠申請並取得專利權以及承擔相應義務的本國和外國的發明人或其合法受讓人，包括自然人或法人。

關於對外國發明人的專利申請權，目前不同國家主要有兩種不同的規定：①無條件地承認外國發明人的專利申請權，如美國。②有條件地承認外國發明人的專利申請權，「條件」包括該外國發明人在本國有住所或營業所，該外國與本國為同一國際公約的參加國，以及該外國與本國有雙邊條約等。中國與大多數國家的專利法對外國發明人主體資格都作了有條件承認的規定。

（二）專利權的客體

專利權的客體是指發明、實用新型和外觀設計。《中華人民共和國專利法》（以下簡稱《專利法》）也是這樣規定的。

1. 發明

發明是指對產品、方法或對其改進所提出的新技術方案。發明可分為產品的發明和方法的發明兩種。產品的發明是指以有形形式出現的發明，它可以是一件獨立的產品，也可以是其他產品的一部分。方法的發明是用於製造一種產品的包含有一系列步驟的技術方案，還包括通信、測量以及栽培方法等。

科學發現不能申請並取得專利權，因為它是對迄今為止人類沒有認識的客觀現象、客觀規律的揭示，它不是創造出前所未有的東西，而只是揭示了已經存在但尚未被人們所認識的客觀事物。又由於它本身只是一種理論活動，不像技術發明那樣是利用自然規律做出的可以在生產活動中加以實施的成果，因而不能獲得專利。

2. 實用新型

實用新型是指對產品的形狀、構造或者兩者結合所提出的實用的、新的技術方案。

實用新型專利又稱為「小發明」，它與發明專利的主要區別在於：發明專利的創造水平比較高，而實用新型專利的創造性水平則比較低；實用新型專利只適於產品的形狀、構成或者其結合的新的技術方案，而發明專利不受這種限制；實用新型專利申請的審查程序較發明專利簡單；實用新型專利的保護期限較發明專利短。

3. 外觀設計

外觀設計是指對產品的形狀、圖案、色彩或者其結合所做出的富有美感並應用於工業上的新設計。外觀設計包括立體的（如產品的形狀）方面，也包括平面的（如線條、圖案以及色彩）部分。

世界上有一部分國家的專利法還對動物、植物品種加以保護，凡是以非自然方法繁殖的動、植物品種，在這些國家都可以成為專利法的客體。

三、取得專利的條件

各國法律都規定，授予專利必須具備以下三個實質性條件：

1. 新穎性

新穎性是指一項發明在申請專利時，必須是從未以任何形式公開發表和使用過，也不為公眾所知的。即該項發明必須是社會公眾所不知道的新東西才具有新穎性。公開發表除出版社正式出版外，還包括對公開範圍不加限制的、以其他有形的形式公開的情況，如報告會分發的論文材料、電腦軟盤記載的材料、錄音、錄像等。

各國專利法對新穎性的判定大致有兩種標準：

（1）判定新穎性的時間標準。判定一項發明是否具有新穎性，可以有三個不同的時間標準：①以申請專利的時間為標準；②以發明的時間為標準；③以發明公開的時間為標準。目前，中國和大多數國家的專利法都以提出專利申請之日作為判定新穎性的時間標準。因此，專利申請日就成為確定發明新穎性的「相關日」。

（2）判定新穎性的地域標準。判定一項發明是否具有新穎性，各國的地域標準有所不同。①世界標準，即要求該項發明在提出專利申請時，必須是在世界上任何國家和地區都未曾公開發表和公開使用過，才授予專利權。這又稱為絕對新穎性標準。目前世界上多數發達國家採用這種標準，如法國、德國、荷蘭、瑞典、盧森堡等；②一國標準，即某項發明在提出專利申請時，只要在申請國未曾公開發表和公開使用，即使在國外已有同樣的發明，並已被公開和使用，但仍可以在該國取得專利權，又稱為相對新穎性標準。目前中國專利法採用這一標準。

各國專利法和某些國際公約對新穎性的要求都有一些例外規定。如有以下三種情況之一的發明，不喪失新穎性：①在政府主辦或承認的國際性展覽會上首次展出的。②在規定的學術會議或技術會議上首次發表的。③他人未經申請人同意而洩露其內容的。以上情況發生之日起3~6個月內提出專利申請的，該發明不喪失新穎性。

2. 創造性（非顯而易見性）

創造性是指同專利申請日之前已有的技術相比，該發明突出的實質性特點和顯著的進步是對所屬技術領域的普遍專業人員非顯而易見的。

目前，由於各國的技術水平差異很大，即便是同一個國家，其審查人員的水平也

各有不同。因此，對創造性很難有統一的標準，主要靠各國專利機關掌握。

3. 實用性

實用性是指該發明能夠實際應用於產業部門，並能產生積極的效果。

根據上述「三性」標準，大多數國家專利法都明確規定，有些發明即使具有這三性，但也不能獲得專利，包括：①用於危害公共秩序、社會公共利益的發明。②智力活動的規則和方法。③疾病的診斷和治療方法。④動物和植物品種。⑤用原子核變換方法獲得的物質。一般情況下，發達國家的專利法給予專利保護的發明範圍較寬，如包括動、植物品種、半導體芯片等，而發展中國家給予保護的範圍較窄，這在國際技術貿易中需要引起注意。

四、專利申請與審查程序

1. 專利申請

根據各國專利法的規定，一項發明要取得專利權，發明人或其合法受讓人必須向政府專利機構提出專利申請，經該機構依照法定程序審查批准後，才能取得專利權。

發明人或合法受讓人在提出專利申請時，應對發明的內容加以說明，具體指明要求專利保護的範圍，包括說明書和權利要求書兩份主要書面文件，必要時還要附加說明圖紙。

2. 專請專利的原則

（1）先申請原則。如果兩個或兩個以上的申請人分別就同樣的發明申請專利，專利權授予最先向專利機關提交申請的人。目前大多數國家採用這個原則。

採用「先申請原則」的關鍵是確定申請日。按照中國《專利法》的規定，應區別不同情況來確定申請日：①如果申請人通過郵局向專利局寄送申請文件，以寄出的郵戳日為申請日；②如果申請人直接向專利局提交申請文件，以專利局收到申請文件之日為申請日；③無論是通過郵局郵寄還是直接遞交，如果專利機關收到的申請文件有欠缺，以文件補齊之日為申請日。

（2）一項發明一件專利原則。即每一項專利權只保護某一具體的發明創造，不能把兩項或兩項以上的發明放在一起申請一件專利。但是如果兩項或兩項以上的發明之間存在著某種密切聯繫，則可以把它們合併在一起，通過一件專利申請請求取得專利取。

（3）優先權原則（見本章第五節的《保護工業產權巴黎公約》）。

（4）獨立性原則（同上）。

3. 專利申請審查

各國對專利申請的審查有不同的要求，目前基本上實行三種審查制度。

（1）形式審查制度。它是指只審查專利申請書的形式是否符合法律的要求，而不審查該項發明是否符合新穎性等實質性條件，只要申請手續完備、申請書的內容符合法律的要求，就授予專利權。

（2）實質審查制度。它是指不僅審查申請書的形式，而且還要對發明是否具備新穎性、先進性和實用性等條件進行審查，只有具備「三性」條件，才能授予專利權。

一般地說，採用形式審查制度比較省事，但其核准的專利質量往往不高；採用實質審查制度雖然工作量大，但對專利的質量比較有保證。目前只有少數國家採用形式審查制度。

(3) 早期公開，延遲審查制度。即專利局在收到專利申請後先進行形式審查，經審查合格，自申請人提出申請之日起，經過一定期限之後（一般為18個月），將申請內容在官方的專門刊物上予以公布。公布後，即對申請人給予臨時性保護。在早期公開後，申請人可在法定時間內（一般為2～7年，中國為3年）自行酌定是否要求進行實質性審查。專利機構根據這一申請，再作實質性審查。若審查合格，即可授予專利權。如申請人在規定期間內不申請實質性審查，則視為申請人撤回專利申請。這一制度對專利機構和專利申請人都有好處。目前，這一制度已為不少國家所採用，中國也實行這種制度。

五、專利權人的權利和義務

(一) 專利權人的權利

專利權人的權利包括：①有依法律規定轉讓專利的權利。②有實施該項專利發明、製造、使用、銷售專利產品或利用專利方法制造、使用、銷售產品的各項權利。③有在專利產品或其包裝上附以專利標記和專利號的權利；發明人或設計人有在專利文件上寫明自己名字的權利。④有按比例和條件獲得科學技術發明獎的權利。⑤專利權受到侵害時，有請求司法機關保護並要求侵害人停止侵害和賠償損失的權利。

(二) 專利權人的義務

專利權人的義務包括：①負有自己實施或許可他人實施其專利的義務。如果專利權人在一定時期內不實施，並在合理條件下不許可別人利用其權利，專利局可根據有關人員的申請，頒發實施該專利發明的強制許可。此時，被許可人仍應向專利權人繳納使用費。②有按規定每年繳納專利權維持費的義務。③專利權人有在專利物品上或其包裝上注明專利標記的義務，即注明「××國××號專利」的字樣。④在轉讓專利時，轉讓和受讓雙方必須訂立書面合同，並且要向專利局登記。⑤有按規定對某些發明的內容保密的義務。

六、專利權的行使與保護

(一) 專利權的行使

專利權人依法行使專利權有以下幾種方式：

1. 專利權人行使專利權

專利權人在有條件的情況下會通過親自使用其取得專利的發明創造來行使專利權。

2. 專利權人許可使用專利權

專利權人基於技術生產設備及生產力量的限制和有關專利產品市場的要求，或基於其經濟利益的考慮，一般都會通過許可他人使用其專利發明創造的形式來行使利用

專利權，以發揮其最大的經濟效益。

從各國專利法和專利許可實務來看，有如下幾種專利許可形式：

（1）獨占許可。獨占許可即許可人和被許可人通過簽訂獨占許可合同，允許被許可人在一定的區域範圍內對有關的專利發明創造享有完全獨占的使用權，包括專利許可人在內的其他任何人都不得在該區域內生產製造、使用或銷售該項專利產品，不得在該區域內使用該有關的專利方法。

（2）排他許可。許可人通過與被許可人簽訂排他許可合同，允許被許可人在一定的區域範圍內對有關的專利發明創造享有排他的使用權，即許可人承擔不再將該項專利的使用權轉讓給該區域內的其他第三人的義務，其他任何第三人都不得在該區域內使用該項發明創造專利。

（3）一般許可。許可人通過與被許可人簽訂一般的專利許可合同，允許被許可人在一定範圍內生產製造、使用和銷售專利產品或利用專利方法，但不影響許可人在該區域範圍內正常使用該項專利發明創造的權力。即專利許可人除自己可以親自使用該項專利發明創造外，還可以將該項專利的使用權轉讓給同一區域內的任何第三人。

（4）轉讓許可。許可人通過許可合同允許被許可人在一定範圍內親自使用有關發明創造專利的同時，還允許被許可人將該項專利的使用權再通過簽訂許可合同的方式而轉讓給該區域範圍內的第三人。

3. 專利權人轉讓專利權

專利權人在專利的有效期內將專利權轉讓給受讓人，原專利權人即喪失其專利權，受讓人成為新的專利權人。

4. 專利權的強制許可

在下列情況下，專利行政部門可給予強制許可：①具備實施條件的單位以合理條件請求專利權人許可實施其專利，而未能在合理時間內獲得許可的。②在國家出現緊急狀態或者非常情況時，或者為了公共利益的目的。③關聯專利，即一項取得專利權的發明或實用新型比以前的專利發明或實用新型更具有重大的技術進步，其實施又依賴於前一發明或實用新型的，專利行政部門可根據後一發明人的申請，給予其實施前一發明或實用新型的強制許可。

(二) 專利權的保護

1. 專利權的保護期限

專利權是一種時間性的專有權，與一般財產權有別，法律規定的專利保護期屆滿，專利權就自動消失，原先享有獨占權的技術就進入公共領域。進入公共領域的技術，任何人都可以無償使用。各國專利法對專利權的保護都有一定的期限，但期限的長短和計算期限的方法各有不同。專利保護期一般是10～20年，個別國家在10年以內。如中國、英國、法國、瑞士、比利時等國規定發明專利保護期為20年，自提出申請日起算，但美國為申請批准之日起算20年。中國《專利法》規定，實用新型、外觀設計專利權的保護期為10年。

2. 專利權的保護範圍

各國專利法都規定，對發明或實用新型專利權的保護，以其權利要求書的內容為準，說明書及附圖可用於解釋權利要求書；對外觀設計專利權的保護範圍以表示在圖片或照片中的該外觀設計專利產品為準。

3. 侵犯專利權的行為

根據各國專利法的規定，專利權人依法取得其對有關發明創造的專利權以後，即受到國家法律的嚴格保護，其他任何人都不得非法侵犯專利權人對該有關發明所享有的專有權利，否則就構成民法上的民事侵權行為或刑法上的刑事犯罪行為。

根據中國《專利法》的規定，屬於侵犯專利權的行為有：①假冒他人專利的行為。即非法利用專利發明創造或非法妨礙利用專利發明創造，如未經專利權人許可，為生產經營目的製造、使用或銷售專利產品或使用專利方法等行為。②冒充專利產品或專利方法。即製造或銷售有專利標誌的非專利產品；或生產或銷售專利權宣告無效后的非專利產品；偽造或變造專利證書或文件等行為。③非法授予專利實施許可或非法宣告有關專利無效等行為。

為了維護國家和社會的共同利益，保護善意第三人的合法權益，各國的專利法都明確規定了不屬於侵犯專利權的幾種情況：①使用或銷售專利權人製造或許可製造的專利產品的行為；②使用或銷售不知道是未經專利權人許可而製造並出售的專利產品的行為；③在專利申請日前就已經開始製造相同產品、使用相同方法或者已經作好製造、使用的必要準備，而在專利主管機關授予有關專利權以後，只是在原有範圍和規模上所進行的製造或使用行為；④根據《保護工業產權巴黎公約》規定，一成員國的陸海空運輸工具臨時通過另一成員國的領土，為運輸工具需要在其裝置和設備中使用了該另一成員國批准的專利發明的；⑤專為科學研究和實驗、非營利目的而利用專利發明創造等。

4. 專利權的保護方法

專利權受到侵害時，專利權人可以依法請求國家專利主管機關通過行政程序責令侵權人停止其侵權行為並負責賠償因該項侵權行為所引起的經濟損失，也可以直接向有管轄權的人民法院提起訴訟，通過民事訴訟求得司法救濟，或通過行政訴訟程序撤銷有關專利主管機關的錯誤決定，以恢復其對有關發明創造的宣傳的專有權利。在侵權行為人故意侵犯其專利權情節嚴重，觸犯刑律時，可以依法向人民法院提起刑事訴訟，請求人民法院依法追究其刑事責任，以維護國家的社會經濟秩序和保護其個人的合法權益。

5. 專利權的消滅

（1）專利權因期滿而消滅。各國專利法均規定，專利保護期滿后，專利權因此而消滅，其他任何人都可以隨意無償地利用該有關發明創造。

（2）專利權因放棄而消滅。專利權可以由權利人基於其處分行為而放棄。但專利權作為一項特殊財產權，專利權人的處分行為是依法定方式進行，即得由專利權人向國家專利機關提出書面聲明，並由國家專利機關依法予以登記和公告。專利權依法完全歸於消滅后，任何人都可以隨意利用。

(3) 專利權因法定原因而消滅。各國專利法都嚴格規定專利權人如不按規定交納其應交的年費，專利權就因此而自動消滅。

第三節　商標法

案例導入

某工商執法人員根據舉報依法對某公司進行檢查。在檢查現場，執法人員發現該公司堆放的 MP3 播放器成品、半成品及包裝盒上均標有與蘋果圖形近似的圖形標志。經查證，蘋果圖形為美國蘋果電腦公司在第九類商品上註冊的商標，而該公司使用的標志與蘋果公司的註冊商標極為近似，且未經過註冊人的許可。

問題：本案中的蘋果圖形屬於哪一類型商標？該公司是否構成商標侵權？

一、商標法概述

(一) 商標及其作用

1. 商標的概念

商標是生產者或銷售者用以識別其所生產或銷售的商品的一種標志，這種標志最主要是要區別不同生產者或銷售者所生產或經營的同類商品。這種標志可以由一個或多個具有特色的單詞、字母、數字、圖樣、圖片等組成。

商標的種類很多，基於不同的標準可以分為以下幾種：①根據商標構成要素的不同，可以分為文字商標、圖形商標和組合商標三種。②根據商標使用者的不同，可以分為製造商標、商業商標和服務商標三種。製造商在其製造的產品上所使用的商標即製造商標；商業經營者在其經銷的商品上使用的商標即為商業商標；服務商標是服務性行業使用的標記，如運輸業、酒店旅館業、銀行保險業等行業使用的顯著標志。

2. 商標的作用

商標的作用主要表現在：①商標能區別同類商品的不同生產者或經營者，能標示商品的來源。②商標能夠表示和保證商品的質量。商標一旦被用於某種商品，經營長期使用，對社會來講就成了商品一定質量的象徵。而且商品生產者使用某個商標以後，就必須要努力提高產品質量，維護商標的信譽，使貼有同一商標的商品經常保持某種穩定的質量。③商標能引導消費者選購商品，使消費能認牌購貨或選牌購貨，以選購到自己稱心如意的商品。④商標還起到廣告作用。貼有某種商標的商品如果質量上乘，深受消費者歡迎，這種商品的商標就會給消費者留下深刻的印象，就會在市場上產生一定的影響，吸引更多的消費者選購，從而擴大這種商品的銷路。

> **知識拓展**
>
> 在國際技術貿易中，商標除了具有一般商標的作用外，還具有以下作用：一是商標標志著各類技術產品、服務產品來源於不同的國家、不同的廠商。二是商標體現了各類產品的技術含量，生產廠商在國際市場上的份額、營銷理念、技術的質量標準以及商標的價值。三是商標可以引導國際市場的中間商、消費者採購和消費可信賴的產品或服務。四是商標還體現著其專有人在國際市場上的競爭實力、廣告實力以及消費者對商標的信賴程度。

(二) 商標法及商標註冊

1. 商標法的概念

商標法是規定商標的組成、註冊、管理和商標專有權的保護等法律規範的總稱。目前，世界大多數國家已廣泛地把商標作為一種財產，把商標權作為一種特殊的財產權，通過立法的形式加以確認和保護，而且各國也形成了一種極為嚴密的商標法律制度。

2. 商標註冊的作用

(1) 對商標的法律保護。商標所有人必須把其商標向國家商標管理部門登記註冊，一經批准註冊，取得商標權後，就受到國家有關法律的承認和保護。

(2) 對商標權利人的保護。凡依法批准註冊的商標，該商標的所有人就取得了在一定期限內對該商標的專有權，除了該商標的所有人以外，任何人都不得使用這個商標，也不得使用與其相類似的以至會在公眾中混淆視聽的商標，否則就構成仿冒他人商標的侵權行為。被仿冒的商標所有人有權向法院或商標主管機關提出申訴，請求依法對仿冒者追究法律責任。

(3) 對商標的地域性保護。在一個國家註冊的商標，只在它註冊國的國境內受到保護。商標所有人如果要使其商標在其他國家獲得法律上的保護，就必須向有關國家的商標主管部門另行辦理商標註冊手續，否則任何國家對外國的商標都沒有保護的義務。

(4) 對商標的時間性保護。在商標註冊的有效期限內，沒有商標權利人的許可，任何人不得擅自使用其商標。在法定保護期限屆滿后，如果商標的註冊人沒有按規定辦理續展手續，該項註冊商標就不再受到法律上的保護。

二、商標權的取得

目前，世界上大多數國家取得商標權的制度大致可分為三種：

1. 使用在先原則

使用在先原則是指商標的首先使用人有權取得商標所有權，受到有關商標法律的保護，而不論其是否辦理了商標註冊手續。即使辦理了註冊手續，也僅具有聲明的性質，而不能確定商標所有權的歸屬。由於註冊商標不能起到確認商標權的作用，商標首先使用人隨時可以對已註冊商標提出異議，要求予以撤銷。因此這種做法使商標權人的權利處於不確定狀態，絕大多數國家都不採用此原則。

2. 註冊在先原則

註冊在先原則是指商標權屬於該商標的首先註冊人，受到有關商標法律的保護。首先註冊人的權利優於任何其他人，包括首先使用人的權利。因此根據這一原則，首先使用人如沒有首先註冊，而被別人將該商標搶先註冊，他也無法再取得商標權。目前大多數國家都採用這種制度。《中華人民共和國商標法》（以下簡稱《商標法》）也規定註冊是取得商標專有權的必備條件，申請商標註冊不得損害他人的在先權利，也不得以不正當手段「搶注」，即搶先註冊他人已經使用並有一定影響的商標。

3. 無異議註冊原則

無異議註冊原則是指在以法律規定期間內無人對已註冊的商標提出指控來決定商標的所有權。根據這種制度，商標權原則上屬首先註冊人，但無使用人可在一定期限內（2～7年不等）對此提出異議，請求予以撤銷。如在法定期限內無人提出異議或異議不成立，則首先註冊人就可取得無可辯駁的商標權。這種原則實際上是前面兩種原則的折中。

三、商標註冊的審查程序

各國商標法對申請商標註冊手續都作了具體規定。

1. 商標註冊的申請

商標註冊申請人要以書面形式提出申請，申請書中包括申請人的名稱、國籍、住所地、申請商標的商品名稱和類別，還要提供商標首次使用日期、商標圖樣和印版一式數份，並要交納一定的申請費用等。

2. 商標註冊申請的審查

商標機構對商品註冊申請的審查一般分為兩種：①形式審查，即只審查文件和手續是否完備。②實質審查，即不僅對申請文件和手續進行審查，還要對商標是否具有註冊條件及是否符合法律規定進行審查，經審查合格，則將該申請予以公告，讓公眾進行審查，時間一般為三個月。若無人在此期間提出異議或異議不成立，即可準予註冊。註冊后，由商標主管部門簽發註冊證書。如申請案被駁回，申請人可就此向有關部門或者管轄權的法院提起上訴，但上訴必須在規定的期限內提出。

3. 對商標的實質審查

對商標的實質審查即審查商標本身是否具備註冊的條件，是否符合商標法的規定。商標註冊必須具備的條件：

（1）必須具備法定的構成要素，即由符合國家法律規定的文字、圖形或文字與圖形的組合構成。

（2）必須具備顯著特征，即指商標的構成具有獨特性或可識別性，和其他同類商品的商標有明顯區別。商標越顯著，其功能就越能發揮。

（3）必須不與他人註冊商標混同，包括相同或近似。商標相同是指使用在同一種商品或類似商品上的兩個商標在文字、圖形上完全相同；商標近似是指使用在同一種商品或類似商品上的文字、圖形大體相同。商標混同，其功能就難以發揮，所以不能註冊。

（4）各國商標法對於禁用和商標事項都有詳細規定，如果申請註冊的商標與其相抵觸，就不能獲准註冊。其中主要有以下幾項：①本國或外國的國旗、國徽、軍旗、軍徽、勛章以及其他官方標志、名稱或圖形；②紅十字標志或「紅新月」以及日內瓦「紅十字」的字樣；③違反公共秩序或道德的文字、圖形或標記；帶有民族歧視性的文字或圖形；誇大宣傳並帶有欺騙性的文字或圖形；④通用名稱、文字、圖形、數目、記號或圖案，除非它們與識別商品有關，並且具有顯著特征；⑤用來表示類別、品種、原料、用途價值、質量的通用名稱和圖形；⑥含有他人商號、姓名、藝名或肖像的商標，未經本人或其合法繼承人的書面同意，不得使用；⑦與已經註冊的商標相同或類似的商標；⑧縣級以上行政區劃的姓名或者公眾知曉的外國地名，不得作為商標。

四、馳名商標的認定

馳名商標是指經國家主管當局批准或國家認可的權威機構認定的，使用較久、公眾知曉、銷售量大、質量穩定、享有社會信譽而且在一定範圍具有社會普遍影響的商標。

1. 馳名商標的特征

馳名商標除了具有一般商標具有的特征外，還具有這樣的特征：①它是一項使用商標，是經過一定期限使用而享有社會信譽的。②具有廣大的影響，享有較高的知名度，在一定範圍內為消費者普遍知曉。③所代表的產品質量較優且穩定，銷量大，有社會影響。

2. 馳名商標與名牌的區別

馳名商標與品牌的區別在於：馳名商標是一個法律概念，名牌是消費者心目中的品牌；馳名商標是國家對某一商標的認定，名牌是消費者對某種商品的客觀評價；名牌不一定是馳名商標，而馳名商標必定是名牌。

3. 馳名商標的認定

對於馳名商標的認定，各國在實踐中有這樣一些標準：美國以在國際市場上是否為馳名為標準；法國在商標發生侵權訴訟，需要認定是否為馳名商標時，由法院決定；中國以被動確認或主動確認為標準。

4. 馳名商標的保護

根據《保護工業產權巴黎公約》的規定，對馳名商標的保護，可遵循以下原則：①在實行「申請在先」原則的國家，馳名商標可以不適用該原則，而適用「使用在先」原則；②商標不可以使用直接表示商品的質量、主要原料、用途等內在特點的規定，可不適用於馳名商標；③馳名商標可取得防御性商標註冊；④馳名商標可以駁回在同一類或類似商品上或非類似商品上註冊與馳名商標相同或相近似的商標；⑤馳名商標註冊后，享有絕對的排他權。他人不得以馳名商標作為廠商名稱或者作為廠商部分名稱使用。如果有偽造、模仿他人馳名商標註冊的，權利人可在註冊之日起至少 5 年內提出撤銷該商標的請求。

五、商標權人的權利和義務

1. 商標權人的權利

商標權人就其註冊商標及核定使用該註冊商標的商品享有專有權，受國家法律保護，並可依法轉讓其註冊商標，或通過簽訂商標使用許可協議，允許他人使用其商標，商標權人有權收取費用。

2. 商標權人的義務

商標權人須承擔使用商標和繳納商標註冊費的義務。大多數國家的商標法規定，商標權人在商標獲準註冊后，必須使用其商標，如無正當理由在一定期限內不使用，商標管理機關可撤銷其註冊。中國《商標法》也有同樣的規定。

六、商標權的轉讓和使用許可

各國商標法一般都允許商標權人依法轉讓或許可他人使用其商標權利。

商標權的轉讓是指商標所有人將其商標權全部轉讓給他人（如聯合商標或防御性商標），而不保留任何權利。對此各國商標法規定有所不同，有些國家的法律允許將商標單獨轉讓，有些國家的法律則要求將商標連同企業的業務一起轉讓。轉讓一般都要求以書面協議的形式，且需要向商標機關登記或請求核准，受讓人必須保證產品質量等。

商標的使用許可是指所有人在有限的範圍內轉讓其商標使用權，允許受讓人在支付一定的使用費之後使用其商標，而商標所有人仍保留其所有權。商標的使用許可包括獨占使用許可、排他使用許可、一般使用許可和可轉讓使用許可等。商標的使用許可一般通過簽訂商標使用許可合同進行。商標許可方和被許可方都負有保證產品質量的責任，許可方應監督產品質量，使使用同一商標的產品具有同樣的質量。中國的《商標法》也有此規定。

七、商標的保護

1. 侵犯註冊商標的行為

根據大多數國家《商標法》的規定，以下行為均屬侵犯註冊商標專用權：①未經商標註冊人的許可，在同一種商品或者類似商品上使用與其註冊商標相同或者近似的商標的。②銷售侵犯註冊商標專用權的商品的。③偽造、擅自製造他人註冊商標標示或者銷售偽造、擅自製造的註冊商標標示的。④未經商標註冊人同意，更換其註冊商標並將該更換商標的商品又投入市場的。⑤給他人的註冊商標專用權造成其他損害的。

凡是以上行為都屬侵權行為，商標權人有權要求司法機關製裁侵權人。

2. 商標的保護期限

各國商標法對商標註冊的有效期都作了規定。有的國家規定期限較長，有的國家規定期限較短，一般為10~15年，最長的為20年，如美國、瑞士等。中國《商標法》規定為10年。商標的保護期限與專利的保護期限有所不同。專利期滿后一般都不能延長；商標期滿后，一般可以要求續展，而且續展的次數不限，續展期限一般與原保護

期限相同。

商標機關可撤銷註冊商標,其條件是:第三人異議成立;有效期屆滿;未按時辦理續展手續;在一定期限內無理由不使用該商標及其他違反《商標法》規定等。

第四節　版權法

案例導入

5歲的甲用極為原始、樸拙的手法畫了一幅水彩畫,張貼在自己房間內,后乙將該水彩畫用於水彩筆的包裝封面。甲父要求乙支付著作權使用費,乙則認為,甲僅5歲,沒有受過任何美術訓練,所作水彩畫僅是隨意塗鴉,偶然巧合,並不能保護創作的連續性,因此該水彩畫不構成作品。

知識拓展

在1986—1989年這段時間,是內地從中國港澳臺地區引進流行歌曲的一個時期。對於配器的人而言,也不知道有哪些樂器,於是一邊聽一邊想辦法,甚至故意將吉他弄壞去尋找那種失真的聲音。而對於歌手而言,那時的內地歌手也沒有知識產權保護的意識,不斷地翻唱中國港澳臺地區的歌曲。那時候像劉歡、李玲玉這些歌手,在錄音棚裡唱首歌可以得到100~150元。李玲玉說,那時候錄歌很快的,而且不走調,只要拿著譜子,從未唱過的也不會走調。有一次一盒錄音帶中的十多首歌,只花了四個小時就完成了。對於唱片公司來講,當時也是利潤最大的時候。只要把幾個歌手召集來,將歌單拿給他們,看誰適合唱什麼就唱什麼。十多首歌錄完后,一盒磁帶一旦售出,至少可以賺二到三元錢。那時候的發行量之大,利潤之大,是現在無法想像的。經過了這樣一個時期的過渡,到了1990年,中國頒布了著作權法,這樣的混亂才受到了遏製。

一、版權概述

(一)版權的概念

版權(Copy Rights)是作者或合法繼承人、接受人依法對科學研究、文學藝術等方面的作品所享有的專有權利。版權在某些國家又稱為著作權,如中國有關保護版權的法律的標題為《中華人民共和國著作權法》(以下簡稱《著作權法》)。

版權與知識產權的其他領域一樣,既包括了財產權利,也包含了人身權利,而且在版權中人身權利的特點最顯著。版權中的人身權利指作者的發表權、署名權、修改權、保護作品完整權四項權利;財產權主要是指版權所有人對作品的所有權和獲得報酬的權利。

(二)獲得版權的條件

1. 獨創性

獨創性是獲得版權的條件之一。獨創性指作品由作者獨立創作完成,而不是抄襲來的。這一條件要求,只要是作者獨立完成的作品,即使兩件作品看上去完全相同,

也不影響這兩件作品分別獲得版權。

  2. 有一定的表現形式

  有一定的表現形式是獲得版權的第二個條件。任何作品，只有以一定的形式表現出來，使人們能夠感知，並能以某種形式被複製，才能夠受到版權法的保護。沒有物質形式的思想、觀念、方法是不能受到版權法保護的。

(三) 版權的取得與保護期

  1. 版權的取得

  版權的取得與專利權和商標權的取得不同。在大多數建立了版權制度的國家，作品一經完成即自動獲得版權，或者（對外國人或對非同一公約成員國的國民）作品一出版或以其他形式發表就獲得版權，無須經過任何手續。

  部分國家的法律規定，版權依據在作品上加注版權標記而獲得。版權標記包括三項內容：「不許復版」「版權所有」的聲明，或英文字母 C 外面加一圓圈即©；版權人姓名或名稱；作品出版年份。如果已出版的作品沒有加版權標記，就喪失了版權。

  2. 版權的保護期

  對版權的保護期分為精神權利保護期和經濟權利保護期兩種。

  對版權中精神權利的保護期主要有以下五種：①精神權利保護無限期。②精神權利中的一部分與經濟權利的保護期相同，其他部分（如署名權）則無限期。③精神權利的保護期理論上無限期，但只能在經濟權利有效期內由作者或其繼承人（或指定人）行使。④精神權利與經濟權利保護期相同。⑤對精神權利的保護期沒有明確規定，只是一般承認作者死後仍然存在。

  對版權中經濟權利的保護期，各國的規定大致可以分成對一般作品的保護期和對特殊作品的保護期兩種情況。從前者看，在所有建立了版權保護制度的國家，對大多數作品的保護期是以「作者有生之年加若干年」來計算的。各國版權法對作者死後的保護期限的規定很不一致，最短的為 20 年，最長的為 80 年，但大多數國家規定為 50 年。從后者看，對特殊作品，如攝影作品、實用美術作品、電影作品、電腦軟件等，各國法律規定了不同的保護期，通常短於對一般作品的保護期。

二、中國著作權（版權）法的主要內容

(一) 著作權法的保護範圍

  根據中國《著作權法》第三條規定，該法律保護文學、藝術和自然科學、社會科學、工程技術等作品，包括文字作品、音樂、戲劇、曲藝、舞蹈作品、美術、攝影作品、電影、電視、錄像作品、工程設計、產品設計圖紙及其說明、地圖、示意圖等圖形作品、計算機軟件。中國《著作權法》不保護法律、法規，國家機關的決議、決定、命令和其他具有立法、行政、司法性質的文件及其官方正式譯文，時事新聞，歷法，數表，通用表格和公式。

(二) 著作權的歸屬

  著作權的歸屬主要包括以下內容：

（1）著作權屬於作者。①公民創作的作品著作權屬於其個人。②由法人或非法人單位主持，代表其意志的創作，並由法人或非法人單位承擔責任的作品，著作權屬於法人或非法人單位作者。

（2）合作作品。合作作品可以分割使用的，作者對各自創作的部分以單獨享有著作權，但行使時不得侵犯合作作品的整體著作權。

（3）編輯作品。編輯作品由編輯人享有著作權，但行使時不得侵犯收編作品各自的著作權。

（4）委託作品著作權。委託作品著作權的歸屬由委託人和受託人通過合同進行約定，合同沒有約定的，著作權屬於受託人。

（5）改編、注釋、翻譯、整理的作品。改編、注釋、翻譯、整理已有的作品而產生的派生作品，其著作權屬派生作者享有，但行使時不得侵犯原作品的權利。

（6）影視聲像劇等製品。電影、電視、錄像製品的導演、編劇、作詞、作曲、攝影等作者享有署名權，其他權利由製作上述作品的人或法人享有。

（7）職務作品。職務作品原則上歸作者享有著作權，但法人或非法人單位在單位業務範圍內有權優先使用；主要利用單位物質技術條件創作，並由單位承擔責任的工程設計、產品設計圖紙及其說明、計算機軟件、地圖等職務作品，法律規定或合同約定著作權歸單位享有的，作者僅享有署名權，著作權中的其他權利歸單位享有。

（三）著作權的保護期限

①作者的署名權、修改權、保護作品完整權沒有期限。②公民的作品發表權、使用權和獲得報酬的權利期限為作者終生加死亡后 50 年。③單位的作品或單位享有的職務作品保護期為作品首次發表后 50 年，作品完成後 50 年沒有發表的不再予以保護。④電影、電視、錄像和攝影作品的保護期是作品首次發表后 50 年，作品完成后 50 年沒有發表的不再予以保護。

（四）鄰接權

隨著科學技術的發展，在版權領域內新技術的採用產生了對版權新的使用形式，特別是對傳播版權作品的傳播者的鄰接權，為版權保護提出了新的問題。

鄰接權是國際上對作品傳播者所享有的權利的統稱，中國法律規定的鄰接權有出版權、表演者權、錄音錄像權和廣播電臺及電視臺的播放權。

根據 1964 年 5 月生效的《保護表演者、錄音製品與廣播組織公約》即《羅馬公約》的規定，表演者權包括：防止他人未經許可播放、傳播或錄製其表演，複製載有其表演內容的錄製品。錄製者權包括：許可或禁止他人直接或間接複製其錄音製品。廣播組織權包括：許可或禁止同時轉播其廣播節目，或將其廣播固定在物質形式上。根據 1974 年的《播送由人造衛星傳播載有節目信號公約》（以下簡稱《布魯塞爾公約》）的規定，鄰接權保護包括防止成員國的本國廣播組織或個人非法轉播通過衛星發出但不是供該組織或個人作轉播的節目信號。

鄰接權是依據著作權而產生的，因此在行使時必須得到著作權人的同意，並按著作權法的規定向著作權人支付報酬。

三、中國著作權保護體系

（1）根據中國《著作權法》規定，國務院設立的國家版權局是國家一級的著作權行政管理部門，地方政府的著作權行政管理部門主管本行政區域的著作權管理工作。

（2）國家版權司負責制定著作權行政管理的各種辦法，查處在全國有重大影響的著作權侵權案件，負責著作權的涉外管理，負責國家享有的著作權的管理，指導地方著作權管理部門的工作。

（3）中國對著作權的保護主要有行政保護、司法保護和著作權管理團體的保護。著作權人可以通過合同來維護自己的權益，對於侵犯著作權的行為，著作權人可以通過調解、仲裁、行政處罰或訴訟來解決。

（4）在發生侵犯《著作權法》第四十六條所列的行為時，著作權管理機關可以給予以下行政處罰：警告、責令停止製作和發行侵權複製品、沒收非法所得、沒收侵權複製品及製作設備、罰款等。

四、計算機軟件的保護

(一) 計算機軟件的概念

計算機軟件是相對計算機的主機和外部設施而言的計算機程序和文檔的統稱。計算機程序是為了追求某種結果而由計算機執行的一系列代碼化指令，或可以被自動轉化為代碼化指令的一系列符號化指令或符號化語言。計算機文檔是用普通語言編寫的，描述程序的內容、組成、設計上的考慮、性能、測試方法、測試數據和使用方法等文字資料和圖表。

計算機文檔一般以文字作品或圖形作品受到著作權法的保護；計算機程序則是著作權中受到保護的計算機軟件。計算機程序可分為兩大類：一類是計算機系統程序，另一類是應用程序。

(二) 計算機軟件著作權

1. 計算機軟件著作權的歸屬

通常情況下，軟件著作權屬於軟件開發者。軟件開發者是指實際組織進行開發工作，提供工作條件以完成軟件開發，並對軟件承擔責任的法人或非法人單位，也可以是依靠自己具有的條件完成軟件開發，並對軟件承擔責任的公民。

2. 計算機軟件著作權人及其權利

根據中國《計算機軟件保護條例》的規定，計算機軟件著作權人是指對軟件享有著作權的單位和公民，包括軟件開發者和通過繼承或轉讓獲得軟件著作權的人。

中國公民和單位對其所開發的軟件，不論是否發表，不論在何地發表，均依法享有著作權。但為了在發生權利糾紛時便於判斷權利的歸屬，中國也建立了軟件著作權的登記制度，並把軟件著作權的登記行為視為提出軟件糾紛行政處理和訴訟的前提。

外國人的軟件首先在中國境內發表的，依法享有著作權。外國人在中國境外發表的軟件，依照其所屬國同中國簽訂的協議或者共同參加的國際條約享有的著作權，也

依法受到保護。

根據《計算機軟件條例》第九條的規定，軟件著作權人可以享有以下權利：①發表權，即決定軟件是否公之於眾的權利。②開發者身分權，即表明開展者身分的權利以及在其軟件上署名的權利。③使用權，即在不損害社會公共利益的前提下，以複製、展示、發行、修改、翻譯、注釋等方式使用其軟件的權利，這是著作權人最重要的權利。④使用許可權和獲得報酬權，即許可他人以複製、展示、發行、修改、翻譯、注釋等方式全部或者部分使用其軟件的權利和由此而獲得報酬的權利。⑤轉讓權，即向他人轉讓軟件權人所享有的使用權和使用許可的權利，隨著轉讓的發生，原軟件著作人喪失該軟件的使用權和使用許可權，受讓人獲得該軟件的使用權和使用許可權，成為新的軟件著作權人。

(三) 計算機軟件著作權的保護

1. 計算機軟件著作權的保護期限

《計算機軟件保護條例》第十五條規定，除開發者的身分權外，軟件著作權人的其余各項權利的保護期為25年，截止於軟件首次發表后第25年的12月31日。保護期滿前，軟件著作權人可以向軟件登記管理機關申請續展25年，但保護期最長為50年。在軟件著作權的保護期內，符合法律規定的繼承活動、使用許可活動和轉讓活動的發生，均不改變該軟件著作的保護期。

軟件著作權保護期滿後，除開發者的身分權外，該軟件的其他各項權利即行終止。但發生下列情況之一的，軟件的各項權利在保護期滿之前進入公有領域：①擁有該軟件著作權的單位終止而無合法繼承者。②擁有該軟件著作權的公民死亡而無合法繼承者。

2. 侵犯軟件著作權的法律責任

（1）根據《計算機軟件保護條例》的規定，凡有下列侵權行為之一的，行為人應當承擔停止侵害、消除影響、公開賠禮道歉、賠償損失等民事責任，並可以由國家軟件著作權行政管理部門給予沒收非法所得、罰款等行政處罰：①未經軟件著作權人同意發表其軟件作品；②將他人開發的軟件當作自己的作品發表；③未經合作者同意，將與他人合作開發的軟件當作自己獨立完成的作品發表；④在他人開發的軟件上署名或塗改他人開發的軟件上的署名；⑤未經軟件著作權人或者其合法受讓者的同意，修改、翻譯、注釋其軟件作品；⑥未經軟件著作權人或者合法受讓者的同意複製或者部分複製其軟件作品；⑦未經軟件著作權人或者其合法受讓者的同意向公眾發行、展示其軟件的複製品；⑧未經軟件著作權人或者其合法受讓者的同意向任意第三方辦理其軟件的許可使用或者轉讓事宜。

（2）以下行為不構成侵權：①合理使用和強制許可使用計算機軟件行為；②由於必須執行國家有關政策、法律、法規和規章而有可能開發出相似的軟件；③由於必須執行國家技術標準而導致不同開發者開發出相似的軟件；④由於可供選用的表現形式種類有限可能引起相似的軟件。

（3）軟件持有者不知道或者沒有合理的依據知道該軟件侵權，其侵權責任由該侵

權軟件的提供者承擔。但若所持有的侵權軟件不銷毀不足以保護軟件著作權人的權益時，持有者有義務銷毀所持有的侵權軟件，為此遭受的損失可以向侵權軟件的提供者追償。侵權軟件的提供者包括明知是侵犯軟件卻向他人提供該侵權軟件者。

（4）從事軟件登記的工作人員，在軟件著作權的保護期內，利用或者向他人透露申請者登記時提交的存檔及有關情況的，由軟件登記管理機關或者上級主管部門給予行政處分；情節嚴重構成犯罪的，由司法機關依法追究刑事責任。

（5）當事人如對國家軟件著作權行政管理部門的行政處罰不服的，可在收到通知之日起3個月內向人民法院起訴。期滿不履行也不起訴的，國家軟件著作權行政管理部門可以申請人民法院強制執行。

第五節　保護知識產權的國際公約

案例導入

1994年，香格里拉國際飯店管理有限公司（以下簡稱香格里拉公司）總經理孔丞丞，向國家工商行政管理局投訴，反映廣東省東莞市二輕聯盛工業公司開辦了一家酒店。該酒店於1992年12月27日註冊了「東莞市香格里拉大酒店」企業名稱，並已經建成開業，其行為侵犯了香格里拉公司「香格里拉」註冊商標專用權。

香格里拉公司在商品商標上享有「香格里拉」專用權，而此案當事人在酒店服務經營中會涉及香格里拉公司受《中華人民共和國商標法》保護的註冊商標核定使用的商品，因此，即使香格里拉公司無服務商標專用權，也可追究其侵犯商標權行為。同時，中國在1985年加入了《保護工業產權巴黎公約》，承擔著保護馳名商標的國際義務。在履行中國加入的國際公約應盡的義務時，擴大了「香格里拉」商品和服務商標專用權的保護範圍，這為地方工商行政管理機關在企業名稱上保護註冊商標專用權奠定了基礎。

知識產權國際保護公約是指各國為了確保本國的知識產權在國外獲得法律保護而簽訂的雙邊互惠協定和多邊保護知識產權的國際公約。隨著知識產權國際保護的雙邊或多邊協定以及國際公約的不斷簽訂，現已形成了一系列知識產權保護的法律依據，本節將進行一些介紹。

一、《保護工業產權巴黎公約》

《保護工業產權巴黎公約》（以下簡稱《巴黎公約》）於1883年3月在巴黎製訂，1884年7月生效，至今已作了7次修改。它是一個以保護工業產權為目的的綜合性國際公約，其宗旨是在保護成員國工業產權獨立性的基礎上制定出一些基本原則，協調各國工業產權法，使工業產權能在各成員國得到充分的平等的保護。中國於1985年3月成為該公約成員國。

在《巴黎公約》中，工業產權獲得充分平等的原則主要有：

1. 國民待遇原則

國民待遇原則是指在工業產權方面，各成員國在法律上給予其他成員國國民相同於本國國民的待遇，非成員國的國民如果在一成員國內有永久住所或營業處所的，也享有同成員國國民相同的待遇。根據這個原則，某一成員國國民按照本國法律申請工業產權保護的權利或程序，另一成員國的國民在該國同樣享受，而不受到國籍的限制。

2. 優先權原則

優先權原則是指各成員國國民享有按照首先申請日起算的優先權。即一個享有國民待遇的專有權人以一項專利或商標首先在一成員國提出申請，從提出申請之日起一定時期內（專利申請為12個月，商標註冊申請為6個月），如果他又在另一成員國提出同樣的申請，則該成員國都應該以該申請人在第一國家的第一個申請日的申請為優先。

3. 獨立性原則

獨立性原則即各成員國授予的工業產權是相對獨立的。如同一項工業產權在不同國家取得的專有權彼此獨立，各成員國可以獨立地按照本國法律的規定授予、拒絕、撤銷或終止某一項工業產權，而不受該項工業產權在其他成員國情況的影響。

4. 強制許可和撤銷原則

即各成員國有權通過立法規定如果權利人在一定期限內無合法正當的理由未實施或未充分實施其專利，或不使用已註冊的商標，可以撤銷其權利。但《公約》要求對專利須經強制許可措施，對商標須經過一個「合理的期限」才可提出撤銷工業產權的程序。

5. 關於臨時性保護措施的規定

即各成員國依本國法律，對在任何一個成員國國境內舉辦的官方或經官方認可的國際展覽會上展出的展品中，可以對申請工業產權的發明、實用新型、外觀設計和商標給予臨時性保護。在臨時保護期內，不允許任何第三者以展品申請對該工業產權的保護，展品也不會因公開展出喪失新穎性或註冊在先的條件而不能取得工業產權，但這種臨時性保護不能延展優先權的期限。

二、《專利合作條約》

《專利合作條約》於1970年6月在華盛頓簽訂，1978年起生效。中國於1993年正式成為該條約的成員國。該條約的宗旨是，簡化締約國的專利申請，促進各國在審批程序、檢索專利文獻和初步審查新穎性等工作方面的合作。

該條約的主要內容是，締約國國民或居民均可進行國際申請，以便一項發明通過國際申請使申請人同時在選定的幾個或全部成員國獲得批准。實際的程序分為兩個階段，一是申請人向本國專利局提出國際申請，經形式審查合格轉遞世界知識產權組織的國際局，由該局將其申請公布，並檢索其新穎性；二是由國際局審查其「三性」條件，提出審查報告，交申請人選定的各國專利局決定是否批准。

根據《專利合作條約》的規定，國際局的主要任務是對專利的申請進行統一的調查和審查，衡量和檢驗該項專利是否具備新穎性、創造性和實用性等條件，至於是否授予專利專有權，仍由各國根據國內法以及該國是否有該專利自行決定。所以該條約僅僅只是為專利專有權人申請國際保護提供了方便並減少了繁雜的程序，並沒有減少

專利權人到選定國辦理必要的申請登記手續的程序。

三、《商標國際註冊馬德里協定》

《商標國際註冊馬德里協定》（以下簡稱《馬德里協定》）於1891年在馬德里簽訂。此後作過多次修改，最近一次是在1979年。中國於1989年10月加入該協定。

該協定是根據《巴黎公約》第十九條的規定制定的，參加國必須是《巴黎公約》成員國。《馬德里協定》規定，成員國的國民在本國辦理商標註冊後，可以通過本國的商標局向設在日內瓦的世界知識產權組織的國際局申請註冊。經批准，國際局予以公布，並通知申請人選定的要求給予註冊的有關成員國，各成員國在接到通知後一年內未作否定聲明的，即認為同意，而不必另行申請註冊和支付註冊費用。國際註冊商標的有效期限為20年，到期可以續展，優先期為6個月。非成員國的國民，則必須在該國內有住所或實際營業處，才能申請商標的國際註冊。成員國國民或非成員國國民註冊的國際商標，從國際局生效的註冊日期開始，便在所選定的締約國受到保護，效力與直接在選定國註冊一樣。

四、《保護文學藝術作品的伯爾尼公約》

《保護文學藝術作品的伯爾尼公約》（以下簡稱《伯爾尼公約》）於1886年在瑞士伯爾尼的世界版權會議上通過，先後修改過5次，目前公約的多數成員國批准和參加的是巴黎文本。中國於1993年7月加入了《伯爾尼公約》。

《伯爾尼公約》的主要內容是三個原則和對公約成員國國內立法的最低要求。

1. 國民待遇原則

國民待遇原則是指各國在版權保護方面給予公約其他成員國國民的待遇不低於本國國民的待遇。這個原則還適用於作品首先在成員國發表的非成員國的國民，以及在成員國有慣常居所的人。

2. 自動保護原則

公約成員國的國民和在成員國有居所的人在作品完成時就自動享有版權，無須履行任何手續；在成員國無居所的非成員國國民的作品首先在成員國出版的，也自動享有版權。根據這一原則，版權的地域性並沒有被突破，雖然獲得版權不用經過任何手續，但各國版權保護的時間、範圍是由各國版權法決定的。

3. 版權獨立原則

享有國民待遇的作者在任何成員國受到的保護不因其作品來源不同而不同，對作者權利的保護、行政或司法救濟的方式等，都只能按照提供保護的國家的法律。

4. 最低保護限度

最低保護限度包括作者的署名權、修改權、翻譯權、複製權、公演權、廣播權、朗誦權、改編權、錄製權、製片權。

《伯爾尼公約》將發表權和收回作品權作為各國可以選擇是否提供保護的權利。公約規定一般作品的保護期不得少於作者有生之年加死後50年，電影作品不少於公開放映起50年，匿名作品不少於作品發表後50年，攝影和實用美術作品不少於完成後25年。

五、《世界版權公約》

《世界版權公約》是 1952 年由聯合國教科文組織主持通過的，這一公約比《伯爾尼公約》的保護程度低，那些希望保持較高保護程度的國家仍然留在《伯爾尼公約》內，於是就形成了兩個公約並存的局面。到 1993 年 1 月底，《世界版權公約》已有 89 個成員國。中國於 1993 年 7 月同時加入了《伯爾尼公約》和《世界版權公約》。

《世界版權公約》的主要內容同樣有三個原則和一些最低要求。《世界版權公約》的國民待遇原則和版權獨立原則的規定與伯爾尼公約的原則是相同的。

非自動保護原則的規定恰好與《伯爾尼公約》相反，在給予版權保護的形式要求上，該公約在原《美洲國家間版權公約》要求以登記獲得版權的基礎上，向《伯爾尼公約》靠近了一步。它不要求登記，但要求作品在首次出版時標上「版權標記」，遺漏版權標記的作品喪失版權保護。對未發表的作品，各國仍應給予保護。

《世界版權公約》規定的最低保護中不包括精神權利，對經濟權利也只籠統地規定應提供「充分、有效的保護」，經濟權利的保護期短於《伯爾尼公約》的規定。在一般情況下不應少於作者有生之年加 25 年，在特殊情況下，可以自出版日起保護 25 年。

六、《集成電路知識產權條約》（《華盛頓條約》）

1989 年 5 月世界知識產權組織在華盛頓召開的會議上締結此條約，這是一個開放性的條約，但條約目前尚未生效。

條約的目的是保護半導體芯片的電路設計（美國《芯片法》所稱的「掩膜作品」），其具體內容要求各成員國建立「註冊保護製」，這種註冊申請不要求新穎性，只要求「作品」具有獨創性和一定的技術先進性。「作品」所有人在產品投入市場兩年內提出申請的，可以根據各國的法律給予保護。

條約規定的權利包括：禁止他人未經許可複製「作品」，但單純為評價、分析、研究或教學為目的而複製除外；禁止他人未經許可以盈利為目的進口或銷售「作品」或含有「作品」的芯片。「作品」保護期不得短於 8 年。

七、《世界貿易組織知識產權協議》

簽於 1994 年 4 月 15 日的《關貿總協定知識產權協議》（以下簡稱《關貿總協定》）在次年 1 月 1 日正式生效，其現稱為《世界貿易組織知識產權協議》，簡稱《TRIPS 協議》，該協議要求成員國確認知識產權為私權，保護與貿易（包括假冒商品貿易在內）有關的知識產權，並統一了知識產權執法的基本原則，引入了關貿總協定的爭端解決機制。該協議有以下主要規定：

（一）國民待遇、最惠國待遇和透明度原則

1. 國民待遇

國民待遇是指在知識產權保護方面，各締約國應遵照關貿總協定第三條的規定，給予其他締約方國民與本國國民相同的待遇，但關貿總協定的例外事項除外。

2. 最惠國待遇

最惠國待遇是指在知識產權保護方面，任何締約方對另一國國民所給予的優惠、特權及豁免應立即無條件地給予其他締約方的國民。締約方對知識產權的保護不得在其他締約方的國民之間實施不正當的歧視，也不應在國際貿易中造成限制而損害他們正常和平等的市場競爭。

3. 透明度

透明度是指締約方有關知識產權保護方面的法律和政策規定的公開性和國內的統一性。

(二) 知識產權的範圍

知識產權的範圍包括：①版權及相關權利；②商標權；③地理標志權；④工業品外觀設計權；⑤專利權；⑥集成電路布圖設計（拓撲圖）權；⑦未洩露信息專有權；⑧對許可合同中限制性商業條款的控制。

(三) 關於知識產權執行的規定

該協議詳細規定了實施知識產權保護的具體措施，如海關對侵權進出口貨物的合理扣留或銷毀；協議規定適用《關貿總協定》的爭端解決機制，解決爭議可採用交叉報復措施，即如果發展中國家侵犯發達國家的知識產權而得不到妥善解決，發達國家可以對與之沒有聯繫的貨幣進行報復和製裁，如採用停止關稅減征義務和提高關稅等辦法。此外，協議規定對知識產權進行追溯保護，包括工業產權和著作權。

該協議是第一個對知識產權保護的具體行政與司法程序加以規定的國際協議，該協議對知識產權保護的行政與司法規定包括：防止侵權的有效的救濟與防止進一步侵權的救濟。

由於知識產權保護的複雜性和特殊性，除了一般民事與刑事救濟外，它還包括某些臨時性措施和邊境措施，在履行知識產權保護的行政與司法程序時，還需要下列一些原則加以管束。①對知識產權的保護不能以阻礙正當競爭與合法貿易為代價。②實施知識產權保護必須公平合理。③一項行政或司法裁決必須建立在有關各方都有機會瞭解的證據的基礎之上。④充分利用司法復審權利。⑤強調知識產權保護在一般司法體系中的融合。

(四) 發展中國家享有過渡期

協議規定，所有締約國應在協議生效一年后實施本協議，並使國內法與協議規定相一致。但考慮到發展中國家一時還難以實施協議，又規定發展中國家及最不發達國家可以享受一定時期的寬限，發展中國家或處於計劃經濟向市場經濟轉變的國家可推遲 4 年，最不發達國家可推遲 10 年，經申請批准此期間還可延長。但在過渡期間，享受寬限期的發展中國家對尚未實施專利保護的醫藥、化工產品、食品等，應給予專利權人或享有該專利銷售許可權人 5 年的獨占銷售權；過渡期滿后，還應依本國專利法對這些產品的專利剩余期給予保護。

參考書

1. 鄭成思. 知識產權法 [M]. 北京：法律出版社, 1997.
2. 曹建民. 國際經濟法概論 [M]. 北京：法律出版社, 1999.

思考題

1. 簡述知識產權的法律特徵。
2. 試述《專利法》對技術創新的作用。
3. 試述《商標法》對國際貿易發展的積極作用。
4. 試述《世界貿易組織知識產權協議》對知識產權國際保護的推動作用。

課后案例分析一

某畫家創作了一幅美術作品，畫家將美術作品原件出售給了甲某。

問：

1. 該畫的著作權是屬於畫家，還是屬於甲某？
2. 該美術作品出版后，原件不慎毀壞，畫家是否還享有該美術作品的著作權？
3. 如果畫家將該美術作品的著作權（經濟權利）轉讓給了某畫院，是否需要將原件一併移交給畫院？如果不移交，是否意味著著作權（經濟權利）未轉讓？

課后案例分析二

2005 年 8 月 24 日，深圳海關根據美國 A 公司的申請，扣留了 B 公司報關出口的 NOVA 商標的男士襯衫。A 公司認為，NOVA 是該公司在中國註冊的商標，B 公司侵犯了其涉案商標專用權。

問題：本案如何解決？

第八章　票據法與國際貿易支付

教學要點與難點

1. 瞭解和掌握票據的法律原理；
2. 瞭解和掌握票據轉讓與流通的條件和方式；
3. 瞭解和掌握調整票據法律規範的主要內容。

案例導入

日本某銀行應當地客戶的要求開立了一份不可撤銷的自由議付 L/C，出口地為上海，證中規定單證相符后，議付行可向日本銀行的紐約分行索償。上海一家銀行議付了該筆單據，並在 L/C 有效期內將單據交開證行，同時向其紐約分行索匯，順利收回款項。第二天開證行提出單據有不符點，要求退款。議付行經落實，確定不符點成立，但此時從受益人處得知，開證申請人已通過其他途徑（未用提單）將貨提走。議付行可否以此為理由拒絕退款？

第一節　票據法概述

案例導入

甲交給乙一張經付款銀行承兌的遠期匯票，作為向乙訂貨的預付款，乙在票據上背書後轉讓給丙以償還原先欠丙的借款，丙於到期日向承兌銀行提示取款，恰遇當地法院公告該行於當天起進行破產清理，因而被退票。丙隨即向甲追索，甲以乙所交貨物質次為由予以拒絕，並稱 10 天前通知銀行止付，止付通知及止付理由也同時通知了乙。在此情況下丙再向乙追索，乙以匯票系甲開立為由推諉不理。丙遂向法院起訴，被告為甲、乙與銀行三方。

問題：你認為法院將如何依法判決？理由何在？

一、票據的基本概念及種類

（一）票據的基本概念

票據是出票人依法簽發的，由自己無條件支付或委託他人無條件支付一定金額給受款人或持票人的有價證券。票據以支付一定的金額為目的，是權利財產的一種，其

全部權利將依票據法的交付或背書而合法轉讓。善意的受讓人得享有票據上的全部權利，不受其前手權利瑕疵的影響。

(二) 票據流通的特點

1. 它可以經交付或經背書迅速而簡便地進行轉移，不必通知原債務人

在這一點上，同民法上的債權讓與不同。票據的轉讓比民法上的債權讓與簡單、方便。一張票據，盡管經過多次轉讓，數易其主，但最后的執票人仍有權要求票據上的債務人向其清償，票據債務人不得以沒有接到轉讓通知為理由拒絕。

2. 票據本身與其基礎關係相分離

票據關係是指基於票據行為所產生的債權債務關係（出票人、受款人、背書人、受背書人、執票人、承受人），即根據票據享有權利的人與承擔義務的人之間的關係，這是票據本身所固有的法律關係。基礎關係是指盡管與票據有某種關聯，但卻是處於票據之外的關係。基礎關係一般包括原因關係和資金關係兩種。

(1) 票據原因關係是指當事人之間發行票據或轉讓票據的依據或緣由（如支付價金、借款、提供擔保、贈與等）。任何人一般不會無緣無故地開出一張票據，或者將票據轉讓給別人，他們之間通常有一定的原因關係或對價關係。如可能是為了支付買賣合同的價金，可能是借款，可能是提供擔保，也可能是贈與。各國法律認為，票據上的權利和義務關係一經成立，即與原因關係相脫離，不論其原因關係是否有效、是否存在，都不影響票據的效力。票據上的債權人在行使其權利時，不必證明票據的原因，僅憑票據上的文字記載，即可要求票據上的債務人支付票據規定的金額。因此大陸法系的學者都把票據稱為不要因證券。

(2) 票據的資金關係是指票據（匯票與支票）的付款人與出票人之間的資金補償關係。

票據的付款人之所以同意接受出票人的委託為其付款，其理由可能是出票人曾向付款人提供了資金。如：客戶在銀行有存款，所以銀行同意支付該客戶開出的支票；付款人曾對出票人負有債務，或願為出票人提供信用等。這些補償關係的原因也就構成了票據的資金關係。目前，除少數國家（如法國）以外，大多數國家的票據法都認為，票據的資金關係與票據關係相分離，即不論出票人是否向付款人提供了資金，票據的效力都不受影響。

3. 強調保護善意的第三人

善意並支付了對價的票據受讓人，可以取得優於其前手的權利，不受其前手的權利瑕疵的影響。這是票據流通轉讓與民法上的債權讓與的重大區別。

> **知識拓展**
>
> 票據流通轉讓與民法上的債權讓與有重大區別。按民法原則，讓與人只能把自己所享有的權利轉讓給受讓人，而不能把自己本來沒有的權利轉讓給受讓人。例如：如果甲盜竊或拾到一件屬於乙的財物，並把它轉賣給丙，一旦日後被乙發現，乙有權要求丙把財物返還給他。因為甲對該財物並無任何合法權利，所以從甲手中買受該財物的丙也無權取得該財物的合法權利。這就是說，作為受讓人丙的權利並不比出讓人甲的權利更為優越。又例如：在貨物買賣中，賣方的權利擔保義務之一是其所交付的貨物必須不第三方不能提出任何權利或請示的貨物，如果所交貨物侵犯物權，不僅賣方要承擔責任，買方甚至也要承擔責任。因此，讓與人與受讓人的地位是一樣的，受讓人不能取得優於讓與人的權利。但是，如果乙遺失的是一張無記名的匯票，被甲拾得並把它轉讓給丙，情況就不一樣了。只要丙是善意的、支付了對價的票據受讓人，他就有權得到票據的全部權利，乙不能要求丙把票據返還給他。因為這是票據流通轉讓，票據法保護善意受讓人的利益，他享有優於其前手（甲）的權利，不受其前手（甲）權利瑕疵的影響。這是為促進票據流通，保障票據交易安全所必需的。受讓人在取得流通證券後即取得它的全部權利，他有權用自己的名義對票據上的所有當事人起訴而不依靠其前手參加。

（三）票據的種類

關於票據的種類，按照各國法律的規定通常分為匯票、本票和支票。

（1）匯票是出票人向付款人簽發的，要求付款人即期或在一定期限內，向持票人無條件支付一定金額的票據。匯票有三個基本的當事人：出票人，又稱為發票人，是簽發匯票、委託他人付款的當事人；持票人，又稱受款人，是收取匯票上規定金額的當事人；付款人，又稱受票人，是匯票上記載的承擔付款義務的當事人。

（2）本票是出票人簽發的，在指定的到期日由自己向受款人或執票人無條件支付一定金額的票據。本票屬於自付憑證，只有出票人和受款人兩個當事人。因此，本票的持票人無需向出票人承兌。

（3）支票是出票人簽發的，委託銀行在見票時向受款人無條件支付一定金額的票據。支票也有三個當事人，即出票人、受票人和付款人。支票與匯票的主要區別在於，支票必須以銀行為付款人，而匯票的付款人則不以銀行為限，既可以是銀行，也可以不是銀行。

二、票據的法律特徵

1. 票據是完全的有價證券

票據是一種完全的有價證券，其權利與證券有著密不可分的關係。即發生權利，必須製作證券；轉移權利，必須交付證券；行使權利，必須提示證券。

2. 票據是金錢證券

票據上表明的權利，是一種債權。這種債權的標的是應付給一定金額的金錢。所以票據是金錢證券，或稱金錢債權證券。

3. 票據是流通證券

票據的流通性比一般有價證券的流通性強，因為，作為票據權利的債權，可以不按民法上一般債權轉讓方式轉讓，即票據的債權讓與，不必由轉讓人通知債務人或經

債務人承諾，票據的權利人可以依背書或交付而實行轉讓。

4. 票據是委式證券

票據必須嚴格按照法定方式製成。票據上所載事項，都是法律明確規定的。票據上如欠缺某種法定事項，除法律另有規定外，該票據是無效的。

5. 票據是文義證券

票據上的權利與義務，均依票據所載文義為準。票據當事人不得以票據外的立證方法來變更或補充票據文義。在票據上簽名者，也僅依票據上文義負責。

6. 票據是無因證券

票據是無因證券，或稱不委因證券。票據的基本關係（包括出票人與付款人之間的資金關係和出票人與受款人以及票據的背書人與被背書人之間的對價關係）與票據上的權利與義務關係是嚴格區分開來的，當事人的權利與義務關係完全以票據上的文字記載為準，不受其基本關係的影響。這樣人們在接受票據時就不必調查票據的基本關係，從而使票據能廣泛地流通。

7. 票據是提示證券、繳回證券

票據債權人行使權利，以佔有票據為要件。要證明其佔有，必須出示票據（提示），所以票據被稱為提示證券。票據債權人行使其權利，受領金錢給付後，應將票據繳回於給付人，使票據關係歸於消滅。如果票據債權人不繳回票據，票據債務人可以拒付票據金額而不負票據責任。

8. 票據是一種要式的證券

票據的做成必須符合法定的形式要求，如果不符合法定的形式，就不能產生票據的效力。各國法律對於票據所必須具備的形式條件都作了具體的規定，這些規定都是必須遵守的，當事人不能隨意加以更改。這是因為票據是一種流通證券，其權利與義務關係完全根據票據上的文義來確定，如果票據上記載事項不統一或者對其中某些重要事項記載不明確，則當事人之間的權利與義務就無法確定，票據的流通性也會受到影響。

三、調整票據的法律規範

票據法自17世紀中葉進入成文法時期以後，因各國法律文化的特點及政治、經濟條件的差異，在19世紀末逐漸形成了法國法系、英國法系和德國法系等三大法系。由於這三個法系票據法的某些具體規定有差異，對票據在國際上的流通使用以及國際貿易的發展都是不利的，鑒於此，一戰后，在國際聯盟的主持下，先后於1930年和1931年在日內瓦舉行了兩次關於統一票據法的國際會議，通過了四項關於統一票據法的《日內瓦公約》。這就是：①1930年關於統一票據和本票的《日內瓦公約》；②1930年關於解決匯票與本票的若干法律衝突的公約；③1931年關於統一支票法的《日內瓦公約》；④1931年關於解決支票的若干法律衝突的公約。

此外，還通過了關於統一匯票、本票以及支票印花稅法公約。現在，大多數歐洲國家和日本以及某些拉丁美洲國家已採用了上述各項《日內瓦公約》。有些國家還以上述公約為基礎，對本國的票據法進行了修訂。此后，大陸法系各國的票據法逐步趨於

統一，法國法系與英國法系之間的分歧也逐步消滅。但由於英美等國認為《日內瓦公約》與英美法的傳統和實踐有矛盾，一直拒絕接受《日內瓦公約》。歷史上存在的票據法的三大法系，現已演變成為日內瓦統一法系與英美法系並存的局面。

第二節　匯票

案例導入

甲公司向某工商銀行申請一張銀行承兌匯票，該銀行作了必要的審查后受理了這份申請，並依法在票據上簽章。甲公司得到這張票據後沒有在票據上簽章便將該票據直接交付給乙公司作為購貨款。乙公司又將此票據背書轉讓給丙公司以償債。到了票據上記載的付款日期，丙公司持票向承兌銀行請求付款時，該銀行以票據無效為理由拒絕付款。

問題：

（1）從上述案例顯示的情況看，這張匯票有效嗎？

（2）根據《中華人民共和國票據法》關於匯票出票行為的規定，記載了哪些事項的匯票才為有效票據？

（3）銀行既然在票據上依法簽章，它可以拒絕付款嗎？為什麼？

一、匯票的概念

匯票是由出票人簽名出具的，要求受票人於見票時或於規定的日期或於將來可以確定的時間內，向特定人或憑特定人的指示或向持票人支付一定數額金錢的條件的書面支付命令。所以可以把匯票概括為：匯票是一種委託他人付款的證券；匯票是一種無條件的書面支付命令；匯票的金額必須確定；匯票須於見票時或規定的到期日付款。

匯票原始當事人的法律關係可以簡單概括為：匯票的出票人對付款人來說是債權人，而對受款人來說則是債務人。匯票上的付款人之所以成為債務人，並不是由於出票人對他開立了匯票，而是取決於他本人是否在匯票上簽了名。只有當付款人在匯票上簽名（承兌），承擔了付款義務之後，他才成為匯票的債務人。而且一旦付款人在匯票簽名，他就成為該匯票的主債務人，而出票人則居於次要地位成為從債務人。但在付款人在匯票上簽名承認付款責任之前，匯票的債務人仍然是出票人而不是付款人。在對外貿易業務中，通常是由賣方作為出票人開立以買方為付款人的匯票，指定與其有往來關係的銀行為受款人來結算貨款。

二、匯票的出票及形式

（一）匯票出票的法律效力

出票是指首次將格式完備的匯票交付給受款人的行為。這是產生票據關係的一種基本票據行為。它包括兩個環節：由出票人製作匯票，並在其上簽名和將票據交付給

受款人。僅有匯票製成，而未將其交付於受款人，還不能稱為出票也不會產生出票效力。

出票是創設票據關係的行為，是以后票據關係發展的基礎。出票的法律效力有：①基本效力。由於出票行為的完成，票據權利即由出票人移轉於受款人，也就是出票人將票據與票據權利一起讓與受款人。就移轉權利而言，出票與背書有同一效力。②服從效力。出票人完成出票行為后，票據權利即移轉於受款人，與此效力相關，票據法規定出票人必須負擔保責任。這種擔保責任分為兩種；一是承兌擔保責任，即如果受款人向付款人提示匯票請求承兌而遭拒絕，則該受款人可以依法定程序，對出票人行使追索權；二是付款擔保責任，即如果受款人於到期日后，向付款人提示匯票，請求付款而遭拒絕，該受款人可以依法定程度向出票人行使追索權。

(二) 記載事項

匯票的形式是通過匯票記載事項體現的。記載事項按其效力不同，可分為必須記載事項與任意記載事項。

1. 必須記載的事項

必須記載的事項包括：①票據文句。票據上應記載其為匯票字樣，記載這類文字是為了讓接受票據者容易識別，對文句用字，法律並無限制，但票據文句所用語言與票據上所用文字應該是統一的。②支付一定金額的單純委託。這是匯票性質所決定的。匯票付款人與出票人不是同一人，所以匯票上應載明上述字樣，一是金額應確定，必須有確定的數字和單位，兩者均不確定或其中一項不確定，都會構成要件欠缺。二是票據權利要確定，即付款委託應為單純委託，而不是附有任何條件的。③付款人名稱。④到期日。⑤付款地。付款地為票據金額履行地。付款地記載方法應以獨立的、最小的行政區域為準。⑥受款人或其指定人。⑦出票日及出票地。出票日應記交付日，出票地應記交付地。⑧出票人的簽名。

以上八項為必要記載事項，欠缺任何一項的匯票都沒有效力。

但《日內瓦公約》規定在下列情況下，不影響匯票的效力：①如果未記載到期日，則將該票據視為見票即付匯票；②如果不記載付款地，而於付款人名稱下附記有地址且無另外特殊表示的，則將該地視為付款地；③如果未記載出票地，而於出票人名稱下附記有地址，則將該地視為出票地。此外允許票據當事人重疊，即三個票據當事人實際上為兩個當事人。這時，不視為票據要件欠缺，該票據仍有效。

2. 任意記載事項

出票人可以將任意記載事項記載於票據上，也可以不記載於票據上。一經記載，該事項即產生法律效力，在當事人間有約束力。如不記載，也不影響票據的效力。

任意記載事項可分為兩類，第一類事項主要有：①預備付款人。預備付款人為第二承兌人或付款人。《日內瓦公約》規定，匯票如載有預備付款人，則付款人拒絕承兌或付款時，受款人應請求預備付款人承兌或付款。②擔當付款人。《日內瓦公約》規定，擔當付款人是代付款人的實際付款者，實際上是付款人的代理人。其一般由付款人指定，但付款人允許出票人指定時，出票人也可以指定並記載於票據上。③利息約

定。《日內瓦公約》規定，利息約定必須記載利率，未載利率者，利息約定也為無效。如果未特別記載日期，則利息以到期日起算。第二類事項主要是對價文句、表示出票人和受領人之間的對價關係，這種記載並無實際意義。

票據法還規定了禁止記載的事項，這些事項與必須記載事項相反，是不得載於票據的，如載於票據則其記載視為未記載，這些事項包括無擔保文句、附加條件文句等。

(三) 空白匯票

《日內瓦公約》規定，如果出票人發出某些甚至全部必要記載事項未予以記載的匯票，而授權某執票人予以補充的空白匯票或未完全匯票是有效的，票據法也予以認許。但是，如果這種補充違反當事人約定，則不得以其違反對抗另外執票人。

三、匯票的背書

1. 背書的概念與種類

匯票的背書是指持票人在匯票背面或粘單上簽名和注明背書日期後，把該匯票權利轉讓給受讓人的票據行為，在背書的行為中，簽名背書的人稱為背書人，接受經過背書的匯票的人稱為被背書人。除無記名式匯票外，記名式和指示匯票都必須以背書交付的方式進行轉讓。匯票一經持票人有效背書后，被背書人就取得了該票據上的全部權利。

匯票的背書按不同標準可分為幾類：①以目的為標準，背書可分為轉讓背書、委託取款背書、設質背書。②以形式為標準，背書可分為記名式背書、空白背書、付來人式背書。③以時期為標準，背書可分為前背書、后背書。

2. 轉讓背書

轉讓背書是指以轉讓匯票上的權利為目的所作的背書，其受讓人（受背書人）可取得該匯票的所有權。除持票人在背書時另有記載外，通常的背書多屬於此類。

轉讓背書一般有兩種，即記名背書和空白背書。記名背書又稱為正式背書或完全背書，是由背書人於票據背面或粘單上記載被背書人名稱，然后由背書人簽名的背書。空白背書又稱無記名背書、略式背書、不完全背書，是僅有背書人簽名，而不記載被背書人名稱的背書。

《中華人民共和國票據法》（以下簡稱《票據法》）規定，空白背書的持票人有以下權利：①可以以自己或他人名稱補充空白，從而使空白背書變為記名背書。②可以以記名式背書或空白轉讓票據。③既不補充也不背書，僅依交付而轉讓該票據。比較起來，空白背書使執票人的權利更加靈活。

3. 轉讓背書的記載事項

轉讓背書的記載事項包括：①記名背書應記載被背書人名稱，背書人應簽名；空白背書應有背書人簽名。②背書日期、背書人住所。③其他如禁止再轉讓記載，免除持票人通知的記載，免作拒絕證書的記載等任意記載事項。

除了必要記載事項和任意記載事項外，中國《票據法》還規定了背書的有害記載事項和無益記載事項。

4. 轉讓背書的效力

（1）移轉的效力。背書人於票據上背書后，票據上的一切權利（票據權利）即因此而轉移於背書人。《日內瓦公約》規定這種權利移轉效力是背書的最本質的效力。「一切權利」，既指取得票面金額的權利，也指取得有關利息等的權利。

（2）擔保的效力。背書人背書后，應據票據文義，擔保承兌及付款。匯票如遇承兌拒絕或付款拒絕時，背書人對被背書人及其后手負償還義務。但是，《日內瓦公約》規定，如果背書人禁止再為背書時，該背書人對以后被背書人就不再負擔保責任。

（3）資格授予的效力，又稱為權利證明效力。中國《票據法》規定，匯票佔有人依背書連續證明其權利時，就被視為合法持票人。這時持票人可以行使票據權利，而無須證明其實質權利，而票據債務人除非能證明執票人無此權利，不得拒絕履行票據義務。

四、匯票的承兌

1. 承兌的性質及效力

承兌是指匯票付款人表示承諾支付委託，負擔支付匯票金額債務，而於票據上所為附屬的票據行為。

依承兌方式，承兌可分為正式承兌與略式承兌兩種。正式承兌是指付款人在匯票正面記載承兌文句並且進行簽名的行為。略式承兌是指如果付款人僅在匯票正面簽名，不記任何文句的行為。這兩種承兌方式的法律效力是一樣的。

依承兌有無限制，承兌可分為單純承兌和不單純承兌。單純承兌是指付款人完全依票據文義而作的承兌，不單純承兌則是付款人就票據文義加以變更或限制而作的承兌。

承兌的基本效力表現為承兌人由於承兌而成為主債務人。由於承兌使得付款人因出票人的委託當然地成為票據的債務人，承兌才得以發展到完全狀態。因為只有付款人加入票據關係，成為票據的主債務人，才能具備實現票據權利的基礎。由於承兌以出票行為為前提，所以承兌是一種附屬的票據行為，付款人作了承兌行為后，就成為承兌人。承兌人應依照票據文義，負付款義務。

2. 承兌提示

承兌提示，是指持票人向付款人出示票據，請求承兌的不要式行為。一般來說，持票人並無為承兌提示的義務，但執票人一般都願意為承兌提示。因為這樣做，可以及時知悉付款人可否加入票據關係。萬一付款人拒絕承兌，持票人於到期日前也可以行使追索權。另外，付款人，特別是有信譽的付款人承兌后，可以提高該票據的信譽，加強其流通性。

但是，承兌提示也分為以下不同情況：

（1）如果匯票是見票即付票據，持票人不必做承兌提示。

（2）在下列情況下，持票人可不做承兌提示：①出票人在匯票上記載了定有期間或不定期間而禁止為承兌提示的文義時；②背書人在匯票上記載了定有期間或不定期間而禁止為承兌提示的文義時；③出票人在匯票上記載了在一定期日前不得為承兌提

示文義時。

（3）在下列情況下，持票人必須做承兌提示：①出票人在匯票上記載了定有期間或不定期間而必須承兌提示的文義時；②見票后定期付款匯票的持票人，有做承兌提示的義務；③他所付款匯票的執票人，必須做承兌提示。

3. 承兌的方式

持票人做承兌提示時，付款人應作出承兌或拒絕承兌的表示。付款人作承兌時，應在匯票上記載「承兌」字樣，不得以口頭、電話、電報等方式作承兌，也不得以匯票以外的書面方式作承兌。付款人應簽名，付款人在匯票正面不記載「承兌」字樣而單純簽名時，該簽名視為承兌。

五、匯票的付款

1. 到期日

匯票的到期日是指票據債務履行期。《票據法》規定到期日有四種：①見票即付，又稱即期匯票，即提示付款之日即為到期日。何時提示付款是持票人的自由，但《日內瓦公約》對其期限也有規定，即持票人應於出票日后一年內提示付款，否則即喪失對前手的追索權。②見票后定期付款，又稱遠期匯票（或注期匯票）以提示承兌日后一定期限為到期日。③出票日后定期付款，又稱計期匯票。④定日付款，又稱定期付款。

2. 付款提示

付款提示是指持票人或其代理人向付款人出示票據，請求付款的行為。在一般債權關係中，到期是否請求債務人履行其債務，是債權人的自由。但在票據關係中，《票據法》規定了債權人行使權利的期限，如前幾種到期日的規定，持票人違反了這些規定時，則喪失對其前手的追索權。《票據法》的這種規定，是為了維護票據的流通性，不致使票據關係人蒙受不測損失。

3. 付款

（1）付款日期。付款人於票據到期后，持票人提示票據請求，應即付款。

（2）付款標的。付款標的以金錢為限，這是由票據的性質決定的。對於匯票在國際交易雙方使用而發生的金額換算問題，《票據法》規定如下：①票據上載有以非付款地貨幣支付意旨的，原則上應換算為付款地通用貨幣支付。換算以付款地到期日的匯率為準。②如果以發票地與付款地的同名異價貨幣定票面金額時，推定為以付款地貨幣定其金額。③關於外國貨幣，如果票據上載有「以某國貨幣現實支付」文句，則付款人應以該國貨幣支付。

4. 付款人的權利和義務

（1）付款人的主要權利：①部分付款的權利。付款人可依協議及有關規定部分付款，這時受款人（持票人）不得拒絕。②收回票據或收據的權利。付款人在完全付款后，票據債務即告消滅。付款人可以請示受款人在票據上記載實收數額並交付收據。③票據提存權。持票人在法定期限到期前應作付款提示而不提示時，付款人可以將票據金額提存，提存費用歸持票人負擔。

（2）付款人的主要義務：①審查義務。付款人在付款時，有審查背書是否連續的義務。②負期前付款危險責任義務。付款人於到期開始負付款責任，這是法律賦予付款人的期限利益。票據為流通證券，期前付款實際等於削弱票據的流通性。因此，法律雖未明文禁止付款人期前付款，但規定持票人有拒受期前付款的權利，還規定付款人為期前付款時，應自負其危險。

六、匯票的追索

追索是指匯票持票人到期不獲付款時，期前不獲承兌或有其他法定原因時，向其前手請求償還票據金額及其他法定金額的行為。《票據法》規定，追索權人可以實行選擇追索或超越追索；受追索人的人數是沒有限制的，追索權人可以向追索義務人中之一人、數人或全體行使追索權；法律賦予追索權人的變更權，即追索權人對其追索義務人行使追索權時，並不因此而喪失對其他追索義務人的請求權，即使對受請求人的后手亦同。

（一）追索條件

追索可分為兩類，即期前追索和期後追索。

1. 期前追索

《票據法》規定，持票人於到期日前行使追索權，應具備下列條件：

（1）實質要件：①付款人拒絕承兌。持票人於法定期限到期前作承兌提示，而付款人就票據金額全部或部分拒絕承兌。對拒絕承兌應作這樣的理解，即不僅包括付款人現實地拒絕全部或部分承兌，也包括付款人所在地不明、拒絕會見或死亡而繼承人不明等。②付款人（包括已為承兌的付款人及未為承兌的付款人）受破產宣告，有支付停止或對其財產的強制執行未奏效。③禁止承兌提示匯票的出票人破產，由於這種票據的信用取決於發票人的信用，發票人受破產宣告，使得該票難以獲得付款。

若有以上三種情況之一，說明付款人難以或根本不能或部分不能代出票人成為票據的主債務人，票據權利難以或不可能部分實現或全部實現，執票人可以不必等到期屆至而行使追索權。

（2）形式要件：①應做成拒絕證書。②應提出破產裁決書。票據付款人受破產宣告時，破產宣告裁定書具有強有力的證據力，此時，不必提示承兌，不必做成拒絕證書。

具備上述實質要件及形式要件之一時，執票人於到期日來臨前，也可行使追索權。

2. 期後追索

執票人於到期日後行使追索權，應具備下列要件：

（1）實質要件：持票人於到期日或其後二個營業日未獲付款，是期後行使追索權的實質要件。未獲付款，不僅包括付款人的現實拒付，也包括付款人所在地不明、拒絕會見或死亡而繼承人不明等情形。如果只獲部分付款，持票人可以就其余額行使追索權。

（2）形式要件：應做成付款拒絕書。

(二) 拒絕證書

製作拒絕證書是行使追索權的一個重要的形式要件。《票據法》規定，拒絕證書是一種公證證書，應由公證人製作。拒絕證書有兩種，一種為承兌拒絕證書，一種為付款拒絕證書。如果追索權人要行使追索，只要有其中一種即可。

拒絕證書應有公證人簽名並記載下列事項：①拒絕人及被拒絕人的名稱；②拒絕證書做成地及年月日；③對拒絕人有請求而拒絕人不應其請求，或無法會見拒絕人情況等。

製作拒絕證書的費用計入追索金額，由被追索人負擔。承兌拒絕證書應在承兌提示期間內做成。付款拒絕證書的製作期間因匯票的種類而異，定日付款匯票、出票日後定期付款匯票及見票后定期付款匯票應於應付款日或期後二營業日內做成，見票即付款匯票應按承兌拒絕證書的要求做成。

《票據法》規定，可以在票據上記載「免除製作拒絕證書」「無須製作拒絕證書」等免除文句。載有這種文句的票據執票人就不必再製作拒絕證書，而直接行使其追索權。

(三) 追索金額

追索權人首先是持票人，持票人對其背書人行使追索權，該背書人清償了行使追索權的持票人的追索金額后，可以對其前手請求再追索金額。

1. 追索金額

追索金額包括下列各項：①未獲承兌或付款的匯票金額，如有約定利息，並其利息；②以年利6厘（6%）計算而得的到期日以後的利息（法定利息）；③追索費用，包括製作拒絕證書的費用、發出通知的費用等。但是，於期前行使追索權者，不得請求票據金額之金額，而應按比例扣減票據金額，其比例依持票人所在地的、於追索日的銀行官定貼現率計算。

2. 再追索金額

受追索的背書人清償了前述金額後，即取得該匯票和對其前手的追索權（再追索）。再追索金額包括下列各項：①再追索人已支付的總金額；②該金額的依年利六厘計算而得的支付日后的利息；③支出的費用。受追索人清償了追索金額或再追索金額后，可以請求追索人交付拒絕證書、收據及匯票。如部分承兌進行追索，可以請求將支付金額載於匯票並交付收據。

七、匯票的保證

票據的保證是指票據的保證人為保證票據債務的履行而實施的附屬票據行為。保證是一種委式法律行為，必須遵循票據法規定的方式。中國《票據法》規定，保證應於匯票或粘單上表示，而在此之外表示的保證，只有民法效力，不能作為票據保證。

票據保證的要件有：①保證意旨。保證應以「保證」或其他有同一意義的文字加「擔保」表示；②保證人簽名，這是絕對要件，無論何處所做的票據保證，都必須簽名，否則，這種保證不發生票據保證的效力；③被保證人的姓名或名稱；④保證金額。

除上述要件之外，保證人也可以記載保證年月日、「免作拒絕證書」的文句、預備付款人等有益記載事項，這些事項是相對要件，記載於匯票或不記載於匯票都不影響票據保證的效力。

八、匯票的參加

匯票參加是指在發生拒絕承兌、拒絕付款或其他法定追索原因時，第三人為阻止持票人行使追索權而介入票據關係的行為。介入票據關係的第三人稱為參加人，參加人可分為預先指定參加人（預定參加人）及臨時決定的參加人（臨時參加人）兩種。參加可分為參加承兌和參加付款兩種。

（一）參加承兌

參加承兌是指參加人為阻止前期追索而實行的承兌行為。參加人實行參加承兌的目的在於維持票據信用，所以在可以行使期前追索的一切場合，都可以實行參加承兌。但是如果票據上載有「禁止承兌提示」文句時，即使發生期前追索的實質要件，也不能實行參加承兌。

中國《票據法》規定，參加承兌人應於票據正面記載「參加承兌」的字樣，且要記載被參加人並簽名蓋章。如果未記載被參加人，則將出票人視為被參加人。參加承兌人在參加承兌后，對於執票人及被參加人以后的背書人與被參加人負同一責任。持票人於到期日向付款人請求付款而遭到拒絕時，可以向參加承兌人請求付款，也可以以參加承兌人為被追索人行使其追索權，追索金額與追索被參加人或其后手時的追索金額相同。

參加承兌是一種附帶償還義務的承兌，與一般承兌相比，法律性質上存在差異。參加承兌人的義務不是絕對義務，只是在付款人拒絕付款時才負有付款義務。而付款人在承兌后，即負絕對付款義務，而不允許再就付款附加條件。參加承兌人付款，是為了免除被參加人及其后手的票據責任，只在為出票人參加承兌時，才免除全體承兌債務人的責任，而付款人承兌是為了免除全體票據債務人的責任而實行的承兌。參加承兌人破產並不構成期前追索的要件，而承兌人破產，持票人即可行使追索權。承兌的作用在於確定主債務人、確定付款責任，而參加承兌的作用在於阻止追索權進行。

（二）參加付款

參加付款是指參加人為了阻止追索權的行使而實行的付款行為。參加付款和付款都是支付票據金額的行為。但它們也有差異：付款的主體為付款人或擔當付款人，而參加付款的主體為參加付款人或其指定的擔當付款人；付款行為完成後，票據關係完全歸於消滅，參加付款行為完成後，票據關係並未完全消滅，被參加人及其前手並不能免除票據責任。

中國《票據法》規定參加付款人實行參加付款時，應於匯票上記載被參加人的姓名和名稱，未記載時，視為出票人參加付款。參加付款的人參加付款行為可以在追索人可行使追索權的一切情形，不管是在到期日前還是在到期日后，都可以實行。中國《票據法》還規定，持票人拒絕參加付款時，對因參加付款可免除義務者喪失追索權。

有數人申請參加付款時，以能免除最多數債務人的義務者為優先。

九、匯票的復本和謄本

(一) 復本

復本是指就同一票據關係而發行的數份票據。復本是就一種票據關係存在的、具有同一法律效力的票據，所以其內容也應同一。復本內容不同一時，善意票據關係人可以將其視為獨立票據。發行復本的目的在於作為喪失票據時的備用證券和促進票據的流通。

中國《票據法》規定：票據的復本必須有標志，復本上必須記載「復本」字樣及編號，如無此記載，各份復本視為獨立票據，復本發行人為出票人，在出票人發行票據時，受票人可以以自己的費用請求出票人發行數份復本。匯票發行並進入流通後，持票人可以請求發行復本。但是執票人不能直接向發票人提出請求，而只能向自己的直接背書人提出請求，直接背書人再向自己的直接背書人提出請求，逐次及於出票人。如果出票人不願發行復本，可以在匯票上記載「禁止發行復本」的文句，載有此文句匯票的受票人或持票人就不能再請求發行復本。

中國《票據法》規定：付款人就復本付款時，如未經承兌，就一份復本付款，其他復本即為失效票據。如果付款人就一份或數份復本曾為承兌，則在付款時必須收回經其承兌的全部復本，否則對於未收回的經其承兌的復本仍負付款責任。

(二) 謄本

謄本是指持票人依匯票原本製作的謄寫證券。謄本製作權在於持票人，持票人無須請求他人而可以自行做成謄本；謄本不能行使票據權利，僅可作為背書及保證。

中國《票據法》規定，謄本應正確謄寫原本所載一切事項，在謄寫事項之後應記載「以上謄自原本」的字樣（界限文句），以標明謄寫的內容。此外，在謄本上應記載原本持有人的名稱或姓名及住所，以便謄本持有人請求返回原本。

匯票製成謄本后，為防止謄本、原本分別轉讓於不同人，造成謄本持有人有不測損失。中國《票據法》規定，在謄本製成前，原本出票人或原本最后背書人可以在原本上記載「此后僅於謄本上製作的背書有效」文句。在這種情況下，其后在原本製作的背書是無效的。並且，原本也不能實行民法上的一般轉讓。

第三節　本票和支票

案例導入

甲公司在銀行的支票存款共有100萬元，該公司簽發了一張面額為200萬元的轉帳支票給乙公司。之后甲公司再沒有向開戶銀行存款。

問題：

(1) 乙公司所持的支票是否為空頭支票？如何判斷空頭支票？

(2) 空頭支票的付款人是否為票據債務人？為什麼？

（3）甲公司對空頭支票的持票人應負什麼責任？

一、本票

(一) 本票的概念

本票又稱期票，是指出票人經約定由自己向受款人或指定人支付一定金額的票據。
本票與匯票在法律上的差異主要表現為以下幾個方面：

（1）原始當事人人數。匯票的原始當事人有三個，即出票人、受票人及付款人。本票的原始當事人有兩個，即出票人及受款人。

（2）主債務人。在匯票關係中，付款人承兌前，出票人為主債務人，付款人承兌后，付款人則充任票據主債務人，在本票關係中，出票人因出票行為而成為主債務人，應負支付票據金額的責任。

（3）承兌制度。匯票是出票人委託第三人付款的行為，為了提高票據信用，中國《票據法》規定了匯票承兌制度。本票是出票人向受款人支付一定金額的票據，出票人的出票行為，就表明其願意擔任票據主債務人，無須設承兌制度，要求出票人再次表態。

（4）期前追索。匯票持票人向付款人提示匯票請求承兌而遭拒絕時，可以以此為理由，實行期前追索。本票無承兌制度，所以也不會發生持票人因承兌拒絕而實行期前追索情形。至於匯期期前追索的其他原因，如付款人破產等，則準用於本票，即當本票出票人破產時或其他法定原因時，本票持票人也可以實行期前追索。

（5）復本。匯票可以發行復本，本票無承兌制度，所以不能發行復本。至於謄本，匯票和本票均可以發行。

（6）參加。匯票可以實行參加承兌，也可以實行參加付款。本票只能實行參加付款。

(二) 本票的出票及款式

本票的出票行為是負擔債務的委式單獨行為，相當於匯票的承兌行為。當出票人將本票開出並支付於受票人時，受票人就取得了對出票人的票據權利，出票人也就成為票據主債務人，負有於到期日支付本票金額的義務。

本票必須記載事項的內容與匯票基本相同，即：①票據文句，以製成該證券的語言，標明「本票」字樣。②支付一定金額的單純約定。③到期日。④付款地。⑤受款人或其指定人的名稱。⑥出票日及出票地。⑦出票人簽名。

二、支票

(一) 支票的出票與款式

1. 支票及其與匯票的區別

支票是指出票人委託銀行向受款人或執票人支付一定金額的有價證券。支票與匯票一樣，也是完全的有價證券、金一證券、流通證券、要式證券、文義證券、抽象證券及提示繳回證券。從法律性質上講，兩者基本上相同，但其間也有不同的特點，主

要表現為：

（1）資金關係。支票出票時，法律要求出票人與付款人之間必須有資金關係。匯票出票時，在出票人與付款人之間不必有資金關係。

（2）付款人身分。法律對支票付款人身分有限制性規定，即付款人必須是銀行或其他金融機關。匯票、本票的付款人無身分限制。

（3）受款人。匯票、本票應記載特定的受款人。支票除了記載特定受款人外，還可記載不特定受款人。

（4）轉讓方式。轉讓匯票或本票，應做成轉讓背書，僅依交付轉讓是例外情況。轉讓支票，一般採取交付方式，用背書實行轉讓是例外情況。

（5）承兌。匯票有承兌制度，支票與本票一樣無承兌制度，但支票有擔保制度。

（6）拒絕證明。匯票與本票的持票人行使追索權，必要時應做成拒絕證明書。支票持票人行使追索權，除可用拒絕證書外，還可用付款人的拒付聲明等證明。

（7）參加。匯票有參加承兌、參加付款制度；本票只有參加付款制度；支票既無參加承兌制度，又無參加付款制度。

2. 支票的款式

支票以其受款人記載方式為標準，可以區分為：指示式；記名式或記名且載有「禁止指示」一類文字；無記名式，即付來人式；選擇無記名式，即記名但又載有「或付來人」字樣。

支票以其票據當事人重疊情形為標準，可分為兩種，即指己支票（出票人以自己為受款人）；對己支票（出票人以自己為付款人）。

3. 支票的出票

支票的出票與匯票大體相同。不同之處在於：①匯票出票人擔保承兌及付款，支票出票人只擔保付款。②開出支票時，除對己支票外，出票人應在付款銀行有支票資金，並有用支票處分該資金的權限；否則，其所開出的支票即為不能兌現的「空頭支票」。

4. 支票記載事項

中國《票據法》規定，支票必須記載的事項為：①支票文句。②支票一定金額的單純委託。③付款人名稱。④付款地。⑤出票日和出票地。⑥出票人簽名。

(二) 支票的轉讓及付款

1. 轉讓

在支票的轉讓中，支票與匯票和本票的不同之處是，支票除記名式或指示式外，還有無記名式及選擇無記名式，因此，除背書情形外，支票轉讓可以因單純交付而成立。

2. 付款

（1）提示期間

中國《票據法》按支票出票地與付款地間距離不同規定了以下幾種付款提示期間：①在國內出票並付款的支票，付款提示期間為 10 天。②由一國出票，在另一國付款的支票，如兩地同在一洲，付款提示期間為 20 天；如兩地不在一洲，則付款提示期間為

70 天。③上述期間自出票日起算。

支票持票人違反上述規定，未於法定期間內提示付款時，即喪失對其前手的追索權。但是，如果出票人未撤銷支付委託，雖在上述期間過後，付款人也可以付款。

(2) 支付委託的撤銷

支付委託撤銷是指支票出票人撤回對付款人的付款指示。如果這種撤銷有效，則付款人不得再為付款。付款人不顧有所撤銷而仍付款時，應自負其責，不得以其付款來與出票人結算。中國《票據法》規定，支付委託的撤銷只能在提示期間過後撤銷支付委託，在提示期內撤銷支付委託是無效的。

第四節　國際貿易支付方式

案例導入

有三筆業務，付款方式為：

(1) D/P 見票 30 天。(2) D/A 見票 30 天。(3) D/P 見票 30 天，憑信託收據借取單據。

以上三筆業務，國外客戶均於 8 月 1 日辦理了除付款以外的各項手續，問針對這三筆業務，客戶分別可在何日取得貨運單據？

一、國際貿易支付概念

國際支付是指通過某種支付工具，按某種方式清算、了結不同國家有關當事人之間政治、經濟與文化等交往中發生的債權與債務的活動。

國際貿易支付是指貨物、技術及服務進出口貿易所發生的國際債權與債務結算。國際貿易支付在國際支付中所占比重最大，所涉及的支付方式多樣。國際貿易中最常用的支付方式主要有信用證、匯款與銀行托收等。

二、調整國際支付結算關係的法律規範

目前調整國際支付結算關係的法律規範主要體現為有關國家的國內法，包括合同法和資金轉移法等。托收和憑信用證支付的關係則主要由很多國家廣泛接受的國際慣例予以規範。

就調整信用證支付關係的國際慣例來看，國際商會於 1929 年就制定出《跟單信用證統一慣例》(Uniform Custom and Practice for Commercial for Documentary Credits)，后經數次修改，最新修訂本於 2007 年在第 600 號出版物上公布，因而又稱《600 統一慣例》(UCP600)。此慣例也受到各國的廣泛承認，美國紐約等州甚至特別規定《統一商法典》對 UCP (《600 統一慣例》) 下的信用證不適用。

由於匯付在國際貿易結算中較少使用，本章以下只根據 URC522 (《托收統一規則》) 和 UCP600 及具有代表性國家的判決實例分別介紹托收和憑信用證結算關係中當

事人之間的權利與義務。

就托收關係而言，為了確定各當事方之間的權利和義務關係，國際商會於 1967 年制定了《商業單據托收統一規則》，該規則於 1978 年被修訂並更名為《托收統一規則》，1995 年國際商會在其第 522 號出版物公布了最新的修訂本，這一新版本的《托收統一規則》（ Uniform Rules for Collection，簡稱 URC522）已得到世界各國銀行的廣泛採納。

三、信用證支付方式

（一）信用證的概念

信用證是對外貿易中常用的一種以銀行信用保證的、憑規定單據承兌、付款或議付的保證文件，開證銀行負第一位付款責任。信用證是以銷售合同為基礎，但又不依附於銷售合同的一項獨立契約。它只憑單據而不憑貨物來支付有關款項。

知識拓展

在國際經濟交易中，當事人分處於不同的國家或地區，彼此很難信任，唯恐上當受騙、錢貨兩空。作為「萬能仲介人」的銀行便應按實際需要，提供這種交易的擔保服務，這種仲介對交易各方和銀行都是有利的。憑信用證支付的上述各項優點使之成為國際貿易中最常用的支付方式。

根據國際商會 1993 年《500 統一慣例》第二條的規定，信用證（Letter of Credit, L/C）為一項約定，根據此約定，銀行（開證行）受其客戶（申請人）的要求和指示，或為開證行自身行事，憑符合信用證條款規定的單據，支付相應金額給第三者（受益人）或其指定人，或承兌並支付受益人出具的匯票，或授權另一銀行進行支付或承兌並支付受益人出具的匯票，或授權另一銀行議付。信用證就是允諾按規定單據付款的憑證。

（二）信用證種類

信用證根據不同的運用方式和不同條款，可以分成多種形式。常用的有以下幾種：

（1）光票信用證，是指憑不附貨物運輸單據等的匯票付款的信用證。

（2）預支信用證，是指允許出口商在裝貨交單前可以先支取全部或部分貨款的信用證。由於允許預支條款是用紅字打印的，因此俗稱紅條款信用證。

（3）可轉讓信用證，是指凡開證銀行授權給通知信用證銀行，在受益人的申請下，如果通知銀行同意，可將信用證的全部或一部分轉讓給一個第三人，或同時轉讓給兩個或兩個以上的第三人的信用證；反之，即為不可轉讓信用證。信用證轉讓只限一次。

（4）可分割信用證，是指信用證金額可轉讓給兩個或兩個以上的第三人的信用證。可分割的信用證必須也是可轉讓信用證。

（5）背對背信用證，是指中間商開來的信用證是憑他向另一國家或地區商人成交后，將他的客戶開給他的信用證作為保證，轉請當地開證銀行重新開發新的信用證。

（6）對開信用證，是指以一種出口貨物向對方交換進口貨物或原料，把出口和進口聯繫起來，雙方約定對開信用證，並在信用證內訂有互開才能生效的條款。

（7）循環信用證，是指信用證被全部或部分使用后仍可恢復到原金額並繼續使用的一種信用證。

(8) 備有信用證，是指以信用證作為未來發生特定情況時受益人使用信用證的條件。如該情況不發生，則備而不用。加拿大、美國、日本等國不准銀行代客戶開發保證書，因此他們的銀行開立備用信用證。這種信用證與銀行保函相類似，一般使用於國際招標或者金額大、周期長的國際勞務、石油勘探等業務中。

另外，信用證在議付以前不經過受益人同意或甚至不必事先通知受益人，開證行可以隨時修改或撤銷的，就是可撤銷的信用證；反之，就是不可撤銷的信用證。可撤銷的信用證對受益人（出口商）毫無保障，因此在國際貿易中極少採用。

此外還有保兌信用證和不保兌信用證。保兌信用證是指一家銀行開出的信用證請另一家銀行（主要是通知行）加以保證承兌。

(三) 信用證支付法律關係中的當事人

信用證支付關係中的當事人主要有以下幾種：

(1) 開證申請人（Applicant），是向銀行申請開立信用證的人，一般是國際貨物買賣合同中的買方；同時，其也是支付關係中最終承擔付款責任的債務人。

(2) 開證行（Issuing Bank），即接受開證申請人的委託或為其自身（即開證行自己主動要求做信用證業務）開立信用證的銀行，一般是買方所在地的銀行。

(3) 通知行（Advising Bank），即接受開證行的委託，負責將信用證通知受益人（賣方）的銀行，一般是賣方所在地的銀行，是開證行的代理行或有業務往來的關聯行。

(4) 受益人（Beneficiary），指有權享受信用證上的利益的人，一般為國際貨物買賣合同中的賣方或中間商，他是支付關係中的債權人。

(5) 議付行（Negotiating Bank），指願意買進或貼現的受益人按信用證開出匯票的銀行。議付行可以是指定的，也可以是非指定的；可以是通知行，也可以是其他銀行，不受任何限制。

(6) 保兌行（Confirming Bank），即在開出的信用證上加上自己保兌責任的銀行。所謂保兌責任是指承擔根據信用證開出的匯票保證會被兌現的責任。保兌行在信用證上加保兌后，即對信用證獨立負責，承擔必須付款或承兌的責任。

(四) 信用證格式

各銀行開出的信用證並無統一的格式要求，但是信用證的內容卻大致相同。信用證一般包括以下內容：

(1) 信用證的當事人，主要包括開證申請人、開證行、通知行和受益人的名稱和地址，有的信用證還包括保兌行、指定的議付行或付款行。

(2) 對信用證本身的說明，如開證時間、信用證的種類和號碼、匯票最高金額、有效期和到期地點等。

(3) 關於貨物情況的說明，如貨物名稱、品種、規格、數量、品質、包裝、價格、生產國別和製造廠商等。

(4) 裝運條款，規定裝運港（地）、目的港（地）、運輸方式、裝船日期（最后期限）以及是否分批裝船和中途轉運等。

(5) 單據條款，主要規定應提交哪些單據。信用證規定的單據包括三類：①貨運

單據，如各種發票、裝箱單、重量證書、質量證書、產地證書等；②運輸單據，主要是提單；③保險單據，即保險單或其他保險憑證。除此之外，還要在信用證中規定一個交單付款、承兌或議付的日期。

（6）開證行保證條款，規定開證行要對受益人、議付行或匯票持有人保證，開證行在收到符合信用證要求的單據後，即對根據信用證開出的匯票承擔付款責任。

（7）特殊條款，在信用證中視每一筆交易的不同情況做出不同的規定。信用證的內容由開證申請人根據買賣合同的要求向開證行提出，即信用證的規定應與買賣合同的規定相一致。

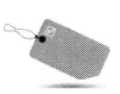

> **知識拓展**
>
> 如何防範信用證欺詐。在信用證支付方式下，賣方可能利用「嚴格相符原則」和「信用證獨立原則」的漏洞來進行信用證欺詐。所謂嚴格相符原則，是指賣方在向銀行提交各種單據要求付款時，這些單據必須在表面上完全符合信用證的要求，銀行才予以付款。所謂信用證獨立原則，是指信用證以買賣雙方的合同為依據開出，但是銀行須嚴格遵守信用證的規定向信用證受益人支付貨款，而不受買賣雙方交易合同履行情況的約束。
>
> 根據上述兩個原則，只要受益人提供的單據符合信用證要求，銀行就要按照信用證的規定履行付款義務而不管受益人是否真的履行了合同義務、受益人取得單據的途徑是否合法等，這些原則的存在產生了可以被賣方用來進行信用證欺詐的空間和可能。
>
> 買方和銀行也有可能利用信用證欺詐，這主要來自信用證中的某些「軟條款」。信用證的「軟條款」是指在信用證中規定了一些對賣方取得付款的限制性條款，或信用證的條款不清、責任不明，使得賣方事實上很難獲得銀行的付款。對於買方和（或）銀行開出的信用證，賣方拿到信用證后應及時審查，如果發現有「軟條款」或與買賣合同不符的條款，應立即與買方協商，讓其修改信用證。同時，賣方還可注意買方可能獲得的利益，如果買方對履約金、佣金或質保金等的要求非常強烈，則其可能有欺詐的意圖，賣方更應加強對信用證的審查。

（五）信用證交易的一般流程

（1）約定。買賣雙方在合同中約定以信用證的方式付款，合同的規定構成信用證支付的前提。

（2）申請開證。開證申請人（買方）向其所在地銀行申請開證。申請開證時，應填寫開證申請書。如果銀行認為有必要，通常會要求買方繳納一定的開證押金或提供其他擔保。

（3）開證。開證行接受買方申請的，按照規定內容用信函、電報或電傳的方式向賣方（信用證的受益人）開立信用證，並寄發給賣方所在地的開證行的代理行或關聯行（通知行），請其通知受益人。

（4）通知。通知行接受開證行的委託后，將收到的信用證審核后通知受益人。

（5）裝貨、備單和申請議付。受益人收到信用證，經審核與合同無誤后，按信用證規定裝運貨物，並備齊貨運單據，開立以買方為付款人的匯票，在信用證有效期內，遞交當地銀行（議付行），請求議付。

（6）議付。議付行按信用證條款審核信用證和單據無誤，接受受益人的議付申請后，將匯票金額扣除自付款日起到估計收到票款（獲得償付）日為止的利息和手續費

后，將議付貨款支付給受益人。議付完貨款后，將賣方所提交的貨運單據寄交開證行或其指定的銀行，向后者索償。

（7）付款並通知買方付款贖單。開證行或其指定的付款行審核單據是否與信用證條款相符，如無誤，即償還議付行墊付的貨款，同時通知買方付款贖單。

（8）買方付款贖單。買方經審核無誤，付款贖單，信用證交易即告結束，開證行與買方之間因開立信用證而產生的權利與義務關係也告結束。

四、匯付方式

匯付（Remittance）是匯款人通過銀行將款項匯交收款人的支付方式。在實踐中，匯付的方法又有以下四種：

1. 信匯

信匯（Mail Transfer，M/T）是匯出行應匯款人的申請，將信匯委託書寄給匯入行，授權該匯入行解付一定金額給收款人的一種結算方法。信匯的具體程序是：匯款人填寫匯款申請書，連同匯款、匯資交匯出行，以此取得匯出行的信匯回執；匯出行開具信匯委託書郵往匯入行，委託該匯入行向收款人付款；匯入行收到該委託書后即通知收款人取款；匯入行收到收款人簽名或蓋章的收據后即向其付款，然后將付訖借記通知寄給匯出行。

2. 電匯

電匯（Telegraphic Transfer，T/T）是匯出行應匯款人的申請，拍發加押電報或電傳給其在收款人所在地的分行或代理行，委託其向收款人付款的結算方法。電匯程序與信匯很相似，所不同的是：在電匯方法下，匯款人申請書的內容是要求電匯；匯出行委託匯入行付款所使用的工具為加密押的電報或電傳。電匯速度快捷，但費用很高。

3. 票匯

票匯（Demand Draft，D/D）是匯出行應匯款人的申請，開出以其分行或代理行為付款銀行的即期匯票，指令該付款行支付一定金額給付款人的一種結算方法。對票匯方式下的匯票，收款人在不違反匯票票面上限制性規定的前提下可將其流通轉讓。

4. 電子系統匯付

隨著計算機技術的發展，國際銀行之間越來越廣泛地採用了環球銀行間財務電信（Society for Worldwide Interbank Financial Telecommunication，SWIFT）系統進行高速度電子資金轉移，即電子系統（SWIFT System）匯付。國際貿易關係中的當事人也可以利用這一系統進行結算。具體辦法為：匯出行應匯款人的申請，向其分行或代理行發出付款指示，后者按該指示照辦后，即通過計算機借記於匯出行在SWIry系統的電子帳戶上。

五、銀行托收

（一）銀行托收的方式

托收（Collection）是國際交易中的債權人開出的以債務人為付款人的匯票，委託銀行向債務人收取交易款項的一種支付方式。

根據托收過程中的票據等金融單據是否有發票、裝運單據、裝箱單、商檢單等商業單據，托收可被分為光票托收和跟單托收兩種。

1. 光票托收

光票托收（Clean Collection）是指債權人僅開出匯票而不附帶任何商業單據的托收。在國際經濟交往中，光票托收通常只限於收取價款的尾數、樣品費、佣金和代墊雜費等。

2. 跟單托收

跟單托收（Document Collection）是指債權人將匯票與商業單據一起交銀行委託收款的支付方式。

根據商業單據轉移的時間，跟單托收又可以分成付款交單和承兌交單兩種。

（1）付款交單（Document against Payment，D/P），即代收銀行必須在債務人付清票款后才能將商業單據交給債務人。根據付款時間的差異，付款交單可分成即期付款交單和遠期付款交單兩種。前者是指代收行向債務人提示匯票和裝運單據，債務人經審核無誤后就須付款贖單；后者則是指債務人見到匯票和商業單據並經審核無誤後先承兌匯票，等匯票到期時再付款贖單。

（2）承兌交單（Document against Acceptance，D／A）是指債權人將遠期匯票和商業單據交給托收行，由托收行委託代收行向債務人提示承兌，債務人承兌匯票后即可得到商業單據，待匯票到期時，債務人再履行付款義務。承兌交單是先提貨，後付款。對出口方來說，后付款的風險是相當大的，如果對方資信不好，貨物已經脫手，貨款有可能完全落空。除非出口方確認對方是資信很好的老客戶，或者為了要以某種新商品到新地區開創新局面，否則一般不輕易接受這種支付條件。

(二) 托收的法律關係

1. 托收結算法律關係中的當事人

根據《托收統一規則》（URC522）的規定，一筆托收業務涉及的當事人有：①委託人，又稱本人，是指委託銀行向債務人收款的債權人。②托收行，是接受本人的委託代向債務人收款的銀行。③代收行，是指受托收行委託向債務人收款的銀行。④付款人是代收行向其提示委託人的匯票，要求其支付票款的人。

2. 委託人和托收行之間的法律關係

（1）委託人對托收行的義務。委託人和托收行之間屬於委託代理關係，根據《托收統一規則》的規定，委託人對托收行的義務表現在三個方面。①對托收行就以下事項作出明確指示：代收行的選定；交單條件的確定；向付款人應收取的銀行費用；收到付款后的付款方法和通知付款的方式；遇到買方拒付時是否做成拒付書及對貨物的處理方式。如果委託人就上述各事項未向托收行作出明確指示，那麼托收行對由此造成委託人的任何損失概不負責。②向托收行支付辦理托收所需的手續費和代墊的各項費用。③在接到托收行有關拒付或發生意外情況的通知時，應及時指示銀行對有關單據進行處理。

（2）托收行對委託人的義務。①執行委託人的指示。②審查所收單據的種類和份

數與托收申請書所列者是否相符。若有不待或遺漏，托收行則應毫不延遲地通知委託人。但是，托收行對任何通知、信件或單據在寄送中的延遲和（或）遺失及其他無法控制的原因造成的一切后果免責，未經托收行的同意，托收行沒有提貨的義務，即使托收行主動處理貨物，托收行對貨物狀況和受委託處理貨物的第三人任何行為或疏忽也概不負責。③對委託人未加明確指示的事項按《托收統一規則》（URC522）予以處理。例如，委託人未指定代收行時，托收行可自行選擇代收行。④向代收行寄送托收指示書，注明按《托收統一規則》（URC522）辦理，並列明完整明確的指示，同時附寄有關托收單據。⑤將收到托收款項毫不延遲地交付委託人。⑥對因過錯造成委託人的損害負賠償責任。

3. 托收行和代收行之間的法律關係

托收行和代收行之間也是委託代理關係。

（1）托收行對代收行的義務。托收行對代收行的主要義務是：償付因執行其代收指示而發生的所有開支及損失，但已由付款人償付的部分除外。

（2）代收行對托收行的義務。代收行對托收行的主要義務是：①代理托收行執行托收指示。②審查、確定所收到的單據表面上與托收指示書是否相符，且在付款人承兌或付款前必須保管好單據。③應按托收指示書規定的方式向托收銀行通知代收情況，並無延誤地向托收行寄送付款通知、承兌通知及對貨物採取行動的通知。④對其過錯造成托收行的損失予以賠償。但托收行對委託人義務關係中的免責事項同樣適用代收行對托收行的義務關係。

4. 委託人與代收行之間的法律關係

委託人與代收行之間並無直接的合同關係，但是，根據《托收統一規則》的規定，代收行在代收過程中發生的開支或費用在付款人或托收行拒絕承擔時，代收行可以從代收的款項中予以扣除或留置有關單據。

5. 付款人與代收行之間的法律關係

付款人與代收行之間也無直接的合同關係。但是，《托收統一規則》規定：付款人拒付時應向代收行說明原因。

六、非傳統方式貿易下的支付方式

（一）「三項貿易」支付方式

「三項貿易」包括來料加工、來件裝配、補償貿易。來料加工由國外客戶提供原材料、輔助材料，由國內加工成品出口；來件裝配由國外進口商提供部分原部件，由國內組裝出口；補償貿易一般是由一方引進機器設備和操作技術，另一方進行生產，以產品償還引進機器的價值，原則上以進口機器所生產的商品直接補償。這些貿易採用的支付方式視情況而定，有的用信用證形式，有的用無證出口托收方式，有的兩者相結合。

（二）分期付款延期付款方式

對於加工周期長、金額較大商品的進出口，如船舶、大型機械或成套設備等，也

可以按國際上的習慣做法，採用分期付款或延期付款的支付方式。

在分期付款方式中，買方在簽訂合同時先付一部分貨款作為保證金，然后按工程進度分若干期付清。每期付款時可採用信用證或托收等方式。

延期付款往往也由買方先付一小部分貨款作為保證金，其余採用信用證或銀行信用保證書等方式分期付款。兩者不同之處在於前者往往要付清貨款或者至少付了大部分貨款才能提貨，而后者則往往是先提了貨后再分期付款。另外，在一般情況下，分期付款的貨物所有權在交貨后即由賣方轉移給買方，而延期付款的貨物所有權在交貨后貨款全部付清前並不轉移。

參考書

1. 趙承璧，等. 國際貿易統一法［M］. 北京：法律出版社，1998.
2. 張聖翠，等. 國際商法［M］. 上海：復旦大學出版社，2002.

思考題

1. 簡述票據流通的特點。
2. 簡述票據的法律特征。
3. 試述國際支付的主要形式。

課后案例分析一

出票人甲將票據交付給受款人乙，乙通過背書將票據轉讓給丙，丙又將票據轉讓給丁，丁又將票據轉讓給戊，戊為最后持票人。

問題：在這一系列當事人之間，誰是票據上的前手和后手？這樣的區分有何意義？

課后案例分析二

有一筆出口業務，買賣雙方已經簽訂了合同，問題：

（1）在合同規定的裝運期內在船、貨物已經齊備的情況下，當付款方式為托收時，是否可以裝運貨物出口？

（2）在合同規定的裝運期內在船、貨物已經齊備的情況下，當付款方式為信用證，但尚未收到國外來證時，是否可以裝運貨物出口？

第九章　國際貿易中的電子商務法

教學要點與難點

1. 瞭解國際貿易中電子商務的主要法律問題；
2. 瞭解和掌握電子商務合同成立的主要內容；
3. 瞭解《電子商務示範法》和《電子簽名示範法》的主要內容；
4. 瞭解電子商務中域名及其與商標的關係。

案例導入

數據顯示，截至2015年9月底，問題平臺涉及的投資人數約為13.3萬人，涉及貸款餘額為77.1億元。9月份跑路平臺占比高達64%，其中有9家平臺上線時間不足一個月即跑路，屬於比較明顯的惡意詐騙平臺。

第一節　電子商務概述

隨著互聯網的發展，電子商務對人類的社會生活產生著越來越大的影響。國際貿易中眾多公司紛紛在其貿易中採用電子商務，極大地促進了國際貿易的發展。接著，越來越多的國家、地區或商家，都主動看中了電子商務帶來的無限商機，積極參與到爭奪21世紀經濟持續發展製高點的競爭中。

一、電子商務的概念

電子商務作為一種新形式的商務活動，已開始在國際貿易中被廣泛地運用。它通過採用現代信息技術手段，以數字化通信網絡和計算機裝置替代傳統交易過程中紙質信息載體的存儲、傳遞等環節，採取廣告和搜索、訂貨和付款以及送貨三個主要階段，達到國際貿易高效率、低成本、數字化、網絡化和全球化等目的。

（一）電子商務的概念

從電子商務（Electronic Commerce）活動的基本內容來看，電子商務一般是指通過電子手段對貨物或服務的跨境分銷、營銷、銷售或交貨。截至目前，國際上對其定義比較多，尚無能使各國及國際組織普遍接受的關於電子商務（Electronic Commerce）的定義，但其基本特徵是一致的：電子商務是企業、商家及公民等商務主體通過計算機

互聯網絡進行的各種商務活動的總稱。

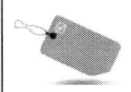

> **知識拓展**
>
> 在國際貿易中，由於使用電子數據交換（EDI）方式比較複雜、費用高，而且需要專門的增值網絡，所以這種方式除了在具有長遠利益的高價值供貨伙伴關係的大企業之間被應用外，尚未真正得到普及。由於電子商務是通過傳真、電報、電傳、電子支付及貨幣轉帳系統、電子數據交換和互聯網的方式進行，而且電子商務是以互聯網以及其他以網絡為基礎的商務，即電子商務是指利用任何信息和通信技術進行任何形式的商務活動，主要是通過網絡進行的商業活動。因此，電子商務可達到國際貿易高效率、低成本、數字化、網絡化和全球化等目的。

(二) 電子商務的分類

（1）企業與企業之間的電子商務。企業與企業之間的電子商務是指企業之間採取電子化手段進行交易的商務活動。電子商務活動除了須遵守國際貿易規則之外，還須遵守國際慣例及行業慣例。

（2）企業與消費者之間的電子商務。企業與消費者之間的電子商務是指商業企業通過互聯網等與消費者進行即時交易的商務活動。由於它是商業企業與消費者之間的商務行為，因此涉及消費者保護問題，其適用的規則和企業與企業之間的電子商務有所不同。

（3）貨物銷售電子商務。貨物銷售電子商務是指通過向網上虛擬化的商店進行訂貨和支付，而送貨則在網下進行。其中網上訂貨和支付活動須適用電子商務法律規則。

（4）無形物銷售電子商務。無形物銷售電子商務是指貨物之外的其他作品等的智力成果、服務和其他信息的銷售。這類標的具有知識產權或者經濟價值的性質，其交易和履行往往涉及著作權等知識產權法律保護，或者適用不同於貨物銷售的各種交易規則，且這類電子合同完全可以在網上交易並履行。

（5）電子支付。電子支付是指電子交易的當事人通過網絡，使用數字化方式進行電子貨幣數據交換和資金結算。電子支付有現金支付、信用卡支付、電子支票支付（包括電子錢包）等方式。

二、EDI 的概念及與電子商務的關係

盡管目前還不能確切地定義電子商務與 EDI（電子數據交換），但它們之間卻存在一種相互交叉的關係。如果僅從商務活動的角度來看，EDI 只不過是電子商務的一種工具，是將商業文件如貨單、發票、貨運單、報關單和進出口許可證等，按統一的標準編製成計算機能識別和處理的數據格式，在計算機之間進行傳輸。而電子商務則指所有的通過電子手段進行的商務活動，其含義無疑要比電子數據交換廣得多。

EDI 模式的商務活動僅僅是整個電子商務活動的一個組成部分，電子商務除了包含以 EDI 方式進行的商務活動外，還涉及其他類型的電子商務活動，如通過電傳、傳真、電子郵件、仲介交換等方式展開的商務活動。

對於電子商務與 EDI 模式的商務之間的關係，聯合國國際貿易法委員會的《電子

商務示範法》予以了清楚的界定。《電子商務示範法》第一條明文規定:「本法適用於在商業活動方面使用的、以數據電文為形式的任何種類的信息。」該法第二條規定:「數據電文系指由電子手段、光學手段或類似手段生成、發送、接收或儲存的信息,這些手段包括但不限於電子數據交換(EDI)、電子郵件、電報、電傳或傳真。」盡管 EDI 模式的商務活動只是電子商務的一個部分,但是由於它出現的時間最早,而且至今仍在整個電子商務中占據著最大的比例,因此,目前電子商務基本上可以說是以 EDI 為主要載體的。

三、電子商務涉及的法律問題

電子商務的虛擬性、無國界性、無紙化等特徵向現有的法律規則提出了諸多問題。主要有以下內容:

1. 電子商務合同

電子商務合同與傳統合同有著較大的不同,因此,需要明確電子商務合同的要約、承諾和簽名的效力,合同成立的時間、地點以及合同的有效性和可執行性等,以保證電子合同具有與傳統合同同等的法律效力。

2. 知識產權的保護

電子商務的虛擬性使得知識產權的保護出現新的困難。大量的電子文件、CD、軟件以及報刊新聞等被任意地下載,構成對他人著作權的侵犯,域名搶注現象嚴重,且域名無地域性使得這一問題的解決難度增大。

3. 電子商務的稅收

電子商務的無國界性產生了諸如對通過互聯網提供電子出版物、軟件數字化產品和網上各種服務等電子商務是否應當納稅以及如何納稅等問題。又由於電子商務是無紙化交易,稅收憑證也是稅收征收的一大困難,這對海關統計以及稅收征收來說也是一大難題。再如如何規範跨國稅收規則、避免雙重征稅以及如何確定稅收管轄權等都是一些棘手的問題。

4. 電子商務的支付

電子商務需要通過電子方式進行支付和結算。明確電子支付命令的簽發和接受,有關銀行對發送方命令的執行,有關當事人的權利、義務以及網上支付中的電子貨幣、電子現金、電子錢包等問題,是保障電子支付和發行安全性的前提條件。所有這些問題都需要相關的法律加以規範。

5. 電子證據

電子商務合同以及其他單證主要是以電磁記錄物等電子形式表現出來的,由於使用磁性介質,記錄的內容容易遭到篡改。並且由於計算機程序或者操作人員的過失合同內容也會出現差錯,進而影響電子商務的真實性和安全性,因此需要明確電子證據的可用性、有效性以及審查規則。

6. 電子商務的管轄權

國際電子商務的虛擬性對傳統的管轄權理論與實踐提出了新的問題。例如,確定合同簽訂地、(網上履行)合同履行地、(網上侵權)侵權行為發生地;網址構成新的

管轄依據；網上消費者合同管轄權的確定，其根本問題是原有的管轄權理論能否套用於電子商務。也就是說，需要確定新的電子商務管轄權規則。

7. 電子商務的隱私權

遠程交易、聯機購買、網上俱樂部或免費電子郵件都需要提供購買者的個人資料，電子商業企業可能由此在其網絡數據庫中建立客戶資料檔案，收集有用的客戶信息，商業企業可依此有的放矢地推銷其產品或服務，而可能會使用戶或消費者深受電子垃圾的侵擾。更令人擔憂的是個人帳號、消費者愛好等個人的隱私，也可能被某些人洩露或利用。因此，需要解決在網絡公開性的情況下，如何有效地保護個人隱私權的問題。

8. 網絡的安全問題

電子商務的安全性要求有效地保障通信網絡、信息系統的安全，保證信息的真實性、完整性、保密性和不可抵賴性，防止他人非法侵入使用、盜用、篡改和破壞。它涉及立法、社會環境、操作人員素質和安全防範技術水平。需要解決的技術有：防火牆技術、密鑰加密技術、數字簽名技術、身分認證技術等。

四、電子商務法的概念和原則

(一) 電子商務法的概念

國際電子商務法是調整國際商務過程中數據通信交易方式的法律規範的總稱。電子商務法主要是調整國際商務活動中數據通信的手段與方式，而不是國際貿易本身，其目的是保證數據通信的安全性和可靠性。電子商務的內容大致分為數據通信、電子簽名和電子商務認證三個方面。電子商務的發展除了需要有技術的支持外，還需有法律規則的保障，因為這類交易可能會遇到複雜的稅收問題（包括關稅）、支付問題、法律適用及管轄等問題。

但是目前，電子商務立法及其法律規則仍處於國內立法為主的階段，因此，協調各國之間電子商務法律制度，對電子商務的發展具有十分重要的意義。

(二) 國際電子商務法的基本原則

各國電子商務法的基本原則主要有：①技術中性原則。技術中性原則是指對電子交易的技術手段一視同仁，法律上不得厚此薄彼。②媒體中性原則。媒體中性原則是指無論採用何種媒體形式和通信手段進行商務活動都給予相同的地位和待遇。也就是說，無論是採用有線通信、無線通信，還是電視、廣播及增值網絡，都一視同仁地對待。③作用等同原則。作用等同原則是指符合法定要求的數據通信與傳統紙質文件具有同等的法律地位和作用，應享有同等的待遇，不應對使用數據通信用戶施加更加嚴格的安全標準。④自治原則。自治原則是指電子交易的當事人有選擇交易方式和交易規則的自由。⑤安全原則。安全原則是指電子交易的工具、手段、形式和技術方案都必須符合安全性要求，以消除各種不確定性。

五、調整電子商務的法律規範

調整電子商務的法律規範可分為國內法和國際法。目前，調整電子商務的法律呈

現國內立法和國際立法並舉的局面。電子商務的國際立法以示範法為主，而各國國內電子商務立法則方興未艾。

1. 國際立法

國際立法又可分為國際組織和區域性組織兩個方面。

（1）國際組織立法。①聯合國貿易發展委員會（UNCITRAI）制定的《電子商務示範法》，這是國際組織立法中最具代表性的。該法不僅為電子商務提供了一套框架性規則，而且為各國的電子商務立法提供了示範性規則文本。②聯合國貿易發展委員會《電子簽名示範法》，在電子商務的數字簽名和身分確認等安全方面提供了一套規則。③世界知識產權組織（WIPO）早在1996年12月在日內瓦召開的關於版權與鄰接權若干問題會議上就締結了《版權條約》和《表演和錄音製品條約》草案，其內容涉及在電子商務的環境下對版權等知識產權的保護。④世界貿易組織（WTO）早對電子商務已有了工作計劃，內容涉及電子商務的分類、司法管轄權和協議的簽署、關稅和國民待遇等問題。WTO在1997年達成的《全球基礎電信協議》《信息技術協議》和《開放全球金融服務市場協議》為電子商務和信息技術的發展確立了法律基礎。⑤國際商會（ICC）於1997年通過了《國際數字簽署貿易通則》，目前正在制定《電子貿易和結算規則》。

（2）區域性組織的立法。主要包括歐盟和經濟合作與發展等組織的歐盟1997年《遠程銷售指令》、1998年《電子簽名法律框架指令》《隱私保護指令》、1999年《數字簽名統一規則草案》和2000年《協調信息社會的版權和相關權利有關方面的指令》、經濟合作與發展組織1998年《電子商務行動計劃》等。

2. 國內立法

美國是世界上電子立法最發達的國家。1995年，美國猶他州制定了世界上第一部《數字簽名法》，美國的電子立法發展迅速，最具代表性的是1997年的《全球電子商務政策框架》和1999年的《統一電子商務法》。

其他引人注目的電子立法為：2000年法國的《信息技術法》、菲律賓的《電子商務法》；1999年加拿大的《統一電子商務法》、韓國的《電子商務基本法》、澳大利亞的《電子交易法》、哥倫比亞的《電子商務法》和1998年新加坡的《電子商務法》等。

第二節　電子商務合同的成立

案例導入

張先生在網站上看到一則關於投資「香港VS基金」賺錢的廣告，稱「投資該基金，確認后第二天返利，每天按投資數額的5%～10%返利」。高額的回報讓其心動不已。隨后，他便和對方聯繫，先匯款1萬余元。幾天后，張先生果真收到對方承諾的每天850元的匯款。然而就在張先生準備將第二筆款匯給對方時，他發現這家網站已經關閉，隨即報案。據警方通報，該網站共詐騙全國10多個省份1 200余人共600余萬元。

一、電子商務合同概述

（一）電子商務合同概念

電子商務合同是指，以電子形式將合同的內容存儲於計算機磁性介質上的一組數據通過網絡實現訂立、確認、修改等，從而明確合同雙方的權利、義務關係的合同。電子商務主要以電子合同的形式體現交易活動，這使用計算機控制通信的電子商務與以紙質文件為基礎的傳統商業活動有著根本區別，因此，電子合同是否具有法律效力是電子商務的前提。

電子商務合同的主體主要是各國的商業企業，但由於電子商務的法律規則對跨國網上消費和政府採購也同樣適用，因此國際電子商務合同（以下簡稱電子合同），也可適用這兩類合同的所有主體。

電子合同的標的與一般合同的標的大致相同，不同之處在於電子合同存在大量的數字化標的。主要有：數字化的貨幣及其衍生物、數字化有價證券、數字化軟件以及其他有價值的信息等。

（二）電子商務合同的特點

1. 電子商務合同採用數據電文形式

根據聯合國《電子商務示範法》的規定，數據電文是指以電子、光學或者類似形式生成、發送、接受並保存的信息，包括電子數據交換、電子郵件、電報、電傳或傳真等所有無紙形式。數據電文是電子商務合同的最本質特徵，其他特徵都是由這一特徵派生出來的。

2. 電子商務合同採用超文本性的數據電文

數據電文的超文本性是指，只是提及大量較短的數據電文內容而不完整地記錄於合同，或對其他的數據電文的內容多採用提及或引證的方式。如果規定電子商務合同必須將所有的信息複製在同一個電子文本上，那麼與效率、交易成本和習慣都不符，並且在使用公共密鑰證書的電子簽名認證系統等情況下，往往難以做到。因此，各國法律都承認電子商務合同的超文本性。

3. 電子商務合同的技術性

電子商務合同的技術性是指保證電子商務合同與紙質媒體合同具有同等的功能和作用，必須採用的數字簽名和密鑰技術等各種技術手段。

4. 電子商務合同採用數據電文自主性

交易的當事人是否同意採用數據電文的合同形式，主要通過明示的方式確定，在特定的場合或情況下，也可以通過推定的方式確定。但應當注意兩點：一是在有交易習慣時，應當依據交易慣例；二是應當注意保護消費者的權利。

（三）電子商務合同的法律基礎

盡管電子商務合同表現為無紙化，但是合同雙方的權利、義務關係並不因為沒有紙張這一事實而受到實質性的影響。一方面，電子商務合同以數據電文形式出現，承

認電子商務合同的有效性，就是對當事人採用數據電文形式有效性和合法性的確認；另一方面，由於數據電文具有超文本性、技術性等特點，法律需要對電子商務合同作出特殊規定。所以電子商務只是改變了市場交易所使用的交易手段，沒有改變以合同為核心的市場交易的本質屬性。

二、電子商務合同的成立

(一) 電子合同當事人

　　1. 電子合同當事人的確認

　　電子合同雙方當事人一般通過約定的電子密碼確認數據電文的發件人與實際生成並發送該電文的人是同一主體。目前確認電子合同當事人的主要方法是數字簽名。

　　2. 電子合同主體締約能力的確定

　　目前主要是採用數字簽名的方式。而對數字簽名本身真實性的辨認主要由權威的認證機構予以認證。這一方式對確保國際電子合同效力及其交易安全十分有利。

　　3. 電子合同代理人

　　電子合同代理人是指不需要人的審查或操作，而能獨立地發出、回應電子記錄，以及部分或全部地履行合同義務的計算機程序。電子代理人並不是傳統民商法的獨立的主體概念，它只是執行合同主體設定的程序，並能智能化運作的交易工具，因此，電子合同代理人不具有法律主體資格。電子合同的代理人完成的訂立合同行為的后果由被代理人（預先設定該程序的人）承擔。

(二) 電子合同的訂立

　　電子合同與紙質合同一樣，其訂立也包括要約和承諾兩個階段，所不同的是要約與承諾的電子手段及其法律對這種手段的承認。

　　1. 電子合同的要約

　　(1) 電子商務合同要約成立的要件與紙質合同基本相同。要約一般是向特定的受要約人發出；要約的意思表示應內容具體、明確；表明經受要約人承諾，要約人即受該意思表示的約束。

　　(2) 電子合同的要約也存在要約與邀請要約的區別。區別的主要標準仍是合同法有關要約與邀請要約的原理。但是，電子商務是一種在虛擬的網絡中從事的現實交易，考慮到商務電子技術的進步，並根據要約的構成要件（尤其是商家明顯的定約意圖），認定上述電子廣告構成一項要約更符合合同法原理。但是，由此會產生這樣的問題：根據合同法原理，只要購買方鍵擊「購買」，就是對要約的承諾，也就意味著合同的成立，不應當產生再對「購買」這一承諾行為進行「確認」的問題。因此，有必要對商務電子合同的要約與承諾的特殊性做出某些新的解釋或規定，如對這類即時交易形式的要約，規定其效力以事先確認的銷售數量為限，只能採用與要約形式相同的方式做出承諾，否則視為一項要約；如果商家無貨銷售，就不得以要約形式發布廣告等。這也是認定上述廣告為邀請要約的一個重要理由。解決這類問題的一個基本原則應當是：法律規範應當適應電子商務的發展趨勢。

（3）各國（或地區）在電子合同要約的生效問題上基本都採取「到達主義」原則，即到達收件人指定的系統或者收件人的任何系統。與紙質合同不同，採取數據電文形式的要約一般不存在要約的撤回問題，因為數據電文傳送得非常迅速，難以做到在要約到達之前撤回該要約。但是，電子商務合同的要約撤回是可能的，最典型的例子是通過電子郵件的方式發出的要約，只要在受要約方做出承諾之前，在符合合同法規定的前提下，要約人可以撤銷其要約。只是對採用 EDI 形式的要約，由於通常都是按照事先設定的程序進行交易，受要約方的計算機收到要約后，整個交易過程自動迅速完成，無須人員介入，因此一般不存在要約的撤銷問題。

2. 電子合同的承諾

（1）電子商務合同的承諾方式一般應當與要約的形式相適應。電子商務合同一般也應當通過網絡做出承諾，或採取電子信件，或採取鍵擊即時交易，或採取 EDI 方式。在採取電子郵件的情況下，存在著承諾送達問題。《電子商務示範法》和各國的電子商務法都採取到達主義原則，即達到收件人指定的系統或收件人的任何系統。中國《合同法》第二十六條也採取了此原則。

（2）以收件人檢索到該數據電文的時間為收到時間。《電子商務示範法》第十五條規定，在收件人指定某一系統，而數據電文送達收件人的其他信息系統時，「以收件人檢索到該數據電文的時間為收到時間」。在採用鍵擊即時交易的情況下，可能存在著對承諾確認的問題（見上述要約部分）和承諾撤銷的問題。一般而言，在瞬間完成交易的鍵擊式承諾時，不存在撤銷承諾問題。但是，考慮到承諾人可能沒有得到充分審查合同的機會，或者會發生誤擊等紙質合同不易發生的各種意思表示不真實的情況，有些法律規定可以在承諾后的一段時間內撤銷該承諾，這尤其有助於對消費者的保護。

（3）在採取 EDI 方式的情況下，要約與承諾可能沒有明確的界限，有時呈現互換性。為明確電子合同的確定性，《電子商務示範法》和一些國家的國內法都規定了確認數據電文收訖的程序，儘管這些規定都屬任意性規範，但它有利於保證合同的確定性。但是，這種確認本身並不能證明發送的數據電文內容與收到的數據電文內容相一致，要做到兩者內容一致，達到權威的確認程度，還需採用在線公證等方式。

3. 電子簽名

（1）電子簽名需要通過網絡識別系統進行。所謂「電子簽名」是指在數據電文中，以電子形式所包含、所附加或在邏輯上與電子商務有聯繫的、用以證明數據電文簽名人的身分並表明該簽名人確認數據電文所含信息的數據。當事人在合同上簽名是保證交易真實的必要手段。電子簽名是一種數據，一般需要通過網絡識別系統進行。

廣義上的電子簽名包括個人口令、密鑰、非對稱加密、生物計量法、使用個人識別碼、手寫簽名的數碼版本等，而且根據技術中性原則，電子簽名技術仍處於發展之中，現有的或將來的任何一種技術，在符合法定要求的情況下都可能被用作電子簽名。

狹義的電子簽名通常是指數字簽名，它是一種用以確定有關簽名人和表明該簽名人認可的數據電文所涵蓋的信息。

在廣義與狹義的電子簽名之間存在一種增強式電子簽名，也稱安全電子簽名，它是指經過一定的安全應用程序，能夠達到同樣效果的電子簽名技術。與廣義電子簽名

相比，它更具安全性。

（2）簽名的真實性須通過認證機構認證。雖然使用數字簽名能夠幫助確認簽名者身分，但是為了確認其簽名本身的真實性，往往還須通過認證機構等仲介服務的認證。認證機構是專門提供網絡交易人信息服務的第三方，認證機關也稱證書服務提供者，它可以是官方機構或私營服務商。為保證證書來源和內容的真實性，應以數字簽名簽發證書。數字證書是各類終端實體和最終用戶在網上進行信息交流及商務活動的身分證明。它是一段包含用戶身分信息、用戶公鑰信息以及身分驗證機構數字簽名的數據。證書服務機構的數字簽名可以保證證書信息的真實性，用戶公鑰信息可以保證數字信息傳送的完整性，用戶的數字簽名可以保證數字信息的不可否定性。

三、中國《合同法》中有關電子商務合同的規定

中國《合同法》順應電子商務發展的趨勢，明確規定數據電文是合同法定形式之一。例如：

在第十一條採用了聯合國《電子商務示範法》「數據電文」一詞的內涵及其外延，明確列舉了電報、電傳、傳真、電子數據交換和電子郵件五種形式均屬數據電文，並將數據電文歸入書面形式之中。

在第十六條對合同到達的時間所作的規定，即採取數據電文形式訂立的合同，收件人制定特定系統接收數據電文的，該數據電文進入該特定系統的時間，視為到達時間，未指定特定系統的，該數據電文進入收件人的任何系統的首次時間，視為到達時間。

在第三十四條對合同的成立地點所作的規定，即採取數據電文形式訂立合同的，收件人的主營業地為合同成立的地點；沒有主營業地的，其經常居住地為合同的主營業地。

此外，由於中國《合同法》對大量有關數據電文形式的合同內容均未作明確規定，為解決電子簽名效力等敏感問題，《合同法》第三十三條便規定：當事人採用信件、數據電文等形式訂立合同的，可以在合同成立之前要求簽訂確認書，簽訂確認書時合同成立。但對電子合同的當事人而言，這一規定更像是一項建議。顯然，在電子簽名技術和認證制度不斷趨於完善的情況下，這一規定已滯后於國際通行的承認電子簽名效力的慣例或趨勢，並可能對電子簽名的可靠性和有效性帶來不確定性。當事人在簽訂國際電子商務合同時，可以參照聯合國國際貿易法委員會《電子簽名示範法》的有關規定。

由於各種因素的限制，中國《合同法》調整有關數據電文形式訂立合同的條款非常有限，但它仍處於不斷完善之中。

第三節 電子商務示範法的主要內容

案例導入

消費者受騙真實案例：「『雙十一』當天支付成功后接到假淘寶客服電話，稱支付系統出了問題，需要退款給買家。」此類詐騙主要有以下幾個步驟：

（1）撥打用戶電話謊稱消費者所購買的物品缺貨要退款或交易平臺出現故障，有退款需要核實；

（2）以退款為由向消費者索要銀行卡號、密碼和有效期等信息；

（3）發手機鏈接給消費者操作，並要求客戶回覆手機收到的驗證碼；

（4）憑藉消費者給出的信息劃走其銀行資金。

公安部門提醒，訂單凍結辦理退款只是騙子的幌子，真正的官方客服不會向客戶詢問帳戶、密碼等信息，也不會要求客戶轉帳。收到類似的電話請立即掛斷，並查詢自己的淘寶訂單物流情況進行核實，不要輕信。

信息洩露原因：由於電商行業領域涉及上下游供應鏈的多個環節，第一種情況是電商平臺自身存在安全漏洞或內部管理上的漏洞導致信息洩露；第二種情況是下游的物流快遞相關平臺存在技術和管理方面的問題導致信息洩露；第三種情況是用戶自己不經意洩露了自身的隱私信息，例如手機終端刷機導致惡意軟件植入竊取信息。

維權：被騙后應第一時間報警。接到「客服」電話，應到官網查詢電話回撥，或者通過其他途徑來驗證核實；凡自稱「公檢法」工作人員要求匯款或進行「資產驗證」，一律是騙子；接到「退款」信息，應立即聯繫店主，不要輕易點擊「客服」發送的鏈接或掃描二維碼；「輕鬆又掙錢」往往只是幌子，網店刷信譽沒有任何安全保障，切勿參與；網絡聊天涉及錢款，一定要核實對方身分，切忌輕易匯款。

防範和整治電信詐騙，需要用戶提高安全防範意識和判斷能力。從企業層面講，需要加強網絡安全建設，與第三方建立合作伙伴關係時，應對其提出數據安全方面的要求；而從國家監管層面來講，需要不斷完善相關制度規範，將信息安全與企業業務掛鉤。

近年來，不少國際組織在電子商務法律的國際協調方面也做出了卓越的貢獻。其中影響最大的是聯合國國際貿易法委員會的電子商務工作。《電子商務示範法》和《電子簽名示範法》是聯合國大會國際貿易法委員會向各國推薦的有關調整電子商務法律關係的示範性法律文本，其目的是向各國立法者提供一套國際公認的規則，消除電子商務的法律障礙，為電子商務創造較為可靠的法律環境。

一、《電子商務示範法》

1996年12月，聯合國國際貿易法委員會在聯合國大會上，以大會51/162號決議的形式通過了《電子商務示範法》，該法律對涉及電子商務有關手段的法律問題作了規

定。這是世界上第一個世界性電子商務的正式立法。《電子商務示範法》分為「電子商務一般規則」和「特殊領域中的電子商務」兩大部分，共四章十七條。

1. 適用範圍和有關術語

（1）適用範圍。該法適用於商業活動中採用數據電文形式的任何種類的信息。所謂的「商業」應作廣義的解釋，即包括一切契約性或非契約性的商業性質的事項，包括但不限於以下交易：以提供或交換貨物或服務為內容的任何貿易交易；經銷協議、商業代表或代理；經營管理；租賃；工廠建造；咨詢；工程設計；許可貿易；投資；融資；銀行業務；保險；開發協議或特許；合營或其他形式的工業或商業合作；航空、海上、鐵路或公路貨物或旅客的運輸。雖然在該法制定時未特別考慮需要保護消費者而引起的問題，但該法並不妨礙任何旨在保護消費者利益的法律的適用。

（2）術語。該法規對下列六個主要術語作了定義，以避免人們在理解該法時產生歧義：①數據電文。數據電文是指經由電子、光學或類似的手段生成、儲存或傳遞的信息，這些手段包括但不限於電子數據交換（EDI）、電子郵件、電報、電傳或傳真等。②電子數據交換。電子數據交換是指在電子計算機之間採用某種商定標準來規定信息結構的信息電子傳輸。③數據電文的發端人。數據電文的發端人是指可認定是由其或代表其發送或生成該數據電文的人，也包括生成這種數據電文、沒有傳遞而加以儲存的人，但不包括與該數據電文有關的仲介人。④數據電文的收件人。數據電文的收件人是指數據電文的發端人意欲其接受該數據電文的人，但不包括與該電子數據有關的中間人。⑤中間人。中間人是指就某一特定數據電文而言，代表他人發送、接受或儲存該數據電文或就該數據電文提供其他服務的人。⑥信息系統。信息系統是指生成、發送、接受或者以其他方式處理數據電文的系統。

2. 對數據電文適用的法律要求

（1）數據電文的法律確認。該法第五條規定了不應對數據電文加以歧視的原則，即不得僅僅以某種信息採用數據電文形式為由而否定其法律效力、有效性或可執行性。

（2）書面形式。該法第六條規定，如果法律要求信息需採取書面形式，只要一項數據電文所含信息可以調取以備日後查閱就符合了書面形式的要求，而不論法律規定書面形式是否為強制性的，也不論法律是否僅僅規定了信息未採取書面形式的法律後果。

（3）簽名。該法第七條規定，如果滿足了以下兩個條件，一項數據電文就符合了法律的簽名要求：①採用一種方法確定了簽名人的身分，並且表明該簽名人認可了數據電文內容的信息。②就所有情況而言，根據任何相關協議所用的方法是可靠的，數據電文的生成和傳輸的目的也是適當的。顯然，該規定側重於簽名的兩大功能，即確定一份數據電文的作者；證實該作者同意了該電文的內容。

（4）原件。該法第八條規定，如果符合以下兩個條件，一項數據電文就符合了法律對正本提交會保存信息的要求：①有辦法可靠地保證，自信息首次以其最終形式生成，並作為一項數據電文或充當其他用途之時起，該信息保持了完整性。需要注意的是，對原始信息作必要的添加，如背書、證明等，不影響其原件性質。②如果要求將該信息展現，可以將該信息顯示給查閱該信息的人。

（5）數據電文的可接受性和證明力。該法第九條規定，在任何法律訴訟中，證據規則的適用在任何方面均不得以下列任何理由否定一項數據電文作為證據的可接受性：①僅僅以它是一項數據電文為由。②如果它是舉證人按照合理預期所能得到的最佳證據，以它不是原樣為由。對於以數據電文為形式的信息，應給予應有的證據力。在評估一項數據電文的證據力時，應考慮到生成、儲存或傳遞該數據電文辦法的可靠性，考慮到保持信息完整性的辦法和可靠性，考慮到用以鑑別發端人的辦法以及任何其他相關因素。

（6）數據電文的保存。該法第十條規定，如果法律要求某些文件、記錄或信息應當保存，只要滿足以下三個條件，就可通過保存數據電文的方式滿足此種法律要求：①須以書面形式保存，即該數據電文中所記載的信息可以調取，以備日後查用。②所儲存的信息只需能準確地反映當初發出的數據電文即可，即按生成、發送或接收時的格式保存該數據電文，或者以可被用來準確再現所生成、發送或接受信息的格式保存該數據電文。③須保存所有的信息，除了保存數據電文本身外，還包括用以確定該數據電文的傳送信息，即保存可據以查明該數據電文的來源和歸屬以及該電文的收發日期和時間的任何信息。

3. 數據電文的傳遞

（1）合同的訂立、有效性及其承認。在訂立合同時，除非當事人各方另有協議，要約和承諾都可以採用數據電文的形式表示。若在訂立合同時採用了數據電文的形式，則不得僅僅以使用了數據電文為由而否定該合同的有效性和可執行性。就一項數據電文的發端人和收件人而言，也不得僅僅因為其採用了數據電文的形式而否定其意思表示或陳述的法律效力、有效性和可執行性。

（2）數據電文的歸屬。確定數據電文的歸屬的主要目的在於確定有關數據電文對發端人是否具有法律約束力。該法第十三條規定了一項推定原則，即「發端人如果事實上發送了一項數據電文，它就要受到該電文的約束」。數據電文歸屬的法律意義在於：如果一項數據電文是發端人的或視為發端人的數據電文，或者該數據電文的收件人有權按此推定行事，就發端人與收件人之間而言，該收件人有權將所收到的數據電文視為發端人所要發送的數據電文，並按此推定行事。但是，若當收件人只要適當地謹慎或使用任何約定程序便知道或理應知道所收到的數據電文在傳送中出現錯誤，則該收件人無此種權利。

（3）確認收訖。該法第十四條規定，如果在發端人發送數據電文之時或之前，或者通過該數據電文的方式，發端人已經要求或與收件人約定了后者須向前者確認其收悉數據電文的事實，收件人便有義務向發端人確定其收悉數據電文的事實。若發端人收到收件人的收訖確認，則推定有關數據電文已由收件人收到。但是，這種推定並不含有該數據電文與所收到電文相符的意思。若所收到的收訖確認指明有關數據電文符合約定的技術要求，或符合所適用標準中規定的技術要求時，即可推定這些要求已經滿足。

（4）發出和收到數據電文的時間和地點。確定發出和收到數據電文的時間和地點不僅與合同的成立時間與地點有關，而且還關係到合同履行的時間和地點。根據該法

第十五條規定，除非發端人與收件人另有約定，否則，一項數據電文發出的時間應當是該電文進入發端人控制範圍之外的某一信息系統的時間。這一系統可以是中間人的信息系統，也可以是收件人的信息系統。該條還規定，除非發端人與收件人另有約定，否則，數據電文收到的時間按下列規則確定：①若收件人為接收數據電文而指定了某一信息系統，則以數據電文進入該指定系統時為收到時間；或若數據電文發送至收件人的其他信息系統，則以收件人檢索到該數據電文時為收到時間。②若收件人並沒有指定某一信息系統，則以數據電文進入收件人的任何一個信息系統的時間為收到時間。除當事人另有約定外，發端人的營業地應視為數據電文的發出地，而收件人的營業地則視為數據電文的接受地。若發端人或收件人有兩個以上的營業地，則以與交易有最密切關係的營業地為準；若原沒有交易的基礎，則以其主營業地為準；若發端人或收件人沒有營業地，則以其習慣居住地為準。

二、《電子簽名示範法》

2001年3月23日，聯合國國際貿易法委員會通過了《電子簽名示範法》，該法共12條，規定了有關電子簽名各方的基本行為守則，其既是對《電子商務示範法》的具體說明，同時本身又是一部獨立的法律文件。

1. 《電子簽名示範法》的定義

《電子簽名示範法》主要是對有關術語的解釋。該法以《電子商務示範法》為基礎，其所使用的術語也與《電子商務示範法》保持一致。該法第二條規定的專有術語有：①電子簽名。電子簽名是指用以鑑別數據電文有關的簽名人和表明該簽名人確認數據電文所含信息，並在數據電文中以電子形式包含或者在邏輯上與電子商務有聯繫的數據。②簽名人。簽名人是指持有電子生成數據並以本人的身分或以其所代表的人的名義行事的人。③證書服務提供者。證書服務提供者是指簽發證書或可以提供與電子簽名相關的其他服務的人。④依賴方。依賴方是指可以根據證書或電子簽名行事的人。《電子簽名示範法》適用於商務活動過程中的電子簽名，但並不減損旨在保護消費者權益的任何法律規則。

2. 簽名技術平等對待及電子簽名的基本要求

該法第三條明確規定簽名技術平等對待原則，即不排斥、限制或剝奪可生成滿足本法所要求或符合適用法律要求的電子簽名的任何方式的法律效力。

電子簽名的基本要求：

(1)《電子簽名示範法》第七條規定的電子簽名，即在對《電子簽名示範法》解釋時，當法律規定要求有某人簽名時，如果根據各種情況，包括根據任何有關協議，使用電子簽名既適用生成或傳送數據電文所要達到的目的，而且也同樣可靠，那麼該數據電文就滿足了該項簽名要求。其目的是保證可靠的電子簽名與手寫簽名具有同等的法律效果。視為可靠的電子簽名的條件是：①在使用電子簽名情況下，電子數據簽名人不與其他任何人相關聯；②簽名生成數據在簽名時處於簽名人而不是其他任何人的控制之下；③任何在簽名后對電子簽名所做的篡改均可被察覺；④當對電子簽名的法律要求是為了保證簽名涉及的信息完整性時，任何在簽名后對該信息所做的篡改均

可被察覺。

（2）可能為國家機構、私人開證實體或當事人本身承認符合示範法指定的技術可靠性標準的電子簽名方法，這種承認的優點是，在這類電子簽名技術的使用者實際使用電子簽名技術之前，即可為它們帶來確定性。採納國可以指定任何的個人、公共或私人團體和機構決定哪些電子簽名符合上述基本要求，但其所做的任何決定應當符合公認的國際標準，並且影響國際私法規則的適用。

3. 簽名人的義務

該法第八條規定簽名人如果要生成具有法律效力的簽名，就應當做到：①採取合理的防範措施，避免他人擅自使用其簽名生成的數據。②簽名人知悉簽名生成數據已經失密，或簽名人知悉引起簽名生效生成數據可能已經失密，應毫不遲延地向簽名人所合理預期可能依賴電子簽名輔助服務的任何人發出通知。③在使用證書支持電子簽名時，採取合理的謹慎措施，確保簽名人作出的有關證書整個周期的或者需要列入證書內的所有重大表述均精確無誤和完整無缺。

4. 證書服務提供者的義務

該法第九條規定，若證書服務提供者為一個作為簽名使用可具有法律效力的電子簽名而提供服務，則該證書服務提供者應當做到：①兼顧行業政策和慣例，按其所作出的聲明行事。②採取合理的謹慎措施，確保在證書有效期內其作出的所有與證書有關或需要列入證書內的所有重大表述的準確性和完整性。③提供合理手段，使依賴方得以從證書中確認證書服務提供者的身分、證書中所指明的簽名人在簽發證書時擁有對簽名生成數據的控制和在證書簽發之時或之前簽名生成數據的有效性等。④提供合理手段，使依賴方得以在適當情況下從證書或其他方面確認用以鑑別簽名人的方法、對簽名生成數據或證書的可能用途或使用金額上的任何限制、簽名生成數據有效和未發生失密、對證書服務提供者規定的責任範圍或程度的任何限制以及是否提供了及時的撤銷服務等。⑤確保提供及時的撤銷服務。⑥使用可靠的系統、程序和人員提供服務。

5. 依賴方的義務

該法第十一條規定，若不履行下列義務，則應承擔法律責任：①採取合理的步驟核查電子簽名的可靠性。②在電子簽名有證書證明的情況下，採取合理的步驟，核查證書是否有效、是否被中止簽發或撤銷。③遵守對證書的任何限制。

6. 對外國證書和電子簽名的承認

對外國證書和電子簽名的承認包括：①在確定某一證書或電子簽名是否具有法律效力或在多大程度上具有法律效力時，不得考慮簽發證書或使用電子簽名的地理位置，或者簽發人或簽名人的營業地所在國。②在採納國境外簽發的證書，若具有基本同等的可靠程度，則應與在採納國境內簽發的證書具有同等的法律效力。③在採納國境外生成或使用的電子簽名，若具有基本同等的可靠程度，則與在採納國境內生成或使用的電子簽名具有同等的法律效力。④在確定某一證書或電子簽名是否具有基本同等的可靠程度時，應考慮公認的國際標準和其他任何相關的因素。⑤如果當事人各方之間協議約定使用某種電子簽名或證書，除該協議所依據的法律無效外，均應視為足以成

為跨國境承認的依據。

第四節　電子商務中的知識產權保護

案例導入

　　許多消費者在線下商場看好商品后，找網絡代購店下單，而不少「支持專櫃驗貨」的賣家却賣假貨、高仿貨。「百分百正品，7天無理由退換」「假一罰十」「原裝正品，支持專櫃驗貨」相信習慣在網上購買品牌商品的消費者對這些字眼都不陌生。如今，無論是淘寶集市，還是天貓商城的旗艦店，抑或是優眾網、聚美優品等品牌折扣網店，為強調其商品為正品，均做出「專櫃驗貨」的承諾。

　　然而，專櫃真的會提供網購產品真偽辨別的服務嗎？

　　驗貨需要配備專業檢驗儀器，並依託於具有專業資格的工作人員。而專櫃只被授權經營，未被授權檢驗。所以網店說的支持專櫃驗貨，純屬「自說自話」。如今，幾乎所有銷售知名品牌商品的店鋪都打出支持『專櫃驗貨』的承諾，目的是吸引消費者。而多數消費者在購買前，也會詢問如何驗證是正品。因此，對於商家來說，不打出這樣的口號，將很難得到消費者認可。

　　賣家承諾「假一罰十」，其是否真會兌現承諾？網店店主的回答却讓人無言以對。她表示：「顧客以假貨理由要求退貨，必須得有相關證明，不能靠單方面言辭。」然而，品牌專櫃不提供服務，證明又從何而來呢？即使專櫃驗貨，一般的銷售人員也只能鑑別商品的防偽標志等，至於商品本身，由於缺乏一定的鑑別知識和手段，很難判定真偽。尤其是化妝品，除非拿到廠家質檢部門鑒定，否則即使是專櫃銷售人員也很難鑑別。而一旦需要進行專業檢測就要支出不菲的檢測費用，有的產品檢測費甚至會高過商品本身的價格，商家信誓旦旦表示「假一賠十」也只是一紙空文而已。

　　維權：根據國家的相關規定，只有產品的生產廠家或者國家法定的鑒定機構才有資格對產品真偽進行有效的鑑別，並出具書面報告，網店支持專櫃驗貨的承諾不具備可操作性。

　　同時，對於商家用「支持專櫃驗貨」為噱頭，吸引消費者購買的方式，在法律界人士看來，這種行為涉嫌欺詐。專櫃是否為網商的購貨者提供驗貨服務，主要看網商與專櫃之間有沒有有關驗貨服務的約定，如果雙方之間沒有有關驗貨服務的約定，又沒有隸屬關係或並非同一集團下屬機構，則專櫃無義務為網購者提供驗貨服務。如專櫃不提供驗貨服務，則網商的相關宣傳就是一種欺詐。消費者可以選擇與賣家協商、到網站投訴、到消費者協會投訴、到法院起訴等方式維權。

　　專家提醒消費者，通過網絡購買品牌商品時，應盡量選擇自己熟悉包裝、氣味、質地等細節的品牌，並選擇該品牌商的官方網店，或者在有品牌商家出具網上經銷許可的網店購買。

　　電子商務與其他商務一樣，也涉及知識產權及其保護。電子商務所使用的數字化

技術使得國際貿易的快速和低成本運行成為現實，這就為具有知識產權性質的各種信息或智力成果大量複製和傳播提供了可能性，數字化技術也給予電子商務有關的知識產權帶來了不少新的問題。

一、版權

網絡作品是一種數字化和無紙化作品，根據中國《著作權法》及其有關規定，受《著作權法》保護的作品，包括該法第三條規定的各類作品的數字化形式，以及在網絡環境下無法歸於該法第三條列舉的作品範圍：文學、藝術和科學領域內具有獨創性並能以某種有形形式複製的其他智力創作成果。

一方面，通過二進製代碼可以將文學作品、音樂等藝術作品和科學作品再現於網絡世界之中，也可以對這些作品進行任意的排列組合。借助於互聯網創造出新的網上作品可降低作品製作和傳播的成本，而且也能夠極大地提高了作品的傳播速度和容量。另一方面，網絡作品已對著作權保護提出了新的課題。例如，如何協調版權的專有性與網絡作品和信息事實上存在的公開、公知和公用的問題；又如，如何協調知識產權的地域性與網絡世界的無國界性問題。對此，世界知識產權組織於 1996 年通過了《WIPO 版權條約》（WCT）和《WIPO 表演和錄音製品條約》（WPPT）。兩個條約規定了作者在網絡上享有「向公眾傳播的權利」。如《WIPO 版權條約》第八條規定，在不損害《伯爾尼公約》的第十一條和第十四條的有關規定的情況下，文學和藝術作品的作者享有專有權，可授權將其作品以有線或無線方式向公眾傳播。包括將其作品向公眾提供，使公眾中的成員在個人選定的地點和時間可獲得這些作品。

將作品向公眾提供有三種途徑：①發行，是指通過有形載體固定作品，並將這種複製品投放市場。②傳統的公開傳播方式，是指通過播放、表演等方式傳播，但觀眾沒有得到固定作品的載體，如書籍、磁盤等有形物體。③有線、無線和網絡傳播方式，是指以數字化形式傳播作品，但沒有產生新的作品。

中國《著作權法》第十條規定的著作權各項權利均適用於數字化作品的著作權。根據中國的司法解釋，將作品通過網絡向公眾傳播，屬於《著作權法》規定的使用作品的方式，著作權人享有以該種方式使用或者許可他人使用作品，並由此獲得報酬的權利。未經著作權人許可，以營利為目的，複製發行其作品的，構成侵權。

1996 年 12 月通過的《版權條約》即《伯爾尼公約》也有類似的規定，第九條所規定的複製權及其所允許的例外，完全適用於數字環境，尤其是以數字形式使用作品的情況。

二、域名

域名在電子商務活動中代表著一個企業的形象，與企業的商標權一樣，屬知識產權範疇。域名有著傳統意義上商標的基本特徵，它表明域名的經營者與其他產品或服務的經營者之間的區別。由於域名是一個企業的標誌，因此它在一定程度上代表著經營者的信譽和質量。而且，域名還有商標所沒有的地址功能，即如電話號碼或門牌那樣的地址作用。擁有一個與商標或品牌緊密聯繫的合適的域名，就意味著銷售額或貿

易量的增加。對從事電子商務的企業而言，註冊和培育合適的域名的重要性不言而喻。

目前，世界各大公司都註冊了自己公司的域名。但是，也出現了一些知名的企業和商標被他人惡意搶注的現象，被搶注的企業欲得到該域名時，就不得不花費巨資從搶注者手中購回該域名，否則就必須使用用戶或者消費者不熟悉的域名。即便如此，各國有關域名的法律以及法院判決不同程度地做出了不利於惡意搶注行為的規定和判決。與商標搶注相比，域名的搶注問題更為突出。考慮到域名搶注沒有一個統一的法律調整，1999年10月，國際互聯網域名系統最高管理機構（ICANN）頒布的《統一域名爭端解決政策》和《統一域名爭端解決政策規則》，為各國制定有關域名方面的立法及司法提供了示範性規則。中國也已發生了多起域名搶注和域名糾紛案件。

三、商標權

國際電子商務在拓展地域範圍的同時，也使得企業的商標有了廣泛被認知的地域空間。這有助於提高從事國際電子商務的企業商標的認知度。另外，還可以在互聯網上用不斷變化的形狀、圖形、色彩和伴音展現其商標，增強商標的可視性和識別性。

但是，從事國際電子商務的企業都應當使用註冊商標，否則，即使在本國內，也可能遇到商標權糾紛。同專利權一樣，商標權保護也存在著地域性問題。也就是說，只有當某一商家就其提供的商品或者服務向有關的國家提出商標註冊並獲批准後（有些國家實行先使用原則），才能得到該國的商標法保護。通常只有那些著名的國際大公司才可能在世界許多國家申請商標註冊。相對而言，絕大多數中小企業通常只考慮在其商品或者服務覆蓋的地域申請商標註冊。

商標的地域性與網絡的全球性存在著一定的冲突，由此就會帶來一個無法迴避的問題：某些商品或服務領域中，在不同的國家或地區可能存在兩個或者兩個以上的近似甚至相同商標的所有權人。因此，在互聯網上使用註冊商標時也應當注意，如果向未申請註冊商標的國家或地區發布電子廣告或從事網上銷售，就不能與該國的同類商品或服務的註冊商標相同或相似，否則就可能侵害了該註冊商標權人的利益。根據英美法國家的法律，對任何擅自使用他人註冊商標的行為，商標權利人都有權申請禁令，禁止他人繼續實施侵權行為，並有權要求賠償由此而產生的一切損失。

與域名相比，註冊商標的地域性存在兩大不足：一是使用地域範圍的限制，即註冊商標通常應在申請註冊並受保護的國家使用，在未申請註冊的國家或地區使用商標就會存在侵犯他人註冊商標權的問題。二是使用對象範圍的限制，即一個註冊商標通常只在一類或幾類商品或服務上使用，也就是說，相同或者相似的註冊商標的各個所有權人可以在不同種類的商品或服務上使用該註冊商標。由於域名通常不會產生這類問題，因此在互聯網上使用具有與註冊商標（或企業）相同或近似的域名，不僅可以提高企業的識別度，而且可以間接擴大商標的知悉度。此外，在無法使用其商標的情況下，與其商標相同的域名還具有間接替代功效。

四、專利權

電子商務同樣存在著專利糾紛和侵權問題，眾所周知，專利權受地域性限制，專

利權人或專利產品獨家經銷商一旦發現專利侵權產品進入受保護國家的海關或者在這些國家的市場上銷售時，有權通過海關禁止其進入或者通過行政或司法部門禁止其銷售。但是，由於有些專利產品（如計算機軟件）可以通過數字化的方式在互聯網上實現銷售，這些產品可以不通過海關而直接在互聯網上向消費者傳送，這使得原先不能從正常的商業途徑通過海關進入一國並進行正當銷售的存在專利權瑕疵的產品，有可能不採用明顯犯法的傳統走私方式實現銷售。

各國專利法及其保護範圍的不同，是產生各種專利糾紛的主要原因，它同樣會影響到電子商務。同時，電子商務的發展也對專利權保護提出了新的課題，它需要國際社會的共同努力，在一個更大的範圍內強化對專利權的保護。就目前而言，為了避免可能涉及專利產品的糾紛，從事電子商務的商家可以通過有關專利文獻或IBM（國際商業機器公司）網站等查找有關的國內外專利，避免在網上向對某一產品實施專利保護的國家銷售該產品。

第五節　中國的電子商務法

案例導入

中國的電子商務法，有這樣一些特點，一是對網購中的個人信息進行保護，要求電子商務經營主體必須建立健全內部控制制度和技術管理措施，防止信息洩露、丟失和損毀。二是禁止「刷單」「炒信」等損害電子商務信用評價的行為，包括以虛構交易、刪除不利評價、有償或以其他條件換取有利評價的形式。三是明確電子商務第三方平臺的責任和義務，要求對進入第三方平臺的經營者進行信息審查登記、檢查和監控。提出「先行賠付」「保證金」等條款，如消費者權益受到侵害，電子商務第三方平臺不能提供平臺內經營者真實信息的，消費者可以要求第三方先行賠償等。

一、電子商務法的概念

電子商務，是指通過互聯網等信息網絡進行商品交易或者服務交易的經營活動。

電子商務法是調整通過互聯網等信息網絡進行商品交易或者服務交易的電子商務活動中，電子商務經營主體與消費者之間產生的，與電子商務活動有關的各類關係的法律規範的總稱。

中國的電子商務法，是基於國家鼓勵發展電子商務新業態，創新商業模式，促進新技術在電子商務中的應用，營造有利於創新發展的市場環境而制定的，是為了促進電子商務持續健康發展，規範市場秩序，保障電子商務活動中各方主體的合法權益的基本法。

電子商務法不調整涉及金融類產品和服務、利用信息網絡播放音視頻節目以及網絡出版等內容方面的服務關係。

二、電子商務經營主體

電子商務經營主體，是指電子商務第三方平臺和電子商務經營者。

(一) 電子商務第三方平臺

電子商務第三方平臺，是指在電子商務活動中為交易雙方或者多方提供網頁空間、虛擬經營場所、交易撮合、信息發布等服務，供交易雙方或者多方獨立開展交易活動的法人或者其他組織。電子商務第三方平臺具有的義務如下：

(1) 提供和監管電子商務經營者信息

電子商務第三方平臺應當對申請進入平臺銷售商品或者提供服務的經營者身分、行政許可等信息進行審查和登記，建立登記檔案，並定期核驗更新，對平臺內的商品或者服務信息進行檢查監控，及時公示，並將涉嫌違法的信息報送有關部門。

(2) 提供技術支持和協助

電子商務第三方平臺應當採取必要的技術手段和管理措施保證平臺的正常運行，提供必要、可靠的交易環境和服務，保障電子商務交易安全。平臺服務協議和交易規則應當在電子商務第三方平臺以顯著方式持續顯示，從技術上保證經營者和消費者能夠便利、完整地閱覽和保存，應當依法建立突發事件應急預案，發生突發事件時，應當立即啓動應急預案，採取相應的補救措施，並依法向有關部門報告。

(3) 應當遵循公開、公平、公正的原則

電子商務第三方平臺應當遵循公開、公平、公正的原則，制定平臺服務協議和交易規則，明確進入和退出平臺、商品和服務質量保障、消費者權益保護等方面的權利和義務。應當建立健全信用評價體系，公示信用評價規則，提供客觀、公正、合理的信用評價。

(4) 記錄、保存平臺上信息的真實性和準確性

電子商務第三方平臺在其平臺上開展商品或者服務自營業務的，應當以顯著方式區分標記自營業務和平臺內經營者開展的經營業務，不得誤導消費者。電子商務第三方平臺應當記錄、保存平臺上發布的商品和服務信息、交易信息，並確保信息真實、完整、準確。商品和服務信息、交易信息保存時間自交易完成之日起不少於三年。

(二) 電子商務經營者

電子商務經營者，是指除電子商務第三方平臺以外，通過互聯網等信息網絡銷售商品或者提供服務的自然人、法人或者其他組織。

電子商務經營者的義務：

(1) 遵循自願、公平、誠實信用的原則

國家鼓勵電子商務經營主體在從事電子商務活動中，加強電子商務信用體系建設，建立健全電子商務信用記錄、信用評價、信用管理制度，完善電子商務信用服務保障制度，遵守公認的商業道德。

(2) 依法自主經營、自律管理

電子商務行業組織和電子商務經營主體應當加強行業自律，建立健全行業規範和

網絡規範，引導本行業經營者公平競爭，根據電子商務活動的特點完善和創新電子商務管理體制和管理方式。

（3）維護電子商務交易安全

應當維護電子商務交易安全，保護電子商務用戶信息，鼓勵電子商務數據交換共享，保障電子商務數據依法有序流動和合理利用，支持和引導電子商務行業組織、電子商務經營主體和消費者共同參與電子商務市場治理。

（4）應當依法從事經營活動

電子商務經營主體應當依法辦理工商登記，自然人通過電子商務第三方平臺從事電子商務活動的，應當向電子商務第三方平臺提交其姓名、地址、身分證明、聯繫方式等真實信息，不得銷售或者提供行政法規禁止交易的商品或者服務。

（5）提供紙質發票或者電子發票

電子商務經營主體銷售商品或者提供服務應當出具紙質發票或者電子發票，電子發票與紙質發票具有同等法律效力。

三、電子商務交易與服務

（一）電子合同

電子商務經營主體發布的商品或者服務信息符合要約條件的，當事人選擇該商品或者服務並提交訂單，合同成立。當事人另有約定的，從其約定。電子形式的要約或者承諾能夠由收件人檢索識別的時間視為該要約或者承諾到達的時間。電子合同當事人使用自動交易信息系統訂立或者履行合同的行為對使用該系統的當事人具有法律效力。

電子合同使用自動交易系統的，在人機互動中用戶發生輸入錯誤，而該系統未提供更正錯誤的方式，同時符合以下要求的，用戶有權撤回輸入錯誤的部分：該用戶在發生錯誤后立即通知對方當事人有輸入錯誤發生；該用戶沒有從對方當事人處獲得實質性的利益或者價值。

（二）電子支付

電子支付，是指付款人與收款人出於電子商務活動的需要，通過電子形式的支付指令實現貨幣資金轉移的行為。

（1）電子支付服務提供者應當提供安全的支付服務

電子支付服務提供者為電子支付服務接受者開立帳戶的，應對帳戶實行實名製管理，不得開立匿名、假名帳戶。電子支付服務提供者應當告知電子支付服務接受者電子支付服務的功能、使用方法、注意事項、相關風險和收費標準等事項，不得附加不合理交易條件。電子支付服務提供者應當確保電子支付指令的完整性、一致性、可跟踪稽核和不可篡改。電子支付服務提供者應當向電子支付服務接受者免費提供對帳服務以及最近三年的交易記錄。

（2）提供符合約定方式的確認支付信息

電子支付服務接受者應當按照與電子支付服務提供者的約定，在合法範圍內使用

電子支付服務，支付服務費用，妥善保管交易密碼、電子簽名數據等安全工具。電子支付服務接受者發現安全工具遺失、被盜用或者其他未授權交易的，應當及時通知電子支付服務提供者。電子支付服務提供者完成電子支付後，應當及時準確地向電子支付服務接受者提供符合約定方式的確認支付信息。

電子支付指令未能成功執行的，電子支付服務提供者應當及時提示電子支付服務接受者，採取必要補救措施。支付指令發生錯誤的，電子支付服務提供者應當及時查找原因，並採取相關措施予以糾正。造成電子支付服務接受者損失的，電子支付服務提供者應當承擔賠償責任，但能夠證明支付錯誤非自身原因造成的除外。

(3) 電子支付服務提供者不得挪用備付金

電子支付服務接受者可以按照約定要求電子支付服務提供者將其備付金劃轉至本人結算帳戶，電子支付服務提供者不得設置障礙或者收取不合理的費用。

備付金，是指非銀行支付機構作為電子支付服務提供者，辦理電子支付服務接受者委託的支付業務而實際收到的預收待付貨幣資金。

(4) 電子支付服務者的責任與免責

責任：電子支付服務提供者發現支付指令未經授權，或者收到電子支付服務接受者支付指令未經授權的通知時，應當立即採取措施防止損失擴大。電子支付服務提供者未及時採取措施導致損失擴大的，對損失擴大部分承擔責任。未經授權的支付造成的損失，由電子支付服務提供者承擔，法律另有規定的除外。

免責：能夠證明未授權支付是因電子支付服務接受者的過錯造成的，且電子支付服務提供者能夠證明自己沒有過錯，電子支付服務提供者不承擔責任。

(三) 快遞物流與交付

快遞物流服務提供者以加盟方式為電子商務提供服務的，在加盟地域和業務範圍內均應當具備經營資質，並簽訂書面協議約定權利、義務。其義務：

(1) 建立並嚴格實施作業技術規範

快遞物流服務提供者進行作業時，應當加強服務信息化、網絡化和標準化建設，規範數據處理和數據管理程序，保證作業信息準確和可追溯。快遞物流服務提供者在服務過程中，電子商務交易物品發生延誤、丟失、損毀或者短少的，應當依法賠償。以加盟方式提供快遞物流服務的，加盟方與被加盟方承擔連帶賠償責任。快遞物流服務提供者應當建立並嚴格實施作業技術規範，確保作業過程的安全性。

(2) 不得違法攬收禁止和限制寄遞、運輸的物品

快遞物流服務提供者在攬收電子商務交易物品時應當履行查驗義務，不得違法攬收國家規定的禁止和限制寄遞、運輸的物品。

(3) 如實填寫快遞物流運單

快遞物流服務接受者應當如實填寫快遞物流運單。快遞物流服務提供者應當核對運單信息，對於運單填寫不完整或者信息填寫不實的，不予攬收。

(4) 嚴格代收貨款服務制定

代收貨款，是指快遞物流服務提供者利用服務網絡和資源，在提供快遞物流服務

的同時，為電子商務經營主體代收貨款並結算的快遞物流增值業務。

對於與快遞物流服務接受者有特殊約定或者提供代收貨款服務的，快遞物流服務提供者應當與快遞物流服務接受者在合同中明確電子商務交易物品交付驗收的權利、義務。快遞物流服務提供者提供代收貨款服務的，應當建立嚴格的現金管理、安全管理和風險管控制度。快遞物流服務提供者應當與電子商務經營主體簽訂協議，對收費標準、服務方式、爭議處理等作出約定。

(5) 電子合同的標的交付

電子合同的標的為交付商品並採用快遞物流方式交付的，以快遞物流服務接受者簽收時間為交付時間。電子合同的標的為提供服務的，以生成的電子或者實物憑證中所載明的時間為交付時間。

電子合同的標的為在線提供數字產品的，以承擔交付義務的一方當事人將數字產品發送至對方當事人指定的特定系統並且能夠檢索識別的時間為交付時間。

電子合同當事人對商品、服務和數字產品的交付方式、交付時間另有約定的，從其約定。

四、電子商務交易保障

(一) 電子商務數據信息

(1) 電子商務用戶享有對其個人信息自主決定的權利

個人信息，是指電子商務經營主體在電子商務活動中收集的姓名、身分證件號碼、住址、聯繫方式、位置信息、銀行卡信息、交易記錄、支付記錄、快遞物流記錄等能夠單獨或者與其他信息結合識別特定用戶的信息。

電子商務經營主體不得以拒絕為用戶提供服務為由強迫用戶同意其收集、處理、利用個人信息。禁止採用非法交易、非法入侵、欺詐、脅迫或者其他未經用戶授權的手段收集個人信息。電子商務經營主體修改個人信息收集、處理、利用規則的，應當取得用戶的同意。用戶不同意的，電子商務經營主體應當提供相應的替代方法。

(2) 確保電子商務數據信息安全

電子商務經營主體應當建立健全內部控制制度和技術管理措施，防止信息洩露、丟失、毀損，確保電子商務數據信息安全。在發生或者可能發生用戶個人信息洩露、丟失、毀損時，電子商務經營主體應當立即採取補救措施，及時告知用戶，並向有關部門報告。

電子商務經營主體交換共享電子商務數據信息的，應當對數據信息進行必要的處理，使之無法識別特定個人及其終端，並且無法復原。電子商務經營主體應當依照法律、行政法規的規定向國家有關部門提供電子商務數據信息，有關部門應當採取必要措施保護相關數據信息的安全。

(二) 市場秩序與公平競爭

(1) 依法保護知識產權

電子商務經營主體應當依法保護知識產權，建立知識產權保護規則。電子商務第

三方平臺明知平臺內電子商務經營者侵犯知識產權的，應當依法採取刪除、屏蔽、斷開鏈接、終止交易和服務等必要措施。

電子商務第三方平臺接到知識產權權利人發出的平臺內經營者實施知識產權侵權行為通知的，應當及時將該通知轉送平臺內經營者，並依法採取必要措施。知識產權權利人因通知錯誤給平臺內經營者造成損失的，依法承擔民事責任。

平臺內經營者接到轉送的通知后，向電子商務第三方平臺提交聲明保證不存在侵權行為的，電子商務第三方平臺應當及時終止所採取的措施，將該經營者的聲明轉送發出通知的知識產權權利人，並告知該權利人可以向有關行政部門投訴或者向人民法院起訴。

電子商務第三方平臺應當及時公示收到的通知、聲明及處理結果。

（2）防止不正當競爭

從事電子商務活動，不得有下列不正當競爭行為：①擅自使用與他人域名主體部分、網站名稱、網頁等知名商業標示相同或者近似的商業標示，誤導公眾，導致市場混淆；②提供假冒鏈接、混淆鏈接等不正當鏈接；③攻擊或者入侵其他經營者的網絡系統，惡意訪問、攔截、篡改其他經營者的網絡店鋪，影響其正常經營活動；④擅自使用政府部門或者社會組織電子標示，引人誤解；⑤利用服務協議等手段，限制交易、濫收費用或者附加不合理交易條件；⑥法律、法規規定的其他不正當競爭行為。

（3）不得實施的損害電子商務信用評價的行為

從事電子商務活動，不得實施下列損害電子商務信用評價的行為：

①以虛構交易、刪除不利評價、有償或者以其他條件換取有利評價等形式，為自己或者他人提升商業信譽；②作出違背事實的惡意評價損害他人商業信譽；③騷擾或者威脅交易對方，迫使其違背意願作出、修改、刪除商品或者服務評價；④篡改或者選擇性披露電子商務經營主體的信用評價記錄；⑤發布不實信用評價信息；⑥其他違反法律、法規以及客觀、公正、合理原則的信用評價行為。

（三）消費者權益保護

（1）保障消費者知情權和選擇權

電子商務經營主體應當全面、真實、準確披露商品或者服務信息，保障消費者知情權和選擇權。

（2）保障消費者的要求賠償權

商品生產者、銷售者應當對其提供的商品質量負責，服務提供者應當對其提供的服務質量負責。消費者通過電子商務第三方平臺購買商品或者接受服務，其合法權益受到損害的，可以向商品生產者、銷售者或者服務提供者要求賠償。

電子商務第三方平臺不能向消費者提供平臺內經營者的真實名稱、地址和其他有效聯繫方式的，消費者可以要求電子商務第三方平臺先行賠償；電子商務第三方平臺向消費者賠償后，有權向平臺內經營者追償。

（3）不得另行收取不合理費用

電子商務經營主體銷售商品或者提供服務，應當保證商品或者服務的完整性，不

得將商品或者服務不合理拆分，不得另行收取不合理費用。

（4）建立健全商品或服務質量擔保機制

鼓勵電子商務第三方平臺建立有利於電子商務發展和消費者權益保護的商品或者服務質量擔保機制。電子商務經營主體制定、修改交易規則和格式條款，應當征求消費者和消費者組織的意見。

電子商務第三方平臺與經營者協商設立消費者權益保證金的，雙方應當就消費者權益保證金的提取數額、管理、使用和退還辦法等作出明確約定。

消費者在電子商務第三方平臺購買商品或者接受服務，與平臺內經營者發生爭議時，電子商務第三方平臺應當積極協助消費者維護自身合法權益。

五、跨境電子商務

跨境電子商務是指通過互聯網等信息網絡從事商品或者服務進出口的經營活動。

（一）跨境電子商務的當事人

跨境電子商務的當事人是指從事跨境電子商務的自然人、法人或者其他組織。國家促進跨境電子商務的發展，支持從事跨境電子商務活動的小微企業、跨境電子商務綜合服務提供者和相關服務企業依法開展經營。跨境電子商務綜合服務提供者是指在跨境電子商務活動中接受委託為他人提供辦理報關、報檢等進出口手續服務，並為電子商務經營主體提供相關信用融資等服務的經營者。

這些當事人應當遵守國家有關進出口監督管理的法律、法規，如實向國家進出口管理部門提供訂單、物流、支付以及與交易相關的數據信息，並承擔相應的法律責任。

（二）跨境電子商務管理

國家進出口管理部門應當建立跨境電子商務通關、稅收、檢驗檢疫等制度，推進「單一窗口」建設，實現信息共享、監管互認、執法互助，提高通關效率，保障貿易安全，促進貿易便利化。

國家應推進跨境電子商務活動進出口申報、納稅、檢驗檢疫等環節的電子化。電子清單、電子稅單等電子單證與紙質單證具有同等法律效力。

跨境電子商務經營主體可以憑電子單證向國家進出口管理部門辦理有關手續。

電子商務經營主體從事跨境電子商務活動，應當依法保護交易中獲得的個人信息和商業數據。國家應建立跨境電子商務交易數據的存儲、交換和保護機制。

（三）跨境電子商務的法律依據

從事跨境電子商務活動，應當遵守本法及其他相關法律的規定，同時遵守中華人民共和國所締結或參加的國際條約、協定的規定。

國家推動建立與不同國家、地區間跨境電子商務的交流合作，參與電子商務國際規則的制定，促進電子簽名、電子身分等國際相互承認。

國家推動和建立與不同國家、地區之間的跨境電子商務爭議解決制度。

六、監督管理

(一) 國務院及其有關部門、地方制定有關電子商務的行政法規

國務院有關部門依據本法和有關法律、法規對電子商務活動進行監督管理。縣級以上地方各級人民政府可以按照本行政區域的實際情形，確定本行政區域內電子商務的部門管理職責劃分。國務院及其有關部門、地方制定有關電子商務的行政法規、規章、地方性法規，不得違反本法及相關法律的規定，不得排除、限制市場競爭。

(二) 電子商務經營主體和第三方信用評價機構應當建立信用評價體系

電子商務經營主體和第三方信用評價機構應當建立信用評價體系，公開信用評價規則，提供信用評價服務，共享信用評價信息，對不良信用記錄情節嚴重者實施失信聯動懲戒機制。

(三) 建立多元共治的電子商務管理模式

各級人民政府有關部門、行業協會、電子商務經營主體、消費者及其他組織通過行政管理、行業自律、平臺治理、消費者維權和監督等機制，建立多元共治的電子商務管理模式。電子商務行業組織應當履行行業自律職責，制定行業自律規範，接受各級人民政府有關部門業務指導和監督檢查，指導、規範電子商務經營主體依法生產經營。

七、爭議解決

(一) 電子商務活動當事人之間發生爭議

電子商務活動當事人之間發生爭議的，可以通過協商和解，請求消費者組織、行業協會或者其他依法成立的調解組織調解，向有關部門投訴，提請仲裁機構仲裁，或者向人民法院提起訴訟等方式解決。

(二) 電子商務各方主體建立電子商務在線爭議解決機制

國家鼓勵電子商務各方主體建立電子商務在線爭議解決機制。電子商務第三方平臺可以建立爭議解決機制，制定並公示爭議解決規則，公平、公正地解決當事人的爭議。當事人可以採用前款規定的爭議解決機制處理爭議。當事人對處理決定有異議的，可以依法提請仲裁或者提起訴訟。

(三) 平臺內經營者與第三方平臺發生爭議

平臺內經營者與第三方平臺發生爭議，平臺內經營者一方人數眾多並有共同請求的，可以推選代表人參加協商、調解、仲裁、訴訟活動。

參考書

1. 呂國民. 國際貿易中的 EDI 法律問題研究 [M]. 北京：法律出版社，2001.

2. 張楚. 電子商務法 [M]. 北京：中國人民大學出版社，2001.

思考題

1. 簡述電子合同的特征。
2. 試述《電子商務示範法》和《電子簽名示範法》的主要內容。
3. 試述電子商務涉及的知識產權問題。

第十章 國際投資法

教學要點與難點

1. 瞭解和掌握國際投資的概念、國際投資法的調整對象；
2. 瞭解各國對外投資立法的主要內容；
3. 瞭解和掌握投資的國際法律保護的主要內容；
4. 瞭解和掌握BOT投資方式的法律特徵。

案例導入

美國某公司與蘇丹政府簽訂關於修建主幹公路的合同，后因歷史事件的發生，兩國中斷外交關係，參加修建主幹公路的美國某公司人員撤離蘇丹，修建工程中途停頓。不久，美國某公司向蘇丹政府提交可要求支付各種修路款項的發票清單約500萬美元，蘇丹政府償還了28萬美元左右，余數遲遲不予支付，也未說明原因。於是，美國某公司向當地的投資承保機構提出按投資保證合同規定，給予征用風險事故的賠償。但投資承保機構認為索賠理由不足，拒絕賠償。美國某公司遂又轉向蘇丹政府索賠，蘇丹政府提出反訴，指責該公司未經東道國許可，擅自停工撤員，破壞原定修路合同，理應向蘇丹政府支付損害賠償費。於是，蘇丹司法部正式駁回該公司的索賠要求。案件糾紛又轉回美國國內，某公司再次向承保人提出索賠。

問題：承保機構為什麼拒絕投保人的第一次索賠申請？

第一節 國際投資法概述

案例導入

埃及某公司同意將位於該國境內的兩家賓館長期租賃給英國WENA旅館有限公司，后雙方對於租賃合同項下的權利、義務發生爭議。於是埃及政府介入此紛爭，造成WENA旅館有限公司被逐出該兩家賓館。1998年，WENA旅館有限公司向「解決投資爭端國際中心」（ICSID）提起仲裁，指稱埃及政府違法了1976年其與英國簽訂的雙邊投資保護協定，其行為構成對WENA旅館有限公司投資的「間接征收」。1999年ICSID仲裁庭作出了對埃及不利的裁決。埃及遂向ICSID申請撤銷該裁決。2002年，ICSID專門委員會駁回了埃及的撤銷請求。

隨著經濟全球化快速發展，國際投資活動也有了高速發展，並呈現出許多顯著的特點。無論世界各國，還是中國的國際投資活動無疑會越來越多。瞭解和掌握國際投資法也是本課程的重要內容。

一、國際投資的概念

國際投資是一種超越國界的資本活動。國際投資是指投資者跨越國界，直接將其資金、機器設備、專有技術、專利、商標等投入位於別國的企業，並取得該企業全部或部分管理控制權的一種資本輸出活動。在這一跨國活動中，投資者的國籍所屬國或資本所屬國稱為投資母國，即資本輸出國；接受外國資本的國家則稱為投資東道國，即資本輸入國。

聯合國「跨國公司中心」（Center on TNCs）認為，凡是投資者對海外企業的投資，均稱之為國際直接投資。國際貨幣基金組織（IMF）對外國私人直接投資所下的定義是：「外國居民在某一國境內對有效控制著的企業所作的投資。」

近年來，國際投資主體越來越多元化，發達國家資本單向外流已演變為各國之間互有進出、相互投資及相互滲透的局面，致使國際市場競爭日趨激烈。

二、國際投資法的調整對象

（一）國際投資法概念

國際投資法是指調整國際私人直接投資關係以及保護外國投資的各種法律制度和法律規範的總稱，通常表現為資本輸入國和資本輸出國之間訂立的有關國際投資的國內法規範、資本輸入國和資本輸出國之間訂立的有關國際投資的雙邊協定、調整國際私人直接投資的多邊協定以及國際公約等國際法規範。

國際投資法是隨著國際私人直接投資的產生而逐漸形成和發展的，其主要內容包括直接投資、對外國投資的各種保護制度、對外國投資的各種鼓勵與限制措施、國際投資所涉及的外匯、稅務等管理制度以及解決國際投資爭議的各種法律制度等。

隨著《與貿易有關的投資措施協議》（TRIMS 協議）以及其他含有規範國際投資條款的協定的簽訂，國際投資法正向著統一化、系統化、自由化的方向發展，各國調整直接投資關係的國內立法也在不斷地演變。

（二）國際投資法的調整對象

國際投資法調整的對象為國際私人直接投資關係，即海外私人直接投資關係。這種投資關係具有下列三個基本特徵：

1. 投資關係所涉及的外國投資具有私人性質

國際投資法調整的投資關係所涉及的只是外國自然人、法人及其他民間組織、企業團體等向資本輸入國所作的投資，這種投資稱為私人投資。所謂私人投資是指國與國之間所使用的概念，即使它屬於資本輸出國集體所有，或個別場合下屬該國國家所有，也不享受任何外交特權，東道國一律將其視為私人資本，外國政府、國際金融機構的投資、貸款、援助則稱為官方投資，這類投資關係並不包括在國家投資法所調整

的範圍內。

  2. 投資關係所涉及的外國投資僅限於直接投資

  國際投資法涉及的僅僅是合資經營、合作經營、外商投資經營等領域中產生的法律問題。間接投資關係則不包括在國際投資法所調整的範圍內。

  3. 投資關係涉及國內法與國際法雙重關係

  由於國際投資法所調整的投資關係具有跨越國界的私人資本流動的特點，國際投資法所調整的法律關係的主體包括不同國家的自然人、法人以及締結雙邊或多邊投資保護協定的有關國家的政府。因此，這種國際私人直接投資關係不但涉及調整外國投資者與東道國及其法人、自然人之間以及與其本國政府間的國內法關係，而且還涉及調整兩個或多個政府之間的國際法關係。

三、國際投資法的淵源

  由於國際投資法涉及國內法與國際法雙重關係，這就決定了它的淵源具有多重性。一般地說，國際投資法的淵源有國內淵源和國際淵源兩個方面。國內淵源主要指資本輸入國和資本輸出國有關國際私人直接投資的各種國內立法。國際淵源主要指調整兩國間或多國間私人直接投資關係的雙邊、多邊條約。

（一）投資東道國有關國際私人直接投資的法律規範

  這是指資本輸入國有關國際私人直接投資的法律制度和法律規範的總稱。這種法律規範包括調整國際直接投資關係的實體法規範，也包括東道國對外國投資進行審批以及解決投資爭議的各種程序法規定。

  由於各國的立法形式不同，這種調整國際私人投資關係的法律規範通常有以下幾種方式：①內容系統的、統一的外資法。有些國家對利用外資的各種形式都做了系統的規定。例如印度尼西亞、智利、阿根廷等國。②制定單一的專門法規。採用這種立法形式的國家通常不制定完整、系統、統一的利用外資的法典，而是就各種利用外資的形式，分別制定單一的專門法規。如中國的《中外合資經營企業法》《中外合作經營企業法》《外資企業法》等。③散見於其他法律文件中的有關外國投資的法律規定。

  有些國家除了制定利用外資的基本法以外，還就與外國投資有關的外匯、稅務、關稅、勞務、土地管理等問題制定專門的法律、法令、條例、命令以及決議等法律文件，從各個不同的角度對各國有關外國投資的基本法做了補充。

（二）投資國有關海外直接投資的法律規範

  不少投資國從維護本國經濟利益、保護本國海外直接投資的實際需要出發，紛紛建立了鼓勵、限制、保護本國海外直接投資的法律制度。有些國家制定了有關海外直接投資的專門法律，如美國 1948 年制定並幾經修改的《對外援助法》、日本 1978 年修訂的《輸出保險法》、韓國 1978 年頒布的《海外資源開發促進法》等。

（三）投資東道國與投資國訂立的雙邊投資協定

  這是指投資東道國與投資國訂立的雙邊投資保護協定、條約、換文，屬於投資法

體系中國際法制方面的重要法律規範。這些雙邊協定旨在鼓勵、保護、保證及促進兩國的直接投資，其名目繁多，主要有三種類型：

1. 友好通商航海條約

這是締約國之間就商業活動和航行自由事宜簽訂的雙邊條約。其內容主要是解決兩國間的商務關係，但也涉及外國商人及其資產和有關投資保護的問題。如美國與德國通商條約。

2. 投資保證協定

投資保證協定主要是美國採取的形式，通常採用換文的形式。這種協定或換文與美國海外投資保險保證結合在一起，也叫「投資保險和保證的協定」。這種協定的主要內容通常包括：投資保護的條件、保險的範圍、投資者的法律地位、代位求償權、補償辦法、爭議的解決等。

3. 促進與保護投資協定

這類協定大多屬於實體法的規定，其保護範圍不僅包括「新」的投資，還包括已經存在於投資東道國的締約另一方自然人或法人的投資。其基本內容主要包括：關於許可投資方的規定、關於國有化補償的規定、關於因政治風險而賠償損失的規定、關於代位求償權的規定、關於爭議解決的規定等。第二次世界大戰以後，隨著國際直接投資的不斷發展，主要投資國為了保護其海外的直接投資，競相採用雙邊投資保護協定這種法律手段。

(四) 調整國際直接投資關係的多邊投資條約

第二次世界大戰以後，國際經濟取得了突飛猛進的發展，單靠雙邊投資保護協定來調整國與國之間的投資關係，已經不能適應國際直接投資的需要。為此，一些國家、國際組織試圖通過締約國際公約來建立一整套多國間的保護國際投資的法則、機構、制度。一些國際民間機構也為此作出了種種努力。但是，由於各國的政治及經濟制度的不同，經濟利益各異，在一些重大問題上難以取得一致，許多已起草的國際公約對重大問題只是作了原則性的規定。

盡管如此，隨著國際投資關係日益多元化，盡快建立起多邊國際投資保護體系的呼聲正逐步增強。這方面最大的進展是世界貿易組織的《與貿易有關的投資措施協議》(《TRIMS 協議》)。該協議第一次將投資問題納入了世界多邊貿易的體系之中，成為當今世界範圍內最具影響的國際投資法典，在國際投資法的發展史上具有劃時代的意義。但是，WTO 的《TRIMS 協議》的適用範圍只限於與貿易有關的特定投資措施，不能涵蓋所有國際投資關係。為此，一些國家政府和國際組織正在努力推動建立國際直接投資的多邊法律框架。如經濟合作與發展組織正在醞釀一個有約束力的《多邊投資協議》(MAI)，該協議簽署后將向非成員國開放。可以預言，在 21 世紀的前幾年，國際直接投資領域的多邊立法將有突破性進展。

第二節　國際投資的方式

案例導入

中國 A 公司與韓國 B 公司共同成立一家生產醫用電器的合資經營企業，由韓方 X 任董事長。中方以土地、廠房及原有設備作為投資，韓方投資 5 萬美元。共同經營 5 年后，由於經濟效益不好，韓方董事長未經中方同意，就通過訂立合同將企業承包給另一韓國人經營，並聲稱每年給中方一定金額的承包費。之后 3 年，韓方沒有給中方分配任何利潤，承包費也未能兌現，中方遂起訴。

問：該案如何處理？

國際投資的分類依投資的不同目的和標準而有所區別。一般來說按投資對象可分為兩大類，即私人海外投資和國家投資。按投資方式又分為三類：直接投資、間接投資和靈活方式投資。習慣上國際投資僅指私人直接投資，即私人對外投資而建立各種形式的公司，進行經營活動。

一、直接投資

直接投資，即一國的私人資本投放到另一國，直接在國外建立公司企業，直接進行經營活動，直接承擔風險，取得利潤。通過生產資本的輸出，把資本直接放到生產中去。按照其投資方式可再分為三種：①獨資經營；②合資經營；③跨國公司。

二、間接投資

間接投資，即以各種貸款方式進行投資，通過借貸資本的輸出把資本輸出到國外。按其資金來源劃分，可分為三種：①國際金融機構貸款，主要是聯合國的國際貨幣基金組織、世界銀行及其所屬機構的貸款；②政府貸款；③各種銀行貸款。按照貸款的期限和利率劃分又可分為三種：①不定期的浮動利率貸款；②短期高利率貸款；③長期低利率貸款等。

三、靈活方式投資

除上述兩類投資形式外，其他方式的投資都屬於靈活方式投資。按照投資經營、資金來源和投資方式綜合分類，這類投資主要有六種形式：①股票投資；②證券投資；③信貸貿易；④補償貿易；⑤來料加工，來件裝配；⑥合作開發，合作生產，合作建築，合作運輸等。

目前，中國利用外資的具體形式大體有以下幾種：①國際金融機構貸款，主要是世界銀行貸款，其貸款條件比較優惠。②政府貸款。特點是貸款期長，利率低。如向外國政府貸款。③合資經營、合作經營或由國際投資者直接舉辦企業，這是中國吸收外資的重要途徑，而且頗有成效。④一般銀行貸款。⑤買方信貸，即由出口方銀行直

接向進口方銀行提供貸款，這種信貸利息低，時間稍長些。⑥賣方信貸，即由進口方銀行直接向出口方提供的信貸。⑦發行債券。⑧補償貿易。⑨租賃等。

四、BOT 投資方式

(一) BOT 投資方式含義

BOT 的英文全稱是 Build－Operate－Transfer，是指建設、經營、轉讓，是東道國政府將一定期限的特許專營權授予公司或企業，以合同的方式許可其融資修建和經營基礎設施，並以營運收入償還貸款及作為投資的收益，等專營期限屆滿時，基礎設施無償移交給東道國政府的一種投資方式。

> **知識拓展**
>
> BOT 投資方式於 1984 年首次出現在土耳其，由於其具有項目承辦公司獨自籌措資金或貸款，東道國政府或其主管部門不必承擔債務並可以無償獲得營運到期的基礎設施所有權的優點，已在國際上被廣泛應用。比較著名的 BOT 項目有英吉利海峽隧道、澳大利亞悉尼港灣隧道、香港東區海底隧道、馬來西亞南北高速公路、泰國曼谷第 2 期高速公路以及菲律賓的電廠項目等。中國近年來的 BOT 投資項目也逐漸增多，比較重要的有廣東沙角 B 電廠項目、廣西來賓 B 電廠項目、上海延安東路隧道項目等。BOT 投資方式與一般的中外合資經營企業不同，是一個非常龐大的系統工程，往往涉及土地、交通、能源、通信等對東道國國民經濟和社會生活有重大影響的基礎設施項目。而且，BOT 投資方式中包含了由許多當事人構成的複雜的法律關係，不僅僅是東道國的任何法人和外國自然人、法人簡單的合作關係，而許多合同關係包括在內，例如東道國政府主管部門與該 BOT 項目承辦公司之間的特許協議，項目承辦公司與工程設計公司的設計合同，項目承辦公司與承建公司的承建合同，項目承辦公司與政府主管部門的產品回購合同、項目設施移交合同等。因此，BOT 投資方式往往涉及一系列複雜的法律問題。

(二) BOT 投資方式的基本運作程序

BOT 投資方式的運作一般經過以下幾個主要階段：

1. 項目確定階段

在項目確定階段中，東道國政府或其主管部門根據本國經濟發展和國家安全的需要，制定一個包含新建項目和改進項目的基礎項目中長期發展規劃，國外的私營企業對其中感興趣的項目向政府提交項目建議書。

2. 項目招標階段

東道國政府或其主管部門準備有關的招標或要約文件，並把基礎設施建設項目的內容、各項要求和交易條件予以公布。國外私營企業對標的作調查研究工作後，有意參加競價投標者負責組成國際融資集團，該財團能以投資或貸款的形式承擔項目所需的全部資金，而且財團中還包括富有經驗的建築承包商。政府或其主管部門對各個投標者進行綜合評價，擇優選用。

3. 合同談判階段

東道國政府或其主管部門與被選中的項目公司就標的的項目進行實質性的談判，簽訂特許權協議。合同的內容包括完成建設與投入營運時間、項目建設總成本、營運

期間的價格或收費水平以及違約事項、損害賠償等條款。特許權協議是 BOT 項目中的主合同。

4. 建設經營階段

項目承辦公司取得特許經營權后，把工程分包給項目承建商，保證工程質量達到合同規定的要求。工程完工后，項目承辦公司按照與東道國政府或主管部門簽訂的合同，在特許期限內，由項目承辦公司自身或與委託專業項目經營公司對項目進行經營，經營收入是投資者的投資回收及償還貸款的來源，而且投資者預期利潤也來源於此。

5. 項目移交階段

BOT 項目特許經營期限屆滿后，項目承辦公司將把在建設和經營階段擁有的項目所有權無償移交給東道國政府。

(三) BOT 特許權協議的法律特徵

BOT 項目特許協議是政府和 BOT 項目公司之間簽署的許可項目公司享有專屬於政府和公營機構的基礎設施和公共工程項目的建設、經營權的協議。其主要特徵為：

1. BTO 特許協議是國內法協議而不是涉外合同

傳統的特許協議即石油特許協議是國際合同。這種特許協議是指國家機構或政府部門與外國投資者個人或法人之間締結的，以一定期間、一定條件下勘探開發石油等自然資源的特別許可為內容的確定主體雙方彼此權利與義務關係的協議。這種特許協議又被稱為國家契約、跨國協定、投資協定、準國際契約等。而 BOT 協議則不同，因為其主體雙方均是本國法律主體，並且協議依據項目所在國的法律簽署，協議簽訂地、履行地均是在本國，因此 BOT 項目特許協議是國內法協議。

2. BOT 項目特許協議不同於一般的民事契約

特許協議的主體一方為政府機構，一方是經政府特別許可建設和經營基礎設施項目的 BOT 項目公司，因此，BOT 項目特許協議不同於一般的民事契約。

3. BOT 項目是政府為追求一定法律後果而實施的協議

BOT 項目特許協議的根本目的在於政府通過在一定時期內將基礎設施私營化以緩解不斷增長的、耗資巨大的基礎設施財政預算壓力，減輕基礎設施需求增長與國家財政不足的矛盾。政府通過特許協議授予項目公司對基礎設施建設經營權，因而其具有政府採購的特徵。

4. BOT 特許協議是政府依據行政權訂立的合同，具有民事合同和行政合同的雙重性質

BOT 項目特許協議關於授予項目公司基礎設施的建設和經營權，涉及政府和公營機構對基礎設施的壟斷經營。採取「建設—經營—移交」的方式，是因為基礎設施產業的國家壟斷性要求國家應當最終擁有基礎設施的所有權。因此，BOT 項目特許協議是政府機構依據行政權限而締結的特殊合同，政府既是合同當事人，又是管理者，所以其又具有「公」的因素。

5. BOT 項目特許協議應當適用項目所在國法律

既然特許協議具有國內法的性質，且特許協議依項目所在國的法律訂立，故其效

力、執行和爭議解決，均應以本國法為依據。

(四) BOT投資方式的主要法律依據

BOT投資的項目一般是大型基礎設施項目，在眾多的當事人或關係人中，不僅牽涉到單純的合同關係，而且還存在許多需要東道國完善的法律政策來解決的問題，例如特許權協議的法律性質，政府保證與投資回報、外匯平衡問題以及股權問題。中國至今還沒有關於BOT投資方式的專門立法，唯一的法律依據是1995年《對外貿易經濟合作部關於以BOT方式吸收外商投資有關問題的通知》。雖然在BOT項目實施的整個過程中，也要適用中國《民法通則》、中國《公司法》《擔保法》《境內機構對外擔保管理辦法》《外商投資產業指導目錄》《中外合資經營企業各方出資若干規定》《關於中外合作經營企業註冊資本與投資總額比例的暫行規定》等規定。但是，這些法律規定對許多法律問題都沒有作出規定，其中包括：關於BOT特許協議的法律性質；BOT投資的政府擔保範圍，如對政治風險、商業風險和自然風險的擔保等。

第三節　各國對外投資立法

案例導入

2009年中國境內投資者共對全球122個國家和地區的2 283家境外企業進行了直接投資，累計實現非金融類對外直接投資（下同）433億美元，同比增長6.5%。截至2009年年底中國累計對外直接投資已超過2 200億美元。

海外投資保護是投資者和投資者母國都非常關心的問題。在投資者母國保護境外投資的法制當中，國內立法及其締結的雙邊投資條約（BIT）都是重要的手段。中國已經締結了120多個BIT。

問題：你如何看待國內立法和BIT在保護海外投資方面的作用？

一般來講，根據法律的屬地管轄原則，投資東道國法律對於其本國境內的外國投資有權行使屬地管轄。同樣，根據法律的屬人原則，投資國法律對於其境外本國投資者的投資活動有權行使屬人管轄。儘管近年來國際社會出現了國際直接投資的多元化，但總的來說，不同國家在國際上的政治制度及經濟地位不同，各國有關國際直接投資的立法各有差異，其中發達國家的有關國際投資的立法與發展中國家的有關國際投資立法差異較大。

一、發達國家的涉外投資立法

在國際投資活動中，發達國家國際投資法律包括保護國際投資的法律機制、鼓勵國際投資的法律機制及限制國際投資的法律機制。

(一) 保護國際投資的法律機制

發達國家為保護本國的海外投資，紛紛建立了各國保護海外投資的法律機制。通

常的做法是，依照本國國內法的規定，對本國海外投資者實行一種以事后彌補政治風險損失為目的的保險制度。這種保險制度稱作「海外投資保證制度」，又稱「海外保險制度」。這是投資國國內法保護國際投資的主要形式。投資國的海外投資者申請投資保險的程序主要有：

（1）海外投資者向本國政府設立的主管海外投資保險的機構申請政治風險的保險，該保險一般不包括自然災害或一般商業風險。

（2）海外投資保險機構對海外投資者審查、核准后，與之訂立保險合同並承擔保險責任。海外投資者作為被保險人向海外投資保險機構繳納保險費。

（3）當約定的保險事故發生后，海外投資保險機構向海外投資者補償其所受的損失，並取得向造成意外政治損失的第三者求償的代位權。

知識拓展

美國是最早實行「海外投資保證制度」的國家，1948 年美國實施的馬歇爾援歐計劃中率先實行了投資保證方案。隨后，一些主要資本輸出國家都效仿美國的做法，實行本國的海外投資保證制度。先后實行這一制度的主要國家有日本（1956 年）、法國、聯邦德國（1960 年）、丹麥、澳大利亞（1966 年）、荷蘭、加拿大（1969 年）、瑞士（1970 年）、比利時（1971 年）和英國（1972 年）等。

（二）鼓勵國際投資的法律機制

資本輸出是發達國家開展跨國活動的基石，一般來說，發達國家主要採取下列措施鼓勵其國民到海外投資：

1. 稅收優惠措施

常見的稅收優惠措施主要有以下幾種：

（1）稅收減免措施。為了刺激本國私人投資者向海外輸出資本，一些發達投資國採取稅收減免措施。如英國在計算投資者的海外收入的稅收時允許扣除其中的 1/4，即對此 1/4 免征所得稅。

（2）稅收抵免措施。雙重征稅問題一直是困擾國際投資者的問題之一。為了鼓勵本國投資者向海外投資，一些投資國允許海外投資者在其本國應納稅款中扣除其已在資本輸入國實際繳納的稅款，以解決雙重征稅問題。如美國 1970 年 12 月頒布的《稅收法》、英國 1970 年的稅法都明確規定對本國國民海外投資的收入實行稅收抵免措施。

（3）稅收饒讓措施。這是指投資國主動放棄本國對海外投資者的征稅權，只承認投資東道國的征稅權。換言之，海外投資者在東道國已繳納稅款的，視為其在本國已履行了納稅義務，本國不再另行征稅或要求補稅，以此來解決國家稅收管轄權問題上屬人原則和屬地原則的冲突。目前，全世界已有 130 多個雙邊稅收協定中列入了稅收饒讓條款。

（4）海外投資儲備金制度。這是指投資國採取的一種特殊形式的稅收優惠措施。即投資國允許海外投資者在其投資之年將投資總額的全部或部分劃為儲備金，並在其

應稅所得額中扣除該儲備金的數額，從而使其海外投資者在投資初期可以暫不納稅或減少納稅。這種制度實際上對海外直接投資起了一種無息貸款的作用。日本、德國等主要投資國都建立了這種制度。美國的稅收立法中有一種稅收遲征條款，該條款允許推遲征收美國國外子公司所得稅，直到這些國外所得利潤匯回母國公司，這就等於在遲征期間向海外投資企業提供了一筆無息貸款，從而鼓勵了國外利潤在當地滯留和再投資。

2. 資金援助措施

為了鼓勵本國海外直接投資，不少投資國設立了專門的金融機構，以出資或貸款的方式參與本國私人的海外投資。這方面做得最好的是美國海外投資公司（OPIC）、聯邦德國開發公司（DEC）、英聯邦開發公司（CDC）等金融機構。

3. 技術援助措施

一些投資國還為海外投資者培訓技術人員，對本國培訓發展中國家技術人員的機構提供政府津貼，對發展中國家派來受訓的人員提供生活費用及旅費等。如美國在國際開發署設立的「國際經營服務隊」、加拿大設立的「加拿大海外經營服務機構」、日本設立的「世界經營協議會」都屬於對海外直接投資提供技術援助的專門機構。

4. 投資情報及咨詢服務措施

不少投資國為了鼓勵和促進海外直接投資，通過國家行政機關或國內特別機關及駐外使館所設立的經濟、商業情報中心，向海外投資者提供投資東道國的經濟情況和投資機會的情報，開展咨詢服務，協助進行調查和投資項目的可行性研究。如美國海外私人投資公司、日本海外投資研究所和通產省所屬的亞洲經濟研究所經濟調查部等機構。

(三) 限制國際投資的法律機制

進入20世紀90年代以來，隨著世界貿易組織《TRIMS協議》等多邊協定的簽署和生效，國際投資自由化趨勢日益明顯。這種國際投資自由化的趨勢和相關協議制約了一些國家限制外國投資的立法行為。但是，仍有一些國家對外國投資制定相關限制措施。這些措施主要有以下幾種：

1. 取消海外投資企業享受的優惠待遇

投資國通過立法取消本國海外直接投資者所享受的優惠待遇，如1978年美國總統提議取消稅收立法中的稅收遲征條款，要求在美國收到國外利潤前就對海外企業征稅。

2. 強化國家對資本流出的宏觀控制

由於海外投資在一定時期內可能對該國的國際收支和就業水平產生消極影響，一些投資國就會發揮干預經濟活動的職能，在宏觀上控制由本國海外直接投資所造成的資本外流。如美國商業部外國直接投資辦公室曾對美國企業依優惠條件向發展中國家進行投資的貸款加以嚴格限制，致使美國向海外投資的公司只能以其海外投資利潤所得進行再投資。瑞典也於1974年通過了一個關於直接投資引起資本外流的法案。

3. 加強政府對技術流出的監督和管制

對於多數國家來說，其對外直接投資較多地採用技術投資的方式，為此，一些國

家為了限制其對海外的投資，政府就會加強對技術外流的監督和管制。在這方面，美國對其跨國公司的技術流出所作的限制性規定最為嚴格。例如，在通常情況下，美國允許其本國廠商輸出設備製成品，但如果這種輸出可以用來製造這些設備項目，或者可能被輸入國獲得用於國防目的的情報和技術時，則要受到嚴格限制。

二、發展中國家的涉外投資立法

第二次世界大戰，大多數發展中國家獨立后，紛紛致力於自己國家的經濟發展和建設，其中採取的最重要的措施之一就是制定優惠政策以吸引外資，這樣，各國加強了對國際投資的立法。由於各發展中國家的具體國情互有差異，各自的立法也有所不同。總的來說，這些立法主要包括保護、鼓勵及限制外資的措施。

(一) 保護國際投資的法律機制

作為東道國的發展中國家保護外國直接投資的主要形式有：

1. 政府政策聲明

這是指東道國政府在特定場合下發表政策聲明，表示在現行法律的範圍內對外國投資者的權利加以某種保護。從法理上分析，政府聲明只是一種表達政府誠意的方式，並沒有法律約束力，可以隨時撤回。當然，如果這種政策聲明被納入東道國的國內法，則具有法律約束力。

2. 憲法規定

這是指東道國在憲法條款中明文規定，對外國投資給予法律保護。憲法條款對於保護國際投資通常只作原則性、指導性的規定，各項具體的保護措施通常由各種有關國際直接投資的單行法根據憲法確定的原則作出具體規定。例如，中國《憲法》就是否允許外國投資作了原則性規定，具體保護外資的措施則體現在中國的外資單行法中。

3. 保護國際投資的國內專門立法

這是投資東道國根據本國憲法的規定或者本國的對外政策，以專門立法的形式對外國投資給予法律保護。與政府聲明相比，國內專門立法不僅具有法律拘束力，而且更具穩定性，不易變更，只有經特別程序才能加以修改。實踐表明，東道國保護外資的國內專門立法很受外國投資者的信賴和歡迎，它是最有效的保護外國投資的法律措施。中國國內法對外國投資的保護主要採用兩種形式。

(二) 各國法律賦予外國投資者的權利

各國法律賦予外國投資者的權利包括：①投資選擇權。這是指在符合東道國法律規定的條件下，外國投資者享有自由決定投資方式、投資方向、出資比例的權利。②企業經營管理的自主權。③財產所有權。財產所有權直接關係到投資者的切身利益。為了解除外國投資者的后顧之憂，吸收更多的外國資本，各國立法通常都對保護外國投資者的所有權問題作了明確規定。④利潤的處理權和匯出權。為了吸引外國投資者投資的興趣，各國一般都賦予外國投資者將其所獲得利潤匯回其本國的權利。⑤稅收優惠權。為了吸收更多的外資，不少國家在維護國家主權的前提下，積極發揮稅收的杠杆作用，在稅收方面給予外國投資者較多的優惠待遇。⑥訴訟請求權。為了保證外

國投資者行使東道國法律賦予的各項實體權利，各國都賦予外國投資者訴訟請求權。但也有些國家在賦予外國投資者與本國公民同等的訴訟權利時，要以對等和互惠為條件。

(三) 鼓勵國際投資的法律機制

東道國鼓勵外國投資的法律制度是該國外資立法最基本的內容。發展中國家由於經濟相對落後，技術、資金缺乏，又急需爭取外資以加速經濟的發展，因此不惜給予外國投資者種種鼓勵，而對外國投資者提供各種便利和優惠，這也是當前世界各國改善投資環境、鼓勵外國投資的普遍做法，這種鼓勵又以稅收優惠為主要形式。

一般來說，發展中國家鼓勵外商投資的措施有以下方面：

1. 稅收優惠

稅收優惠是東道國（主要是發展中國家）鼓勵外國投資的最基本形式。其主要做法是按照外國投資企業的規模、性質、投資地區和投資部門的規模、性質，減免其進出口稅、公司所得稅和營業稅等。有些國家為了鼓勵外國技術人員的流入，還給予外國高級技術人員和管理人員減免個人所得稅的待遇。由於稅收優惠主要以低稅率吸引外資，因此東道國的稅率對投資者至關重要。

中國在這方面的優惠包括兩個方面：

(1) 所得稅優惠。①低所得稅。中國涉外稅法採取比例稅率，按不同情況分為4個等級：一般稅率30%；對設在沿海經濟開放區和經濟特區、經濟技術開發區所在城市老市區的生產性外商投資企業，征稅24%；對設在上述地區或國務院規定的其他地區屬於能源、交通、港口、碼頭或國家鼓勵的其他項目的外商投資企業，以及設在經濟特區的外商投資企業、外國企業和設在經濟技術開發區的生產性外商投資企業等，征稅15%；外國企業在中國境內沒有設立機構或場所，而有來源於中國的所得，或者雖然設立了機構、場所，但上述所得與其機構、場所沒有實際聯繫的，征稅20%。②稅收減免。主要是對生產性外商投資企業，從事農業、林業、畜牧業以及在不發達的邊遠地區的外商投資企業，從事自然資源開發的項目以及能源、交通、港口、碼頭及其他重要生產性項目，分別給予不同期限和不同幅度的稅收減免。③鼓勵再投資優惠。利潤再投資經營期不少於5年的，可以退回已納稅款的40%。④虧損彌補優惠。外商投資企業和外國企業由於在中國從事生產、經營發生年度虧損，可以以下年度的所得來彌補虧損，並且可以享有長達5年連續彌補的優惠。⑤稅收抵免優惠。外國投資企業來源於境外的所得已在境外繳納稅款的，準予在匯總納稅時從其應納稅額中扣除，但扣除額不得超過其境外所得依照《中華人民共和國稅法》規定計算的應納稅額。

(2) 關稅和其他優惠。由於中國允許外商以實物作為投資並且鼓勵出口，因此有關關稅優惠主要體現在這兩個方面：①雖然根據外商投資企業的組織形式、性質、所處地區或行業、是否出口或技術先進企業或高新技術企業等因素，而給予不同的優惠，但一般來說，外商進口的資本貨物如機器設備、為生產出口產品而進口的原材料、自用交通工具和辦公物品等，免征進口稅。②出口產品一般可以免征出口稅，有些可以免征增值稅或產品稅或享有出口退稅。

2. 財政補貼

財政補貼主要是經濟實力雄厚的發達國家鼓勵外國投資的方式。其最主要的方式是由東道國政府以低於競爭性市場的利率提供資金，即以政府補貼的利息率進行貸款。發展中國家雖不以財政補貼作為鼓勵外資的主要方式，但近年來對外資的貼息貸款和政府擔保貸款的規模也呈上升的趨勢。

3. 外匯獎勵

外匯獎勵是指東道國允許外國投資者在當地受控制的外匯市場上購買外匯，並且對投資者的投資本金和利潤的匯回不加管制或放鬆管制。

如澳大利亞對外資採取傳統的門戶開放政策，允許投資者的淨收入不受限制地出境。日本在外匯管理上採取自由的原則，利潤、股息、技術轉讓費等均可以自由匯出。保加利亞、匈牙利、波蘭等東歐國家的最新外資法對外國投資者利潤和資本的匯出也不作限制。近年來，一些發展中國家也採取了比較自由的外匯政策，如菲律賓允許外國企業和外國人的收益以其原投資的貨幣形式匯回本國。

中國法律規定：①外國投資者依法納稅後的純利潤和其他正當收益，可以向開戶銀行申請匯出境外，匯出金額從其外匯存款帳戶中支付，並且未規定匯出限額。②外國投資者若要將外匯資本轉移到中國境外，須向國家外匯管理局或其分局申請，從企業外匯存款帳戶中支付匯出。③依法終止的外商投資企業，按照國家有關規定進行清算、納稅後，屬於外方投資環境所有的人民幣，可以向外匯指定銀行購匯匯出或者攜帶出境。這就給外資原本的匯出提供了保證。④對外籍職工的合法收入的匯出未加限制。

4. 行政協助

行政協助是指東道國政府設立專門機構，簡化投資審批程序，提高工作效率，並且協調好投資活動涉及的各種關係，及時解決出現的各種問題，從而在行政上保證和促進外國投資活動的順利進行。

(四) 限制國際投資的法律機制

從法律上講，東道國對外國投資者的限制是為了維護國家主權和經濟利益，促使外國投資符合本國經濟發展目標的客觀要求，是符合國家屬地主權優越原則的合法行為。幾乎所有的投資東道國在積極引進外資的同時，都依照法律對外國投資者的投資活動予以適當的、合理的限制。

東道國對外國投資的限制性措施主要有以下幾種：

1. 投資領域的限制

東道國通常都根據本國經濟發展目標及國家利益，保留某些只允許本國投資者投資而限制外國投資者涉足的「封閉區」。這些受到限制的領域通常是一些戰略性或敏感性的國防安全部門、支配國家經濟命脈的重要工業部門以及需要重點保護的民族工業領域。對於投資領域的嚴格限制是對外國投資持謹慎態度的發展中國家投資法的一大特徵。即使是對外資持放任態度的經濟發達國家，其外資立法也有不少的這些內容。

例如，根據美國《原子能法》《天然氣法》《聯邦航空法》《海商法》《聯邦通信

法》《銀行法》《農業外國投資法》等法律的規定，美國政府可在核能、礦藏開發、航空、運輸、通信、銀行以及農業等領域禁止外國投資。

發展中國家的投資法也有類似規定。如印度尼西亞《外國投資法》規定，港灣、公用鐵路、原子能開發以及宣傳部門等對國家至關重要並關係到多數國民生命的領域，不允許外國資本全面控制；對國防有重要意義的領域，特別是武器、彈藥、炸藥以及軍用器材的生產，完全禁止外國資本進入。中國的《外資企業法實施細則》也規定了禁止、限制、允許外商投資的行業，設立外資企業的基本條件和不批准設立的情況。

但是，隨著近年來經濟全球化的快速發展，各國加快了外資政策自由化的進程，國際上出現了逐步放寬對外資准入的趨勢，如世界貿易組織的《服務貿易總協定》生效后，服務貿易投資領域逐步推廣開放，世界貿易組織各成員方根據該協定的有關規定開始快速的開放各自的服務貿易市場。這樣，服務行業的國際直接投資占全球國際直接投資總額的比例也有了較大增長。

2. 股權比例的限制

為了確保本國對外國投資企業的控制權，投資東道國通常對外國直接投資者的股權加以限制，其主要方法是限制外國投資者擁有股份的比例，使得外國投資者持股比例的上限不得超過49％，可見股權成為確定企業控制的一個重要依據。

如墨西哥《外國投資法》規定，當法令和法規沒有特別規定比例時，外國資本不得超過企業資本的49％，也無權以任何名義決定企業的經營管理。也有些國家逐步擴大本國在企業中的股權，從而由原來的少數股權變為多數股權。

美國、澳大利亞等國對外資的股權限制很嚴，外資股份超過10％和25％即被視為受外資控制。日本則規定外國資本在非特殊情況下不得超過日本企業股票額的50％。

中國法律在這一方面採取了較開放的做法，沒有對外資的股份作出類似上述的規定。

3. 利潤及資金匯出的限制

對外國投資者利潤及資金的匯出加以限制，目的是防止外匯大量外流而造成國際收支失調。在一些外匯儲備緊缺的國家，尤其是那些非自由匯兌貨幣的國家，非常重視利潤及資金匯出的限制。

限制利潤及資金匯出的主要做法是實行匯出限額，即外國投資者每年匯回的資本不得超過其註冊資本的一定百分比。比如阿根廷《外國投資法》規定，從投資合同批准之日開始的前5年內，不得抽回任何資本。每年抽回的數額不得超過可抽回資本的20％。該法還規定，外國投資者將其利潤匯往國外時，其轉移的數額不得超過利潤的12.5％，轉移的利潤須與抽回資本登記時的貨幣形式相同。但轉移利潤的數額無論如何不得超過以上兩種情形中任何一種所規定的最高額。轉移的利潤必須是由他們自己的流動資金所取得的，用外國或貸款產生的利潤不得轉移，但經主管當局特殊批准者除外。如果有未償清的財政欠款和社會治安欠款時，利潤也不得轉移。此外，在限制利潤及資金匯出方面，有些國家還對超出匯出限額的部分實行「累進附加稅製」，即超出比例越大，征收附加稅越多。

4. 經營活動的限制

為了確保外資企業的經營活動不影響本國的經濟秩序，不少國家都設立了專門機構對其經營活動加以限制。如美國設立了外國在美投資委員會，並通過專門的法律，規定外國公司、合資公司必須提供投資狀況報告、經營年度、季度等報告、資料，以便對其審查監督，借以達到間接控制外資經營活動的目的。為了保證東道國對外國投資進行有效的控制，一些國家的投資法對合資企業董事會的組成及其權限等問題作了專門規定，如董事長、總經理等重要職務只能由東道國國民擔任，東道國國民占董事的大多數，使東道國國民具有決定合資企業重大事宜的最大權限。例如，中國的相關法律就有類似規定。

第四節　跨國公司與國際投資法

案例導入

1990年，美國某公司（A公司）根據中國法律，在中國境內設立一家公司（B公司），投資總額為600萬元，註冊資本為500萬元。公司將部分自有資金虛報為借入資金。公司成立后，1991年至1995年連年盈利。1995年，A公司又在香港投資設立了另一家公司（C公司），從此B公司出現了連年虧損。同時B公司在進口產品時，將高關稅的進口產品在發票上改換成低關稅的進口產品，並且以公司自用為名，報關時多報所需進口設備的數量，進口后又以數量過多為名，在國內市場上高價轉讓等。

問題：A、B、C三家公司之間是什麼關係？

當今世界中經濟全球化的特點之一是跨國公司的飛速發展。隨著國際經濟的進一步運行，跨國公司在國際經濟中的作用越來越重要。跨國公司作為一種經濟組織，有其自身的法律特點。

一、跨國公司的概念

（一）跨國公司的含義

跨國公司是通過設立子公司的方式在國外進行直接投資的壟斷組織。關於跨國公司的定義，國際上多達幾十種。有的以國外擁有的股權份額作為標準，有的以國外子公司所分佈的國家數量作為依據。聯合國經濟及社會理事會關於跨國公司定義的決議認為：凡是在兩個或兩個以上國家，控制了工礦、銷售和其他營業機構的企業，都稱為跨國公司。據此，凡以本國為基地，通過對外直接投資，在其他國家設立分支機構或子公司，從事國際化生產和經營活動的壟斷組織就是跨國公司。

（二）跨國公司的特征

跨國公司與一般國內企業或其他國際經濟組織相比，具有下列特征：

（1）生產經營活動的跨國化。跨國公司以其母國為基地，在其他國家設立分支機

構與子公司，其觸角遍及世界各個角落，幾乎涉及生產、流通、分配和消費所有領域。

（2）經營戰略的全球化。跨國公司以全世界市場為角逐目標，制定全球性的經營戰略，通過對外直接投資帶動資本、技術、人才等生產要素的國際移動，在全世界範圍內實施生產力配置，使整個公司取得最大限度的利潤和長遠的利益。

（3）公司內部管理的一體化。跨國公司內部通常都實行高度集中的一體化管理體制，即母公司為決策中心，將遍布於世界各地的分支機構和子公司統一為一個整體，形成內部一體化的獨特的管理體系，實現生產、銷售、利潤、分配、資金籌措、人事安排、財務等方面的一體化。

二、跨國公司對外投資的主要形式

跨國公司對外投資的主要形式包括股權投資與非股權投資兩大類。

（一）跨國公司的股權投資

股權投資是指跨國公司母公司通過新建企業和收買參與當地企業股份的手段，在其國外的子公司中佔有股權的份額。

按照跨國公司母公司對其子公司股權擁有的程度，可將跨國公司的股權投資劃分為四種類型：①全部擁有形式。這是指母公司擁有子公司95%以上的股權，在直接投資中即為母公司在投資東道國設立獨資企業。②多數擁有形式。多數擁有形式是指母公司擁有子公司51%～95%的股權。③對等擁有形式。這是指母公司擁有子公司50%的股權。④少數擁有形式。這是指母公司擁有子公司49%以下的股權。

除了上述股權之外，《多邊投資擔保機構》在合格投資的認定中認為，股權投資包括：①擁有具有法人資格的公司或其他實體的股份。②參與分享東道國境內合營企業的利潤及清算所得收益的權利。③投資者在東道國境內的非法人分支機構或其他企業中資產的所有權。④有價證券以及直接股權投資，包括合營企業中的少數參與額、債券轉換成的優先股，以及被給予同外國直接投資相結合的有價證券的優先權。⑤特殊情形下股權持有人向相關公司提供的中、長期貸款或者貸款擔保也視為直接投資。

（二）跨國公司的非股權投資

跨國公司的非股權投資是指投資人不是通過投入現金或實物而取得相關企業股權的投資，而是指由各國合同安排，通過技術、管理、銷售等與股權沒有直接聯繫的渠道，為東道國提供服務，並從中獲得相應利潤的投資方式。

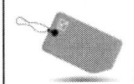

> **知識拓展**
>
> 非股權投資是20世紀70年代以來面對發展中國家國有化浪潮和外資逐步退出現象而採取的投資策略。這是跨國公司在積極通過股權投資的方式對東道國特別是發展中國家進行資本滲透時，而採取的既可以減少投資風險，又可以通過先進的技術、管理和銷售渠道對東道國企業施加影響的行為，從而達到加強其在東道國壟斷優勢的目的。

跨國公司非股權投資的形式較多，主要表現為跨國公司與東道國訂立服務和管理合同、投資企業運行的特許協議、許可證協議、租賃協議和產品分成協議的為直接投資等新形式。具體分為：產品分成合同、利潤分享合同、管理合同；商標、專有技術特許協議和技術協助合同；技術許可協議、交鑰匙工程等幾種非股權直接投資。

> **知識拓展**
>
> 跨國公司的行為具有積極和消極雙重性。跨國公司是一種壟斷組織，它的規模巨大、資金雄厚、技術先進，對世界經濟和發展中國家經濟的發展有著舉足輕重的作用和影響。另外，由於跨國公司唯利是圖的本性，其會不可避免地使公司的利益與東道國的民族利益發生各種矛盾與冲突，給發展中國家帶來負面影響。如跨國公司利用價格轉移逃稅、避稅，從事各種限制性商業活動，甚至干預東道國國內的政策，嚴重威脅著這些國家政治和經濟獨立，也給世界經濟帶來不利的影響。為了製止跨國公司的不正當活動，20世紀70年代以來，第三世界國家強烈要求國際社會共同制定有關跨國公司行動的基本準則，以便依法管制和監督跨國公司的活動，維護本國的合法權益。

三、跨國公司行為守則

（一）跨國公司行為守則的由來

1972年聯合國經社理事會一致同意建立聯合國跨國公司委員會，1974年跨國公司委員會正式成立，下設「跨國公司中心」。該委員會的宗旨是促進瞭解跨國公司活動的性質及其對政治、法律、經濟和社會的影響，促進跨國公司對各國發展目標和世界經濟增長做出積極貢獻，控制和消除其消極的影響，加強東道國特別是發展中國家與跨國公司談判的能力。該跨國公司中心於1975年開始研究制定跨國公司行為守則，1977年設立了政府間為制定守則專設的工作組，開始具體的擬訂工作。1982年該小組提出了《聯合國跨國公司行為守則》（以下簡稱《守則》）的草案，交各國審查。由於發達國家與發展中國家的社會和經濟發展目標及發展程度存在顯著差異，雙方在諸如習慣投資法對投資的適用、國有化及其補償、跨國公司的待遇等問題上存在不少分歧，《守則》至今沒能通過。

（二）跨國公司行為守則主要內容

1. 《守則》本案共有六個主要部分

《守則》本案包括：①序言和目標；②定義和適用範圍；③跨國公司的活動與行為；④跨國公司的待遇；⑤政府間合作；⑥守則的實施。《守則》序言和目標部分尚未起草。

2. 《守則》提出跨國公司定義的三個要素

守則提出跨國公司定義的三個要素包括：①設在兩個或兩個以上國家的實體，不管這些實體的法律形式如何和處於什麼領域；②在一個決策體系下從事經營，能通過一個或幾個決策中心採取一致決策和共同戰略；③各個實體通過股權或其他方式形成的聯繫，使其中一個或一個以上實體有可能對別的實體施加影響。

3. 在起草《守則》的過程中各國存在的分歧

（1）關於《守則》的法律性質。對於《守則》的法律性質、法律效力及法律形式，發展中國家傾向於採用公約、條約或多邊協定的形式使其產生法律拘束力，並建立國際執行機構來監督和加強國家在這方面的行動；發達國家則強調《守則》的自願性或非強制性，主張只需列舉普遍性的原則和指導方針，以聯合國大會決議的形式通過即可。

（2）關於跨國公司的活動和行動。在這個方面存在的主要分歧有兩個：①關於跨國公司尊重東道國主權的問題。發展中國家要求《守則》應體現被國際法公認的國家永久性主權原則，寫上「每個國家有權對其自然資源、財富和經營活動行使永久主權」。一些發達國家則堅持只有同時提及有關國際法或國際公認的跨國公司待遇的標準，才能接受國家永久性主權的提法。②關於跨國公司不得干預東道國內部事務的問題。許多國家認為《守則》應明確規定「禁止跨國公司干涉其所在國的內部事務」，跨國公司不得從事東道國的法律、政策所不允許的具有政治性質的活動。但有的國家認為「內部事務」應限定為「內部政治性事務」，「不干預」應限定為「非法干預」。

（3）關於跨國公司的待遇。對於東道國給予跨國公司的一般待遇，發達國家提出《守則》應當規定：「跨國公司在所在國應獲得公平和公正的待遇」，並且提出各國法律給予跨國公司的待遇應當遵循最低標準。發展中國家則反對向跨國公司提供平等的、不受歧視的國民待遇，主張「只有在符合而不違背該國經濟目標和發展計劃的條件下，才對跨國公司提供國民待遇。」對於跨國公司給予什麼優惠待遇，不存在所謂的最低標準，完全由東道國當局自由裁定。

（4）關於國有化及其補償問題。《守則》確認國家對其領域內的跨國公司的財產有實行國有化或征用的權利並且對這種國有化承擔相應的補償義務。但對於國有化的法律依據和補償的標準存在分歧。發達國家要求東道國對跨國公司實行國有化時必須符合國際法的原則，按照法律規定的程序進行，並按照「迅速、充分及有效」的原則給予補償。發展中國家則認為在這一領域裡不存在普遍接受的國際法原則，提出時被國有化的跨國公司的財產實行「適當的補償」，並且堅持由東道國的法院解決因補償而引起的爭端。

第五節　投資的國際法律保護

案例導入

A國通知B國，禁止從B國進口羊肉，理由是從該國進口的羊肉的荷爾蒙含量超標，影響國民的身體健康。B國經過調查發現，A國境內銷售的羊肉荷爾蒙含量與B國羊肉的荷爾蒙含量是一樣的。還發現，A國還不斷從C國進口同樣質量的羊肉。B國認為A國違反了關稅及貿易總協定（GATT）原則，使它們的利益受到了侵害。

A國反駁，它們採取的措施是不違反GATT原則的，是屬於一般例外所允許的。

問題：
(1) A 國的做法是否違反了 GATT 的原則？違反了那條原則？為什麼？
(2) A 國反駁的理由對不對？為什麼？

為了使國際投資正常運行，推動國際經濟的健康發展，國際投資需要適當的保護。對於投資的保護，僅依賴於投資國的國內投資法或東道國的國內投資法是不夠的，這主要是因為資本輸出國與資本輸入國在國際直接投資的政策傾向、投資與吸引外資的意圖等方面的差異較大，對國際直接投資難以給予公平合理的保護。有鑒於此，更需要對國際直接投資實施投資的雙邊保護和以國際條約為特點的國際多邊保護。

一、保護國際投資的雙邊協定

雙邊投資保護協定是資本輸出國與資本輸入國之間簽訂的，旨在鼓勵、保護、保證及促進國際私人直接投資的雙邊條約。保護投資的雙邊條約是投資國際保護的一種重要法律形式。第二次世界大戰後，隨著國際直接投資的不斷發展，主要資本輸出國為了保護其海外的直接投資，競相採用雙邊投資保護協定這種法律手段。20 世紀 60 年代以來，國際資本流通呈現出交叉性和多元性的傾向，雙邊投資保護協定的數量、內容以及適用的地域範圍都發生了顯著的變化，不少發展中國家之間也陸續訂立了雙邊投資保護協定。

保護國際投資的雙邊條約、協定、換文種類繁多，按其內容可分為三種主要類型。

（一）友好通商航海條約

友好通商航海條約（Friendship, Commerce and Navigation treaty，簡稱 PCN 條約）是指締約國之間就商業活動和航海自由事宜簽訂的雙邊條約。其內容主要是解決兩國之間的商務關係，但也涉及外國商人及其資講和有關投資的保護問題，如美德通商條約規定：「任何一方締約國，其國民處在對方締約國領域內……對於他們的財產，非經法律上的正當手續，並且給予公平合理的賠償，不得加以征用和使用」。

《友好通商航海條約》中涉及投資的內容大致可歸納為以下方面：①外國投資者的入境、旅行與居留。②個人基本自由權。③關於外國投資者的待遇標準。④關於外國投資者財產權的保護和尊重。⑤管理與經營企業的權利。⑥對外國投資者的稅收待遇。⑦外匯管制與資金轉移。⑧關於爭議的處理和管轄。

（二）投資保證協定

投資保證協定（Investment Guarantee Agreement）主要是美國採取的形式，這種協定通常採用換文的形式。這種協定或換文與美國海外投資保險、保證結合在一起，也叫「投資保險和保證的協定」。除美國以外，加拿大也採取這種形式。其基本內容包括以下幾項：

1. 投資保護的條件

換文一般規定，受到保護的投資必須是經資本輸入國政府批准的投資項目，而且只限於兩國投資保護條約換文以後的新投資。如《中華人民共和國和美利堅合眾國關於投資保險和投資保證的鼓勵投資協議和換文》（以下簡稱《中美協議》）第二條規

定：「本協議的規定只適用於經中華人民共和國政府批准的項目或活動有關的投資的承保範圍」。

2. 保險的範圍

換文通常規定，保險的範圍限於非商業性或政治性風險。如《中美協議》第一條規定：本協議中的承保範圍系指「根據本協議由海外私人投資公司或繼承該公司的美利堅合眾國政府的任何機構」承保的「投資政治風險保險（包括再保險）或投資保證，其利益程度以作為承保範圍內的保險者或再保險者為限。」

3. 投資者的法律地位

換文通常要求投資者享有與資本輸入國公民同等的權利，但有些換文不包括這一內容。

4. 代位求償權

換文規定，如果由於政治原因而使投資者遭受損失，可由投資者所屬國（又稱保護國）給予賠償，保護國因此而取得代位求償權，可代替投資者向資本輸入國政府提出賠償的要求。《中美協議》第三條對此也作了明確規定。

5. 補償辦法

換文規定，補償時用資本輸入國的法定貨幣，但保證國所得的資金和權利不能低於或高於原投資者在資本輸入國所得到的權利。《中美協議》第五條規定：「承保者根據承保範圍得到的中華人民共和國法定貨幣的款項，包括債權，中華人民共和國政府對其使用和兌換方面所給予的待遇，不應低於這些資金在被保險的投資者手中時可享有的待遇。」

6. 爭議的解決

換文一般規定，對投資保護換文的解釋以及發生的爭議應通過雙方協商解決，如雙方協商達不成協議，則通過仲裁方式解決。仲裁通常由雙方各指定一名仲裁員，然后由仲裁員推選一名第三國的仲裁員為仲裁庭長，組成臨時仲裁庭作出裁決。《中美協議》第六條對此作了詳細規定。

(三) 促進與保護投資協定

促進與保護投資協定（Agreement for Promotion and Protection of Investment）是歐洲一些發達國家與發展中國家簽訂的促進與保護投資的協定，其中德國的該類協定最為典型。據統計德國已簽訂了50多個這一類協定，因此，這類協定又被稱為「聯邦德國型的促進與保護投資協定」。這類協定關於鼓勵和保護外國投資的規定更為具體詳盡，而且大多屬於實體法，其保護範圍不僅包括「新」的投資，還包括已經存在於資本輸入國的締約另一方自然人或法人的投資。其基本內容可概括為以下幾方面：

1. 關於許可投資方面的規定

一般規定，東道國給予外國投資者的待遇不應低於它給予其本國國民或任何第三國投資者的待遇（即外國投資者享受國民待遇或最惠國待遇）。

2. 關於國有化與補償的規定

一般都規定，除非為了「公共利益」，否則不對外國投資者實行國有化。一旦根據

需要對外國投資者實行國有化或其他類似措施時，應給予補償。在國有化與補償方面通常是相互給予國民待遇或最惠國待遇。

3. 關於因政治風險而賠償損失的規定

對於因政治風險而造成外國投資的損失，應給予賠償、補償或恢復。雙方一般相互給予國民待遇或最惠國待遇。

4. 關於代位求償權的規定

一般都承認資本輸出國享有代位求償權，其具體內容與「美國式投資保證協定」的規定大致相同。

5. 關於爭議解決的規定

這類協定針對兩種不同類型的爭議，規定了兩種解決爭議的辦法：①締約國之間關於條約或協議解釋和適用的爭議，一般規定由雙方指派仲裁員組成仲裁庭解決。②東道國與外國投資者之間的爭議，如果締約國是《關於解決國家與他國國民之間投資爭議公約》的參加國，則按照該公約規定的條件和程序，將爭議提交「解決投資爭端國際中心」（ICSID）解決。

（四）中國對外簽訂的投資保護協定

中國一直重視運用國際條約保護外資，1980年到1988年是高峰期，其間中國幾乎同所有西方國家簽訂了投資保護協定，並且同美國和加拿大簽訂了投資保險協定。此后，中國幾乎同所有與中國有投資關係的國家包括新興工業國、周邊國家、獨聯體部分國家、東歐一些國家等，簽訂了投資保護協定。因此，中國對外資的條約保護已經形成了網絡。

中國對外簽訂投資保護協定的內容不盡相同，但基本結構相近：①以簡短的緒言表明締約雙方的合作和鼓勵、保護投資的願望。②確定某些重要法律用語的含義，如投資、收益、投資者等。③規定對外資的保護、促進及要求東道國遵守其與投資者簽訂的合同，其中重點是規定投資待遇及其適用的例外。幾乎所有協定均規定了公平與公正的待遇，也規定了最惠國待遇。但與英國簽訂的協定也規定，盡可能對英國國民提供國民待遇，而中日協定直接規定了最惠國待遇和國民待遇。④在發生政治風險時，承認締約一方投資保險機構的代位求償權，並在有關方面實行最惠國待遇。⑤所有協定都有關於解決爭端的解釋和適用爭端的規定。⑥確定協定的生效、有效期、有效期的續展，協定通常也規定對協定生效前進入的投資也給予保護。

二、保護投資的國際公約

第二次世界大戰以後，特別是20世紀60年代以來，有關保護投資的國內法和只限於調整兩國間投資關係的雙邊投資保護協定已不能適應日益複雜的國際直接投資的需要。為此，一些國家和國際組織試圖通過締結國際公約建立一整套多國間的保護國際投資的法則、機構、制度。多邊投資保護通常通過多國間共同簽訂有關保護國際私人直接投資的多邊條約、共同製訂保護投資的方案及其他法律措施等形式進行的。

目前有效的關於國際投資保護的國際公約主要包括三個：《關於解決各國與他國國

民之間投資爭議公約》(《1965年華盛頓公約》)、《多邊投資擔保機構公約》及《與貿易有關的投資措施協議》。

(一)《關於解決國家與他國國民之間投資爭議公約》

《關於解決國家與他國國民之間投資爭議公約》(Convention of the Settlement of Investment Disputes Between States and Nationals of Other States)在國際復興開發銀行(世界銀行)的主持下,於1965年3月18日在華盛頓簽字,簡稱《1965年華盛頓公約》(以下簡稱《公約》),這是目前國際上僅有的解決外國投資者與投資所在國之間產生的投資爭議的國際公約,《公約》於1966年10月14日正式生效。根據《公約》的規定,在華盛頓成立了「解決投資爭議國際中心」(International Center for Settlement of Investment Disputes,即ICSID,以下簡稱「中心」),這是國際上處理投資爭議的專門仲裁機構。由於發達的資本輸出國和發展中國家在解決投資爭端問題上存在尖銳的矛盾,國際社會以往所訂立的多項公約因無法協調這種矛盾而均未得以實施。以鼓勵和保護外國投資作為其宗旨之一,並且長期以來在解決政府同私人投資者爭議方面累積一定經驗的世界銀行具有較高的信譽,在一定程度上贏得了資本輸入國和資本輸出國雙方政府的信任。因此,由世界銀行主持制定的這一《公約》為不少國家所接受。據統計,截至1992年6月30日,已有86個國家簽署了這一《公約》。中國已加入此《公約》。《公約》於1993年2月6日對中國生效,公約的主要內容有以下幾項:

1. 解決投資爭議「中心」的宗旨,組織機構及其法律地位

《公約》規定:「中心」的宗旨是依照本公約的規定,為調停和仲裁各締約國和其他締約國國民之間的投資爭端提供「便利」。該「中心」的所在地設在國際復興開發銀行的主要辦公處,下設一個行政理事會和一個秘書處,並設有一個調停人小組和一個仲裁人小組。行政理事會由每一締約國各派代表一人組成,由國際復興開發銀行行長擔任主席。秘書處的秘書長是中心的法律代表和主要官員,並依照《公約》的規定和行政理事會通過的規則負責行政事務。

按照《公約》規定,「中心」具有完全的國際法律人格,其法律能力包括:①締結契約的能力;②取得和處理動產和不動產的能力;③起訴的能力。

《公約》還規定,為了使「中心」能完成其任務,它在各締約國領土享有豁免和特權。

2.「中心」的管轄範圍

《公約》第二十五條第一項規定:「『中心』的管轄適用於締約國(或締約國指派到『中心』的該國的任何組成部分或機構)和另一締約國國民之間直接因投資而產生的任何法律爭端,而該項爭端經雙方書面同意提交給『中心』,當雙方表示同意後,不得單方面撤銷其同意。」

《公約》第二十七條第一項規定:「一締約國對於它本國的一個國民和另一締約國根據本公約已同意交付或已交付仲裁的爭議,不得給予外交保護或提出國際要求,除非該另一締約國未能遵守和履行對此項爭端所作出的裁決。」

3.「中心」主持下的調停和仲裁程序

《公約》對於「中心」主持下的調停和仲裁程序作出了詳細的規定。首先是由調停或要求採取仲裁的一方用書面形式向秘書長提出申請,「中心」在接受申請後的 90 天內組成調停委員會或仲裁庭進行調停或仲裁。調停委員會有責任澄清雙方發生爭端的問題,並努力使雙方對共同可接受的條件達成協議,不管雙方是否達成協議,調停委員會都要作出報告。仲裁的裁決則由仲裁庭成員多數通過,並以書面形式做成。裁決對雙方有約束力,不得進行任何上訴或採取任何其他除本《公約》規定外的補救方法。

4.「中心」仲裁適用的法律

《公約》四十二條第一項規定:「法庭應依照雙方可能同意的法律規則判定一項爭端。如無此種協議,法庭應適用爭端一方的締約國內法律(包括其關於冲突法的規則)以及可能適用的國際法規則。」《公約》還規定,法庭不得借口法律無明文規定或含義不清而暫不作出裁決。

5. 締約國之間的爭端

《公約》規定締約國之間發生的不能通過談判解決的有關公約的解釋或適用的任何爭端,經爭端任何一方申請,得提交國際法院,除非有關國家同意採取另一種解決辦法。值得一提的是,中國政府在 1993 年 1 月 7 日遞交加入 ICSID 批准書時申明:「根據《公約》第二十五條第四款規定,中國政府僅將因征收和國有化而引起的賠償爭議提交 ICSID 管理。」

(二)《多邊投資擔保機構公約》

1985 年 10 月世界銀行年會通過了《多邊投資擔保機構公約》(Convention Establishing the Multilateral Investment Guarantee Agency),《多邊投資擔保機構公約》在漢城(即現在的首爾,下同)開放簽字(又稱《1985 年漢城公約》,以下簡稱《公約》)並且已於 1988 年 4 月 30 日正式生效。這是繼《1965 年華盛頓公約》後世界上第二個正式生效的有關保護國際投資的多邊公約。公約設立了「多邊投資擔保機構」(以下簡稱「機構」),為外國私人投資提供政治風險擔保。

《1985 年漢城公約》共十一章六十七條,另有兩個附件,其主要內容有以下幾項:

1. 機構的目標和宗旨

(1)《公約》第二條規定:機構的目標應該是鼓勵在其會員國之間,尤其是向發展中國家會員國融通生產性投資,以補充世界銀行、國際金融公司和其他國際開發金融機構的活動。

(2)《公約》規定:為達到這一目的,機構應在一會員國從其他會員國取得投資時,對投資的非商業性風險予以擔保,包括共保和分保;開展合適的輔助性活動,以促進向發展中國家會員國和在發展中國家會員國間的投資流動;為推進其目標,使用必要和適宜的附帶權力。

(3)《公約》第二十三條規定,機構應採取行動,促進投資流動,努力消除在發達國家和發展中國家會員國間存在著的障礙,使投資流向發展中國家會員國;促成投資

者和東道國對它們之間的爭端取得和解；推進和促進會員國之間締結有關促進和保護投資的協議。《公約》強調，機構在發揮其推進作用時，應特別注意在發展中國家會員國之間增加投資融通的重要性。

2. 機構的法律地位

《公約》第一條規定：機構應有完全的法人地位，特別有權：①簽訂合同；②取得並處理不動產；③進行法律訴訟。

《公約》第七章規定：為使機構完成其職能，在各會員國領土內應授予機構豁免和特權；機構的財產和資產無論在何地為何人所保管，均應免受搜查、征用、沒收、征收或其他行政或立法行為上的任何形式的扣押；機構的一切財產和資產，在《公約》規定經營的業務範圍內，應不受任何性質的限制、管制、控制以及延期償付之限。

3. 會員國資格和資本

《公約》規定，機構會員國資格應向世界銀行所有成員國和瑞士開放。機構的法定資本為十億特別提款權。資本分為十萬股，每股票面價值一萬特別提款權，供會員國認購。機構的每一創始會員國，均按票面價值和載明於本公約附錄 A 中該會員國名下的股份數額及條件認股，但在任何情況下均不得以低於票面的發行價格認購。會員國的認繳不得低於 50 股。機構可制定規則，使會員國得以增加法定股本的認購份額。

4. 承保險別

《公約》規定，可為合格的投資就來自以下一種或幾種風險而產生的損失作擔保：①貨幣匯兌；②征收和類似的措施；③違約；④戰爭和內亂。

對於因下列原因而產生的損失，不在機構擔保之列：①擔保權人認可或負有責任的東道國政府的任何行為或懈怠；②擔保合同締結之前發生的東道國政府的任何行為、懈怠或其他任何事件。

5. 合格投資

《公約》規定，合格投資應包括產權投資，其中包括在有關企業中的產權持有人發放或擔保的中長期貸款，以及董事會確定的直接投資的種種形式。《公約》還規定，董事會經特別多數票通過，可將合格投資擴大到其他任何中長期形式的投資。

6. 合格投資者

《公約》規定，在下列條件下，任何自然人和法人都有資格取得機構的擔保：①該自然人是東道國以外一會員國國民；②該法人在一會員國註冊並在該會員國設有主要業務地點，或其多數資本為一會員國，或幾個會員國，或這些會員國國民所有。在上述任何情況下，該會員國都不是東道國；③該法人無論是否為私人所有，均在商業基礎上營業。

7. 擔保條件

《公約》規定，每一擔保合同的擔保條件應由機構根據董事會發布的條例和規定予以確定，但機構對承保的投資將不承擔其全部損失。擔保合同應在董事會指導下由總裁批准。

8. 索賠支付

《公約》規定，應在董事會指導下，由總裁根據擔保合同和董事會所能採用的政

策，決定對擔保權人的索賠支付。擔保合同應要求擔保權人在機構支付之前，尋求在當時條件下合適的、按東道國法律可隨時利用的行政補救辦法。這類合同可要求在引起索賠的事件發生與索賠之間有一段合理的期限間隔。

9. 代位

《公約》規定，在對擔保權人支付或同意支付賠償時，擔保權人對東道國其他債務人所擁有的有關承保投資的權利或索賠權應當由機構代位。擔保合同應規定此類代位的條件。機構的代位權應得到全體會員國的承認。

10. 擔保的限度

《公約》規定，除非董事會以特別多數票另作決定，機構可承擔的或有負債總數不應超過機構未動用的認繳資本、儲備以及董事會所確定的部分分保金總數的150%。董事會應根據其在索賠、風險多樣化程度、分保範圍和其他有關方面的經驗，不時檢查機構未滿期責任中的風險狀況，確定是否應向理事會建議改變或有負債的極值。理事會決定的或有負債極值總額在任何情況下都不得超越機構未動用的認繳資本、儲備以及被認為是合適的部分分保資金這三項的總數的五倍。

11. 爭端的解決

《公約》規定，機構的任一會員國和機構之間，或機構的會員國之間對本公約的解釋或施行發生的任何爭端，均應提交董事會裁決。如該問題對在董事會中設有其國民為代表的會員國有特殊影響時，該國可派遣一名代表出席董事會對該問題進行考慮的任何會議。《公約》還規定，如董事會已作出裁決，任何會員國仍可要求將爭議提交理事會作最終裁決。但在理事會裁決前，機構認為有必要可以先按董事會的裁決執行。

(三) 世界貿易組織《與貿易有關的投資措施協議》

世界貿易組織雖以調整國際貿易為主，却也大量涉及國際投資領域，構成世界貿易組織國際投資法制機制的有關內容主要包含在《與貿易有關的投資措施協議》（Agreement on Trade-Related Investment Measures，簡稱《TRIMS》）、《服務貿易總協定》（General Agreement on Trade in Services，簡稱 GATS）之中。除此以外，《與貿易有關的知識產權協議》（簡稱《TRIPS 協議》）以及《關於爭端解決規則與程序的諒解書》（DSU）等幾項文件，對國際投資活動也有一定影響。

1. 《TRIMS 協議》的法律框架。

(1) 適用範圍（COVERAGE）。《TRIMS 協議》第一條規定：本協定僅適用於與貿易有關部門的投資措施，例如，投資激勵、經營要求、限制性商業慣例、母國限制等。

(2) 國民待遇和數量限制（National Treatment and Quantitative Restrictions）。TRIMS 協議第二條規定：任何成員方不得實施與國民待遇或取消數量限制規定不相符的任何《TRIMS 協議》。

1994 年《關稅與貿易總協定》（GATT）第三條為國民待遇條款。它禁止成員方在製造、銷售、運輸、分配或使用等方面實施背離國民待遇原則的國內稅收、費用、法律、條例及要求。因此，當一成員方某種投資措施使進口產品在其境內的待遇低於當地產品時，這種投資措施即應當被禁止。

（3）例外規定（Exception）。《TRIMS》協議第三條為例外條款，規定的例外包括：幼稚工業的建立與發展、國家政治穩定與安全、保障人類及動植物的生命或健康需要、邊境貿易優惠以及為保障國際收支而實施的數量限制等。

（4）發展中國家。TRIMS 協議第四條規定，發展中國家根據《GATT》1994 第十八條（關於維持國際收支平衡）規定的範圍和方式，有權暫時背離《TRIMS 協議》第二條所規定的義務。

《GATT》1994 第十八條是關於發展中國家特別待遇的條款，包括：①只能維持低生活水平，經濟處於發展初期階段的成員方。即為了加速某一特定工業的建立以提高人民的一般生活水平，在面臨國際收支困難時採取數量限制方法來控制進口水平等。②經濟處於發展階段，但又不屬於上述範圍的成員方。

（5）通知與過渡性安排（Notification and Transitional Arrangements）。TRIMS 協議第五條共五款，規定了各成員方取消 TRIMS 的具體期限、步驟和方法。如第二款規定，發達國家成員方應在《世界貿易組織協定》生效后 2 年內取消這類 TRIMS，發展中國家成員方的期限為 5 年，最不發達國家為 7 年。

（6）透明度要求。TRIMS 協議第六條規定，有關各成員方應重申其在 GATT1994 第十條項下承諾的透明度和通知義務。

（7）磋商與爭端解決。《TRIMS 協議》第八條規定，《GATT》1994 第二十二、二十三條，WTO 的《諒解》的規則應適用於本協議。

2.《TRIMS 協議》的法律性質與特點

《TRIMS 協議》非屬純投資協議，其性質介於投資與貿易之間，具有雙重性質，因而被視為當今最具有廣泛意義的國際投資法典，但嚴格地說，它的性質介於投資與貿易之間。

（1）具有明顯的貿易性：①在相關的部長級會議上就宣布：TRIMS 談判旨在「詳盡地制定避免給貿易帶來消極影響所必需的規則。」②《TRIMS 協議》所適用的範圍僅限於與貿易有關的特定投資措施，不少投資領域的重大法律問題並未涉及。③《TRIMS 協議》所適用的國民待遇、禁止數量限制、透明度等法律原則都是貨物貿易基本原則，而非完全是有關外資待遇的法律原則。④在《世界貿易組織協定》生效后 5 年內，有關《TRIMS 協議》的運行情況也由世界貿易組織屬下的貨物貿易理事會審查。

可見，《TRIMS 協議》首先是一項貨物貿易協議，這是其與一般的雙邊或區域投資協定的重大區別所在。

（2）也不能完全否定《TRIMS 協議》投資協定的性質。《TRIMS 協議》有關條文的內容尚未確定，體系也未完全定型，具有「暫行規定」的性質。《TRIMS 協議》第九條中規定了在世界貿易組織協定生效后由貨物貿易理事會提出修改的必要性。可見，《TRIMS 協議》只是締約國暫時達成的臨時性協議。

《TRIMS 協議》的規定體現了原則性和靈活性相結合的特點。《TRIMS 協議》既規定堅持《GATT》第三條、第十一條的經《TRIMS 協議》加以限制的原則性，同時又規定了「例外條款」，體現了相當大的靈活性。

3.《TRIMS 協議》的法律意義與影響

該協議的法律特點主要表現在：

（1）大大促進了世界多邊貿易法律體制的完善。《TRIMS 協議》成功地突破了多邊貿易體制局限於貨物貿易的缺陷，第一次將投資問題納入了世界多邊貿易的法律體制之中，打破了國際貿易法律體系與國際投資法律體系的隔閡。它拓寬了該法律體制的管轄範圍，使多邊貿易組織第一次具備了規範國際投資的職能。

（2）實現了投資領域國際立法的重大突破。國際投資領域的國際立法長期以來步履艱難，世界性的投資法典雖經長期醞釀但未有實質成就。一些國家或經濟集團制定了一些協定、行動守則，但內容特定，適用範圍狹窄，更不具有法律的強制性。而《1965 年華盛頓公約》（解決國家與他國國民之間投資爭議的公約）、《1985 年漢城公約》（多邊投資擔保機構公約）雖具有較為廣泛的世界性，但也僅限於解決投資爭議、投資擔保等個別領域的特定法律問題。《TRIMS 協議》的誕生在國際投資法的發展上具有里程碑的意義，是第一部世界範圍內有約束力的實體性投資協定。

同時，《TRIMS 協議》作為 WTO 不可分割的一部分，具有了與 WTO 一樣的世界性和廣泛的法律約束力。

此外，《TRIMS 協議》將國民待遇、取消數量限制、透明度等一系列運用於國際貿易關係的法律原則引入國際投資法領域，從而豐富了國際投資法的內容，使傳統的國際投資法發生了深刻的變革。

（3）促進了各國外資立法的統一性、公開性。為了使自己國家的外資立法與國際接軌，不少國家紛紛修改國內法，不斷提高外資立法的透明度。可以說，在促進各國外資立法統一性、公開性方面，《TRIMS 協議》起到了重要的導向作用。

（4）加強了貿易與投資自由化的進程。《TRIMS 協議》在消除影響跨國投資及貿易有關的投資障礙方面邁出了一大步，從而有效地遏製了以投資措施取代關稅措施的新貿易保護主義的蔓延，使國際投資與貿易自由化的範圍不斷擴大，程度不斷加深。

（5）完善瞭解決國際投資爭端的法律機制。WTO 的爭端解決機制相關規定適用於《TRIMS 協議》，從而彌補了「解決投資爭議中心」（ICSID）只解決投資者與東道國之間的投資爭議，無法解決主權國家之間投資爭議的缺陷，使解決國際投資爭端的法律機制趨於完善。

參考書

1. 姚梅鎮. 國際投資法 [M]. 修訂版. 武漢：武漢大學出版社，1999.
2. 滕維藻，等. 跨國公司概論 [M]. 北京：人民出版社，1999.
3. 崔援民，等. 現代國際投資學 [M]. 北京：中國經濟出版社，1999.

思考題

1. 簡述國際直接投資關係的特徵。

2. 簡述國際直接投資法的概念、淵源及調整關係的特徵。
3. 試析發達國家涉外投資法與發展中國家涉外投資法的區別。
4. 試述 BOT 投資方式的法律問題。
5. 試述跨國公司的特徵和跨國公司對外投資的方式。
6. 多邊投資擔保機構的目標和宗旨是什麼？
7. 試述世界貿易組織《TRIMS 協議》的法律性質與特點。

第十一章　國際商事仲裁法律制度

教學要點與難點

1. 瞭解和掌握國際商事仲裁的概念及其特征；
2. 瞭解和掌握國際商事仲裁規則的主要內容；
3. 瞭解國際商事仲裁協議的內容；
4. 瞭解世界貿易組織爭端解決機制與程序規則。

案例導入

在某案件中，被告達文斯是英國某鋼鐵製造商，他與營業地在美國紐約的赫曼訂立了一個獨家代理合同。該合同中包含有如下仲裁條款：「由本合同產生的爭議應通過仲裁解決。」后來達文斯違約，因此雙方發生了爭議。在這種情況下，原告赫曼將此事告到法院，指控達文斯違約。達文斯則請求法院終止對該案的審理。法院的初審法官麥克米蘭駁回了原告赫曼的起訴請求，指出「如果合同從來就不存在，那麼作為合同一部分的仲裁協議也不存在。因為大合同中包含著小協議」。這意思是明確的：如果主合同無效，那麼作為該合同一部分的仲裁條款也就隨之無效。

原告赫曼不服，上訴英國上議院，即類似於美國的最高法院。上議院推翻了原判，認為該合同中的仲裁條款可以不依賴於其依據的合同而獨立存在，並且裁定將此爭議根據該合同中的規定提交仲裁解決。

第一節　國際商事仲裁概述

在國際經濟貿易活動中，由於當事人的利益冲突以及法律制度、文化傳統等因素的差異，爭議的產生是不可避免的。在國際商事爭議解決中，歷來有仲裁、訴訟等方式。但由於仲裁方式具有顯著的優點，近年來逐漸受到當事人的普遍歡迎，從而成為當今國際社會解決國際商事爭議最重要的制度。

一、國際商事仲裁的概念

(一) 仲裁的概念及其特徵

　　1. 仲裁的概念

　　仲裁又稱公斷，是指雙方當事人就某具體事件發生爭議（或稱糾紛）后，自願共同邀請無直接利害關係的第三者判斷是非，居中作出對雙方具有拘束力的裁決。

　　2. 仲裁的法律特徵

　　(1) 仲裁實行自願管轄。仲裁以雙方當事人的協議為基礎，只有雙方當事人在爭議發生前或爭議發生后達成仲裁協議，將其爭議交予仲裁機構仲裁，仲裁機構才能具有管轄權。而訴訟管轄並非是在自願的基礎上確定的，當事人無法通過協議確定管轄法院，只能向有管轄權的法院起訴。

　　(2) 仲裁機構是民間組織。仲裁機構通常不具有國家機關的性質，它的管轄權來自雙方當事人的仲裁協議。而法院是國家的司法機關，它的管轄權來源於法律的規定，而不是雙方當事人的協議。

　　(3) 仲裁的當事人具有充分的選擇權。當事人可以自由選擇仲裁機構、仲裁員和仲裁規則，仲裁機構不得強制。而在訴訟中，法院是按照訴訟法的規定審理案件，不受當事人的干涉。

　　(4) 仲裁具有非公開性。為了保守當事人的秘密，仲裁以不公開審理為原則，經當事人協議公開審理的，仲裁機構才能分開審理。而在訴訟中，為保證審判的公正性，以公開審理為原則。除某些特殊案件外，當事人不享有審理方式的選擇自由。

　　(5) 仲裁裁決具有終局性。仲裁機構經審理作出裁決后，當事人不得再就同一爭議申請仲裁或者向法院起訴。如果一方當事人不自動履行裁決，另一方可以向法院申請強制執行。訴訟則實行兩審終審制或三審終審制。當事人對一審或二審判決不服的，還可以在法定期間內向上一級法院上訴，終審判決才具有定案效力。任何一方當事人不執行法院判決，法院都可以強制執行。

　　(6) 仲裁具有專業性。仲裁員一般都是經濟、貿易、技術、法律、海事等方面具有專業知識和實踐經驗的專家，這為準確、迅速地處理各種專業性、技術性較強的商事爭議提供了條件。而在訴訟中，審判人員往往並不具有這方面的素質。

(二) 國際商事仲裁及其特徵

　　國際商事仲裁，是指由不同國籍的雙方當事人達成協議，當雙方在貿易、運輸、保險、經濟合作等各種商務活動中發生爭議時，自願將爭議提交給雙方所同意的第三者進行裁決的一種爭議的方式。在國際貿易中這是解決各種國際商事糾紛和爭議的重要方法。

　　國際商事仲裁具有以下特徵：

　　(1) 國際商事仲裁的一方或雙方當事人為外國公司或其他經濟組織或個人。國內商事仲裁的當事人均為同一國家的公司、經濟組織或個人。

　　(2) 國際商事仲裁的仲裁地由雙方當事人協商選擇；國內商事仲裁只能在本國境

內進行。

（3）國際商事仲裁中，當事人可以選擇仲裁所適用的法律；國內商事仲裁須適用本國法律。

二、調整國際商事仲裁的法律規範

（一）國際條約

關於國際商事仲裁的國際條約主要包括全球性的國際公約和區域性的國際公約。前者主要包括國際聯盟主持下的《仲裁條款議定書》《關於執行外國仲裁裁決公約》與聯合國主持下的《關於承認與執行外國仲裁裁決的公約》。《仲裁條款議定書》是最早的全球性國際商事仲裁公約，而《關於執行外國仲裁裁決的公約》是《仲裁條款議定書》的補充。聯合國在1958年6月10日通過的《關於承認與執行外國仲裁裁決公約》（又稱紐約公約）已在事實上取代了上述兩個公約，成為世界上締約國最多的公約之一。

區域性仲裁公約主要指在一些區域性國際組織主持下所簽訂的國際商事仲裁公約。如《歐洲國際商事仲裁公約》《美洲國家國際商事仲裁公約》《阿拉伯國家商事仲裁公約》等。

（二）國內法

由於仲裁是解決國際商事糾紛最常用的手段，國際商事仲裁本身也是一項可創匯的重要服務，因此世界上很多國家特別是國際貿易大國非常重視國際商事仲裁立法，並注重順應時勢地對立法加以修改，以期為本國成為國際商事仲裁中心提供良好的法律環境。到目前為止，世界上大多數國家制定了自己的仲裁法，構成了國際商事仲裁國內的法律規範。

1. 法國仲裁法

法國仲裁法被收編在《民事訴訟法典》中，很多其他大陸法系國家也效法這種立法體例。法國仲裁法對國際商事仲裁表現出極大的寬容性，意思自治原則、友誼仲裁等做法皆受到充分承認。仲裁人不僅可就事實與法律問題作出決定，而且即使仲裁人有明顯的錯誤，法院也不能推翻仲裁裁決。

法國法對國際商事仲裁的唯一禁止性規定便是裁決的作出及其執行不得違反法國的公共秩序。如，仲裁裁決不能要求被訴人清償賭債，仲裁裁決不得僅根據一方當事人提出並為對方當事人所不知的證據文件作出等。正是由於法國法的上述諸多規定，使得法國長期保持著國際商事仲裁主要中心之一的地位。此外，法國仲裁法對德國、意大利、日本等大陸法系國家都有過重大影響。

2. 英國仲裁法

英國現行的仲裁法為《1950年仲裁法》和《1996年仲裁法》。《1950年仲裁法》的特點是仲裁受法院的嚴格監督，具體表現在三個方面：①法院有權撤免行為不當或未能以應有速度進行仲裁和作出裁決的仲裁員；②法院有權以法律或事實上的理由審查或撤銷仲裁裁決，並認為當事人以協議排除法院監督和干預的條款無效；③對仲裁

中出現的「法律問題」，仲裁員須列成「特別案件」，提請法院解釋和決定，除少數案例外，仲裁人一般不能決定法律問題。

由於《1950年仲裁法》賦予了英國法院太多的干預權，國際商事糾紛的當事人大多不願選英國為仲裁地。為扭轉這種局面，英國制定了《1979年仲裁法》。該法與《1950年仲裁法》有很多不同之處，主要是削弱了法院對仲裁的監督和干預，並且承認仲裁員有權決定法律問題以及當事人在一定條件下以協議排除向法院提出上訴復審之權。

1996年，英國又頒布了《1996年仲裁法》。該法明確規定，在國際仲裁中，當事人可在任何時間內以協議排除法院的司法復審。該仲裁法已於1997年1月1日起生效。

3. 美國仲裁法

美國聯邦現行的仲裁法是1925年制定，並於后來多次修訂的《聯邦仲裁法》，它主要約束州際或國際商事仲裁。美國《聯邦仲裁法》也深受英國普通法制的影響。但由於州際及國際貿易的需要，美國很早就採用了一些與英國不同的規則，如承認仲裁條款的不可撤銷性原則。美國現行的《聯邦仲裁法》和有關判例已放棄了英國法中的很多法則，允許仲裁的事項日益擴大，法院對仲裁干預越來越少。概括地說，美國也在朝著成為世界特別是美洲商事仲裁中心的方向努力。

4. 中國的國際商事仲裁法律制度

中國目前的國際商事仲裁法制主要由下列法律中的有關規定所構成：中國締結或參加的國際條約或公約、1995年9月1日生效的《中華人民共和國仲裁法》。該仲裁規則除詳細規定了仲裁程序外，還就仲裁委員會的受案範圍、仲裁委員會的地址和分支機構、仲裁委員會的組織、仲裁員名冊、仲裁規則的選用、仲裁適用的法律作了規定。中國海事仲裁委員會也制定了自己的仲裁規則，從其內容看，它與中國國際經濟貿易仲裁委員會的《仲裁規則》大體相同，只是在受案範圍上有所不同。此外，中國的《民事訴訟法》《合同法》等法律中均有關於仲裁的規定。總的來說，中國也成為世界上重要的國際商事仲裁中心之一。

(三) 國際商事仲裁示範法和仲裁規則。

1. 示範法（Model Law）

示範法既不是國際條約，亦非國內立法，而是一種法的模式或樣板。它通常由某一國際組織主持制定，然后由各主權國家採納為國內法。在採納示範法時，各國還可以進行修訂或補充。示範法對於協調與統一各國國內法具有重要的意義。這方面最重要的示範法當屬聯合國國際貿易法委員會於1985年制定的《國際商事仲裁示範法》，該示範法在促進各國仲裁立法的協調化與統一化方面發揮了很大作用。

2. 仲裁規則

仲裁規則是指國際組織或常設仲裁機構所制定的關於仲裁的程序規則。這種規則本身不是正式意義上的法律，但一經當事人雙方採用，即對該當事人及仲裁庭有拘束力。

三、國際商事仲裁機構的基本形式和規則

(一) 國際仲裁機構的基本形式

國際仲裁機構有兩種基本形式：

1. 常設仲裁機構

常設仲裁機構即有固定組織形式、固定仲裁程序規則的仲裁機構。如果採用常設仲裁機構，應在仲裁條款中寫明具體機構的名稱，如果採用臨時仲裁機構應寫明仲裁組成的方式以及採用什麼程序進行審理。經驗證明，通過常設仲裁機構進行仲裁有這樣的好處，它可幫助當事人指定仲裁員，提供工作上的各種方便，如傳遞文件和證據、開庭時安排記錄和配備翻譯等。

2. 臨時仲裁機構

臨時仲裁機構指根據當事人的仲裁協議在爭議發生後，直接由當事人指定的仲裁員自行組成仲裁庭進行仲裁，結案後即自動解散。

3. 常設國際仲裁機構的類別

常設機構可分為國際性的、地區性、全國性的以及行業性的等。

國際性的仲裁機構有國際商會仲裁機構。各國仲裁機構有的附設在商會性質的社會團體內，有的獨立存在。

(二) 國際商事仲裁規則

一般而言，一個完整的仲裁規則應當包括以下主要內容：①管轄。它主要包括仲裁機構的受案範圍和條件等方面的內容。②仲裁機構組織。它主要包括仲裁機構人員、仲裁員名冊、分會、仲裁地點等方面的內容。③仲裁程序。仲裁規則規定的仲裁程序與仲裁法規定的仲裁程序大體相似，只不過是比仲裁法的規定更為詳盡而已。④附則。它主要包括仲裁使用的語言、送達、仲裁費用等事項。

目前《聯合國國際貿易法委員會仲裁規則》在世界範圍內的影響較大，該規則制定於 1976 年。它不屬於任何仲裁機構，但卻經常得到國際商事仲裁關係中當事人的選用，包括中國在內很多國家的國際商事仲裁機構都參照該規則制定自己的仲裁規則。

(三) 世界上有影響的國際商事仲裁機構

1. 國際商會仲裁院

國際商會成立於 1919 年，其仲裁院設立於 1923 年。仲裁院本身並不直接仲裁爭議，如果當事人把爭議提交該院，該院即請有關國家的國際商會國家委員會具體辦理。該院的主要任務是提供解決國際商事爭議的仲裁規則，與審理爭議的有關國家委員會一起主持一些審理程序上的事務，包括：保證該院制定的仲裁規則的實施；指定仲裁員或確認當事人所指定的仲裁員；決定對仲裁員的異議是否正當；指定仲裁裁決的形式等。國際商會仲裁院現行的仲裁規則制定於 1998 年。

2. 美洲國家商事仲裁委員會

具有民間性質的該仲裁機構成立於 1934 年，現已成為美洲國家間進行商事仲裁的

重要機構。該機構的仲裁規則吸收了《聯合國國際貿易法委員會仲裁規則》中的很多內容。

3. 斯德哥爾摩商會仲裁院

該仲裁院成立於1917年，是世界上著名的商事仲裁機構，特別是東、西方國際商事仲裁的機構，其現行的仲裁規則制定於1988年。

4. 美國仲裁協會

該仲裁協會成立於1926年，其現行的國際商事仲裁規則制定於1991年。

5. 中國國際商事仲裁機構

中國的國際商事仲裁機構成立於1956年，當時被稱為「對外貿易仲裁委員會」，現名為「中國國際經濟貿易仲裁委員會」。其現行的仲裁規則制定於1998年。隨著中國國際商事仲裁法制的完善及該仲裁機構本身的長期努力，其近年來的年收案數經常位居世界第一，這足以說明中國已成為國際商事仲裁的重要中心。

除上述非常有影響的仲裁機構和仲裁規則外，亞洲及遠東經濟委員會商事仲裁中心及其仲裁規則、中國香港國際仲裁中心及其仲裁規則、瑞士蘇黎世商會仲裁院及其仲裁規則、英國倫敦國際仲裁院及其仲裁規則等也有較大影響。

第二節　國際商事仲裁協議

案例導入

該案的案情是，1966年，法國埃爾夫公司與伊朗國家石油公司簽訂了勘探和生產石油的協議，協議中載有仲裁條款，規定在發生糾紛時將由獨任仲裁員處理；同時又規定，「在作出裁決時，仲裁員不受任何特別法律規則的限制，但應有權在考慮公平和普遍承認的法律原則，特別是國際法原則的基礎上作出裁決」。1978年，雙方因投資償還與石油價格問題發生糾紛。1980年8月11日，伊朗石油公司通知埃爾夫公司，根據伊朗革命委員會的法令，1966年的協議從一開始就無效。埃爾夫公司根據該協議中的仲裁條款，請求丹麥最高法院院長指定仲裁員，戈馬德教授被指定為獨任仲裁員，於是伊朗石油公司對仲裁員的權力提出異議。

對該案的審理首先應解決下面兩個問題：①根據協議中的仲裁條款所指定的仲裁員，是否有權就其作為仲裁員的權限作出決定？②即使協議一方當事人對合同效力提出異議，協議中的仲裁條款是否享有獨立性，使其成為雙方當事人之間仲裁的基礎？

對於第一個先決事項，戈馬德教授指出，仲裁員有權就權限問題作出決定，這是有關仲裁的公約以及不少仲裁裁決所承認的國際仲裁的基本原則。對於第二個先決事項，這位教授的觀點是，仲裁條款不受主合同效力的影響是普遍接受的國際仲裁的法律原則，並被各項關於仲裁的國際公約廣泛接受，如果事實表明在當事人之間從未存在過有效的仲裁條款則另當別論，然而，本案的事實並非如此。基於上述理由，戈馬德教授認為，仲裁條款仍然約束雙方當事人，伊朗國家石油公司聲稱該協議從一開始

就無效絲毫不影響其效力，而這個結論決不排除仲裁員在以后就該項石油勘探和生產協議是否有效問題作出裁決。

一、國際商事仲裁協議的概念和形式

國際商事仲裁協議，是指進行國際貿易或商事交易的雙方當事人合意將他們之間業已發生或將來可能發生的爭議提交某仲裁機構仲裁解決的一種書面文件，是仲裁機構受理仲裁案件的依據。

由於關係到雙方當事人的切身利益，因此國際上普遍要求仲裁協議採用書面形式，主要包括以下三種形式：

（1）仲裁條款。即由雙方當事人在爭議發生之前在合同中或作為合同的一部分訂立的，表示願把將來可能發生的合同爭議提交仲裁的條款。這是最常見的一種仲裁協議。

（2）仲裁協議書。即雙方當事人在爭議發生之前或之后平等協商，共同簽署的有關爭議提交仲裁解決的專門性文件。

（3）其他書面材料。即雙方當事人協商同意將爭議提交仲裁函電和其他書面材料。

二、國際商事仲裁協議的內容

1. 提交仲裁的爭議事項

當事人在仲裁協議中明確表示將何種爭議提交仲裁解決是仲裁庭受理案件的重要依據之一，也是當事人申請有關國家法院承認和執行仲裁裁決的必備條件之一。如果一方當事人申請仲裁的爭議不屬於仲裁協議所約定的爭議事項，另一方當事人有權對仲裁庭的管轄權提出異議並拒絕參加仲裁，在這種情況下，即使仲裁作出了仲裁裁決，也得不到有關國家法院的承認和執行。

2. 仲裁地點

在國際貿易交易中，交易雙方一般都力爭在本國進行仲裁。因為按各國法律，凡屬程序問題，原則上適用仲裁地法，即在哪個國家仲裁，就適用哪個國家的仲裁法。而適用不同國家的法律可能會對雙方當事人的權利、義務作出不同的解釋，得出不同的結果。

中國企業在訂立涉外經濟合同時，對仲裁地點主要採取以下三種規定辦法：

（1）明確規定在中國仲裁機構仲裁；

（2）明確規定在被告所在國家的仲裁機構仲裁，這是雙方力爭在本國仲裁不成時採取的折中方法；

（3）明確規定在第三國仲裁，中國當事人在作此種選擇時，多選擇在與中國關係友好、仲裁法和仲裁規則完備且公平合理、仲裁機構的業務能力較強且國際信譽較高的國家仲裁，如瑞典斯德哥爾摩商會仲裁院和國際商會仲裁院。

3. 仲裁機構

在多數情況下，仲裁機構與仲裁地點是一致的。當事人選擇某地作為仲裁地點，也就選擇了該地的常設仲裁機構進行仲裁。但若仲裁地點有幾個仲裁機構或沒有仲裁

機構，則應在仲裁協議中選定其中的一個或組成臨時仲裁機構。

4. 仲裁規則

仲裁規則對仲裁結果的影響很大，運用不同的仲裁規則可能會產生不同的結果。通常仲裁條款規定在哪個仲裁機構仲裁，就應按那個仲裁機構制定的仲裁程序規則審理仲裁案件。但如前所述，有的仲裁機構也允許當事人另選仲裁規則。

5. 仲裁裁決的效力

仲裁裁決的效力是指裁決是否直接具有終局性，對雙方當事人的約束力如何，以及裁決能否向法院提起上訴等。為了明確仲裁裁決的效力，避免引起複雜的上訴程序，雙方當事人在訂立仲裁條款時一般都規定仲裁裁決具有終局性，不得再向法院上訴要求予以變更。

6. 仲裁適用的法律

若主合同對根據何國實體法來確定雙方當事人的權利和義務已有約定，則仲裁協議無須重寫，若主合同對此沒有約定，則可在仲裁協議中加以規定，若雙方達不成協議，也可留待仲裁機關根據實際情況確定。

第三節　國際商事仲裁程序

國際商事仲裁程序，是指國際商事仲裁案件從申請至仲裁庭作出裁決的全過程。各國仲裁法及各種仲裁機構的仲裁規則都對仲裁程序作了比較詳細的規定。《中國國際經濟貿易仲裁委員會仲裁規則》（簡稱《仲裁規則》）有以下程序。

一、仲裁申請和受理

1. 仲裁申請

申請人提出仲裁申請時應提交仲裁申請書，申請人所提出的仲裁申請書應敘明下列申請：申訴人、被訴人的名稱和地址；申訴人的要求和所根據的事實和證據；申訴人所依據的仲裁協議。

2. 仲裁受理

仲裁委員會收到仲裁申請書後，應初步審查仲裁協議是否有效、申請仲裁的爭議事項是否屬於仲裁協議的範圍、仲裁申請是否超過仲裁時效、仲裁申請書內容是否完備等問題。對認為符合受理條件的應受理，並通知當事人；認為不符合受理條件的，應書面通知當事人不予受理，並說明理由。

被申請人收到仲裁申請書副本後，依《仲裁規則》規定應於 45 天內向仲裁委員會提交答辯書。仲裁委員會收到答辯書後，應在《仲裁規則》規定的期限內將答辯書副本送達申請人。被申請人未提交答辯書的，不影響仲裁程序的進行。申請人可以放棄或變更仲裁請求。被申請人可以承認或者反駁仲裁請求，並有權提出反請求。

二、仲裁庭的組成

仲裁庭通常由3人組成。《仲裁規則》第二十四條規定，雙方當事人各自在仲裁委員會仲裁員名冊中指定1名仲裁員，然后由仲裁委員會主席從仲裁名冊中指定第三名仲裁員作為首席仲裁員，組成仲裁庭。如果雙方當事人同意，也可以僅由1名獨任仲裁員審理案件。

為了確保仲裁的公正性，避免由於有利害關係的仲裁員參與仲裁，《仲裁規則》規定，被指定的仲裁員若與案件有利害關係，應自己向仲裁委員會披露並請求迴避；當事人如有正當理由懷疑被指定的仲裁員的公正性和獨立性時，也有權向仲裁委員會提出書面申請，要求該仲裁員迴避。

1. 仲裁審理

依《仲裁規則》規定，仲裁庭應開庭審理案件。但若雙方當事人同意或提出申請，仲裁庭也不可開庭審理，只依據書面文件進行審理，並做出裁決。

仲裁庭在開庭審理案件時不公開進行，若雙方當事人要求公開審理，則由仲裁庭做出決定。

在仲裁庭開庭時，若一方當事人不出席，仲裁庭可以進行缺席審理和作出缺席裁決。

2. 仲裁裁決

按照《仲裁規則》規定，仲裁庭應當在組成仲裁庭后9個月內做出仲裁裁決書。但如有正當理由，可以延長該期限。凡是由3名仲裁員組成仲裁庭審理的案件，裁決應依多數仲裁員的意見決定，少數仲裁員的意見可以作成記錄附卷，但當仲裁庭不能形成多數意見時，應依首席仲裁員的意見作出裁決。

仲裁庭對其做出的仲裁裁決應當說明裁決所依據的理由，並由仲裁庭全體或多數仲裁員署名。

仲裁裁決是終局的，任何一方當事人都不得向法院起訴，也不得向其他機構提出變更仲裁裁決的要求。

3. 簡易程序

由於涉外仲裁案件中有些爭議的金額較小、案情較簡單，《仲裁規則》對此特別規定了一章簡易程序，以簡化這類案件的仲裁程序，促進中國涉外仲裁事業的進一步發展。

按照《仲裁規則》規定，除非當事人另有約定，凡爭議金額不超過人民幣50萬元的，或雖超過50萬元，但經一方當事人書面申請並取得另一方當事人同意的，均可採用簡易程序處理。

簡易程序的主要內容包括：①由一名獨任仲裁員組成仲裁庭；②提交答辯的時間縮短為收到仲裁通知之日起30天；③仲裁庭可以僅依據當事人提交的書面材料及證據進行書面審理，不一定都要開庭審理，如需開庭審理，亦只需提前10天通知雙方當事人；④作出裁決的時間也大大縮短，凡需開庭審理的案件，應於開庭之日起30開內作出裁決；如屬於書面審理的案件，則應於仲裁庭組成之日起90天內作出裁決。

第四節　國際商事仲裁裁決的承認和執行

國際商事仲裁裁決的承認與執行，是指法院或其他法定的有權機關承認國際商事仲裁裁決的終局約束力，並予以強制執行的制度。

> **知識拓展**
>
> 從各國仲裁立法來看，各國仲裁都賦予裁決法律效力，故本國仲裁裁決無須得到本國法院的另行承認，就可以立即執行。但是，一個國家沒有義務賦予外國仲裁裁決在本國境內的法律效力，法律另有條約約定的除外。所以，本國法院往往需要承認外國仲裁裁決，然后才予以執行。
>
> 在國際上，解決各國在承認和執行外國仲裁裁決的國際公約主要有：①1923 年《關於仲裁條款的日內瓦議定書》；②1927 年《關於執行外國仲裁裁決的國際公約》；③1958 年《承認和執行外國仲裁裁決的公約》，即《紐約公約》。現在《紐約公約》成為當前國際上關於承認和執行外國仲裁裁決的最主要公約。中國已於 1986 年 12 月正式加入該公約，但有兩項保留：一是僅適用於締約國間作出的裁決；二是只適用於商事法律關係所引起的爭議。

一、1958 年《紐約公約》的主要內容

1. 承認和執行「外國仲裁裁決」的條件

按照《紐約公約》的規定，外國仲裁裁決是指在一個國家的領土內做成，而在另一個國家請求承認和執行。作出裁決和要承認裁決的國家一定是《紐約公約》的參加國。各締約國應該相互承認仲裁裁決有拘束力，並保證執行。各締約國可以根據《紐約公約》第一條第三款的規定，在批准《紐約公約》時聲明，在按照對等的條件下將《紐約公約》適用於非《紐約公約》參加國作成的裁決。

2. 拒絕承認和執行「外國仲裁裁決」的條件

《紐約公約》第五條詳細規定了拒絕承認和執行外國仲裁裁決的條件。被請求執行的國家主管機關在被訴人能夠提供下列情況之一的證明時，可以依被訴人的請求拒絕承認和執行裁決：

（1）簽訂仲裁協議的雙方當事人根據對他們適用的法律，在當時處於某種無行為能力的情況下，或者根據雙方當事人選定適當的法律，或在沒有這種選定的時候，根據作出裁決的國家的法律，上述協議無效。

（2）對作為裁決執行對象的當事人未曾給予指定仲裁員，或者進行仲裁程序的適當通知，或者作為裁決執行對象的當事人由於其他情況未能提出申辯。

（3）裁決涉及仲裁協議所未曾提到的或者不包括在仲裁協議規定之中的爭執，或者裁決內含有對仲裁協議範圍以外事項的決定。

（4）仲裁庭的組成或仲裁程序同當事人之間的協議不符，或者當事人之間未訂此種協議時，而又與進行仲裁的國家的法律不符。

（5）裁決對當事人尚未發生約束力，或者裁決已由作出裁決的國家或裁決所依據

的法律的國家主管機關撤銷或停止執行。

《紐約公約》第五條還規定，被請求承認和執行仲裁裁決的國家主管機關如果查明有下列情況之一者，也可以拒絕承認和執行：①爭執的事項，依據這個國家的法律，不可以用仲裁方式解決；②承認或執行該項裁決和該國的公共秩序相抵觸。

二、對本國的國際商事仲裁裁決的承認和執行

依本國法確認為本國的國際商事仲裁裁決的承認和執行，包括中國在內的很多國家對此處理得很簡單。即與本國的純國內商事仲裁裁決的承認和執行制度一樣，由獲得有利裁決的一方當事人向有管轄權的法院提出申請，該法院收到申請後即對仲裁協議和裁決作出形式審查，經審查認為形式上合法后，即發布執行該裁決的命令，予以強制執行。但是在執行過程中，若對方當事人依法提出了有效的異議，則強制執行行為應予以中止，待異議經法院審查不成立后再繼續強制執行。當然，對方當事人的異議經法院審查認為成立的，該仲裁裁決就不能被執行。

根據中國《民事訴訟法》第三百六十條規定，對中國涉外仲裁機構作出的仲裁裁決（其中的絕大多數可稱為中國的國際商事仲裁裁決）被申請人提出證據證明仲裁裁決有下列情形之一的，經人民法院組成會議庭審查核實，裁定不予執行：①當事人在合同中沒有訂立仲裁條款或事后沒有達成書面仲裁協議的；②被申請人沒有得到指定仲裁員或進行仲裁程序的通知，或者由於其他不屬於被申請人負責的原因未能陳述意見的；③仲裁庭的組成或仲裁的程序與仲裁規則不符的；④仲裁的事項不屬於仲裁協議的範圍或者仲裁機構無權仲裁的。

三、外國仲裁裁決在中國的承認和執行

中國《民事訴訟法》第二百六十九條規定：國外仲裁機構的裁決，需要中華人民共和國人民法院承認和執行的，應當由當事人直接向被申請人住所地或者其財產所在地的中級人民法院申請，人民法院應當依照中華人民共和國締結或者參加的國際條約，或者按照互惠原則辦理。中國法院承認和執行外國仲裁裁決的前提條件是兩國之間存在著條約關係或者互惠關係。

第五節　世界貿易組織爭端解決機制與程序規則

一、爭端解決機制與程序規則的概念

解決爭端機制與程序規則是指為了保障多邊貿易體系安全、維護成員之間權利與義務的平衡、為爭端尋求積極的解決辦法而建立的對多邊貿易的保護體制和保障制度。目前，世界貿易組織已成為國際經濟貿易領域中解決貿易爭端和貿易摩擦的唯一多邊裁決機構。烏拉圭回合最后通過的《關於爭端解決規則與程序的諒解書》則是解決爭端的程序規則。

> **知識拓展**
>
> 隨著各國經濟關係的日益密切，國與國之間的競爭加劇，貿易摩擦也日益增多。為確保貿易能公平、公正地進行，需要一個有效的爭端解決程序和機制。為了進一步強化世界貿易組織的爭端解決機制，烏拉圭回合談判較全面、徹底地對爭端解決規則和程序作了改進，並最終形成了《關於爭端解決規則與程序的諒解書》。世界貿易組織《關於爭端解決規則與程序的諒解書》的核心是精細的操作程序、明確的時間限制以及嚴格的交叉報復機制。通過這樣一個強化了的機制，世界貿易組織希望能更迅速、更有效地處理成員之間的貿易糾紛和摩擦，維護他們之間的權利與義務，督促各成員更好地履行各項協議的義務及其所做的承諾。

二、世界貿易組織爭端解決機制的特點

1. 建立了統一的爭端解決程序

《關於爭端解決規則與程序的諒解書》（以下簡稱《諒解》）綜合了關貿總協定成立以來在解決貿易爭端方面逐步形成的原則和程序。它既適用於《建立世界貿易組織協定》，又適用於多邊貿易協定和諸邊貿易協定。因此《諒解》不僅擴大了管轄範圍，而且在適用程序的選擇方面有了明確的規定，這樣就避免在適用法律上出現分歧，為解決程序的迅速啓動奠定了基礎。

2. 嚴格規定了爭端解決的時限

《諒解》及其附件對於爭端解決的各個階段都確定了嚴格明確的時間表。例如，專家小組的審案時間一般不超過6個月，遇有緊急情況，則應在3個月內完成。但無論遇到何種情況，審案的時間不得超過9個月。這既有利於及時糾正成員違反世界貿易組織協定或協議的行為，使受害者得到及時的救濟，也有助於增強各成員對多邊爭端解決機制的信心。

3. 設立了爭端解決機構（Dispute Settlement Body，DSB）

世界貿易組織成立了專門負責解決爭端的機構，該機構隸屬於世界貿易組織總理事會之下，由一位主席主持，並有自己的議事規則和程序。

4. 增設了上訴程序

世界貿易組織爭端解決的程序中設立了上訴程序，並建立了相應的常設上訴機構受理上訴的案件。這是關貿總協定的程序所沒有的。《諒解》規定，任一當事方均有上訴權，但上訴須限制在專家組報告所涉及的法律問題和專家組作出的解釋範圍內。上訴機構可維持、修改或推翻專家組的裁決和結論。

5. 實行「反向協商一致」的決策原則

在爭端解決機構審議專家組報告或上訴機構報告時，只要不是所有的參加方都反對，則視為通過。從關貿總協定的「一致同意」原則，轉變為除非「一致同意」反對，這一轉變大大增強了執法的力度。因為在一般情況下，「一致同意」否定某項決議的意見很難達成，從而排除了敗訴方單方面阻撓報告通過的可能。

6. 引入交叉報復的做法

如果成員在某一領域的措施被裁定違反世界貿易組織協定或協議，且該成員未在

合理期限內糾正，經爭端解決機構授權，利益受到損害的成員可以進行交叉報復。報復應首先在被裁定違反世界貿易組織協定或協議措施的相同領域進行，稱為平行報復；若很難進行或其效力很小，報復可以在同一協議項下的不同部門中進行，稱為跨領域報復；如仍不行，報復可以跨協定或協議進行，稱為跨協議報復。

通過授權進行交叉報復，使有關當事方可挑選更有效的方式對違反協議的情況進行報復，這就從另一方面促使敗訴方認真考慮執行裁決。可進行交叉報復的規定被視為提高世界貿易組織爭端解決機制效力的有力措施之一。

7. 設立對最不發達成員的特別程序

在確定涉及一個不發達國家成員爭端的起因和爭端解決程序的所有階段，應特別考慮最不發達國家的特殊情況。在此方面，各成員在根據這些程序提出涉及最不發達國家的事項時應表現適當的克製。如認定利益的喪失或減損歸因於最不發達國家成員所採取的措施，則起訴方在依照這些程序請求補償或尋求中止實施減讓或其他義務的授權時，應施加適當的限制。

此外，在涉及一個不發達國家成員的爭端解決案件時，在磋商中未能找到令人滿意的解決辦法，如有最不發達國家成員請求，應在設立專家組之前，進行斡旋、調解和調停，協助各方解決爭端。

三、世界貿易組織爭端解決的基本程序

世界貿易組織爭端解決的基本程序包括磋商、專家組審理、上訴機構審理、裁決的執行及監督等。除基本程序外，在當事方自願的基礎上，也可以採用仲裁、斡旋、調解和調停等方式解決爭端。

貿易爭端的解決通常要經過以下程序：

1. 磋商

磋商是爭端解決的第一個階段，是指兩個或兩個以上的成員方為解決貿易爭端或達成諒解而進行交涉的一種形式。當一方提出請求磋商時，被請求方應在 10 日內作出答覆，同意磋商時應在 30 天內進行磋商，以尋求雙方滿意的解決辦法。如果被請求方未在規定的期限內作出答覆或進行磋商，或者爭端當事方在收到磋商請求後的 30 天內通過磋商不能解決爭端，投訴方可請求成立專家小組。在緊急情況下，各當事方應從收到請求日起不超過 10 天內進行磋商，如果在收到請求後的 20 天內未能磋商解決爭端，投訴方即可請求成立專家小組。

2. 斡旋、調解和調停

斡旋、調解和調停是由爭端當事方同意而自願選擇的程序。爭端的任何一方可以在任何程序或任何程序上的任何時候請求斡旋、調解、調停。而且，一旦斡旋、調解和調停被終止，投訴方可請求成立專家小組。但是，當斡旋、調解和調停在收到磋商請求後的 60 天內進行時，投訴方在 60 天內不得請求成立專家小組，除非爭端當事方均認為斡旋、調解和調停已不能解決爭端。

3. 專家小組

當投訴方提出請求建立專家小組后，最遲應在此請求列入爭端解決機構的正式議

程會議后的下一次會議上成立專家小組，除非在那次會議上爭端解決機構以協商一致方式同意不成立專家小組。專家小組由 3 人組成，如果各方同意，也可以由 5 人組成。專家小組的成員應確保有獨立性和多樣性的背景、豐富的經驗。除非爭端各方均同意，否則爭端當事方的公民或在爭端中有實質利害關係的第三方的公民都不得作為有關爭端的專家小組成員。

專家小組的職責是幫助爭端解決機構履行世界貿易組織規則所賦予的責任。因此，專家小組應該就其所面對的事項以及各有關協議適用範圍的一致性作出客觀的評價，同時提出其他有助於爭端解決機構制定各項建議或作出各項裁決的調查材料。專家小組應經常與爭端各當事方進行磋商，並給他們足夠的機會以達成雙方滿意的解決辦法。

專家小組應在 6 個月內完成工作，最長不得超過 9 個月。在緊急情況下，專家小組應在 3 個月內向爭端當事方作出報告。

專家小組的報告完成后，便提交給爭端解決機構。為了給各成員方提供足夠的時間來考慮專家小組的各項報告，爭端解決機構只有在這些報告向各成員方分發 20 天后才能考慮予以通過。對專家小組報告提出異議的各成員方，至少應在將要審議該項報告的爭端解決機構會議的前 10 天提交解釋其異議的書面理由。爭端各當事方應有權全面參與由爭端解決機構主持對專家報告的審議，他們的各種意見均應被充分記錄在案。專家小組報告向各成員方發送后 60 天內，該報告應在爭端解決機構會議上予以通過，除非爭端一方已正式將上訴決定通知爭端解決機構，或者爭端解決機構協商一致決定不通過報告。

4. 上訴復審

上訴機構由 7 人組成，它們不屬於任何政府，是公認的權威，精通法律、國際貿易和各有關協議的主題內容。7 人中，只有 3 人可以同時接一個案子。上訴只能由爭端當事方提出，但按有關規定已經向爭端解決機構通報其在事件中具有重大利益的第三當事方，可以向常設上訴機構提供書面意見，並由上訴機構給予機會以聽取第三方意見。上訴機構應該在與爭端解決機構主席及世界貿易組織總干事磋商的基礎上制定上訴審議的程序。上訴機構在審理上訴的過程中，應該考慮專家小組報告中涉及的法律及由專家小組所作的法律解釋。上訴機構可以維持、修改或推翻專家小組的法律認定和結果。按一般規則，自一爭端方正式通知其上訴之日起到上訴機構作出決定止應不超過 60 天。在緊急情況下，常設上訴機構將決定其相應的進度。如上訴機構認為在 60 天內不能提交報告，則它必須以書面的方式通知爭端解決機構，說明延期的理由和估計提交報告的時間。但無論如何，該程序不應超過 90 天。

上訴機構的報告應該在向各成員方散發后 30 天內由爭端解決機構通過，除非爭端解決機構一致決定不通過該報告。爭端各當事方應該無條件接受已經通過的報告，這一通過程序無損於各成員方就上訴報告發表其意見的權利。

5. 裁決的實施

為確保各成員履行爭端解決機構做出的建議或裁決，世界貿易組織制定了特殊的執行措施：

（1）強化監督。在專家小組或上訴機構報告通過后的 30 天內舉行的爭端解決機構

會議上，有關成員應將其執行爭端解決機構的建議與裁決的打算通知爭端解決機構。如果該成員不能及時履行有關建議與裁決，它應在一個合理的期限內履行。一般來說，執行專家小組或上訴機構建議的期限不得超過15個月。

因執行有關裁決而採取的措施是否與有關協定保持一致而引起的爭論，依然可以訴諸爭端解決程序，也可求助於原專家小組以求得解決。專家小組應從爭端提交之日起90天內發布報告，否則就要告知爭端解決機構延期的理由及提交報告的預計期限。任何成員方都可隨時向爭端解決機構指出敗訴方在執行有關建議或裁決中所存在的問題，此類問題應於履行各項建議和裁決的合理期限確定之日起的6個月后列入爭端解決機構會議的議事日程，一直到問題被解決為止。有關成員應至少在每次處理此類問題的爭端解決機構會議舉行的前10天，向爭端解決機構就實施有關建議或裁決的進展情況提供書面報告，除非爭端解決機構協商一致決定不同意執行建議或裁決。如有發展中國家涉及裁決或建議的執行問題，則應該考慮適用世界貿易組織有關協議的規定，給予發展中國家差別性的、更為優惠的待遇。爭端解決機構不但要考慮被控訴的有關措施所涉及的發展中國家貿易領域中的情況，而且應該考慮該措施對發展中國家的經濟影響。若認定最不發達的成員方所採取的措施導致利益的取消或損害，則起訴方在按照有關程序請求補償或尋求中止減讓或其他義務的授權時，應該施加適當的限制。

(2) 補償。如果有關成員方認為無法在合理期限內執行爭端解決機構的建議和裁決，該成員方可在合理期限結束前與投訴方進行談判，提出對投訴方進行補償的請求，並達成雙方均能接受的賠償辦法。賠償必須是自願的，且必須與有關協議一致。

(3) 交叉報復。如果當事方未能在合理時間期滿后20日內達成令人滿意的賠償協議，任一當事方可請求爭端解決機構授權中止履行有關協定項下的減讓或其他義務，即「報復」。此時，起訴方應遵循以下原則和程序：①起訴方應在專家小組或上訴機構已認定其利益受到損害或被取消的部門內尋求中止減讓或中止義務。②若起訴方認為在同一部門中止減讓或中止義務的做法不切合實際或者無效力，而且情況十分嚴重，可以在同一協定中的其他部門中止減讓或其他義務。③如在同一協定中其他部門的製裁仍然不能奏效，且情況十分嚴重，則可以在另一協定的部門內實行中止減讓或中止其他義務。④適用以上手段時要考慮到這一領域對對方的重要性和中止減讓或其他義務對對方的影響，並考慮到把製裁水平限定在自己的利益喪失或損害的限度內，爭端解決機構所授權的中止水平應與有關成員方的利益或受到損害的水平相同。⑤爭端一方如果要求在同一協定其他部門或在其他協定規定的部門內中止減讓或其他義務，應該說明理由並通報世界貿易組織有關委員會或理事會，並且必須有整個多邊貿易機構的參與，不允許單方面決定。⑥對於世界貿易組織有關規則禁止中止減讓或其他義務的行為，爭端解決機構則不應該授權這些中止。

(4) 賠償和報復措施的取消。中止減讓或其他義務是臨時性的措施，一旦出現下列三種情況，則應結束中止：①敗訴方與有關適用協定的規定不相符的措施已被取消。②需要執行建議或裁決的有關成員方對喪失或損害有關利益的問題提出瞭解決辦法。③已達成雙方滿意的解決辦法。

參考書

1. 趙威, 等. 國際仲裁法理論與實務 [M]. 北京：中國政法大學出版社, 1995.
2. 陳治東. 國際商事仲裁法 [M]. 北京：法律出版社, 1998.

思考題

1. 簡述仲裁的法律特征。
2. 試述《紐約公約》規定的承認和執行仲裁裁決的條件。
3. 試述世界貿易組織爭端解決的基本程序。

國家圖書館出版品預行編目(CIP)資料

國際商法概論 / 蔡四青 主編. -- 第二版.
-- 臺北市 : 崧燁文化,2018.09
　面 ；　公分

ISBN 978-957-681-615-4(平裝)

1.國際商法

579.94　　　　107014711

書　　名：國際商法概論

作　　者：蔡四青 主編

發行人：黃振庭

出版者：崧博出版事業有限公司

發行者：崧燁文化事業有限公司

E-mail：sonbookservice@gmail.com

粉絲頁　　　　　網　址：

地　　址：台北市中正區重慶南路一段六十一號八樓 815 室
8F.-815, No.61, Sec. 1, Chongqing S. Rd., Zhongzheng
Dist., Taipei City 100, Taiwan (R.O.C.)

電　話：(02)2370-3310　傳　真：(02) 2370-3210

總經銷：紅螞蟻圖書有限公司

地　　址：台北市內湖區舊宗路二段 121 巷 19 號

電　話：02-2795-3656　傳真：02-2795-4100　網址：

印　　刷：京峯彩色印刷有限公司（京峰數位）

本書版權為西南財經大學出版社所有授權崧博出版事業有限公司獨家發行電子書繁體字版。若有其他相關權利及授權需求請與本公司聯繫。

定價：450 元

發行日期：2018 年 9 月第二版

◎ 本書以POD印製發行